勤行聖典

浄土三部經

凡例

一、編纂の目的について

本勤行聖典は、「浄土三部経」の経文の読誦および読み下し文の拝読ならびに学習・領解に資することを目的として編纂した。なお、正規の法要等に依用する場合は、本山蔵版の経本を用いられたい。

二、構成と表記について

㈠ 本勤行聖典は、『浄土真宗聖典（原典版）』所収の「浄土三部経」（底本－本山蔵版本）の経文を、『仏説無量寿経』は六十九段、『仏説観無量寿経』は二十七段、『仏説阿弥陀経』は七段にそれぞれ分段し、経文の右傍に唱読音を付し、各段に経文の読み下し文を併記した。

㈡ 経文は、本山蔵版本の一行十七字の形式で翻刻し、改行箇所もこれを踏襲した。

㈢ 各段の始まりは、本山蔵版本の一行十七字で定められた文字の位置から翻刻した。

㈣ 経文の漢字は、原則として旧漢字の通行体を用い、唱読音の仮名表記は現代仮名遣いによった。なお、促音は「っ」、鼻的破裂音は「つ」で表記した。

㈤ 読み下し文は、『浄土真宗聖典（註釈版）』により、本文註・語句の補い・校訂箇所を含めて忠実に翻刻した。また、同聖典に準拠して、脚註・巻末註・補註（要語解説）を施した。

三、読誦・拝読について

先ず最初に経文を読誦し、短念仏、回向を唱え、その後に読み下し文を拝読することとし、細目は次の通りとする。

㈠　調声人は、打磬二声の後、経題を唱え、節柝を打つ。

㈡　節柝は、経文の同音から各句の初字の発音と同時に一打し、速度の遅速を調整する。

㈢　「尊者優－樓頻贏」「尊者舎－利弗」（大経）「釋－迦牟－尼佛」（観経）のように字間に「－」線を引いた箇所は、その上下の二字を詰めて一字分の拍として唱え、「一一葉」（観経）のように唱読仮名の右に「引」を付した字は、その字を二字分の拍に延ばして唱える。

目次

凡例
佛說無量壽經　二卷……康僧鎧譯……一
卷上……三
卷下……一〇七
佛說觀無量壽經……畺良耶舍譯……二一九
佛說阿彌陀經……鳩摩羅什譯……三〇九
卷末註……三三三
補註（要語解說）……三五九

佛說無量壽經

佛《ぶっ》說《せつ》無《む》量《りょう》壽《じゅ》經《きょう》卷《かん》上《じょう》

曹魏天竺三藏康僧鎧譯

我《が》聞《もん》如《にょ》是《ぜ》・一《いち》時《じ》佛《ぶつ》住《じゅ》王《おう》舎《しゃ》城《じょう》・耆《ぎ》闍《しゃ》崛《くっ》山《せん》中《じゅう》・與《よ》大《だい》比《び》丘《く》衆《しゅ》・萬《まん》二《に》千《せん》人《にん》倶《く》・一《いっ》切《さい》大《だい》聖《しょう》・神《じん》通《ずう》已《い》達《だっ》・其《ご》名《みょう》曰《わつ》・尊《そん》者《じゃ》了《りょう》本《ほん》際《ざい》・尊《そん》者《じゃ》正《しょう》願《がん》・尊《そん》者《じゃ》正《しょう》語《ご》・尊《そん》者《じゃ》大《だい》號《ごう》・尊《そん》者《じゃ》仁《にん》賢《げん》・尊《そん》者《じゃ》離《り》垢《く》・尊《そん》者《じゃ》名《みょう》聞《もん》・尊《そん》者《じゃ》善《ぜん》實《じつ》・尊《そん》者《じゃ》具《ぐ》足《そく》・尊《そん》者《じゃ》牛《ご》王《おう》・尊《そん》者《じゃ》優《う》‐樓《る》頻《びん》蠡《ら》迦《か》葉《しょう》・尊《そん》者《じゃ》伽《が》耶《や》迦《か》葉《しょう》・尊《そん》者《じゃ》那《な》提《だい》迦《か》葉《しょう》・尊《そん》者《じゃ》摩《ま》訶《か》迦《か》葉《しょう》・尊《そん》者《じゃ》舎《しゃ》‐利《り》弗《ほつ》・尊《そん》者《じゃ》大《だい》目《もっ》揵《けん》連《れん》・尊《そん》者《じゃ》劫《こう》賓《ひん》那《な》・尊《そん》者《じゃ》大《だい》住《じゅ》・尊《そん》者《じゃ》大《だい》淨《じょう》志《し》・尊《そん》者《じゃ》摩《ま》訶《か》周《しゅ》那《な》・尊《そん》者《じゃ》滿《まん》願《がん》子《じ》・尊《そん》者《じゃ》離《り》障《しょう》・尊《そん》者《じゃ》流《る》灌《かん》・尊《そん》者《じゃ》堅《けん》伏《ぶく》・尊《そん》

三

者《じゃ》面《めん》王《のう》・尊《そん》者《じゃ》異《い》乘《じょう》・尊《そん》者《じゃ》仁《にん》性《しょう》・尊《そん》者《じゃ》嘉《か》樂《らく》・尊《そん》者《じゃ》善《ぜん》來《らい》・尊《そん》者《じゃ》羅《ら》云《うん》・尊《そん》者《じゃ》阿《あ》難《なん》・皆《かい》如《にょ》斯《し》等《とう》・上《じょう》首《しゅ》者《しゃ》也《や》・

又《う》與《よ》大《だい》乘《じょう》・衆《しゅ》菩《ぼ》薩《さっ》倶《く》・普《ふ》賢《げん》菩《ぼ》薩《さつ》・妙《みょう》徳《とく》菩《ぼ》薩《さつ》・慈《じ》氏《じ》菩《ぼ》薩《さっ》等《とう》・此《し》賢《げん》劫《ごう》中《ちゅう》・一《いっ》切《さい》菩《ぼ》薩《さつ》・又《う》賢《げん》護《ご》等《とう》・十《じゅう》六《ろく》正《しょう》士《じ》・善《ぜん》思《し》議《ぎ》菩《ぼ》薩《さつ》・信《しん》慧《ね》菩《ぼ》薩《さつ》・空《く》無《む》菩《ぼ》薩《さつ》・神《じん》通《ずう》華《け》菩《ぼ》薩《さつ》・光《こう》英《よう》菩《ぼ》薩《さつ》・慧《え》上《じょう》菩《ぼ》薩《さつ》・智《ち》幢《どう》菩《ぼ》薩《さつ》・寂《じゃっ》根《こん》菩《ぼ》薩《さつ》・願《がん》慧《ね》菩《ぼ》薩《さつ》・香《こう》象《ぞう》菩《ぼ》薩《さつ》・寶《ほう》英《よう》菩《ぼ》薩《さつ》・中《ちゅう》住《じゅ》菩《ぼ》薩《さつ》・制《せい》行《ぎょう》菩《ぼ》薩《さつ》・解《げ》脱《だつ》菩《ぼ》薩《さつ》

四

仏《ぶっ》説《せつ》無《む》量《りょう》寿《じゅ》経《きょう》　巻上《かんじょう》

曹魏《そうぎ》　*天竺《てんじくの》　*三蔵《さんぞう》　康僧鎧訳《こうそうがいのやく》

われ聞《き》きたてまつりき、かくのごとく。ひととき、仏《ぶつ》、王舎城耆《おうしゃじょうぎ》闍崛山《しゃくっせん》のうちに住《じゅう》したまひき。*大比丘《だいびく》の衆《しゅう》、万二千人《まんにせんにん》と倶《とも》なりき。一切《いっさい》は大聖《だいしょう》にして、神通《じんずう》すでに達《たっ》せり。その名《な》をば、尊者了本際《そんじゃりょうほんざい》・尊者正願《そんじゃしょうがん》・尊者正語《そんじゃしょうご》・尊者大号《そんじゃだいごう》・尊者仁賢《そんじゃにんげん》・尊者離垢《そんじゃりく》・尊者名聞《そんじゃみょうもん》・尊者善実《そんじゃぜんじつ》・尊者具足《そんじゃぐそく》・尊者牛王《そんじゃごおう》・尊者優楼頻蠃迦葉《そんじゃうるびんらかしょう》・尊者伽耶迦葉《そんじゃがやかしょう》・尊者那提迦葉《そんじゃなだいかしょう》・尊者摩訶迦葉《そんじゃまかかしょう》・尊者舎利弗《そんじゃしゃりほつ》・尊者大目犍連《そんじゃだいもくけんれん》・尊者劫《そんじゃこう》賓那《ひんな》・尊者大住《そんじゃだいじゅう》・尊者大浄志《そんじゃだいじょうし》・尊者摩訶周那《そんじゃまかしゅな》・尊者満願子《そんじゃまんがんし》・尊者《そんじゃ》離障《りしょう》・尊者流灌《そんじゃるかん》・尊者堅伏《そんじゃけんぶく》・尊者面王《そんじゃめんのう》・尊者異乗《そんじゃいじょう》・尊者仁性《そんじゃにんしょう》・尊者《そんじゃ》嘉楽《からく》・尊者善来《そんじゃぜんらい》・尊者羅云《そんじゃらうん》・尊者阿難《そんじゃあなん》といひき。みなこれらのごとき*上首《じょうしゅ》たるものなり。

また大乗《だいじょう》のもろもろの菩薩《ぼさつ》と倶《とも》なりき。普賢菩薩《ふげんぼさつ》・*妙徳菩薩《みょうとくぼさつ》・慈《じ》

天竺　インドの古称。

三蔵　経・律・論の三蔵に通じた僧に対する尊称。

大比丘の衆　大いなる比丘の集まり。後に列挙する菩薩衆に対すれば声聞衆《しょうもんしゅ》である。

上首　教団の指導的役割を果たす人物。

妙徳菩薩　文殊《もんじゅ》菩薩のこと。普賢《ふげん》菩薩とならぶ釈尊の脇士で、智慧を司る菩薩とされる。

氏菩薩《しぼさつ》（弥勒）等《とう》の、この*賢劫《げんごう》のなかの一切《いっさい》の菩薩《ぼさつ》、また賢護《げんご》等《とう》の十六《じゅうろく》*正士《しょうじ》、善思議菩薩《ぜんしぎぼさつ》・信慧菩薩《しんねぼさつ》・空無菩薩《くうむぼさつ》・神通華菩薩《じんずうけぼさつ》・光英《こうよう》菩薩《ぼさつ》・慧上菩薩《えじょうぼさつ》・智幢菩薩《ちどうぼさつ》・寂根菩薩《じゃくこんぼさつ》・願慧菩薩《がんねぼさつ》・香象菩薩《こうぞうぼさつ》・宝英《ほうよう》菩薩《ぼさつ》・中住菩薩《ちゅうじゅうぼさつ》・制行菩薩《せいぎょうぼさつ》・解脱菩薩《げだつぼさつ》なり。

皆《かい》遵《じゅん》普《ふ》賢《げん》•大《だい》士《じ》之《し》徳《とく》•具《ぐ》諸《しょ》菩《ぼ》薩《さつ》•無《む》量《りょう》行《ぎょう》願《がん》•安《あん》住《じゅ》一《いっ》切《さい》•功《く》徳《どく》之《し》法《ほう》•遊《ゆ》歩《ぶ》十《じっ》方《ぽう》•行《ぎょう》權《ごん》方《ほう》便《べん》•入《にゅう》佛《ぶっ》法《ほう》藏《ぞう》•究《く》竟《きょう》彼《ひ》岸《がん》•於《お》無《む》量《りょう》世《せ》界《かい》•現《げん》成《じょう》等《とう》覺《がく》•處《しょ》兜《と》率《そっ》天《てん》•弘《ぐ》宣《せん》正《しょう》法《ぼう》•捨《しゃ》彼《ひ》天《てん》宮《ぐ》•降《ごう》神《じん》母《も》胎《たい》•從《じゅ》右《う》脇《きょう》生《しょう》•現《げん》行《ぎょう》七《しち》歩《ぶ》•光《こう》明《みょう》顯《けん》曜《にょう》•普《ふ》照《しょう》十《じっ》方《ぽう》•無《む》量《りょう》佛《ぶつ》土《ど》•六《ろく》種《しゅ》震《しん》動《どう》•擧《こ》聲《しょう》自《じ》稱《しょう》•吾《ご》當《とう》於《お》世《せ》•爲《い》無《む》上《じょう》尊《そん》•釋《しゃく》梵《ぼん》奉《ぶ》侍《じ》•天《てん》人《にん》歸《き》仰《ごう》•

六

賢劫　過去を荘厳劫《しょうごんこう》、未来を星宿劫《しょうしゅくこう》と呼ぶのに対する言葉で、現在の劫の名。劫は非常に長い時間の単位。

正士　菩薩の異名。正道を求める大士。

示《じ》現《げん》算《さん》計《げ》・文《もん》藝《げい》射《しゃ》御《ご》・博《はく》綜《そう》道《どう》術《じゅつ》・貫《かん》練《れん》群《ぐん》籍《じゃく》・遊《ゆ》
於《お》後《ご》園《おん》・講《こう》武《む》試《し》藝《げい》・現《げん》處《しょ》宮《く》中《じゅう》・色《しき》味《み》之《し》間《けん》・見《けん》老《ろう》
病《びょう》死《し》・悟《ご》世《せ》非《ひ》常《じょう》・棄《き》國《こく》財《ざい》位《い》・入《にゅう》山《せん》學《がく》道《どう》・服《ぶく》乘《じょう》白《びゃく》
馬《め》・寶《ほう》冠《かん》瓔《よう》珞《らく》・遣《けん》之《し》令《りょう》還《げん》・捨《しゃ》珍《ちん》妙《みょう》衣《え》・而《に》著《ちゃく》法《ほう》服《ぶく》・
鬀《たい》除《じょ》鬚《しゅ》髮《ほつ》・端《たん》坐《ざ》樹《じゅ》下《げ》・勤《ごん》苦《く》六《ろく》年《ねん》・行《ぎょう》如《にょ》所《しょ》應《おう》・現《げん》
五《ご》濁《じょく》刹《せつ》・隨《ずい》順《じゅん》群《ぐん》生《じょう》・示《じ》有《う》塵《じん》垢《く》・沐《もく》浴《よく》金《こん》流《る》・天《てん》按《なん》
樹《じゅ》枝《し》・得《とく》攀《はん》出《しゅつ》池《ち》・靈《りょう》禽《きん》翼《よく》從《じゅ》・往《おう》詣《げい》道《どう》場《じょう》・吉《きち》祥《じょう》感《かん》
徴《ちょう》・表《ひょう》章《しょう》功《こう》祚《そ》・哀《あい》受《じゅ》施《せ》草《そう》・敷《ふ》佛《ぶつ》樹《じゅ》下《げ》・跏《か》趺《ふ》而《に》坐《ざ》・
奮《ふん》大《だい》光《こう》明《みょう》・使《し》魔《ま》知《ち》之《し》・魔《ま》率《そつ》官《かん》屬《ぞく》・而《に》來《らい》逼《ひっ》試《し》・制《せい》
以《い》智《ち》力《りき》・皆《かい》令《りょう》降《ごう》伏《ぶく》・得《とく》微《み》妙《みょう》法《ほう》・成《じょう》最《さい》正《しょう》覺《がく》

七

みな*普賢大士《ふげんだいじ》の徳《とく》に遵《したが》へり。もろもろの菩薩《ぼさつ》の無量《むりょう》の*行願《ぎょうがん》を具《ぐ》し、一切功徳《いっさいくどく》の法《ほう》に安住《あんじゅう》す。十方《じっぽう》に遊歩《ゆぶ》して権方便《ごんほうべん》を行《ぎょう》じ、*仏法蔵《ぶっぽうぞう》に入《い》りて彼岸《ひがん》を究竟《くきょう》し、無量《むりょう》の世界《せかい》において*等覚《とうがく》を成《じょう》ずることを現《げん》じたまふ。兜率天《とそつてん》に処《しょ》して正法《しょうぼう》を弘宣《ぐせん》し、かの天宮《てんぐ》を捨《す》てて*神《じん》を母胎《もたい》に降《くだ》す。右脇《うきょう》より生《しょう》じて七歩《しちぶ》を行《ゆ》くことを現《げん》ず。光明《こうみょう》は顕耀《けんよう》にして、あまねく十方《じっぽう》を照《て》らし、無量《むりょう》の仏土《ぶつど》は、*六種《ろくしゅ》に震動《しんどう》す。声《こえ》を挙《あ》げてみづから称《とな》ふ、「われまさに世《よ》において無上尊《むじょうそん》となるべし」と。*釈《しゃく》・梵《ぼん》は奉侍《ぶじ》し、天《てん》・人《にん》は帰仰《きごう》す。算計《さんげ》・文芸《もんげい》・射御《しゃご》を示現《じげん》して、博《ひろ》く道術《どうじゅつ》を綜《なら》ひ、群籍《ぐんじゃく》を貫練《かんれん》したまふ。後園《ごおん》に遊《あそ》びて武《ぶ》を講《こう》じ芸《げい》を試《こころ》みる。宮中《くちゅう》　*色味《しきみ》のあひだに処《しょ》することを現《げん》じ、老《ろう》・病《びょう》・死《し》を見《み》て世《よ》の*非常《ひじょう》を悟《さと》る。国《くに》と財《ざい》と位《くらい》を棄《す》てて山《やま》に入《い》りて道《どう》を学《がく》す。服乗《ぶくじょう》の白馬《びゃくめ》・宝冠《ほうかん》・瓔珞《ようらく》、これを遣《つか》はして還《かえ》さしむ。珍妙《ちんみょう》の衣《ころも》を捨《す》てて法服《ほうぶく》を着《ちゃく》し、鬚髪《しゅほつ》を剃除《たいじょ》し、樹下《じゅげ》に端坐《たんざ》し、勤苦《ごんく》すること六年《ろくねん》、行《ぎょう》、

普賢大士の徳に遵へり　普賢菩薩のように、慈悲行を実践すること。

行願　菩薩の修する四摂《ししょう》・六波羅蜜《ろっぱらみつ》等の行と四弘誓《しぐぜい》願《がん》・十大願等の願。

仏法蔵　真如法性《しんにょほっしょう》のこと。

等覚　絶対平等の真如をさとった仏のさとり。等正覚《とうしょうがく》に同じ。

神　こころ。

六種に震動す　如来の出現、降魔、成道、説法等をたたえてあらわれる瑞相（めでたいしるし）。動《どう》・起《き》・涌《ゆう》（形の変動）と震《しん》・吼《く》・覚《かく》（音の変動）の六種。※

釈梵　帝釈天と梵天。

色味　五欲（色《しき》・声《しょう》・香《こう》・味《み》・触《そく》を対象とする欲）の中の二つを挙げて、欲望を示す。

非常　無常と同じ意。常ならざること。

所応《しょおう》のごとくまします。五濁《ごじょく》の*刹《せつ》に現《げん》じて群生《ぐんじょう》に随順《ずいじゅん》す。塵垢《じんく》ありと示《しめ》して*金流《こんる》に沐浴《もくよく》す。天《てん》は樹《き》の枝《えだ》を按《おさ》へて池《いけ》より攀《よ》ぢ出《い》づることを得《え》しむ。*霊禽《りょうきん》は、*翼従《よくじゅう》して道場《どうじょう》に往詣《おうげい》す。*吉祥《きちじょう》、*感徴《かんちょう》して*功祚《こうそ》を表章《ひょうしょう》す。哀《あわ》れんで施草《せそう》を受《う》けて仏樹《ぶつじゅ》の下《もと》に敷《し》き、*跏趺《かふ》して坐《ざ》す。大《だい》光明《こうみょう》を奮《ふる》つて、魔《ま》をしてこれを知《し》らしむ。魔《ま》、*官属《かんぞく》を率《ひき》ゐて、来《きた》りて逼《せ》め試《こころ》みる。制《せい》するに智力《ちりき》をもつてして、みな降伏《ごうぶく》せしむ。*微妙《みみょう》の法《ほう》を得《え》て最正覚《さいしょうがく》を成《な》る。

釋《しゃく》梵《ぼん》

祈《き》勸《かん》・請《しょう》轉《てん》法《ぼう》輪《りん》・以《い》佛《ぶつ》遊《ゆ》歩《ぶ》・佛《ぶつ》吼《く》而《に》吼《く》・扣《く》法《ほっ》鼓《く》・吹《すい》法《ほう》蠡《ら》・執《しゅ》法《ほう》劍《けん》・建《こん》法《ぼう》幢《どう》・震《しん》法《ぼう》雷《らい》・曜《よう》法《ほう》電《でん》・澍《じゅ》法《ほう》雨《う》・演《えん》法《ぽっ》施《せ》・常《じょう》以《い》法《ほう》音《おん》・覺《かく》諸《しょ》世《せ》間《けん》・光《こう》明《みょう》普《ふ》照《しょう》・無《む》

刹　梵語クシェートラ（kṣetra）の音写。国土のこと。
金流　清流。特にブッダガヤー（Buddhagayā）に近いナイランジャナー（Nairañjanā）河のこと。
霊禽　霊鳥。不思議な鳥。
翼従　両翼のように左右に従うこと。
吉祥　仏陀の成道に際し、草を捧げた童子の名。
感徴　仏陀が成道されるという奇瑞を感得すること。
功祚　仏のさとり。仏果。修行の功徳によって成仏したことをたたえていう語。
跏趺　結跏趺坐《けっかふざ》。禅定《ぜんじょう》を修めるときの姿勢で、足を組んで坐る坐法の一種。
官属　親族。なかま。
微妙の法　奥深いすばらしい真理。

量《りょう》佛《ぶつ》土《ど》・一《いっ》切《さい》世《せ》界《かい》・六《ろく》種《しゅ》震《しん》動《どう》・總《そう》攝《しょう》魔《ま》界《かい》・動《どう》魔《ま》宮《く》殿《でん》・衆《しゅ》魔《ま》慴《しょう》怖《ふ》・莫《まく》不《ふ》歸《き》伏《ぶく》・摑《かく》裂《れつ》邪《じゃ》網《もう》・消《しょう》滅《めつ》諸《しょ》見《けん》・散《さん》諸《しょ》塵《じん》勞《ろう》・壞《え》諸《しょ》欲《よく》塹《ぜん》・嚴《ごん》護《ご》法《ほう》城《じょう》・開《かい》闡《せん》法《ほう》門《もん》・洗《せん》濯《じょく》垢《く》汚《お》・顯《けん》明《みょう》清《しょう》白《びゃく》・光《こう》融《ゆ》佛《ぶっ》法《ぽう》・宣《せん》流《る》正《しょう》化《け》・入《にゅう》國《こく》分《ぶん》衞《ね》・獲《ぎゃく》諸《しょ》豐《ふ》膳《ぜん》・貯《ちょ》功《く》德《どく》・示《じ》福《ふく》田《でん》・欲《よく》宣《せん》法《ぼう》・現《げん》欣《ごん》笑《しょう》・以《い》諸《しょ》法《ほう》藥《やく》・救《く》療《りょう》三《さん》苦《く》・顯《けん》現《げん》道《どう》意《い》・無《む》量《りょう》功《く》德《どく》・授《じゅ》菩《ぼ》薩《さっ》記《き》・成《じょう》等《とう》正《しょう》覺《がく》・示《じ》現《げん》滅《めつ》度《ど》・拯《じょう》濟《さい》無《む》極《ごく》・消《しょう》除《じょ》諸《しょ》漏《ろ》・植《じき》衆《しゅ》德《とく》本《ほん》・具《ぐ》足《そく》功《く》德《どく》・微《み》妙《みょう》難《なん》量《りょう》

釈《しゃく》・梵《ぼん》、祈勧《きかん》して*転法輪《てんぼうりん》を請《しょう》ず。〔成道《じょうどう》せられし菩薩《ぼさつ》は〕仏《ぶつ》の遊歩《ゆぶ》をもつてし、仏《ぶつ》の吼《く》をもつて吼《く》す。法鼓《ほうく》を扣《たた》き、法螺《ほうら》を吹《ふ》き、法剣《ほうけん》

転法輪　仏が教法の輪を転がすこと。すなわち法を説くこと。

を執《と》り、*法幢《ほうどう》を建《た》て、法雷《ほうらい》を震《ふる》ひ、法電《ほうでん》を曜《かがや》かし、法雨《ほうう》を澍《そそ》ぎ、法《ほう》施《せ》を演《の》ぶ。つねに法音《ほうおん》をもつて、もろもろの世間《せけん》を覚《かく》せしむ。光明《こうみょう》、あまねく無量《むりょう》の仏土《ぶつど》を照《て》らし、一切世界《いっさいせかい》、六種《ろくしゅ》に震動《しんどう》す。総《そう》じて魔《ま》界《かい》を摂《せっ》し、魔《ま》の宮殿《くでん》を動《どう》ず。衆魔《しゅま》、慴怖《しょうふ》して帰伏《きぶく》せざるはなし。邪《じゃ》網《もう》を摑裂《かくれつ》し、*諸見《しょけん》を消滅《しょうめつ》し、もろもろの*塵労《じんろう》を散《さん》じ、もろもろの欲《よく》塹《ぜん》を壊《やぶ》る。法城《ほうじょう》を厳護《ごんご》して法門《ほうもん》を開闡《かいせん》す。垢汚《くお》を洗濯《せんじょく》して清白《しょうびゃく》を顕明《けんみょう》す。仏法《ぶっぽう》を光融《こうゆ》し、正化《しょうけ》を宣流《せんる》す。国《くに》に入《い》りて*分衛《ぶんえ》して、もろもろの豊膳《ぶぜん》を獲《え》、功徳《くどく》を貯《たくわ》へしめ、*福田《ふくでん》を示《しめ》す。法《ほう》を宣《の》べんと欲《ほっ》して欣笑《ごんしょう》を現《げん》ず。もろもろの法薬《ほうやく》をもつて三苦《さんく》を救療《くりょう》し、*道意無量《どういむりょう》の功徳《くどく》を顕現《けんげん》す。菩薩《ぼさつ》に記《き》を授《さず》け、等正覚《とうしょうがく》を成《な》らしむ。*滅度《めつど》を示現《じげん》すれども、拯済《じょうさい》すること極《きわ》まりなし。*諸漏《しょろ》を消除《しょうじょ》して、もろもろの徳《とく》本《ほん》を植《う》ゑ、功徳《くどく》を具足《ぐそく》せしむること、微妙《みみょう》にして量《はか》りがたし。

法幢　真理のはたぼこ。
諸見　もろもろの悪しき見解。
塵労　心を疲れさせるものの意。煩悩の異名。
分衛　梵語ピンダパータ(piṇḍapāta)の音写。乞食・托鉢の意。
福田　福徳を生ずる田の意。仏や僧を敬い供養すれば、田地に穀物が生ずるように福徳を生み出すから、これを指し福田という。
道意　無上正真道意のことで、仏果に至り、さとりの智慧を得ようとする心。菩提心に同じ。
滅度　ここでは肉体的死滅のこと。
諸漏　もろもろの煩悩。

遊《ゆ》
諸《しょ》佛《ぶっ》國《こく》・普《ふ》現《げん》道《どう》教《きょう》・其《ご》所《しょ》修《しゅ》行《ぎょう》・清《しょう》淨《じょう》無《む》穢《え》・譬《ひ》如《にょ》
幻《げん》師《し》・現《げん》衆《しゅ》異《い》像《ぞう》・爲《い》男《なん》爲《い》女《にょ》・無《む》所《しょ》不《ふ》變《へん》・本《ほん》學《がく》明《みょう》
了《りょう》・在《ざい》意《い》所《しょ》爲《い》・此《し》諸《しょ》菩《ぼ》薩《さつ》・亦《やく》復《ぶ》如《にょ》是《ぜ》・學《がく》一《いっ》切《さい》法《ほう》・
貫《かん》綜《そう》縷《る》練《れん》・所《しょ》住《じゅ》安《あん》諦《たい》・靡《み》不《ふ》致《ち》化《け》・無《む》數《しゅ》佛《ぶっ》土《ど》・皆《かい》
悉《しっ》普《ふ》現《げん》・未《み》曾《ぞう》慢《まん》恣《し》・愍《みん》傷《じょう》衆《しゅ》生《じょう》・如《にょ》是《ぜ》之《し》法《ほう》・一《いっ》切《さい》
具《ぐ》足《そく》・菩《ぼ》薩《さつ》經《きょう》典《てん》・究《く》暢《ちょう》要《よう》妙《みょう》・名《みょう》稱《しょう》普《ふ》至《し》・導《どう》御《ご》十《じっ》
方《ぽう》・無《む》量《りょう》諸《しょ》佛《ぶっ》・咸《げん》共《ぐ》護《ご》念《ねん》・佛《ぶっ》所《しょ》住《じゅ》者《しゃ》・皆《かい》已《い》得《とく》住《じゅ》・
大《だい》聖《しょう》所《しょ》立《りゅう》・而《に》皆《かい》已《い》立《りゅう》・如《にょ》來《らい》導《どう》化《け》・各《かく》能《のう》宣《せん》布《ぶ》・爲《い》
諸《しょ》菩《ぼ》薩《さつ》・而《に》作《さ》大《だい》師《し》・以《い》甚《じん》深《じん》禪《ぜん》慧《ね》・開《かい》導《どう》衆《しゅ》人《にん》・通《つ》
諸《しょ》法《ほう》性《しょう》・達《だっ》衆《しゅ》生《じょう》相《そう》・明《みょう》了《りょう》諸《しょ》國《こく》・供《く》養《よう》諸《しょ》佛《ぶっ》・化《け》現《げん》

其《ご》身《しん》・猶《ゆ》如《にょ》電《でん》光《こう》・善《ぜん》學《がく》無《む》畏《い》之《し》網《もう》・曉了《きょうりょう》幻《げん》化《け》之《し》法《ほう》・壞《え》裂《れつ》魔《ま》網《もう》・解《げ》諸《しょ》纏《でん》縛《ばく》・超《ちょう》越《おつ》聲《しょう》聞《もん》・緣《えん》覺《がく》之《し》地《じ》・得《とっ》空《く》無《む》相《そう》・無《む》願《がん》三《ざん》昧《まい》・善《ぜん》立《りゅう》方《ほう》便《べん》・顯《けん》示《じ》三《さん》乘《じょう》・於《お》此《し》中《ちゅう》下《げ》・而《に》現《げん》滅《めつ》度《ど》・亦《やく》無《む》所《しょ》作《さ》・亦《やく》無《む》所《しょ》有《う》・不《ふ》起《き》不《ふ》滅《めつ》・得《とく》平《びょう》等《どう》法《ほう》

諸仏《しょぶつ》の国《くに》に遊《あそ》びてあまねく*道教《どうきょう》を現《げん》ず。その修行《しゅぎょう》するところ、清《しょう》浄《じょう》にして穢《え》なし。たとへば幻師《げんし》のもろもろの異像《いぞう》を現《げん》じて、男《おとこ》となし、女《おんな》となして、変《へん》ぜざるところなく、*本学明了《ほんがくみょうりょう》にして意《い》の所為《しょい》にあるがごとし。このもろもろの菩薩《ぼさつ》、またまたかくのごとし。一切《いっさい》の法《ほう》を学《がく》して*貫綜縷練《かんそうるれん》す。*所住安諦《しょじゅうあんたい》にして化《け》を致《いた》さざることなし。無数《むしゅ》の仏土《ぶつど》にみなことごとくあまねく現《げん》ず。いまだかつて慢恣《まんし》せず。

道教　仏道の教え。

本学　幻術者の学問。

貫綜縷練　徹底的に学び通達すること。

所住安諦　学んだ教えの上に心を落ち着かせて、安らかになること。

一三

衆生《しゅじょう》を愍傷《みんしょう》す。かくのごときの法《ほう》、一切具足《いっさいぐそく》せり。菩薩《ぼさつ》の経典《きょうてん》、要《よう》妙《みょう》を究暢《くちょう》し、名称《みょうしょう》あまねく至《いた》りて十方《じっぽう》を導御《どうご》す。無量《むりょう》の諸仏《しょぶつ》、ことごとくともに護念《ごねん》したまふ。*仏《ぶつ》の所住《しょじゅう》には、みなすでに住《じゅう》することを得《え》たり。*大聖《だいしょう》の所立《しょりゅう》は、しかもみなすでに立《りゅう》す。如来《にょらい》の導化《どうけ》は、おのおのよく宣布《せんぶ》して、もろもろの菩薩《ぼさつ》のために、しかも大師《だいし》となる。甚深《じんじん》の*禅《ぜん》・慧《え》をもつて衆人《しゅにん》を開導《かいどう》す。*諸法《しょほう》の性《しょう》を通《さと》り、衆生《しゅじょう》の相《そう》に達《たっ》せり。あきらかに諸国《しょこく》を了《さと》りて諸仏《しょぶつ》を供養《くよう》したてまつる。その身《み》を化現《けげん》すること、なほ電光《でんこう》のごとし。よく無畏《むい》の網《もう》を学《がく》して、あきらかに*幻化《げんけ》の法《ほう》を了《りょう》す。魔網《まもう》を壊裂《えれつ》し、もろもろの*纏縛《てんばく》を解《と》く。声聞《しょうもん》・縁覚《えんがく》の地《じ》を超越《ちょうおつ》して、*空《くう》・無相《むそう》・無願三昧《むがんざんまい》を得《え》たり。よく方《ほう》便《べん》を立《りゅう》して三乗《さんじょう》を顕示《けんじ》す。この*中下《ちゅうげ》において、しかも滅度《めつど》を現《げん》ずれども、また所作《しょさ》なく、また所有《しょう》なし。不起《ふき》・不滅《ふめつ》にして平等《びょうどう》の法《ほう》を得《え》たり。

仏の所住　仏のそなえておいでになる功徳。
大聖の所立　仏の清浄な行い（梵行）の実践。
禅慧　禅定《ぜんじょう》と智慧。
諸法の性　あらゆる存在の本性。
幻化の法　すべての事物は因縁《いんねん》によって生起したもので、それ自身に固有な本性がないから幻のようである、という道理。
纏縛　煩悩の異名。
空無相無願三昧　解脱を得る三種の方法、三三昧《さんざんまい》ともいう。①空解脱門《くうげだつもん》。一切の存在は空であると観ずる。②無相解脱門《むそうげだつもん》。一切が空であるから差別の相はないと観ずる。③無願解脱門《むがんげだつもん》。願《がん》求《ぐ》すべき何ものもないと観ずる。
中下　中は縁覚《えんがく》、下は声聞《しょうもん》を指す。

一四

具《ぐ》足《そく》成《じょう》就《じゅ》・無《む》量《りょう》總《そう》持《じ》・百《ひゃく》千《せん》三《ざん》
昧《まい》・諸《しょ》根《こん》智《ち》慧《え》・廣《こう》普《ふ》寂《じゃく》定《じょう》・深《じん》入《にゅう》菩《ぼ》薩《さつ》法《ほう》藏《ぞう》・得《とく》佛《ぶつ》
華《け》嚴《ごん》三《ざん》昧《まい》・宣《せん》暢《ちょう》演《えん》說《ぜつ》・一《いっ》切《さい》經《きょう》典《でん》・住《じゅ》深《じん》定《じょう》門《もん》・悉《しっ》
覩《と》現《げん》在《ざい》・無《む》量《りょう》諸《しょ》佛《ぶつ》・一《いち》念《ねん》之《し》頃《きょう》・無《む》不《ふ》周《しゅ》徧《へん》・濟《さい》諸《しょ》
劇《ぎゃく》難《なん》・諸《しょ》閑《げん》不《ふ》閑《げん》・分《ふん》別《べつ》顯《けん》示《じ》・眞《しん》實《じつ》之《し》際《さい》・得《とく》諸《しょ》如《にょ》
來《らい》・辯《べん》才《ざい》之《し》智《ち》・入《にっ》衆《しゅ》言《ごん》音《のん》・開《かい》化《け》一《いっ》切《さい》・超《ちょう》過《か》世《せ》間《けん》・
諸《しょ》所《しょ》有《う》法《ほう》・心《しん》常《じょう》諦《たい》住《じゅ》・度《ど》世《せ》之《し》道《どう》・於《お》一《いっ》切《さい》萬《まん》物《もつ》・
而《に》隨《ずい》意《い》自《じ》在《ざい》・爲《い》諸《しょ》庶《しょ》類《るい》・作《さ》不《ふ》請《しょう》之《し》友《う》・荷《が》負《ぶ》群《ぐん》
生《じょう》・爲《い》之《し》重《じゅう》擔《たん》・受《じゅ》持《じ》如《にょ》來《らい》・甚《じん》深《じん》法《ほう》藏《ぞう》・護《ご》佛《ぶつ》種《しゅ》性《じょう》・
常《じょう》使《し》不《ふ》絕《ぜつ》・興《こう》大《だい》悲《ひ》・愍《みん》衆《しゅ》生《じょう》・演《えん》慈《じ》辯《べん》・授《じゅ》法《ほう》眼《げん》・杜《と》
三《さん》趣《しゅ》・開《かい》善《ぜん》門《もん》・以《い》不《ふ》請《しょう》之《し》法《ほう》・施《せ》諸《しょ》黎《らい》庶《しょ》・如《にょ》純孝《じゅんきょう》

一五

之《し》子《し》・愛《あい》敬《きょう》父《ぶ》母《も》・於《お》諸《しょ》衆《しゅ》生《じょう》・視《じ》若《にゃく》自《じ》己《こ》・一《いっ》切《さい》善《ぜん》本《ぽん》・皆《かい》度《ど》彼《ひ》岸《がん》・悉《しっ》獲《ぎゃく》諸《しょ》佛《ぶつ》・無《む》量《りょう》功《く》德《どく》・智《ち》慧《え》聖《しょう》明《みょう》・不《ふ》可《か》思《し》議《ぎ》・如《にょ》是《ぜ》之《し》等《とう》・菩《ぼ》薩《さつ》大《だい》士《じ》・不《ふ》可《か》稱《しょう》計《げ》・一《いち》時《じ》來《らい》會《え》

無量《むりょう》の*総持《そうじ》、百千《ひゃくせん》の三昧《さんまい》を具足《ぐそく》し成就《じょうじゅ》す。*諸根智慧《しょこんちえ》、*広普寂定《こうふじゃくじょう》にして、深《ふか》く菩薩《ぼさつ》の法蔵《ほうぞう》に入《い》り、*仏華厳三昧《ぶつけごんざんまい》を得《え》て一切《いっさい》の経典《きょうてん》を宣暢《せんちょう》し演説《えんぜつ》す。深定門《じんじょうもん》に住《じゅう》して、ことごとく現在《げんざい》の無量《むりょう》の諸仏《しょぶつ》を観《み》たてまつること、一念《いちねん》のあひだに周遍《しゅうへん》せざることなし。もろもろの*劇難《ぎゃくなん》と、もろもろの*閑《げん》と不閑《ふげん》とを済《すく》ひて、真実《しんじつ》の際《さい》を分別《ふんべつ》し顕示《けんじ》す。もろもろの如来《にょらい》の*弁才《べんざい》の智《ち》を得《え》、もろもろの言音《ごんのん》を入《さと》りて一切《いっさい》を開化《かいけ》す。世間《せけん》のもろもろの*所有《しょう》の法《ほう》に超過《ちょうか》して、心《こころ》つねにあきらかに度《ど》

一六

総持　ここでは智慧の意。

諸根智慧　一切衆生の根性を知りわける智慧。

広普寂定　菩薩が無量の法門を説法するよりどころとなる禅定《ぜんじょう》。

仏華厳三昧　広普寂定の異名。

劇難　八難の中で痛苦の最も劇しい三悪趣《さんまくしゅ》をいう。

閑と不閑　苦悩が薄くて仏道を求めるのに暇のあるも

世《せ》の道《どう》に住《じゅう》す。一切《いっさい》の万物《まんもつ》において、しかも随意自在《ずいいじざい》なり。もろもろの*庶類《しょるい》のために*不請《ふしょう》の友《とも》となる。群生《ぐんじょう》を荷負《かぶ》してこれを重担《じゅうたん》とす。如来《にょらい》の甚深《じんじん》の法蔵《ほうぞう》を受持《じゅじ》し、*仏種性《ぶつしゅしょう》を護《まも》りて、つねに絶《た》えざらしむ。大悲《だいひ》を興《おこ》して衆生《しゅじょう》を愍《あわ》れみ、慈弁《じべん》を演《の》べ、法眼《ほうげん》を授《さず》く。三趣《さんしゅ》を杜《ふさ》ぎ、*善門《ぜんもん》を開《ひら》く。不請《ふしょう》の法《ほう》をもってもろもろの*黎庶《れいしょ》に施《ほどこ》すこと、純孝《じゅんきょう》の子《こ》の父母《ぶも》を愛敬《あいきょう》するがごとし。もろもろの衆生《しゅじょう》において視《み》そなはすこと、自己《じこ》のごとし。一切《いっさい》の善本《ぜんぽん》みな彼岸《ひがん》に度《ど》す。ことごとく諸《しょ》仏《ぶつ》の無量《むりょう》の功徳《くどく》を獲《う》。智慧聖明《ちえしょうみょう》なること不可思議《ふかしぎ》なり。かくのごときらの菩薩大士《ぼさつだいじ》、称計《しょうげ》すべからず、一時《いちじ》に来会《らいえ》す。

爾《に》時《じ》世《せ》尊《そん》・諸《しょ》根《こん》悦《えっ》豫《ちょ》・姿《し》色《しき》清《しょう》淨《じょう》・光《こう》顔《げん》巍《ぎ》巍《ぎ》・尊《そん》者《じゃ》阿《あ》難《なん》・承《じょう》佛《ぶつ》聖《しょう》旨《し》・即《そく》從《じゅ》座《ざ》起《き》・偏《へん》袒《だん》右《う》肩《けん》・長《じょう》跪《き》

のと、ひどく苦に迫られて仏道を求める暇のないもの。
弁才の智 自由自在な弁舌の才智。
所有の法 有為法《ういほう》。迷いによって現れたあらゆる世間の事柄。
庶類 衆生のこと。
不請の友 衆生が請願しなくとも、衆生のために大いなる慈しみをもってその親友となる人。
仏種性 一切衆生が本来的にもっている仏性のこと。
善門 人天の善趣に至る入口のこと。
黎庶 民衆。

一七

合《がっ》掌《しょう》●而《に》白《びゃく》佛《ぶつ》言《ごん》●今《こん》日《にち》世《せ》尊《そん》●諸《しょ》根《こん》悦《えっ》豫《ちょ》●姿《し》色《しき》清《しょう》
淨《じょう》●光《こう》顏《げん》巍《ぎ》巍《ぎ》●如《にょ》明《みょう》淨《じょう》鏡《きょう》●影《よう》暢《ちょう》表《ひょう》裏《り》●威《い》容《よう》顯《けん》曜《にょう》●
超《ちょう》絕《ぜつ》無《む》量《りょう》●未《み》曾《ぞう》瞻《せん》覩《と》●殊《しゅ》妙《みょう》如《にょ》今《こん》●唯《ゆい》然《ねん》大《だい》聖《しょう》●我《が》
心《しん》念《ねん》言《ごん》●今《こん》日《にち》世《せ》尊《そん》●住《じゅ》奇《き》特《どく》法《ほう》●今《こん》日《にち》世《せ》雄《お》●住《じゅ》佛《ぶつ》
所《しょ》住《じゅ》●今《こん》日《にち》世《せ》眼《げん》●住《じゅ》導《どう》師《し》行《ぎょう》●今《こん》日《にち》世《せ》英《よう》●住《じゅ》最《さい》勝《しょう》
道《どう》●今《こん》日《にち》天《てん》尊《そん》●行《ぎょう》如《にょ》來《らい》德《とく》●去《こ》來《らい》現《げん》佛《ぶつ》●佛《ぶつ》佛《ぶつ》相《そう》念《ねん》●
得《とく》無《む》今《こん》佛《ぶつ》●念《ねん》諸《しょ》佛《ぶつ》耶《や》●何《が》故《こ》威《い》神《じん》●光《こう》光《こう》乃《ない》爾《に》●於《お》
是《ぜ》世《せ》尊《そん》●告《ごう》阿《あ》難《なん》曰《わっ》●云《うん》何《が》阿《あ》難《なん》●諸《しょ》天《てん》教《きょう》汝《にょ》●來《らい》問《もん》
佛《ぶつ》耶《や》●自《じ》以《い》慧《え》見《けん》●問《もん》威《に》顏《げん》乎《こ》●阿《あ》難《なん》白《びゃく》佛《ぶつ》●無《む》有《う》諸《しょ》
天《てん》●來《らい》教《きょう》我《が》者《しゃ》●自《じ》以《い》所《しょ》見《けん》●問《もん》斯《し》義《ぎ》耳《に》

一八

そのときに世尊《せそん》、*諸根悦予《しょこんえつよ》し、姿色清浄《ししきしょうじょう》にして*光顔巍々《こうげんぎぎ》とましますます。尊者阿難《そんじゃあなん》、仏《ぶつ》の聖旨《しょうし》を承《う》けてすなはち座《ざ》より起《た》ちて、*ひとへに右《みぎ》の肩《かた》を袒《かたぬ》ぎ、長跪合掌《じょうきがっしょう》して、仏《ぶつ》にまうしてまうさく、「今日世尊《こんにちせそん》、諸根悦予《しょこんえつよ》し、姿色清浄《ししきしょうじょう》にして光顔巍々《こうげんぎぎ》とましますこと、明浄《みょうじょう》なる鏡《かがみ》の影《かげ》、表裏《ひょうり》に暢《とお》るがごとし。威容顕曜《いようけんよう》にして超絶《ちょうぜつ》したまへること無《む》量《りょう》なり。いまだかつて*瞻覩《せんと》せず、殊妙《しゅみょう》なること今《きょう》のごとくましますをば。*やや、しかなり。大聖《だいしょう》、われ心《こころ》に念言《ねんごん》すらく、今日世尊《こんにちせそん》、*奇特《どく》の法《ほう》に住《じゅう》したまへり。今日世雄《こんにちせおう》、*仏《ぶつ》の所住《しょじゅう》に住《じゅう》したまへり。今日《こんにち》世眼《せげん》、*導師《どうし》の行《ぎょう》に住《じゅう》したまへり。今日世英《こんにちせよう》、*最勝《さいしょう》の道《どう》に住《じゅう》したまへり。今日天尊《こんにちてんそん》、*如来《にょらい》の徳《とく》を行《ぎょう》じたまへり。去《こ》・来《らい》・現《げん》の仏《ぶつ》、仏《ぶつ》と仏《ぶつ》とあひ念《ねん》じたまふ。いまの仏《ぶつ》も諸仏《しょぶつ》を念《ねん》じたまふことなきことを得《え》んや。なにがゆゑぞ、威神光々《いじんこうこう》たることいまし、しかるや」と。ここに世尊《せそん》、阿難《あなん》に告《つ》げてのたまはく、「いかんぞ阿難《あなん》、諸天《しょてん》のなん

諸根　眼（視覚）・耳（聴覚）・鼻（嗅覚）・舌（味覚）・身（触覚）の感覚器官および機能。
光顔巍々　顔がおごそかに輝いている様子。
ひとへに…長跪合掌して　衣の右肩をはだ脱ぎ、両膝を地につけてひざまずいて合掌する礼法をもって。
瞻覩　おがみ見ること。あおぎ見ること。
ややしかなり　「やや」は相手に恭順の意を示しつつ応諾する語で、「はい、そうです」と仏の聖旨に随順する語。※
奇特の法　特にすぐれた仏の法（禅定）。
仏の所住　普遍平等な仏の境地。
導師の行　人々を真実の世界へ導く師としての行。
最勝の道　最もすぐれた智慧の境地。
如来の徳　自利利他を円満した徳。

一九

ぢを教《おし》へて仏《ぶつ》に来《きた》し問《と》はしむるか。みづから慧見《えけん》をもつて威顔《いげん》を問《と》へるか」と。阿難《あなん》、仏《ぶつ》にまうさく、「諸天《しょてん》の来《きた》りてわれを教《おし》ふるものあることなし。みづから所見《しょけん》をもつてこの義《ぎ》を問《と》ひたてまつるのみ」と。

佛《ぶつ》言《ごん》善《ぜん》哉《ざい》
阿《あ》難《なん》・所《しょ》問《もん》甚《じん》快《け》・發《ほつ》深《じん》智《ち》慧《え》・眞《しん》妙《みょう》辯《べん》才《ざい》・愍《みん》念《ねん》衆《しゅ》
生《じょう》・問《もん》斯《し》慧《え》義《ぎ》・如《にょ》來《らい》以《い》無《む》蓋《がい》大《だい》悲《ひ》・矜《こう》哀《あい》三《さん》界《がい》・所《しょ》
以《い》出《しゅっ》興《こう》於《お》世《せ》・光《こう》闡《せん》道《どう》教《きょう》・欲《よく》拯《じょう》群《ぐん》萌《もう》・惠《え》以《い》眞《しん》實《じつ》
之《し》利《り》・無《む》量《りょう》億《おっ》劫《こう》・難《なん》値《ち》難《なん》見《けん》・猶《ゆ》靈《れい》瑞《ずい》華《け》・時《じ》時《じ》乃《ない》
出《しゅつ》・今《こん》所《しょ》問《もん》者《しゃ》・多《た》所《しょ》饒《にょう》益《やく》・開《かい》化《け》一《いっ》切《さい》・諸《しょ》天《てん》人《にん》民《みん》・
阿《あ》難《なん》當《とう》知《ち》・如《にょ》來《らい》正《しょう》覺《がく》・其《ご》智《ち》難《なん》量《りょう》・多《た》所《しょ》導《どう》御《ご》・慧《え》

二〇

見《けん》無《む》礙《げ》・無《む》能《のう》遏《あつ》絕《ぜつ》・以《い》一《いち》餐《ざん》之《し》力《りき》・能《のう》住《じゅ》壽《じゅ》命《みょう》・億《おく》百《ひゃく》千《せん》劫《ごう》・無《む》數《しゅ》無《む》量《りょう》・復《ぶ》過《か》於《お》此《し》・諸《しょ》根《こん》悅《えっ》豫《ちょ》・不《ふ》以《い》毀《き》損《そん》・姿《し》色《しき》不《ふ》變《へん》・光《こう》顏《げん》無《む》異《い》・所《しょ》以《い》者《しゃ》何《が》・如《にょ》來《らい》定《じょう》慧《え》・究《く》暢《ちょう》無《む》極《ごく》・於《お》一《いっ》切《さい》法《ほう》・而《に》得《とく》自《じ》在《ざい》・阿《あ》難《なん》諦《たい》聽《ちょう》・今《こん》爲《に》汝《にょ》說《せつ》・對《たい》曰《わつ》唯《ゆい》然《ねん》・願《がん》樂《ぎょう》欲《よく》聞《もん》

仏《ぶつ》のたまはく、「善《よ》いかな阿難《あなん》、問《と》へるところははなはだ快《こころよ》し。深《ふか》き智慧《ちえ》、真妙《しんみょう》の弁才《べんざい》を発《おこ》し、衆生《しゅじょう》を愍念《みんねん》せんとしてこの*慧義《えぎ》を問《と》へり。如来《にょらい》、無蓋《むがい》の大悲《だいひ》をもつて三界《さんがい》を矜哀《こうあい》したまふ。世《よ》に出興《しゅっこう》するゆゑは、*道教《どうきょう》を光闡《こうせん》して群萌《ぐんもう》を拯《すく》ひ、恵《めぐ》むに真実《しんじつ》の利《り》をもつてせんと欲《おぼ》してなり。無量億劫《むりょうおくこう》にも値《あ》ひがたく見《み》たてまつりがたきこと、なほ*霊瑞華《れいずいけ》の、時《とき》ありて、時《とき》にいまし出《い》づるがごとし。いま問《と》へる

慧義　智慧によってのみ知ることができる意義。すなわち、仏の五徳瑞現《ごとくずいげん》の理由。

道教を光闡して　仏道の教えを広く説き述べて。

霊瑞華　優曇鉢樹《うどんばじゅ》の花。三千年に一度だけ咲くという。

二一

ところは、*饒益《にょうやく》するところ多《おお》し。一切《いっさい》の諸天《しょてん》・人民《にんみん》を開化《かいけ》す。阿難《あなん》、まさに知《し》るべし。如来《にょらい》の正覚《しょうがく》は、その智量《ちはか》りがたくして、〔衆生《しゅじょう》を〕導御《どうご》するところ多《おお》し。慧見無礙《えけんむげ》にして、よく*遏絶《あつぜつ》することなし。*一餐《いちざん》の力《ちから》をもつて、よく寿命《じゅみょう》を住《とど》めたまふこと、億百千劫無数無量《おくひゃくせんごうむしゅむりょう》にして、またこれよりも過《す》ぎたまへり。諸根悦予《しょこんえつよ》してもつて毀損《きそん》せず。姿色変《ししきへん》ぜず、光顔異《こうげんこと》なることなし。ゆゑはいかん。如来《にょらい》は、*定《じょう》と慧《え》と究暢《くちょう》したまへること極《きわ》まりなし。一切《いっさい》の法《ほう》において自在《じざい》を得《え》たまへり。阿難《あなん》、あきらかに聴《き》け、いまなんぢがために説《と》かん」と。対《こた》へてまうさく、「やや、しかなり。願楽《がんぎょう》して聞《き》きたてまつらんと欲《おも》ふ」と。

佛《ぶつ》告《ごう》阿難《あなん》・乃往《ないおう》過去《かこ》・久遠《くおん》無量《むりょう》・不可思議《ふかしぎ》・無央數劫《むおうしゅこう》・錠光《じょうこう》如來《にょらい》・興出《こうしゅつ》於世《おせ》・敎化《きょうけ》度脫《どだつ》・無量《むりょう》

饒益　他を利益《りやく》すること。

遏絶　さえぎりとどめること。

一餐　一度の食事。

定と慧　禅定《ぜんじょう》（三昧）と智慧。

衆生《しゅじょう》●皆《かい》令《りょう》得《とく》道《どう》●乃《ない》取《しゅ》滅《めつ》度《ど》●次《し》有《う》如《にょ》來《らい》●名《みょう》曰《わつ》光《こう》遠《おん》●次《し》名《みょう》月《がっ》光《こう》●次《し》名《みょう》栴《せん》檀《だん》香《こう》●次《し》名《みょう》善《ぜん》山《せん》王《のう》●次《し》名《みょう》須《しゅ》彌《み》天《てん》冠《がん》●次《し》名《みょう》須《しゅ》彌《み》等《とう》曜《よう》●次《し》名《みょう》月《がっ》色《しき》●次《し》名《みょう》正《しょう》念《ねん》●次《し》名《みょう》離《り》垢《く》●次《し》名《みょう》無《む》著《じゃく》●次《し》名《みょう》龍《りゅう》天《てん》●次《し》名《みょう》夜《や》光《こう》●次《し》名《みょう》安《あん》明《みょう》頂《ちょう》●次《し》名《みょう》不《ふ》動《どう》地《じ》●次《し》名《みょう》瑠《る》璃《り》妙《みょう》華《け》●次《し》名《みょう》瑠《る》璃《り》金《こん》色《じき》●次《し》名《みょう》金《こん》藏《ぞう》●次《し》名《みょう》焰《えん》光《こう》●次《し》名《みょう》焰《えん》根《こん》●次《し》名《みょう》地《じ》動《どう》●次《し》名《みょう》月《がっ》像《ぞう》●次《し》名《みょう》日《にっ》音《とん》●次《し》名《みょう》解《げ》脱《だっ》華《け》●次《し》名《みょう》莊《しょう》嚴《ごん》光《こう》明《みょう》●次《し》名《みょう》海《かい》覺《かく》神《じん》通《ずう》●次《し》名《みょう》水《すい》光《こう》●次《し》名《みょう》大《だい》香《こう》●次《し》名《みょう》離《り》塵《じん》垢《く》●次《し》名《みょう》捨《しゃ》厭《えん》意《に》●次《し》名《みょう》寶《ほう》焰《えん》●次《し》名《みょう》妙《みょう》頂《ちょう》●次《し》名《みょう》勇《ゆう》立《りゅう》●次《し》名《みょう》功《く》德《どく》持《じ》慧《え》●次《し》名《みょう》蔽《へい》日《にち》月《がっ》光《こう》●次《し》名《みょう》日《にち》月《がっ》瑠《る》璃《り》光《こう》●次《し》名《みょう》無《む》上《じょう》瑠《る》璃《り》光《こう》●

次《し》名《みょう》最《さい》上《じょう》首《しゅ》・次《し》名《みょう》菩《ぼ》提《だい》華《け》・次《し》名《みょう》月《がつ》明《みょう》・次《し》名《みょう》日《にっ》光《こう》・次《し》名《みょう》華《け》色《しき》王《おう》・次《し》名《みょう》水《すい》月《がっ》光《こう》・次《し》名《みょう》除《じょ》癡《ち》瞑《みょう》・次《し》名《みょう》度《ど》蓋《がい》行《ぎょう》・次《し》名《みょう》浄《じょう》信《しん》・次《し》名《みょう》善《ぜん》宿《しゅく》・次《し》名《みょう》威《い》神《じん》・次《し》名《みょう》法《ほう》慧《え》・次《し》名《みょう》鸞《らん》音《のん》・次《し》名《みょう》師《し》子《し》音《おん》・次《し》名《みょう》龍《りゅう》音《おん》・次《し》名《みょう》処《しょ》世《せ》・如《にょ》此《し》諸《しょ》佛《ぶつ》・皆《かい》悉《しつ》已《い》過《か》

仏《ぶつ》、阿難《あなん》に告《つ》げたまはく、「*乃往過去《ないおうかこ》久遠《くおん》無量《むりょう》不可思議《ふかしぎ》*無央数劫《むおうしゅこう》に、*錠光如来《じょうこうにょらい》、世《よ》に興出《こうしゅつ》して無量《むりょう》の衆生《しゅじょう》を教化《きょうけ》し*度脱《どだつ》して、みな道《どう》を得《え》しめてすなはち滅度《めつど》を取《と》りたまひき。次《つぎ》に如来《にょらい》ましましき、名《な》をば光遠《こうおん》といふ。次《つぎ》をば月光《がっこう》と名《な》づく。次《つぎ》をば栴檀香《せんだんこう》と名《な》づく。次《つぎ》をば善山王《ぜんせんのう》と名《な》づく。次《つぎ》をば須弥天冠《しゅみてんがん》と名《な》づく。次《つぎ》をば須弥等曜《しゅみとうよう》と名《な》づく。次《つぎ》をば月色《がっしき》と名《な》づく。次《つぎ》をば正念《しょうねん》と名《な》づく。次《つぎ》をば離垢《りく》と

乃往過去　遠い昔のこと。
無央数　数えることができないの意で、大きな数の単位を表す。阿僧祇《あそうぎ》に同じ。
錠光如来　梵語ディーパンカラ・タターガタ（Dīpam-kara-tathāgata）の漢訳。燃灯仏ともいう。過去世に出現して、釈迦菩薩（釈尊の前生）に、未来には仏に成ると予言した仏。

名《な》づく。次《つぎ》をば無著《むじゃく》と名《な》づく。次《つぎ》をば龍天《りゅうてん》と名《な》づく。次《つぎ》をば夜光《やこう》と名《な》づく。次《つぎ》をば安明頂《あんみょうちょう》と名《な》づく。次《つぎ》をば不動地《ふどうじ》と名《な》づく。次《つぎ》をば瑠璃妙華《るりみょうけ》と名《な》づく。次《つぎ》をば瑠璃金色《るりこんじき》と名《な》づく。次《つぎ》をば金蔵《こんぞう》と名《な》づく。次《つぎ》をば焰光《えんこう》と名《な》づく。次《つぎ》をば焰根《えんこん》と名《な》づく。次《つぎ》をば地動《じどう》と名《な》づく。次《つぎ》をば月像《がつぞう》と名《な》づく。次《つぎ》をば日音《にっとん》と名《な》づく。次《つぎ》をば解脱華《げだつけ》と名《な》づく。次《つぎ》をば荘厳光明《しょうごんこうみょう》と名《な》づく。次《つぎ》をば海覚神通《かいかくじんずう》と名《な》づく。次《つぎ》をば水光《すいこう》と名《な》づく。次《つぎ》をば大香《だいこう》と名《な》づく。次《つぎ》をば離塵垢《りじんく》と名《な》づく。次《つぎ》をば捨厭《しゃえん》意《に》と名《な》づく。次《つぎ》をば宝焰《ほうえん》と名《な》づく。次《つぎ》をば妙頂《みょうちょう》と名《な》づく。次《つぎ》をば勇立《ゆうりゅう》と名《な》づく。次《つぎ》をば功徳持慧《くどくじえ》と名《な》づく。次《つぎ》をば蔽日月光《へいにちがっこう》と名《な》づく。次《つぎ》をば日月瑠璃光《にちがつるりこう》と名《な》づく。次《つぎ》をば無上瑠璃光《むじょうるりこう》と名《な》づく。次《つぎ》をば最上首《さいじょうしゅ》と名《な》づく。次《つぎ》をば菩提華《ぼだいけ》と名《な》づく。次《つぎ》をば月明《がつみょう》と名《な》づく。次《つぎ》をば日光《にっこう》と名《な》づく。次《つぎ》をば華色王《けしきおう》と名《な》づく。次《つぎ》をば水月光《すいがっこう》と名《な》づく。次《つぎ》をば除痴瞑《じょちみょう》と名《な》づく。次《つぎ》をば度蓋行《どがいぎょう》と名《な》づく。次《つぎ》をば浄信《じょうしん》と名《な》づ

度脱　済度に同じ。迷いの世界から悟りの世界へ導き入れること。※

く。次《つぎ》をば善宿《ぜんしゅく》と名《な》づく。次《つぎ》をば威神《いじん》と名《な》づく。次《つぎ》をば法慧《ほうえ》と名《な》づく。次《つぎ》をば鸞音《らんのん》と名《な》づく。次《つぎ》をば師子音《ししおん》と名《な》づく。次《つぎ》をば龍音《りゅうおん》と名《な》づく。次《つぎ》をば処世《しょせ》と名《な》づく。かくのごときの諸仏《しょぶつ》、みなことごとくすでに過《す》ぎたまへり。

爾《に》時《じ》次《し》有《う》佛《ぶつ》・名《みょう》世《せ》自《じ》在《ざい》王《おう》・如《にょ》來《らい》・應《おう》供《ぐ》・等《とう》正《しょう》覺《がく》・明行《みょうぎょう》足《そく》・善《ぜん》逝《ぜい》・世《せ》間《けん》解《げ》・無《む》上《じょう》士《じ》・調《じょう》御《ご》丈《じょう》夫《ぶ》・天《てん》人《にん》師《し》・佛《ぶつ》・世《せ》尊《そん》・時《じ》有《う》國《こく》王《おう》・聞《もん》佛《ぶつ》説《せっ》法《ぽう》・心《しん》懷《ね》悅《えっ》豫《ちょ》・尋《じん》發《ぽっ》無《む》上《じょう》正《しょう》眞《しん》道《どう》意《い》・棄《き》國《こく》捐《えん》王《のう》・行《ぎょう》作《さ》沙《しゃ》門《もん》・號《ごう》曰《わっ》法《ほう》藏《ぞう》・高《こう》才《ざい》勇《ゆう》哲《てつ》・與《よ》世《せ》超《ちょう》異《い》・詣《げい》世《せ》自《じ》在《ざい》王《おう》如《にょ》來《らい》所《しょ》・稽《け》首《しゅ》佛《ぶっ》足《そく》・右《う》繞《にょう》三《さん》帀《ぞう》・長《じょう》跪《き》合《がっ》掌《しょう》・以《い》頌《じゅ》讚《さん》曰《わっ》・

光《こう》顔《げん》巍《ぎ》巍《ぎ》●威《い》神《じん》無《む》極《ごく》●如《にょ》是《ぜ》焰《えん》明《みょう》●無《む》與《よ》等《とう》者《しゃ》●
日《にち》月《がつ》摩《ま》尼《に》●珠《しゅ》光《こう》焰《えん》耀《にょう》●皆《かい》悉《しつ》隱《おん》蔽《ぺい》●猶《ゆ》若《にゃく》聚《じゅ》墨《もく》●
如《にょ》來《らい》容《よう》顏《げん》●超《ちょう》世《せ》無《む》倫《りん》●正《しょう》覺《がく》大《だい》音《おん》●響《こう》流《る》十《じっ》方《ぽう》●
戒《かい》聞《もん》精《しょう》進《じん》●三《さん》昧《まい》智《ち》慧《え》●威《い》德《とく》無《む》侶《りょ》●殊《しゅ》勝《しょう》希《け》有《う》●
深《じん》諦《たい》善《ぜん》念《ねん》●諸《しょ》佛《ぶつ》法《ほう》海《かい》●窮《ぐ》深《じん》盡《じん》奥《のう》●究《く》其《ご》涯《がい》底《たい》●
無《む》明《みょう》欲《よく》怒《ぬ》●世《せ》尊《そん》永《よう》無《む》●人《にん》雄《の》師《し》子《し》●神《じん》德《とく》無《む》量《りょう》●
功《く》勳《くん》廣《こう》大《だい》●智《ち》慧《え》深《じん》妙《みょう》●光《こう》明《みょう》威《い》相《そう》●震《しん》動《どう》大《だい》千《せん》●
願《がん》我《が》作《さ》佛《ぶつ》●齊《ざい》聖《しょう》法《ほう》王《おう》●過《か》度《ど》生《しょう》死《じ》●靡《み》不《ふ》解《げ》脫《だつ》●
布《ふ》施《せ》調《じょう》意《い》●戒《かい》忍《にん》精《しょう》進《じん》●如《にょ》是《ぜ》三《さん》昧《まい》●智《ち》慧《え》爲《い》上《じょう》●
吾《ご》誓《せい》得《とく》佛《ぶつ》●普《ふ》行《ぎょう》此《し》願《がん》●一《いっ》切《さい》恐《く》懼《く》●爲《い》作《さ》大《だい》安《あん》●
假《け》使《し》有《う》佛《ぶつ》●百《ひゃく》千《せん》億《のく》萬《まん》●無《む》量《りょう》大《だい》聖《しょう》●數《しゅ》如《にょ》恆《ごう》沙《じゃ》●

供《く》養《よう》一切《いっさい》・斯《し》等《とう》諸《しょ》佛《ぶつ》・不《ふ》如《にょ》求《ぐ》道《どう》・堅《けん》正《しょう》不《ふ》却《きゃく》・
譬《ひ》如《にょ》恆《ごう》沙《じゃ》・諸《しょ》佛《ぶつ》世《せ》界《かい》・復《ぶ》不《ふ》可《か》計《け》・無《む》數《しゅ》刹《せつ》土《ど》・
光《こう》明《みょう》悉《しっ》照《しょう》・徧《へん》此《し》諸《しょ》國《こく》・如《にょ》是《ぜ》精《しょう》進《じん》・威《い》神《じん》難《なん》量《りょう》・
令《りょう》我《が》作《さ》佛《ぶつ》・國《こく》土《ど》第《だい》一《いち》・其《ご》衆《しゅ》奇《き》妙《みょう》・道《どう》場《じょう》超《ちょう》絶《ぜつ》・
國《こく》如《にょ》泥《ない》洹《おん》・而《に》無《む》等《とう》雙《そう》・我《が》當《とう》哀《あい》愍《みん》・度《ど》脫《だつ》一切《いっさい》・
十《じっ》方《ぼう》來《らい》生《しょう》・心《しん》悅《ねっ》清《しょう》淨《じょう》・已《い》到《とう》我《が》國《こく》・快《け》樂《らく》安《あん》穩《のん》・
幸《こう》佛《ぶつ》信《しん》明《みょう》・是《ぜ》我《が》眞《しん》證《しょう》・發《ほつ》願《がん》於《の》彼《ひ》・力《りき》精《しょう》所《しょ》欲《よく》・
十《じっ》方《ぼう》世《せ》尊《そん》・智《ち》慧《え》無《む》礙《げ》・常《じょう》令《りょう》此《し》尊《そん》・知《ち》我《が》心《しん》行《ぎょう》・
假《け》令《りょう》身《しん》止《し》・諸《しょ》苦《く》毒《どく》中《ちゅう》・我《が》行《ぎょう》精《しょう》進《じん》・忍《にん》終《じゅ》不《ふ》悔《け》

そのときに、次《つぎ》に仏《ぶつ》ましましき。世自在王《せじざいおう》*如来《にょらい》・応供《おうぐ》・等正覚《とうしょうがく》・

如来…仏世尊　如来の十号を挙げる。

明行足《みょうぎょうそく》・善逝《ぜんぜい》・世間解《せけんげ》・無上士《むじょうじ》・調御丈夫《じょうごじょうぶ》・天人師《てんにんし》・仏《ぶつ》・世尊《せそん》と名《な》づけたてまつる。時《とき》に国王《こくおう》ありき。仏《ぶつ》（世自在王仏）の説法《せっぽう》を聞《き》きて、心《こころ》に悦予《えつよ》を懐《いだ》く。すなはち*無上正真道《むじょうしょうしんどう》の意《こころ》を発《おこ》す。国《くに》を棄《す》て王《おう》を捐《す》てて、行《ぎょう》じて沙門《しゃもん》となる。号《ごう》して法蔵《ほうぞう》といふ。高才勇哲《こうざいゆうてつ》にして、世《よ》と超異《ちょうい》す。世自在王如来《せじざいおうにょらい》の所《みもと》に詣《もう》でて仏足《ぶっそく》を稽首《けいしゅ》し、*右《みぎ》に遶《めぐ》ること三帀《さんぞう》して、長跪合掌《じょうきがっしょう》して、*頌《じゅ》をもつて讃《ほ》めてまうさく、

〈光顔巍々《こうげんぎぎ》として、威神極《いじんきわ》まりなし。かくのごときの*焔明《えんみょう》、ともに等《ひと》しきものなし。

日月《にちがつ》・摩尼珠光《まにしゅこう》の焔耀《えんよう》も、みなことごとく隠蔽《おんぺい》せられて、なほ*聚墨《じゅもく》のごとし。

如来《にょらい》の容顔《ようげん》は、世《よ》に超《こ》えて倫《たぐい》なし。正覚《しょうがく》の大音《だいおん》、響《ひび》き十方《じっぽう》に流《なが》る。

*戒《かい》と聞《もん》と精進《しょうじん》と三昧《さんまい》と智慧《ちえ》との威徳《いとく》は、侶《ともがら》なくして、殊勝《しゅしょう》にし

無上正真道　この上ない仏のさとり。阿耨多羅三藐三《あのくたらさんみゃくさん》菩提《ぼだい》に同じ。

右に遶ること三帀して　右回りに三周するという意。

仏を敬礼する作法。

頌　梵語ガーター（gāthā）の意訳。偈ともいい、韻文体の詩句をさす。

焔明　光明のこと。

聚墨　墨のかたまり。

戒と聞　持戒《じかい》（戒を持《たも》つこと）と多聞（よく法を聞くこと）。

て希有《けう》なり。

深《ふか》くあきらかに、よく諸仏《しょぶつ》の法海《ほうかい》を念《ねん》じて、深《ふか》きを窮《きわ》め奥《おく》を尽《つ》して、その涯底《がいたい》を究《きわ》む。

*無明《むみょう》と欲《よく》と怒《いか》りとは、世尊《せそん》に永《なが》くましまさず。*人雄獅子《にんのうしし》にして*神徳無量《じんとくむりょう》なり。

功勲広大《くくんこうだい》にして、智慧深妙《ちえじんみょう》なり。光明《こうみょう》の威相《いそう》は、*大千《だいせん》を震動《しんどう》す。

願《ねが》はくは、われ仏《ぶつ》とならんに、*聖法王《しょうほうおう》に斉《ひと》しく、生死《しょうじ》を過度《かど》して、解脱《げだつ》せざることなからしめん。

布施《ふせ》・*調意《じょうい》・戒《かい》・忍《にん》・精進《しょうじん》、かくのごときの三昧《さんまい》、智慧上《ちえすぐ》れたりとせん。

われ誓《ちか》ふ、仏《ぶつ》を得《え》たらんに、あまねくこの願《がん》を行《ぎょう》じて、一切《いっさい》の恐懼《くく》〔の衆生《しゅじょう》〕に、ために大安《だいあん》をなさん。

無明と欲と怒り　三毒の煩悩。無明は真理に対する無知、欲は貪欲《とんよく》、怒は瞋恚《しんに》の意。

人雄獅子　仏を讃嘆《さんだん》する語。人中の雄者で獅子のような方。

神徳　不可思議な功徳。

大千　三千大千世界のこと。

聖法王　ここでは世自在王《せじざいおう》仏《ぶつ》を指す。

調意　布施《ふせ》行を修めて惜《お》しみ貪《むさぼ》る心を調伏《じょうぶく》すること。

たとひ仏《ぶつ》ましまして、百千億万《ひゃくせんおくまん》の無量《むりょう》の*大聖《だいしょう》、数恒沙《かずごうじゃ》のごとくならんに、一切《いっさい》のこれらの諸仏《しょぶつ》を供養《くよう》せんよりは、道《どう》を求《もと》めて、堅正《けんしょう》にして却《しりぞ》かざらんにはしかじ。

たとへば恒沙《ごうじゃ》のごときの諸仏《しょぶつ》の世界《せかい》、また計《かぞ》ふべからざる無数《むしゅ》の刹土《せつど》あらんに、光明《こうみょう》ことごとく照《て》らして、このもろもろの国《くに》に遍《へん》し、かくのごとく精進《しょうじん》にして、威神《いじん》量《はか》りがたからん。

われ仏《ぶつ》とならんに、国土《こくど》をして第一《だいいち》ならしめん。その衆《しゅう》、奇妙《きみょう》にして道場《どうじょう》超絶《ちょうぜつ》ならん。

国《くに》*泥洹《ないおん》のごとくして、しかも等《ひと》しく双《なら》ぶものなからしめん。われまさに哀愍《あいみん》して、一切《いっさい》を度脱《どだつ》すべし。

十方《じっぽう》より来生《らいしょう》せんもの、心悦《しんえつ》清浄《しょうじょう》にして、すでにわが国《くに》に到《いた》らば快楽安穏《けらくあんのん》ならん。

幸《ねが》はくは仏《ぶつ》（世自在王仏）、*信明《しんみょう》したまへ、これわが*真証《しんしょう》なり。

大聖　仏のこと。

泥洹　涅槃《ねはん》のこと。

信明　信は誠信、明は証明。まことにして偽りなきことを証明すること。

真証　真実の証明。

願《がん》を発《おこ》して、かしこにして所欲《しょよく》を*力精《りきしょう》せん。*十方《じっぽう》の世尊《せそん》、智慧無礙《ちえむげ》にまします。つねにこの尊《そん》をして、わが*心行《しんぎょう》を知《し》らしめん。

たとひ身《み》をもろもろの苦毒《くどく》のうちに止《お》くとも、わが行《ぎょう》、精進《しょうじん》にして、忍《しの》びてつひに悔《く》いじ〉」と。

佛《ぶつ》告《ごう》阿《あ》難《なん》・法《ほう》藏《ぞう》比《び》丘《く》・說《せっ》此《し》頌《じゅ》已《い》・而《に》白《びゃく》佛《ぶつ》言《ごん》・唯《ゆい》然《ねん》世《せ》尊《そん》・我《が》發《ほっ》無《む》上《じょう》・正《しょう》覺《がく》之《し》心《しん》・願《がん》佛《ぶつ》爲《い》我《が》・廣《こう》宣《せん》經《きょう》法《ぼう》・我《が》當《とう》修《しゅ》行《ぎょう》・攝《せっ》取《しゅ》佛《ぶっ》國《こく》・清《しょう》淨《じょう》莊《しょう》嚴《ごん》・無《む》量《りょう》妙《みょう》土《ど》・令《りょう》我《が》於《お》世《せ》・速《そく》成《じょう》正《しょう》覺《がく》・拔《ばっ》諸《しょ》生《しょう》死《じ》・勤《ごん》苦《く》之《し》本《ほん》・佛《ぶつ》語《ご》阿《あ》難《なん》・時《じ》世《せ》饒《にょう》王《おう》佛《ぶつ》・告《ごう》法《ほう》藏《ぞう》比《び》丘《く》・如《にょ》所《しょ》修《しゅ》行《ぎょう》・莊《しょう》嚴《ごん》佛《ぶつ》土《ど》・汝《にょ》自《じ》當《とう》知《ち》・比《び》丘《く》白《びゃく》佛《ぶつ》・斯《し》義《ぎ》弘《ぐ》深《じん》・

三一

力精　努力精進《しょうじん》。

十方の世尊　あらゆる世界の諸仏。

心行　志。

非《ひ》我《が》境《きょう》界《がい》・唯《ゆい》願《がん》世《せ》尊《そん》・廣《こう》爲《い》敷《ふ》演《えん》・諸《しょ》佛《ぶつ》如《にょ》來《らい》・淨《じょう》土《ど》之《し》行《ぎょう》・我《が》聞《もん》此《し》已《い》・當《とう》如《にょ》說《せつ》修《しゅ》行《ぎょう》・成《じょう》滿《まん》所《しょ》願《がん》・爾《に》時《じ》世《せ》自《じ》在《ざい》王《おう》佛《ぶつ》・知《ち》其《ご》高《こう》明《みょう》・志《し》願《がん》深《じん》廣《こう》・卽《そく》爲《い》法《ほう》藏《ぞう》比《び》丘《く》・而《に》說《せっ》經《きょう》言《ごん》・譬《ひ》如《にょ》大《だい》海《かい》・一《いち》人《にん》升量《しょうりょう》・經歷《きょうりゃく》劫《こっ》數《しゅ》・尚《しょう》可《か》窮《ぐ》底《たい》・得《とく》其《ご》妙《みょう》寶《ほう》・人《にん》有《ぬ》至《し》心《しん》・精《しょう》進《じん》求《ぐ》道《どう》不《ふ》止《し》・會《え》當《とう》剋《こっ》果《か》・何《が》願《がん》不《ふ》得《とく》・於《お》是《ぜ》世《せ》自《じ》在《ざい》王《おう》佛《ぶつ》・卽《そく》爲《い》廣《こう》說《ぜつ》・二《に》百《ひゃく》一《いち》十《じゅう》億《おく》・諸《しょ》佛《ぶつ》剎《せつ》土《ど》・天《てん》人《にん》之《し》善《ぜん》惡《なく》・國《こく》土《ど》之《し》麤《そ》妙《みょう》・應《おう》其《ご》心《しん》願《がん》・悉《しつ》現《げん》與《よ》之《し》

仏《ぶつ》、阿難《あなん》に告《つ》げたまはく、「法藏比丘《ほうぞうびく》、この頌《じゅ》を説《と》きをはりて、仏《ぶつ》（世自在王仏）にまうしてまうさく、〈やや、しかなり。世尊《せそん》、われ

三三

*無上正覚《むじょうしょうがく》の心《しん》を発《おこ》せり。願《ねが》はくは仏《ぶつ》、わがために広《ひろ》く経法《きょうぼう》を宣《の》べたまへ。われまさに修行《しゅぎょう》して仏国《ぶっこく》を*摂取《せっしゅ》して、清浄《しょうじょう》に無量《むりょう》の妙土《みょうど》を荘厳《しょうごん》すべし。われをして世《よ》においてすみやかに正覚《しょうがく》を成《な》りて、もろもろの生死勤苦《しょうじごんく》の本《もと》を抜《ぬ》かしめたまへ〉」と。仏《ぶつ》、阿難《あなん》に語《かた》りたまはく、「ときに*世饒王仏《せにょうおうぶつ》、法蔵比丘《ほうぞうびく》に告《つ》げたまはく、〈修行《しゅぎょう》せんとところのごときの荘厳《しょうごん》の仏土《ぶつど》、なんぢみづからまさに知《し》るべし〉と。比《び》丘《く》、仏《ぶつ》にまうさく、〈この義《ぎ》、弘深《ぐじん》にしてわが*境界《きょうがい》にあらず。やや、願《ねが》はくは世尊《せそん》、広《ひろ》くために*諸仏如来《しょぶつにょらい》の浄土《じょうど》の行《ぎょう》を*敷演《ふえん》したまへ。われこれを聞《き》きをはりて、まさに説《せつ》のごとく修行《しゅぎょう》して、所願《しょがん》を成満《じょうまん》すべし〉と。そのときに世自在王仏《せじざいおうぶつ》、その高明《こうみょう》の志願《しがん》の深広《じんこう》なるを知《し》ろしめして、すなはち法蔵比丘《ほうぞうびく》のために、しかも経《きょう》を説《と》きてのたまはく、〈たとへば大海《だいかい》を一人《いちにん》*升量《しょうりょう》せんに、劫数《こうしゅ》を経歴《きょうりゃく》せば、なほ底《そこ》を窮《きわ》めてその妙宝《みょうほう》を得《う》べきがごとし。人《ひと》、至心《ししん》に精進《しょうじん》して道《どう》を求《もと》め

無上正覚の心　菩提心《ぼだいしん》のこと。

摂取　選択《せんじゃく》摂取の義で、えらびとること。すなわち、劣を捨て勝を取ること。

世饒王仏　世自在王仏《せじざいおうぶつ》のこと。

境界　能力の範囲。

諸仏如来の浄土の行　諸仏が各自の浄土を建立された修行。

敷演　広く説き述べること。

升量　ますで量を計ること。

三四

て止《や》まざることあらば、みなまさに*剋果《こっか》すべし。いづれの願《がん》か得《え》ざらん〉と。ここにおいて世自在王仏《せじざいおうぶつ》、すなはちために広《ひろ》く二百一《にひゃくいち》十億《じゅうおく》の諸仏《しょぶつ》の刹土《せつど》の天《てん》・人《にん》の善悪《ぜんあく》、国土《こくど》の粗妙《そみょう》を説《と》きて、その心願《しんがん》に応《おう》じてことごとく現《げん》じてこれを与《あた》へたまふ。

時《じ》彼《ひ》比《び》丘《く》・聞《もん》佛《ぶつ》所《しょ》説《せつ》・嚴《ごん》淨《じょう》國《こく》土《ど》・皆《かい》悉《しつ》覩《と》見《けん》・超《ちょう》發《ほっ》無《む》上《じょう》・殊《しゅ》勝《しょう》之《し》願《がん》・其《ご》心《しん》寂《じゃく》靜《じょう》・志《し》無《む》所《しょ》著《じゃく》・一《いっ》切《さい》世《せ》間《けん》・無《む》能《のう》及《ぎゅう》者《しゃ》・具《ぐ》足《そく》五《ご》劫《こう》・思《し》惟《ゆい》攝《せっ》取《しゅ》・莊《しょう》嚴《ごん》佛《ぶっ》國《こく》・清《しょう》淨《じょう》之《し》行《ぎょう》・阿《あ》難《なん》白《びゃく》佛《ぶつ》・彼《ひ》佛《ぶっ》國《こく》土《ど》・壽《じゅ》量《りょう》幾《き》何《が》・佛《ぶつ》言《ごん》其《ご》佛《ぶつ》壽《じゅ》命《みょう》・四《し》十《じゅう》二《に》劫《こう》・時《じ》法《ほう》藏《ぞう》比《び》丘《く》・攝《せっ》取《しゅ》二《に》百《ひゃく》一《いち》十《じゅう》億《おく》・諸《しょ》佛《ぶつ》妙《みょう》土《ど》・清《しょう》淨《じょう》之《し》行《ぎょう》・如《にょ》是《ぜ》修《しゅ》已《い》・詣《げい》彼《ひ》

剋果 必ず成し遂げること。

三五

佛《ぶっ》所《しょ》・稽《け》首《しゅ》禮《らい》足《そく》・繞《にょう》佛《ぶっ》三《さん》帀《ぞう》・合《がっ》掌《しょう》而《に》住《じゅ》・白《びゃく》佛《ぶつ》言《ごん》世《せ》尊《そん》・我《が》已《い》攝《せっ》取《しゅ》・莊《しょう》嚴《ごん》佛《ぶつ》土《ど》・清《しょう》淨《じょう》之《し》行《ぎょう》・佛《ぶつ》告《ごう》比《び》丘《く》・汝《にょ》今《こん》可《か》說《せっ》・宜《ぎ》知《ち》是《ぜ》時《じ》・發《ほっ》起《き》悅《えっ》可《か》・一《いっ》切《さい》大《だい》衆《しゅ》・菩《ぼ》薩《さつ》聞《もん》已《に》・修《しゅ》行《ぎょう》此《し》法《ほう》・緣《えん》致《ち》滿《まん》足《ぞく》・無《む》量《りょう》大《だい》願《がん》・比《び》丘《く》白《びゃく》佛《ぶつ》・唯《ゆい》垂《ずい》聽《ちょう》察《ざつ》・如《にょ》我《が》所《しょ》願《がん》・當《とう》具《ぐ》說《せっ》之《し》

ときにかの比丘《びく》、仏《ぶつ》の所説《しょせつ》を聞《き》きて、*厳浄《ごんじょう》の国土《こくど》みなことごとく*観見《とけん》して*無上殊勝《むじょうしゅしょう》の願《がん》を超発《ちょうほつ》せり。その心寂静《しんじゃくじょう》にして志《こころざし》、所着《しょじゃく》なし。一切《いっさい》の世間《せけん》によく及《およ》ぶものなけん。五劫《ごこう》を具足《ぐそく》し、思惟《しゆい》して荘厳仏《しょうごんぶっ》国《こく》の清浄《しょうじょう》の行《ぎょう》を摂取《せっしゅ》す」と。阿難《あなん》、仏《ぶつ》にまうさく、「かの仏国土《ぶっこくど》の〔世自在王仏《せじざいおうぶつ》の〕寿量《じゅりょう》いくばくぞや」と。仏《ぶつ》のたまはく、「その仏《ぶつ》の寿命《じゅみょう》は四十二劫《しじゅうにこう》なりき。ときに法蔵比丘《ほうぞうびく》、二百一十億《にひゃくいちじゅうおく》の諸仏《しょぶつ》の妙土《みょうど》

厳浄　おごそかで清いこと。

観見　みること。

無上殊勝の願　最高に勝れた本願。

の清浄《しょうじょう》の行《ぎょう》を摂取《せっしゅ》しき。かくのごとく修《しゅ》しをはりて、かの仏《ぶつ》の所《みもと》に詣《もう》でて、稽首《けいしゅ》し足《みあし》を礼《らい》して、仏《ぶつ》を繞《めぐ》ること三帀《さんぞう》して、合掌《がっしょう》して住《じゅう》して、仏《ぶつ》にまうしてまうさく、〈世尊《せそん》、われすでに仏土《ぶつど》を荘厳《しょうごん》すべき清浄《しょうじょう》の行《ぎょう》を摂取《せっしゅ》しつ〉と。仏《ぶつ》、比丘《びく》に告《つ》げたまはく、〈なんぢ、いま説《と》くべし。よろしく知《し》るべし、*これ時《とき》なり。一切《いっさい》の大衆《だいしゅ》を*発起《ほっき》し悦可《えっか》せしめよ。菩薩《ぼさつ》聞《き》きをはりて、この法《ほう》を修行《しゅぎょう》し縁《えん》として、無《む》量《りょう》の大願《だいがん》を満足《まんぞく》することを致《いた》さん〉と。

比丘《びく》、仏《ぶつ》にまうさく、〈やや*聴察《ちょうざつ》を垂《た》れたまへ。わが所願《しょがん》のごとくまさにつぶさにこれを説《と》くべし。

設《せっ》我《が》得《とく》佛《ぶつ》●國《こく》有《う》地《じ》獄《ごく》●餓《が》鬼《き》畜《ちく》生《しょう》者《しゃ》●不《ふ》取《しゅ》正《しょう》覺《がく》●

設《せっ》我《が》得《とく》佛《ぶつ》●國《こく》中《ちゅう》人《にん》天《でん》●壽《じゅ》終《じゅ》之《し》後《ご》●復《ぶ》更《きょう》三《さん》惡《まく》道《どう》

これ時なり　真実を開顕すべき時がきた。

発起し悦可せしめよ　浄土願生の心を起さしめ、法悦の心を起さしめなさい。

聴察　聴いて心に察し知ること。

三七

者《しゃ》●不《ふ》取《しゅ》正《しょう》覺《がく》●

設《せつ》我《が》得《とく》佛《ぶつ》●國《こく》中《ちゅう》人《にん》天《でん》●不《ふ》悉《しつ》眞《しん》金《こん》色《じき》者《しゃ》●不《ふ》取《しゅ》正《しょう》覺《がく》●

設《せつ》我《が》得《とく》佛《ぶつ》●國《こく》中《ちゅう》人《にん》天《でん》●形《ぎょう》色《しき》不《ふ》同《どう》●有《う》好《こう》醜《しゅ》者《しゃ》●不《ふ》取《しゅ》正《しょう》覺《がく》●

設《せつ》我《が》得《とく》佛《ぶつ》●國《こく》中《ちゅう》人《にん》天《でん》●不《ふ》識《しき》宿《しゅく》命《みょう》●下《げ》至《し》不《ふ》知《ち》●百《ひゃく》千《せん》億《のく》●那《な》由《ゆ》他《た》●諸《しょ》劫《こう》事《じ》者《しゃ》●不《ふ》取《しゅ》正《しょう》覺《がく》●

設《せつ》我《が》得《とく》佛《ぶつ》●國《こく》中《ちゅう》人《にん》天《でん》●不《ふ》得《とく》天《てん》眼《げん》●下《げ》至《し》不《ふ》見《けん》●百《ひゃく》千《せん》億《のく》●那《な》由《ゆ》他《た》●諸《しょ》佛《ぶっ》國《こく》者《しゃ》●不《ふ》取《しゅ》正《しょう》覺《がく》●

設《せつ》我《が》得《とく》佛《ぶつ》●國《こく》中《ちゅう》人《にん》天《でん》●不《ふ》得《とく》天《てん》耳《に》●下《げ》至《し》聞《もん》●百《ひゃく》千《せん》億《のく》●那《な》由《ゆ》他《た》●諸《しょ》佛《ぶつ》所《しょ》說《せつ》●不《ふ》悉《しつ》受《じゅ》持《じ》者《しゃ》●不《ふ》取《しゅ》正《しょう》覺《がく》●

三八

設《せつ》我《が》得《とく》佛《ぶつ》・國《こく》中《ちゅう》人《にん》天《でん》・不《ふ》得《とく》見《けん》他《た》心《しん》智《ち》・下《げ》至《し》不《ふ》知《ち》・百《ひゃく》千《せん》億《のく》・那《な》由《ゆ》他《た》・諸《しょ》佛《ぶつ》國《こく》中《ちゅう》・衆《しゅ》生《じょう》心《しん》念《ねん》者《しゃ》・不《ふ》取《しゅ》正《しょう》覺《がく》

*(一) たとひわれ仏《ぶつ》を得《え》たらんに、国《くに》に地獄《じごく》・餓鬼《がき》・畜生《ちくしょう》あらば、正覚《しょうがく》を取《と》らじ。

*(二) たとひわれ仏《ぶつ》を得《え》たらんに、国中《こくちゅう》の人《にん》・天《でん》、寿終《いのちおわ》りてののちに、また三悪道《さんまくどう》に更《かえ》らば、正覚《しょうがく》を取《と》らじ。

*(三) たとひわれ仏《ぶつ》を得《え》たらんに、国中《こくちゅう》の人《にん》・天《でん》、ことごとく真金《しんこん》色《じき》ならずは、正覚《しょうがく》を取《と》らじ。

*(四) たとひわれ仏《ぶつ》を得《え》たらんに、国中《こくちゅう》の人《にん》・天《でん》、形色不同《ぎょうしきふどう》にして、好醜《こうしゅ》あらば、正覚《しょうがく》を取《と》らじ。

一　無三悪趣《むさんまくしゅ》の願。なお、願名については、親鸞聖人の撰述にみえる願名はその呼称(『教行信証』の場合は標願)を用い、その他については『原典版聖典』の底本延書にある願名を用いた。

二　不更悪趣《ふきょうあくしゅ》の願。

三　悉皆金色《しっかいこんじき》の願。

四　無有好醜《むうこうしゅ》の願。

三九

*（五）　たとひわれ仏《ぶつ》を得《え》たらんに、国中《こくちゅう》の人《にん》・天《でん》、*宿命《しゅくみょう》を識《さと》らずして、下《しも》、百千億那由他《ひゃくせんおくなゆた》の諸劫《しょこう》の事《じ》を知《し》らざるに至《いた》らば、正覚《しょうがく》を取《と》らじ。

*（六）　たとひわれ仏《ぶつ》を得《え》たらんに、国中《こくちゅう》の人《にん》・天《でん》、*天眼《てんげん》を得《え》ずして、下《しも》、百千億那由他《ひゃくせんおくなゆた》の諸仏《しょぶつ》の国《くに》を見《み》ざるに至《いた》らば、正覚《しょうがく》を取《と》らじ。

*（七）　たとひわれ仏《ぶつ》を得《え》たらんに、国中《こくちゅう》の人《にん》・天《でん》、*天耳《てんに》を得《え》ずして、下《しも》、百千億那由他《ひゃくせんおくなゆた》の諸仏《しょぶつ》の説《と》くところを聞《き》きて、ことごとく*受持《じゅじ》せざるに至《いた》らば、正覚《しょうがく》を取《と》らじ。

*（八）　たとひわれ仏《ぶつ》を得《え》たらんに、国中《こくちゅう》の人《にん》・天《でん》、*他心《たしん》を見《み》る智《ち》を得《え》ずして、下《しも》、百千億那由他《ひゃくせんおくなゆた》の諸仏国中《しょぶつこくちゅう》の衆生《しゅじょう》の心念《しんねん》を知《し》らざるに至《いた》らば、正覚《しょうがく》を取《と》らじ。

設《せっ》我《が》得《とく》佛《ぶつ》・國《こく》中《ちゅう》人《にん》天《でん》・不《ふ》得《とく》神《じん》足《そく》・於《お》一《いち》念《ねん》頃《きょう》・下《げ》

四〇

五　令識宿命《りょうしきしゅくみょう》の願。

宿命　過去のありさま。自己や他人の宿命を知る不可思議な力を宿命通という。

六　令得天眼《りょうとくてんげん》の願。

天眼　天眼通のこと。人々の未来を予知する不可思議な力。

七　天耳遙聞《てんにようもん》の願。

天耳　天耳通のこと。世間一切の苦楽の言葉、遠近の一切の音を聞くことができる不可思議な力。

受持　うけたもつ。記憶する。

八　他心悉知《たしんしっち》の願。

他心を見る智　他心通のこと。他人の考えていることを知る不可思議な力。

至《し》不《ふ》能《のう》●超《ちょう》過《か》百《ひゃく》千《せん》億《のく》●那《な》由《ゆ》他《た》●諸《しょ》佛《ぶっ》國《こく》者《しゃ》●不《ふ》取《しゅ》
正《しょう》覺《がく》●
設《せっ》我《が》得《とく》佛《ぶっ》●國《こく》中《ちゅう》人《にん》天《でん》●若《にゃっ》起《き》想《そう》念《ねん》●貪《とん》計《げ》身《しん》者《しゃ》●不《ふ》
取《しゅ》正《しょう》覺《がく》●
設《せっ》我《が》得《とく》佛《ぶっ》●國《こく》中《ちゅう》人《にん》天《でん》●不《ふ》住《じゅ》定《じょう》聚《じゅ》●必《ひっ》至《し》滅《めつ》度《ど》者《しゃ》●
不《ふ》取《しゅ》正《しょう》覺《がく》●
設《せっ》我《が》得《とく》佛《ぶっ》●光《こう》明《みょう》有《う》能《のう》限《げん》量《りょう》●下《げ》至《し》不《ふ》照《しょう》●百《ひゃく》千《せん》億《のく》●
那《な》由《ゆ》他《た》●諸《しょ》佛《ぶっ》國《こく》者《しゃ》●不《ふ》取《しゅ》正《しょう》覺《がく》●
設《せっ》我《が》得《とく》佛《ぶっ》●壽《じゅ》命《みょう》有《う》能《のう》限《げん》量《りょう》●下《げ》至《し》百《ひゃく》千《せん》億《のく》●那《な》由《ゆ》
他《た》劫《こう》者《しゃ》●不《ふ》取《しゅ》正《しょう》覺《がく》●
設《せっ》我《が》得《とく》佛《ぶっ》●國《こく》中《ちゅう》聲《しょう》聞《もん》●有《う》能《のう》計《け》量《りょう》●下《げ》至《し》三《さん》千《ぜん》●大《だい》

四一

千《せん》世《せ》界《かい》・聲《しょう》聞《もん》縁《えん》覺《がく》・於《お》百《ひゃく》千《せん》劫《ごう》・悉《しつ》共《ぐ》計《け》挍《きょう》・知《ち》其《ご》數《しゅ》者《しゃ》・不《ふ》取《しゅ》正《しょう》覺《がく》・

設《せつ》我《が》得《とく》佛《ぶつ》・國《こく》中《ちゅう》人《にん》天《でん》・壽《じゅ》命《みょう》無《む》能《のう》限《げん》量《りょう》・除《じょ》其《ご》本《ほん》願《がん》・修《しゅ》短《たん》自《じ》在《ざい》・若《にゃく》不《ふ》爾《に》者《しゃ》・不《ふ》取《しゅ》正《しょう》覺《がく》

*（九）　たとひわれ仏《ぶつ》を得《え》たらんに、国中《こくちゅう》の人《にん》・天《でん》、*神足《じんそく》を得《え》ずして、一念《いちねん》のあひだにおいて、下《しも》、百千億那由他《ひゃくせんおくなゆた》の諸仏《しょぶつ》の国《くに》を超過《ちょうか》することあたはざるに至《いた》らば、正覚《しょうがく》を取《と》らじ。

*（一〇）　たとひわれ仏《ぶつ》を得《え》たらんに、国中《こくちゅう》の人《にん》・天《でん》、もし想念《そうねん》を起《おこ》して、身《み》を*貪計《とんげ》せば、正覚《しょうがく》を取《と》らじ。

*（一一）　たとひわれ仏《ぶつ》を得《え》たらんに、国中《こくちゅう》の人《にん》・天《でん》、*定聚《じょうじゅ》に住《じゅう》し、かならず滅度《めつど》に至《いた》らずは、正覚《しょうがく》を取《と》らじ。

九　神足如意《じんそくにょい》の願。

神足　神足通のこと。欲する所に自由に現れることができる不可思議な力。

一〇　不貪計心《ふとんげしん》の願。

貪計　貪愛計度《とんないけたく》。情意や知性によって種々に執着すること。

一一　必至滅度《ひっしめつど》の願。

定聚　必ずさとりを開いて仏に成ることが決定しているもののなかま。親鸞聖人

*（一二） たとひわれ仏《ぶつ》を得《え》たらんに、光明《こうみょう》よく限量《げんりょう》ありて、下《しも》、百千《ひゃくせん》億那由他《おくなゆた》の諸仏《しょぶつ》の国《くに》を照《て》らさざるに至《いた》らば、正覚《しょうがく》を取《と》らじ。

*（一三） たとひわれ仏《ぶつ》を得《え》たらんに、寿命《じゅみょう》よく限量《げんりょう》ありて、下《しも》、百千《ひゃくせん》億那由他劫《おくなゆたこう》に至《いた》らば、正覚《しょうがく》を取《と》らじ。

*（一四） たとひわれ仏《ぶつ》を得《え》たらんに、国中《こくちゅう》の声聞《しょうもん》、よく計量《けりょう》ありて、下《しも》、三千大千世界《さんぜんだいせんせかい》の声聞《しょうもん》・縁覚《えんがく》、百千劫《ひゃくせんごう》において、ことごとくともに*計校《けきょう》して、その数《かず》を知《し》るに至《いた》らば、正覚《しょうがく》を取《と》らじ。

*（一五） たとひわれ仏《ぶつ》を得《え》たらんに、国中《こくちゅう》の人《にん》・天《でん》、寿命《じゅみょう》よく限量《げんりょう》なからん。その本願《ほんがん》の*修短自在《しゅたんじざい》ならんをば除《のぞ》く。もししからずは、正《しょう》覚《がく》を取《と》らじ。

設《せっ》我《が》得《とく》佛《ぶっ》・國《こく》中《ちゅう》人《にん》天《でん》・乃《ない》至《し》聞《もん》有《ぬ》・不《ふ》善《ぜん》名《みょう》者《しゃ》・不《ふ》取《しゅ》正《しょう》覺《がく》・

は、他力の信心を得た第十八願の行者のことと見られた。

一二 光明無量《こうみょうむりょう》の願。

一三 寿命無量《じゅみょうむりょう》の願。

一四 声聞無量《しょうもんむりょう》の願。

計校 計算すること。

一五 眷属長寿《けんぞくちょうじゅ》の願。

修短 長短。

四三

設《せつ》我《が》得《とく》佛《ぶつ》・十《じっ》方《ぽう》世《せ》界《かい》・無《む》量《りょう》諸《しょ》佛《ぶつ》・不《ふ》悉《しっ》咨《し》嗟《しゃ》・稱《しょう》我《が》名《みょう》者《しゃ》・不《ふ》取《しゅ》正《しょう》覺《がく》・

設《せつ》我《が》得《とく》佛《ぶつ》・十《じっ》方《ぽう》衆《しゅ》生《じょう》・至《し》心《しん》信《しん》樂《ぎょう》・欲《よく》生《しょう》我《が》國《こく》・乃《ない》至《し》十《じゅう》念《ねん》・若《にゃく》不《ふ》生《しょう》者《じゃ》・不《ふ》取《しゅ》正《しょう》覺《がく》・唯《ゆい》除《じょ》五《ご》逆《ぎゃく》・誹《ひ》謗《ほう》正《しょう》法《ぼう》・

設《せつ》我《が》得《とく》佛《ぶつ》・十《じっ》方《ぽう》衆《しゅ》生《じょう》・發《ほっ》菩《ぼ》提《だい》心《しん》・修《しゅ》諸《しょ》功《く》德《どく》・至《し》心《しん》發《ほっ》願《がん》・欲《よく》生《しょう》我《が》國《こく》・臨《りん》壽《じゅ》終《じゅ》時《じ》・假《け》令《りょう》不《ふ》與《よ》・大《だい》衆《しゅ》圍《い》繞《にょう》・現《げん》其《ご》人《にん》前《ぜん》者《しゃ》・不《ふ》取《しゅ》正《しょう》覺《がく》・

設《せつ》我《が》得《とく》佛《ぶつ》・十《じっ》方《ぽう》衆《しゅ》生《じょう》・聞《もん》我《が》名《みょう》號《ごう》・係《け》念《ねん》我《が》國《こく》・植《じき》諸《しょ》德《とく》本《ほん》・至《し》心《しん》迴《え》向《こう》・欲《よく》生《しょう》我《が》國《こく》・不《ふ》果《か》遂《すい》者《しゃ》・不《ふ》取《しゅ》正《しょう》覺《がく》・

四四

設《せつ》我《が》得《とく》佛《ぶつ》・國《こく》中《ちゅう》人《にん》天《でん》・不《ふ》悉《しつ》成《じょう》滿《まん》・三《さん》十《じゅう》二《に》大《だい》人《にん》相《そう》者《しゃ》・不《ふ》取《しゅ》正《しょう》覺《がく》

*(一六)　たとひわれ仏《ぶつ》を得《え》たらんに、国中《こくちゅう》の人《にん》・天《でん》、乃至《ないし》*不善《ふぜん》の名《な》ありと聞《き》かば、正覚《しょうがく》を取《と》らじ。

*(一七)　たとひわれ仏《ぶつ》を得《え》たらんに、十方《じっぽう》世界《せかい》の無量《むりょう》の諸仏《しょぶつ》、ことごとく*咨嗟《ししゃ》して、わが名《な》を*称《しょう》せずは、正覚《しょうがく》を取《と》らじ。

*(一八)　たとひわれ仏《ぶつ》を得《え》たらんに、十方《じっぽう》の衆生《しゅじょう》、至心信楽《ししんしんぎょう》して、わが国《くに》に生《しょう》ぜんと欲《おも》ひて、乃至十念《ないしじゅうねん》せん。もし生《しょう》ぜずは、正覚《しょうがく》を取《と》らじ。ただ五逆《ごぎゃく》と*誹謗正法《ひほうしょうぼう》とをば除《のぞ》く。

*(一九)　たとひわれ仏《ぶつ》を得《え》たらんに、十方《じっぽう》の衆生《しゅじょう》、菩提心《ぼだいしん》を発《おこ》し、もろもろの功徳《くどく》を修《しゅ》して、至心発願《ししんほつがん》してわが国《くに》に生《しょう》ぜんと欲《ほっ》せん。寿《いのち》終《おわ》るときに臨《のぞ》んで、たとひ大衆《だいしゅ》と*囲繞《いにょう》してその人《ひと》の前《まえ》に現《げん》ぜずは、

一六　離諸不善《りしょふぜん》の願。
不善の名　五逆・十悪のような、自他を損害する言葉。
一七　諸仏称名《しょぶつしょうみょう》の願。
咨嗟　讃嘆《さんだん》の意で、ほめたたえること。
称　称揚の意で、仏名(名号)をほめあげること。
一八　至心信楽《ししんしんぎょう》の願。
誹謗正法　仏の正しい教法をそしること。
一九　至心発願《ししんほつがん》の願。
囲繞　とりかこむこと。

四五

正覚《しょうがく》を取《と》らじ。

*(二〇)　たとひわれ仏《ぶつ》を得《え》たらんに、十方《じっぽう》の衆生《しゅじょう》、わが名号《みょうごう》を聞《き》きて、念《おもい》をわが国《くに》に係《か》け、もろもろの*徳本《とくほん》を植《う》ゑて、至心回向《ししんえこう》してわが国《くに》に生《しょう》ぜんと欲《ほっ》せん。*果遂《かすい》せずは、正覚《しょうがく》を取《と》らじ。

*(二一)　たとひわれ仏《ぶつ》を得《え》たらんに、国中《こくちゅう》の人《にん》・天《でん》、ことごとく*三十《さんじゅう》二大人相《にだいにんそう》を成満《じょうまん》せずは、正覚《しょうがく》を取《と》らじ。

設《せっ》我《が》得《とく》佛《ぶつ》・他《た》方《ほう》佛《ぶつ》土《ど》・諸《しょ》菩《ぼ》薩《さっ》衆《しゅ》・來《らい》生《しょう》我《が》國《こく》・究《く》竟《きょう》必《ひっ》至《し》・一《いっ》生《しょう》補《ふ》處《しょ》・除《じょ》其《ご》本《ほん》願《がん》・自《じ》在《ざい》所《しょ》化《け》・爲《い》衆《しゅ》生《じょう》故《こ》・被《ぴ》弘《ぐ》誓《ぜい》鎧《がい》・積《しゃく》累《るい》徳《とく》本《ほん》・度《ど》脱《だっ》一《いっ》切《さい》・遊《ゆ》諸《しょ》佛《ぶっ》國《こく》・修《しゅ》菩《ぼ》薩《さつ》行《ぎょう》・供《く》養《よう》十《じっ》方《ぽう》・諸《しょ》佛《ぶつ》如《にょ》來《らい》・開《かい》化《け》恆《ごう》沙《じゃ》・無《む》量《りょう》衆《しゅ》生《じょう》・使《し》立《りゅう》無《む》上《じょう》・正《しょう》眞《しん》之《し》道《どう》・超《ちょう》出《しゅつ》常《じょう》倫《りん》・諸《しょ》

二〇　至心回向《ししんえこう》の願。
徳本　もろもろの功徳の根本である名号を指す。ここでは名号を称えること。
果遂　果たし遂げること。目的を達成すること。
二一　具足諸相《ぐそくしょそう》の願。
三十二大人相　仏の三十二相のこと。

四六

地《じ》之《し》行《ぎょう》●現《げん》前《ぜん》修《しゅ》習《じゅう》●普《ふ》賢《げん》之《し》徳《とく》●若《にゃく》不《ふ》爾《に》者《しゃ》●不《ふ》取《しゅ》正《しょう》覺《がく》●

設《せつ》我《が》得《とく》佛《ぶつ》●國《こく》中《ちゅう》菩《ぼ》薩《さつ》●承《じょう》佛《ぶつ》神《じん》力《りき》●供《く》養《よう》諸《しょ》佛《ぶつ》●一《いち》食《じき》之《し》頃《きょう》●不《ふ》能《のう》徧《へん》至《し》●無《む》數《しゅ》無《む》量《りょう》●那《な》由《ゆ》他《た》●諸《しょ》佛《ぶっ》國《こく》者《しゃ》●不《ふ》取《しゅ》正《しょう》覺《がく》●

設《せつ》我《が》得《とく》佛《ぶつ》●國《こく》中《ちゅう》菩《ぼ》薩《さつ》●在《ざい》諸《しょ》佛《ぶつ》前《ぜん》●現《げん》其《ご》徳《とく》本《ほん》●諸《しょ》所《しょ》欲《よく》求《ぐ》●供《く》養《よう》之《し》具《ぐ》●若《にゃく》不《ふ》如《にょ》意《い》者《しゃ》●不《ふ》取《しゅ》正《しょう》覺《がく》●

設《せつ》我《が》得《とく》佛《ぶつ》●國《こく》中《ちゅう》菩《ぼ》薩《さつ》●不《ふ》能《のう》演《えん》說《ぜつ》●一《いっ》切《さい》智《ち》者《しゃ》●不《ふ》取《しゅ》正《しょう》覺《がく》●

設《せつ》我《が》得《とく》佛《ぶつ》●國《こく》中《ちゅう》菩《ぼ》薩《さつ》●不《ふ》得《とく》金《こん》剛《ごう》●那《な》羅《ら》延《えん》身《じん》者《しゃ》●不《ふ》取《しゅ》正《しょう》覺《がく》

四七

＊（二二）　たとひわれ仏《ぶつ》を得《え》たらんに、他方仏土《たほうぶつど》の諸菩薩衆《しょぼさっしゅ》、わが国《くに》に来生《らいしょう》して、究竟《くきょう》してかならず一生補処《いっしょうふしょ》に至《いた》らん。その本願《ほんがん》の自在《じざい》の所化《しょけ》、衆生《しゅじょう》のためのゆゑに、＊弘誓《ぐぜい》の鎧《よろい》を被《き》て、徳本《とくほん》を積累《しゃくるい》し、一切《いっさい》を度脱《どだつ》し、諸仏《しょぶつ》の国《くに》に遊《あそ》んで、菩薩《ぼさつ》の行《ぎょう》を修《しゅ》し、十方《じっぽう》の諸仏如来《しょぶつにょらい》を供養《くよう》し、恒沙無量《ごうじゃむりょう》の衆生《しゅじょう》を開化《かいけ》して＊無上正真《むじょうしょうしん》の道《どう》を立《りゅう》せしめんをば除《のぞ》く。＊常倫《じょうりん》に超出《ちょうしゅつ》し、＊諸地《しょじ》の行現前《ぎょうげんぜん》し、普賢《ふげん》の徳《とく》を修習《しゅじゅう》せん。もししからずは、正覚《しょうがく》を取《と》らじ。

＊（二三）　たとひわれ仏《ぶつ》を得《え》たらんに、国中《こくちゅう》の菩薩《ぼさつ》、仏《ぶつ》の＊神力《じんりき》を承《う》けて、諸仏《しょぶつ》を供養《くよう》し、＊一食《いちじき》のあひだにあまねく無数無量那由他《むしゅむりょうなゆた》の諸仏《しょぶつ》の国《くに》に至《いた》ることあたはずは、正覚《しょうがく》を取《と》らじ。

＊（二四）　たとひわれ仏《ぶつ》を得《え》たらんに、国中《こくちゅう》の菩薩《ぼさつ》、諸仏《しょぶつ》の前《みまえ》にありて、その徳本《とくほん》を現《げん》じ、もろもろの欲求《よくぐ》せんところの供養《くよう》の具《ぐ》、もし意《い》のごとくならずは、正覚《しょうがく》を取《と》らじ。

四八

二二　還相回向《げんそうえこう》の願。

弘誓の鎧　衆生済度の誓願の堅固なことを鎧に喩えたもの。

無上正真の道　この上ない仏のさとり。阿耨多羅三藐《あのくたらさんみゃく》三菩提《さんぼだい》に同じ。

常倫　つねなみのともがら。

諸地の行　菩薩が仏と成るために経過しなければならない十地の各段階における修行。

二三　供養諸仏《くようしょぶつ》の願。

神力　威神力《いじんりき》のこと、すなわち不思議な威力のこと。

一食のあひだ　一度食事をするほどの短い時間。

二四　供養如意《くようにょい》の願。

*(二五)　たとひわれ仏《ぶつ》を得《え》たらんに、国中《こくちゅう》の菩薩《ぼさつ》、*一切智《いっさいち》を演説《えんぜつ》することあたはずは、正覚《しょうがく》を取《と》らじ。

*(二六)　たとひわれ仏《ぶつ》を得《え》たらんに、国中《こくちゅう》の菩薩《ぼさつ》、*金剛那羅延《こんごうならえん》の身《しん》を得《え》ずは、正覚《しょうがく》を取《と》らじ。

設《せつ》我《が》得《とく》佛《ぶつ》●國《こく》中《ちゅう》人《にん》天《でん》●一《いっ》切《さい》萬《まん》物《もつ》●嚴《ごん》淨《じょう》光《こう》麗《らい》●形《ぎょう》色《しき》殊《しゅ》特《どく》●窮《ぐ》微《み》極《ごく》妙《みょう》●無《む》能《のう》稱《しょう》量《りょう》●其《ご》諸《しょ》衆《しゅ》生《じょう》●乃《ない》至《し》逮《たい》得《とく》天《てん》眼《げん》●有《う》能《のう》明《みょう》了《りょう》●辯《べん》其《ご》名《みょう》數《しゅ》者《しゃ》●不《ふ》取《しゅ》正《しょう》覺《がく》●

設《せつ》我《が》得《とく》佛《ぶつ》●國《こく》中《ちゅう》菩《ぼ》薩《さつ》●乃《ない》至《し》少《しょう》功《く》德《どく》者《しゃ》●不《ふ》能《のう》知《ち》見《けん》●其《ご》道《どう》場《じょう》樹《じゅ》●無《む》量《りょう》光《こう》色《しき》●高《こう》四《し》百《ひゃく》萬《まん》里《り》者《しゃ》●不《ふ》取《しゅ》正《しょう》覺《がく》●

二五　説一切智《せついっさいち》の願。

一切智　阿弥陀如来のこのうえない智慧。

二六　得金剛身《とくこんごうしん》の願。

金剛那羅延の身　金剛とは堅固なこと、那羅延とは力強い天界の力士の名。すなわち、何事にも破られぬ、堅く力強い身体をいう。

四九

設《せつ》我《が》得《とく》佛《ぶつ》・國《こく》中《ちゅう》菩《ぼ》薩《さつ》・若《にゃく》受《じゅ》讀《どっ》經《きょう》法《ぼう》・諷《ふ》誦《じゅ》持《じ》説《せつ》・而《に》不《ふ》得《とく》・辯《べん》才《ざい》智《ち》慧《え》者《しゃ》・不《ふ》取《しゅ》正《しょう》覺《がく》・

設《せつ》我《が》得《とく》佛《ぶつ》・國《こく》中《ちゅう》菩《ぼ》薩《さつ》・智《ち》慧《え》辯《べん》才《ざい》・若《にゃっ》可《か》限《げん》量《りょう》者《しゃ》・不《ふ》取《しゅ》正《しょう》覺《がく》・

設《せつ》我《が》得《とく》佛《ぶつ》・國《こく》土《ど》清《しょう》淨《じょう》・皆《かい》悉《しつ》照《しょう》見《けん》・十《じっ》方《ぽう》一《いっ》切《さい》・無《む》量《りょう》無《む》數《しゅ》・不《ふ》可《か》思《し》議《ぎ》・諸《しょ》佛《ぶつ》世《せ》界《かい》・猶《ゆ》如《にょ》明《みょう》鏡《きょう》・覩《と》其《ご》面《めん》像《ぞう》・若《にゃく》不《ふ》爾《に》者《しゃ》・不《ふ》取《しゅ》正《しょう》覺《がく》・

設《せつ》我《が》得《とく》佛《ぶつ》・自《じ》地《じ》已《い》上《じょう》・至《し》于《う》虚《こ》空《く》・宮《く》殿《でん》樓《ろう》觀《かん》・池《ち》流《る》華《け》樹《じゅ》・國《こく》中《ちゅう》所《しょ》有《う》・一《いっ》切《さい》萬《まん》物《もつ》・皆《かい》以《い》無《む》量《りょう》雜《ざっ》寶《ぽう》・百《ひゃく》千《せん》種《じゅ》香《こう》・而《に》共《ぐ》合《ごう》成《じょう》・嚴《ごん》飾《じき》奇《き》妙《みょう》・超《ちょう》諸《しょ》人《にん》天《でん》・其《ご》香《こう》普《ふ》熏《くん》・十《じっ》方《ぽう》世《せ》界《かい》・菩《ぼ》薩《さつ》聞《もん》者《じゃ》・皆《かい》修《しゅ》佛《ぶつ》行《ぎょう》・若《にゃく》不《ふ》

五〇

如《にょ》是《ぜ》者《しゃ》・不《ふ》取《しゅ》正《しょう》覚《がく》

*(二七)　たとひわれ仏《ぶつ》を得《え》たらんに、国中《こくちゅう》の人《にん》・天《でん》、一切万物《いっさいまんもつ》、厳浄《ごんじょう》光麗《こうらい》にして、形色《ぎょうしき》、殊特《しゅどく》にして窮微極妙《ぐみごくみょう》なること、よく*称量《しょうりょう》することなけん。そのもろもろの衆生《しゅじょう》、乃至天眼《ないしてんげん》を*逮得《たいとく》せん。よく明了《みょうりょう》にその名数《みょうしゅ》を弁《わきま》ふることあらば、正覚《しょうがく》を取《と》らじ。

*(二八)　たとひわれ仏《ぶつ》を得《え》たらんに、国中《こくちゅう》の菩薩《ぼさつ》乃至《ないし》少功徳《しょうくどく》のもの、その道場樹《どうじょうじゅ》の無量《むりょう》の光色《こうしき》ありて、高《たか》さ四百万里《しひゃくまんり》なるを知見《ちけん》することあたはずは、正覚《しょうがく》を取《と》らじ。

*(二九)　たとひわれ仏《ぶつ》を得《え》たらんに、国中《こくちゅう》の菩薩《ぼさつ》、もし経法《きょうぼう》を受読《じゅどく》し諷誦持説《ふじゅじせつ》して、*弁才智慧《べんざいちえ》を得《え》ずは、正覚《しょうがく》を取《と》らじ。

*(三〇)　たとひわれ仏《ぶつ》を得《え》たらんに、国中《こくちゅう》の菩薩《ぼさつ》、智慧弁才《ちえべんざい》もし限量《げんりょう》すべくは、正覚《しょうがく》を取《と》らじ。

二七　万物厳浄《まんもつごんじょう》の願。

称量　思いはかること。

逮得　得ること。※

二八　道場樹《どうじょうじゅ》の願。

二九　得弁才智《とくべんざいち》の願。

弁才智慧　自由自在な理解力および言語表現能力。四無礙智《むげち》のこと。

三〇　弁才無尽《べんざいむじん》の願。

*(三一)　たとひわれ仏《ぶつ》を得《え》たらんに、国土清浄《こくどしょうじょう》にして、みなことごとく十方一切《じっぽういっさい》の無量無数不可思議《むりょうむしゅふかしぎ》の諸仏世界《しょぶつせかい》を照見《しょうけん》すること、なほ明鏡《みょうきょう》にその面像《めんぞう》を観《み》るがごとくならん。もししからずは、正覚《しょうがく》を取《と》らじ。

*(三二)　たとひわれ仏《ぶつ》を得《え》たらんに、地《じ》より以上《いじょう》、虚空《こくう》に至《いた》るまで、宮殿《くでん》・*楼観《ろうかん》・池流《ちる》・華樹《けじゅ》・国中《こくちゅう》のあらゆる一切万物《いっさいまんもつ》、みな無量《むりょう》の雑宝《ざっぽう》、百千種《ひゃくせんじゅ》の香《こう》をもつてともに合成《ごうじょう》し、厳飾奇妙《ごんじききみょう》にしてもろもろの人《にん》・天《でん》に超《こ》えん。その香《こう》あまねく十方世界《じっぽうせかい》に熏《くん》じて、菩薩《ぼさつ》聞《き》かんもの、みな仏行《ぶつぎょう》を修《しゅ》せん。もしかくのごとくならずは、正覚《しょうがく》を取《と》らじ。

設《せつ》我《が》得《とく》佛《ぶつ》・十《じっ》方《ぽう》無《む》量《りょう》・不《ふ》可《か》思《し》議《ぎ》・諸《しょ》佛《ぶつ》世《せ》界《かい》・衆《しゅ》生《じょう》之《し》類《るい》・蒙《む》我《が》光《こう》明《みょう》・觸《そく》其《ご》身《しん》者《じゃ》・身《しん》心《じん》柔《にゅう》輭《なん》・超《ちょう》過《か》

三一　国土清浄《こくどしょうじょう》の願。

三二　妙香合成《みょうこうごうじょう》の願。

楼観　重層の建物。高殿のこと。

人《にん》天《でん》・若《にゃく》不《ふ》爾《に》者《しゃ》・不《ふ》取《しゅ》正《しょう》覺《がく》・

設《せっ》我《が》得《とく》佛《ぶつ》・十《じっ》方《ぽう》無《む》量《りょう》・不《ふ》可《か》思《し》議《ぎ》・諸《しょ》佛《ぶつ》世《せ》界《かい》・衆《しゅ》生《じょう》之《し》類《るい》・聞《もん》我《が》名《みょう》字《じ》・不《ふ》得《とく》菩《ぼ》薩《さっ》・無《む》生《しょう》法《ぼう》忍《にん》・諸《しょ》深《じん》總《そう》持《じ》者《しゃ》・不《ふ》取《しゅ》正《しょう》覺《がく》・

設《せっ》我《が》得《とく》佛《ぶつ》・十《じっ》方《ぽう》無《む》量《りょう》・不《ふ》可《か》思《し》議《ぎ》・諸《しょ》佛《ぶつ》世《せ》界《かい》・其《ご》有《う》女《にょ》人《にん》・聞《もん》我《が》名《みょう》字《じ》・歡《かん》喜《ぎ》信《しん》樂《ぎょう》・發《ほっ》菩《ぼ》提《だい》心《しん》・厭《えん》惡《の》女《にょ》身《しん》・壽《じゅ》終《じゅ》之《し》後《ご》・復《ぶ》爲《い》女《にょ》像《ぞう》者《しゃ》・不《ふ》取《しゅ》正《しょう》覺《がく》・

設《せっ》我《が》得《とく》佛《ぶつ》・十《じっ》方《ぽう》無《む》量《りょう》・不《ふ》可《か》思《し》議《ぎ》・諸《しょ》佛《ぶつ》世《せ》界《かい》・諸《しょ》菩《ぼ》薩《さっ》衆《しゅ》・聞《もん》我《が》名《みょう》字《じ》・壽《じゅ》終《じゅ》之《し》後《ご》・常《じょう》修《しゅ》梵《ぼん》行《ぎょう》・至《し》成《じょう》佛《ぶつ》道《どう》・若《にゃく》不《ふ》爾《に》者《しゃ》・不《ふ》取《しゅ》正《しょう》覺《がく》・

設《せっ》我《が》得《とく》佛《ぶつ》・十《じっ》方《ぽう》無《む》量《りょう》・不《ふ》可《か》思《し》議《ぎ》・諸《しょ》佛《ぶつ》世《せ》界《かい》・諸《しょ》

天《てん》人《にん》民《みん》・聞《もん》我《が》名《みょう》字《じ》・五《ご》體《たい》投《とう》地《じ》・稽《け》首《しゅ》作《さ》禮《らい》・歡《かん》喜《ぎ》
信《しん》樂《ぎょう》・修《しゅ》菩《ぼ》薩《さつ》行《ぎょう》・諸《しょ》天《てん》世《せ》人《にん》・莫《まく》不《ふ》致《ち》敬《きょう》・若《にゃく》不《ふ》爾《に》
者《しゃ》・不《ふ》取《しゅ》正《しょう》覺《がく》

*(三三)　たとひわれ仏《ぶつ》を得《え》たらんに、十方無量不可思議《じっぽうむりょうふかしぎ》の諸仏世界《しょぶつせかい》の衆生《しゅじょう》の類《たぐい》、わが光明《こうみょう》を蒙《こうぶ》りてその身《み》に触《ふ》れんもの、*身心柔軟《しんしんにゅうなん》にして人《にん》・天《でん》に超過《ちょうか》せん。もししからずは、正覚《しょうがく》を取《と》らじ。

*(三四)　たとひわれ仏《ぶつ》を得《え》たらんに、十方無量不可思議《じっぽうむりょうふかしぎ》の諸仏世界《しょぶつせかい》の衆生《しゅじょう》の類《たぐい》、わが名字《みょうじ》を聞《き》きて、菩薩《ぼさつ》の無生法忍《むしょうぼうにん》、もろもろの*深総持《じんそうじ》を得《え》ずは、正覚《しょうがく》を取《と》らじ。

*(三五)　たとひわれ仏《ぶつ》を得《え》たらんに、十方無量不可思議《じっぽうむりょうふかしぎ》の諸仏世界《しょぶつせかい》に、それ女人《にょにん》ありて、わが名字《みょうじ》を聞《き》きて、歓喜信楽《かんぎしんぎょう》し、菩提心《ぼだいしん》を発《おこ》して、女身《にょしん》を厭悪《えんお》せん。寿終《いのちおわ》りてののちに、また女像《にょぞう》とならば、正覚《しょうがく》を取《と》

三三　触光柔軟《そっこうにゅうなん》の願。

身心柔軟　摂取《せっしゅ》の光明《こうみょう》につつまれた者は、貪《とん》・瞋《じん》・痴《ち》の三毒の煩悩が消えて、身も心も和らぐこと。

三四　聞名得忍《もんみょうとくにん》の願。

深総持　教えを記憶して決して忘れない力。

三五　女人往生《にょにんおうじょう》の願。

らじ。

*(三六) たとひわれ仏《ぶつ》を得《え》たらんに、十方《じっぽう》無量《むりょう》不可思議《ふかしぎ》の諸仏世界《しょぶつせかい》の諸菩薩衆《しょぼさつしゅ》、わが名字《みょうじ》を聞《き》きて、寿終《いのちおわ》りてののちに、つねに*梵行《ぼんぎょう》を修《しゅ》して仏道《ぶつどう》を成《な》るに至《いた》らん。もししからずは、正覚《しょうがく》を取《と》らじ。

*(三七) たとひわれ仏《ぶつ》を得《え》たらんに、十方《じっぽう》無量《むりょう》不可思議《ふかしぎ》の諸仏世界《しょぶつせかい》の諸天《しょてん》・人民《にんみん》、わが名字《みょうじ》を聞《き》きて、五体《ごたい》を地《じ》に投《な》げて、稽首《けいしゅ》作礼《さらい》し、歓喜信楽《かんぎしんぎょう》して、菩薩《ぼさつ》の行《ぎょう》を修《しゅ》せんに、諸天《しょてん》・世人《せにん》、敬《うやま》ひを致《いた》さずといふことなけん。もししからずは、正覚《しょうがく》を取《と》らじ。

設《せつ》我《が》得《とく》佛《ぶつ》・國《こく》中《ちゅう》人《にん》天《でん》・欲《よく》得《とく》衣《え》服《ぶく》・隨《ずい》念《ねん》卽《そく》至《し》・如《にょ》
佛《ぶつ》所《しょ》讃《さん》・應《おう》法《ほう》妙《みょう》服《ぶく》・自《じ》然《ねん》在《ざい》身《しん》・若《にゃく》有《う》裁《ざい》縫《ぶ》・擣《とう》染《ぜん》
浣《かん》濯《じょく》者《しゃ》・不《ふ》取《しゅ》正《しょう》覺《がく》・

三六　聞名梵行《もんみょうぼんぎょう》の願。

梵行　我欲を離れた無漏清浄《むろしょうじょう》の行。

三七　作礼致敬《さらいちきょう》の願。

五五

設《せつ》我《が》得《とく》佛《ぶつ》・國《こく》中《ちゅう》人《にん》天《でん》・所《しょ》受《じゅ》快《け》樂《らく》・不《ふ》如《にょ》漏《ろ》盡《じん》・比《び》丘《く》者《しゃ》・不《ふ》取《しゅ》正《しょう》覺《がく》・

設《せつ》我《が》得《とく》佛《ぶつ》・國《こく》中《ちゅう》菩《ぼ》薩《さつ》・隨《ずい》意《い》欲《よっ》見《けん》・十《じっ》方《ぽう》無《む》量《りょう》・嚴《ごん》淨《じょう》佛《ぶつ》土《ど》・應《おう》時《じ》如《にょ》願《がん》・於《お》寶《ほう》樹《じゅ》中《ちゅう》・皆《かい》悉《しっ》照《しょう》見《けん》・猶《ゆ》如《にょ》明《みょう》鏡《きょう》・覩《と》其《ご》面《めん》像《ぞう》・若《にゃく》不《ふ》爾《に》者《しゃ》・不《ふ》取《しゅ》正《しょう》覺《がく》・

設《せつ》我《が》得《とく》佛《ぶつ》・他《た》方《ほう》國《こく》土《ど》・諸《しょ》菩《ぼ》薩《さつ》衆《しゅ》・聞《もん》我《が》名《みょう》字《じ》・至《し》于《う》得《とく》佛《ぶつ》・諸《しょ》根《こん》闕《けつ》陋《る》・不《ふ》具《ぐ》足《そく》者《しゃ》・不《ふ》取《しゅ》正《しょう》覺《がく》・

設《せつ》我《が》得《とく》佛《ぶつ》・他《た》方《ほう》國《こく》土《ど》・諸《しょ》菩《ぼ》薩《さつ》衆《しゅ》・聞《もん》我《が》名《みょう》字《じ》・皆《かい》悉《しっ》逮《たい》得《とく》・清《しょう》淨《じょう》解《げ》脱《だつ》三《ざん》昧《まい》・住《じゅ》是《ぜ》三《さん》昧《まい》・一《いっ》發《ぽつ》意《い》頃《きょう》・供《く》養《よう》無《む》量《りょう》・不《ふ》可《か》思《し》議《ぎ》・諸《しょ》佛《ぶつ》世《せ》尊《そん》・而《に》不《ふ》失《しっ》定《じょう》意《い》・若《にゃく》不《ふ》爾《に》者《しゃ》・不《ふ》取《しゅ》正《しょう》覺《がく》

五六

*(三八) たとひわれ仏《ぶつ》を得《え》たらんに、国中《こくちゅう》の人《にん》・天《でん》、衣服《えぶく》を得《え》んと欲《おも》はば、念《ねん》に随《したが》ひてすなはち至《いた》らん。仏《ぶつ》の所讃《しょさん》の*応法《おうほう》の妙服《みょうぶく》のごとく、自然《じねん》に身《み》にあらん。もし裁縫《ざいぶ》・*擣染《とうぜん》・*浣濯《かんじょく》することあらば、正覚《しょうがく》を取《と》らじ。

*(三九) たとひわれ仏《ぶつ》を得《え》たらんに、国中《こくちゅう》の人《にん》・天《でん》、受《う》けんところの快楽《けらく》、*漏尽比丘《ろじんびく》のごとくならずは、正覚《しょうがく》を取《と》らじ。

*(四〇) たとひわれ仏《ぶつ》を得《え》たらんに、国中《こくちゅう》の菩薩《ぼさつ》、意《こころ》に随《したが》ひて十方《じっぽう》無《む》量《りょう》の厳浄《ごんじょう》の仏土《ぶつど》を見《み》んと欲《おも》はん。時《とき》に応《おう》じて願《がん》のごとく、宝樹《ほうじゅ》のなかにして、みなことごとく照見《しょうけん》せんこと、なほ明鏡《みょうきょう》にその面像《めんぞう》を覩《み》るがごとくならん。もししからずは、正覚《しょうがく》を取《と》らじ。

*(四一) たとひわれ仏《ぶつ》を得《え》たらんに、他方国土《たほうこくど》の諸菩薩衆《しょぼさっしゅ》、わが名字《みょうじ》を聞《き》きて、仏《ぶつ》を得《う》るに至《いた》るまで、*諸根闕陋《しょこんけつる》して具足《ぐそく》せずは、正覚《しょうがく》を取《と》らじ。

三八　衣服随念《えぶくずいねん》の願。

応法の妙服　律の規定に応じた立派な袈裟《けさ》。

擣染　白くさらしたり、染色したりすること。

浣濯　洗濯すること。

三九　常受快楽《じょうじゅけらく》の願。

漏尽比丘　一切の煩悩を断じ尽した比丘。

四〇　見諸仏土《けんしょぶつど》の願。

四一　聞名具根《もんみょうぐこん》の願。

諸根闕陋　眼《げん》・耳《に》・鼻《び》・舌《ぜつ》・身《しん》・意《い》の六根《ろっこん》のいずれかが不自由であること。

*(四二)　たとひわれ仏《ぶつ》を得《え》たらんに、他方国土《たほうこくど》の諸菩薩衆《しょぼさっしゅ》、わが名字《みょうじ》を聞《き》きて、みなことごとく*清浄解脱三昧《しょうじょうげだつざんまい》を逮得《たいとく》せん。この三昧《さんまい》に住《じゅう》して、ひとたび意《こころ》を発《おこ》さんあひだに、無量不可思議《むりょうふかしぎ》の諸仏世尊《しょぶつせそん》を供《く》養《よう》したてまつりて*定意《じょうい》を失《しっ》せじ。もししからずは、正覚《しょうがく》を取《と》らじ。

設《せっ》我《が》得《とく》佛《ぶっ》●他《た》方《ほう》國《こく》土《ど》●諸《しょ》菩《ぼ》薩《さっ》衆《しゅ》●聞《もん》我《が》名《みょう》字《じ》●壽《じゅ》終《じゅ》之《し》後《ご》●生《しょう》尊《そん》貴《き》家《け》●若《にゃく》不《ふ》爾《に》者《しゃ》●不《ふ》取《しゅ》正《しょう》覺《がく》●

設《せっ》我《が》得《とく》佛《ぶっ》●他《た》方《ほう》國《こく》土《ど》●諸《しょ》菩《ぼ》薩《さっ》衆《しゅ》●聞《もん》我《が》名《みょう》字《じ》●歡《かん》喜《ぎ》踊《ゆ》躍《やく》●修《しゅ》菩《ぼ》薩《さっ》行《ぎょう》●具《ぐ》足《そく》德《とく》本《ほん》●若《にゃく》不《ふ》爾《に》者《しゃ》●不《ふ》取《しゅ》正《しょう》覺《がく》●

設《せっ》我《が》得《とく》佛《ぶっ》●他《た》方《ほう》國《こく》土《ど》●諸《しょ》菩《ぼ》薩《さっ》衆《しゅ》●聞《もん》我《が》名《みょう》字《じ》●皆《かい》

四二　聞名得定《もんみょうとくじょう》の願。

清浄解脱三昧　煩悩のけがれと束縛とを離れた精神統一の境地。

定意　禅定《ぜんじょう》のこころ。

五八

悉《しっ》逮《たい》得《とく》•普《ふ》等《とう》三《ざん》昧《まい》•住《じゅ》是《ぜ》三《さん》昧《まい》•至《し》于《う》成《じょう》佛《ぶつ》•常《じょう》見《けん》無《む》量《りょう》•不《ふ》可《か》思《し》議《ぎ》•一《いっ》切《さい》諸《しょ》佛《ぶつ》•若《にゃく》不《ふ》爾《に》者《しゃ》•不《ふ》取《しゅ》正《しょう》覺《がく》•

設《せっ》我《が》得《とく》佛《ぶつ》•國《こく》中《ちゅう》菩《ぼ》薩《さつ》•隨《ずい》其《ご》志《し》願《がん》•所《しょ》欲《よく》聞《もん》法《ぼう》•自《じ》然《ねん》得《とく》聞《もん》•若《にゃく》不《ふ》爾《に》者《しゃ》•不《ふ》取《しゅ》正《しょう》覺《がく》•

設《せっ》我《が》得《とく》佛《ぶつ》•他《た》方《ほう》國《こく》土《ど》•諸《しょ》菩《ぼ》薩《さつ》衆《しゅ》•聞《もん》我《が》名《みょう》字《じ》•不《ふ》卽《そく》得《とく》至《し》•不《ふ》退《たい》轉《てん》者《しゃ》•不《ふ》取《しゅ》正《しょう》覺《がく》•

設《せっ》我《が》得《とく》佛《ぶつ》•他《た》方《ほう》國《こく》土《ど》•諸《しょ》菩《ぼ》薩《さつ》衆《しゅ》•聞《もん》我《が》名《みょう》字《じ》•不《ふ》卽《そく》得《とく》至《し》•第《だい》一《いち》第《だい》二《に》•第《だい》三《さん》法《ぼう》忍《にん》•於《お》諸《しょ》佛《ぶっ》法《ぽう》•不《ふ》能《のう》卽《そく》得《とく》•不《ふ》退《たい》轉《てん》者《しゃ》•不《ふ》取《しゅ》正《しょう》覺《がく》

五九

*（四三）たとひわれ仏《ぶつ》を得《え》たらんに、他方国土《たほうこくど》の諸菩薩衆《しょぼさつしゅ》、わが名字《みょうじ》を聞《き》きて、寿《いのち》終《おわ》りてののちに尊貴《そんき》の家《いえ》に生《しょう》ぜん。もししからずは、正覚《しょうがく》を取《と》らじ。

*（四四）たとひわれ仏《ぶつ》を得《え》たらんに、他方国土《たほうこくど》の諸菩薩衆《しょぼさつしゅ》、わが名字《みょうじ》を聞《き》きて、歓喜踊躍《かんぎゆやく》して菩薩《ぼさつ》の行《ぎょう》を修《しゅ》し徳本《とくほん》を具足《ぐそく》せん。もししからずは、正覚《しょうがく》を取《と》らじ。

*（四五）たとひわれ仏《ぶつ》を得《え》たらんに、他方国土《たほうこくど》の諸菩薩衆《しょぼさつしゅ》、わが名字《みょうじ》を聞《き》きて、みなことごとく*普等三昧《ふとうざんまい》を逮得《たいとく》せん。この三昧《さんまい》に住《じゅう》して成仏《じょうぶつ》に至《いた》るまで、つねに無量不可思議《むりょうふかしぎ》の一切《いっさい》の諸仏《しょぶつ》を見《み》たてまつらん。もししからずは、正覚《しょうがく》を取《と》らじ。

*（四六）たとひわれ仏《ぶつ》を得《え》たらんに、国中《こくちゅう》の菩薩《ぼさつ》、その志願《しがん》に随《したが》ひて、聞《き》かんと欲《おも》はんところの法《ほう》、自然《じねん》に聞《き》くことを得《え》ん。もししからずは、正覚《しょうがく》を取《と》らじ。

四三　聞名生貴《もんみょうしょうき》の願。

四四　聞名具徳《もんみょうぐとく》の願。

四五　聞名見仏《もんみょうけんぶつ》の願。

普等三昧　諸仏を一時に平等に観ずることのできる精神統一の境地。

四六　随意聞法《ずいいもんぽう》の願。

*（四七） たとひわれ仏《ぶつ》を得《え》たらんに、他方国土《たほうこくど》の諸菩薩衆《しょぼさっしゅ》、わが名字《みょうじ》を聞《き》きて、すなはち不退転《ふたいてん》に至《いた》ることを得《え》ずは、正覚《しょうがく》を取《と》らじ。

*（四八） たとひわれ仏《ぶつ》を得《え》たらんに、他方国土《たほうこくど》の諸菩薩衆《しょぼさっしゅ》、わが名字《みょうじ》を聞《き》きて、すなはち*第一《だいいち》、第二《だいに》、第三法忍《だいさんぼうにん》に至《いた》ることを得《え》ず、もろもろの仏法《ぶっぽう》において、すなはち不退転《ふたいてん》を得《う》ることあたはずは、正覚《しょうがく》を取《と》らじ〉」と。

佛《ぶつ》告《ごう》阿《あ》難《なん》・爾《に》時《じ》法《ほう》藏《ぞう》比《び》丘《く》・說《せっ》此《し》願《がん》已《に》・而《に》說《せつ》頌《じゅ》曰《わっ》・

我《が》建超世願《ごんちょうせがん》・必至《ひっし》無上道《むじょうどう》・斯《し》願《がん》不《ふ》滿足《まんぞく》・誓《せい》不《ふ》成正覺《じょうしょうがく》・

我《が》於《お》無量劫《むりょうこう》・不《ふ》爲《い》大施主《だいせしゅ》・普濟《ふさい》諸貧苦《しょびんぐ》・誓《せい》不《ふ》成正覺《じょうしょうがく》・

我《が》至成佛道《しじょうぶつどう》・名聲《みょうしょう》超《ちょう》十方《じっぽう》・究竟《くきょう》靡《み》所聞《しょもん》・誓《せい》不《ふ》成正覺《じょうしょうがく》・

四七 聞名不退《もんみょうふたい》の願。

四八 得三法忍《とくさんぼうにん》の願。

第一第二第三法忍 三法忍のこと。

六一

離《り》欲《よく》深《じん》正《しょう》念《ねん》●淨《じょう》慧《え》修《しゅ》梵《ぼん》行《ぎょう》●志《し》求《ぐ》無《む》上《じょう》道《どう》●爲《い》諸《しょ》天《てん》人《にん》師《し》●
神《じん》力《りき》演《えん》大《だい》光《こう》●普《ふ》照《しょう》無《む》際《さい》土《ど》●消《しょう》除《じょ》三《さん》垢《く》冥《みょう》●廣《こう》濟《さい》衆《しゅ》厄《やく》難《なん》●
開《かい》彼《ひ》智《ち》慧《え》眼《げん》●滅《めっ》此《し》昏《こん》盲《もう》闇《あん》●閉《へい》塞《そく》諸《しょ》惡《あく》道《どう》●通《つう》達《だつ》善《ぜん》趣《しゅ》門《もん》●
功《こう》祚《そ》成《じょう》滿《まん》足《ぞく》●威《い》曜《よう》朗《ろう》十《じっ》方《ぽう》●日《にち》月《がつ》戢《しゅう》重《じゅう》暉《き》●天《てん》光《こう》隱《おん》不《ふ》現《げん》●
爲《い》衆《しゅ》開《かい》法《ほう》藏《ぞう》●廣《こう》施《せ》功《く》德《どく》寶《ほう》●常《じょう》於《お》大《だい》衆《しゅ》中《じゅう》●説《せっ》法《ぽう》師《し》子《し》吼《く》●
供《く》養《よう》一《いっ》切《さい》佛《ぶつ》●具《ぐ》足《そく》衆《しゅ》德《とく》本《ほん》●願《がん》慧《ね》悉《しつ》成《じょう》滿《まん》●得《とく》爲《い》三《さん》界《がい》雄《おう》●
如《にょ》佛《ぶつ》無《む》礙《げ》智《ち》●通《つう》達《だつ》靡《み》不《ふ》照《しょう》●願《がん》我《が》功《く》慧《え》力《りき》●等《とう》此《し》最《さい》勝《しょう》尊《そん》●
斯《し》願《がん》若《にゃっ》剋《こっ》果《か》●大《だい》千《せん》應《おう》感《かん》動《どう》●虛《こ》空《く》諸《しょ》天《てん》人《にん》●當《とう》雨《う》珍《ちん》妙《みょう》華《け》●

仏《ぶつ》、阿《あ》難《なん》に告《つ》げたまはく、「そのときに法蔵《ほうぞう》比丘《びく》、この願《がん》を説《と》きをはりて、頌《じゅ》を説《と》きていはく、

六二

〈われ超世《ちょうせ》の願《がん》を建《た》つ、かならず無上道《むじょうどう》に至《いた》らん。
この願満足《がんまんぞく》せずは、誓《ちか》ひて正覚《しょうがく》を成《な》らじ。
われ無量劫《むりょうこう》において、大施主《だいせしゅ》となりて、
あまねくもろもろの*貧苦《ひんぐ》を済《す》はずは、誓《ちか》ひて正覚《しょうがく》を成《な》らじ。
われ仏道《ぶつどう》を成《な》るに至《いた》りて、*名声十方《みょうしょうじっぽう》に超《こ》えん。
究竟《くきょう》して聞《きこ》ゆるところなくは、誓《ちか》ひて正覚《しょうがく》を成《な》らじ。
離欲《りよく》と*深正念《じんしょうねん》と、浄慧《じょうえ》とをもつて梵行《ぼんぎょう》を修《しゅ》して、
無上道《むじょうどう》を志求《しぐ》して、諸天人《しょてんにん》の師《し》とならん。
神力《じんりき》、大光《だいこう》を演《の》べて、あまねく*無際《むさい》の土《ど》を照《て》らし、
三垢《さんく》の冥《みょう》を消除《しょうじょ》して、広《ひろ》くもろもろの厄難《やくなん》を済《す》はん。
かの智慧《ちえ》の眼《まなこ》を開《ひら》きて、この*昏盲《こんもう》の闇《あん》を滅《めっ》し、
もろもろの悪道《あくどう》を閉塞《へいそく》して、善趣《ぜんしゅ》の門《もん》を通達《つうだつ》せん。
*功祚《こうそ》、成満足《じょうまんぞく》して、*威曜十方《いようじっぽう》に朗《ほが》らかならん。

貧苦　智慧も能力も貧しい者。
名声　阿弥陀仏の名号。
深正念　三昧《さんまい》における寂《じゃく》静《じょう》の心境。
無際の土　きわまりなく広い世界。
昏盲の闇　昏盲とは智慧のない暗い状態で、その暗さを闇に喩える。
功祚　仏のさとり。仏果。修行の功徳によって成仏したことをたたえていう語。
威曜　威神光曜《いじんこうよう》。

日月《にちがつ》、*重暉《じゅうき》を戢《おさ》めて、天《てん》の光《ひかり》も隠《かく》れて現《げん》ぜじ。
衆《しゅう》のために法蔵《ほうぞう》を開《ひら》きて、広《ひろ》く*功徳《くどく》の宝《ほう》を施《せ》せん。
つねに大衆《だいしゅ》のなかにして、法《ほう》を説《と》きて*獅子吼《ししく》せん。
一切《いっさい》の仏《ぶつ》を供養《くよう》したてまつりて、もろもろの徳本《とくほん》を具足《ぐそく》し、
願《がん》と慧《え》ことごとく成満《じょうまん》して、三界《さんがい》の雄《おう》たることを得《え》ん。
仏《ぶつ》（世自在王仏）の無礙智《むげち》のごとく、通達《つうだつ》して照《て》らさざること
なけん。
願《ねが》はくはわが功慧《くえ》の力《ちから》、この最勝尊《さいしょうそん》（世自在王仏）に等《ひと》しからん。
この願《がん》もし剋果《こっか》せば、大千《だいせん》まさに感動《かんどう》すべし。
虚空《こくう》の諸天人《しょてんにん》、まさに珍妙《ちんみょう》の華《はな》を雨《あめふ》らすべし〉」と。

佛《ぶつ》告《ごう》阿《あ》難《なん》・法《ほう》藏《ぞう》比《び》丘《く》・說《せっ》此《し》頌《じゅ》已《い》・應《おう》時《じ》普《ふ》地《じ》・六《ろく》

重暉　日と月の光による二重の輝き。
功徳の宝　阿弥陀仏の名号をいう。
獅子吼　獅子のほえる声。獅子がほえるように法を説くことで、獅子のほえる声が百獣を畏伏させるように、仏の説法はすべての衆生を信順させるという意。

六四

種《しゅ》震《しん》動《どう》・天《てん》雨《ぬ》妙《みょう》華《け》・以《い》散《さん》其《ご》上《じょう》・自《じ》然《ねん》音《おん》樂《がく》・空《く》中《じゅう》讃《さん》言《ごん》・決《けつ》定《じょう》必《ひつ》成《じょう》・無《む》上《じょう》正《しょう》覺《がく》・於《お》是《ぜ》法《ほう》藏《ぞう》比《び》丘《く》・具《ぐ》足《そく》修《しゅ》滿《まん》・如《にょ》是《ぜ》大《だい》願《がん》・誠《じょう》諦《たい》不《ふ》虚《こ》・超《ちょう》出《しゅつ》世《せ》間《けん》・深《じん》樂《ぎょう》寂《じゃく》滅《めつ》・阿《あ》難《なん》時《じ》彼《ひ》比《び》丘《く》・於《お》其《ご》佛《ぶっ》所《しょ》・諸《しょ》天《てん》魔《ま》梵《ぼん》・龍《りゅう》神《じん》八《はち》部《ぶ》・大《だい》衆《しゅ》之《し》中《ちゅう》・發《ほっ》斯《し》弘《ぐ》誓《ぜい》・建《こん》此《し》願《がん》已《に》・一《いっ》向《こう》專《せん》志《し》・莊《しょう》嚴《ごん》妙《みょう》土《ど》・所《しょ》修《しゅ》佛《ぶっ》國《こく》・恢《かい》廓《かく》廣《こう》大《だい》・超《ちょう》勝《しょう》獨《どく》妙《みょう》・建《こん》立《りゅう》常《じょう》然《ねん》・無《む》衰《すい》無《む》變《へん》・於《お》不《ふ》可《か》思《し》議《ぎ》・兆《ちょう》載《さい》永《よう》劫《こう》・積《しゃく》植《じき》菩《ぼ》薩《さつ》・無《む》量《りょう》德《とく》行《ぎょう》・不《ふ》生《しょう》欲《よっ》覺《かく》・瞋《しん》覺《かく》害《がい》覺《かく》・不《ふ》起《き》欲《よく》想《そう》・瞋《しん》想《そう》害《がい》想《そう》・不《ふ》著《じゃく》色《しき》聲《しょう》・香《こう》味《み》觸《そく》法《ほう》・忍《にん》力《りき》成《じょう》就《じゅ》・不《ふ》計《け》衆《しゅ》苦《く》・少《しょう》欲《よく》知《ち》足《そく》・無《む》染《ぜん》恚《に》癡《ち》・三《さん》昧《まい》常《じょう》寂《じゃく》・智《ち》慧《え》無《む》礙《げ》・無《む》有《う》虚《こ》僞《ぎ》・諂《てん》曲《ごく》之《し》心《しん》・和《わ》顔《げん》愛《あい》

六五

語《ご》・先《せん》意《に》承《じょう》問《もん》・勇《ゆう》猛《みょう》精《しょう》進《じん》・志《し》願《がん》無《む》倦《けん》・専《せん》求《ぐ》清《しょう》白《びゃく》之《し》法《ほう》・以《い》恵《え》利《り》群《ぐん》生《じょう》・恭《く》敬《ぎょう》三《さん》寶《ぼう》・奉《ぶ》事《じ》師《し》長《ちょう》・以《い》大《だい》莊《しょう》嚴《ごん》・具《ぐ》足《そく》衆《しゅ》行《ぎょう》・令《りょう》諸《しょ》衆《しゅ》生《じょう》・功《く》徳《どく》成《じょう》就《じゅ》

仏《ぶつ》、阿難《あなん》に告《つ》げたまはく、「法蔵比丘《ほうぞうびく》、この頌《じゅ》を説《と》きをはるに、時《とき》に応《おう》じてあまねく地《じ》、六種《ろくしゅ》に震動《しんどう》す。天《てん》より妙華《みょうけ》を雨《あめふ》らして、もつてその上《うえ》に散《さん》ず。自然《じねん》の音楽《おんがく》、空中《くうちゅう》に讃《ほ》めていはく、〈決定《けつじょう》してかならず無上正覚《むじょうしょうがく》を成《な》るべし〉と。ここに法蔵比丘《ほうぞうびく》、かくのごときの大願《だいがん》を具足《ぐそく》し修満《しゅまん》して、*誠諦《じょうたい》にして虚《むな》しからず。世間《せけん》に超出《ちょうしゅつ》して深《ふか》く寂滅《じゃくめつ》を楽《ねが》ふ。阿難《あなん》、ときにかの比丘《びく》、その仏《ぶつ》の所《みもと》、諸天《しょてん》・魔《ま》・梵《ぼん》・竜神八部《りゅうじんはちぶ》・大衆《だいしゅ》のなかにして、この弘誓《ぐぜい》を発《おこ》す。この願《がん》を建《た》てをはりて、一向《いっこう》に専志《せんし》して妙土《みょうど》を荘厳《しょうごん》す。所修《しょしゅ》の仏国《ぶっこく》、*恢廓広大《かいかくこうだい》に

誠諦　まこと。真実。

恢廓広大　大きく、広い様子。

六六

して超勝独妙《ちょうしょうどくみょう》なり。建立《こんりゅう》〔せられし仏国《ぶっこく》は〕常然《じょうねん》にして、衰《すい》なく変《へん》なし。不可思議《ふかしぎ》の兆載永劫《ちょうさいようごう》において、菩薩《ぼさつ》の無量《むりょう》の徳行《とくぎょう》を積植《しゃくじき》して、*欲覚《よくかく》・瞋覚《しんかく》・害覚《がいかく》を生《しょう》ぜず。*欲想《よくそう》・瞋想《しんそう》・害想《がいそう》を起《おこ》さず。*色《しき》・声《しょう》・香《こう》・味《み》・触《そく》・法《ほう》に着《じゃく》せず。忍力成就《にんりきじょうじゅ》して衆苦《しゅく》を計《はか》らず。少欲知足《しょうよくちそく》にして*染《ぜん》・恚《い》・痴《ち》なし。三昧常寂《さんまいじょうじゃく》にして智慧無礙《ちえむげ》なり。虚偽《こぎ》・*諂曲《てんごく》の心《しん》あることなし。*和顔愛語《わげんあいご》にして、意《こころ》を先《さき》にして*承問《じょうもん》す。勇猛精進《ゆうみょうしょうじん》にして志願倦《しがんう》むことなし。もつぱら*清白《しょうびゃく》の法《ほう》を求《もと》めて、もつて群生《ぐんじょう》を恵利《えり》す。三宝《さんぼう》を恭敬《くぎょう》し、師長《しちょう》に奉事《ぶじ》す。*大荘厳《だいしょうごん》をもつて衆行《しゅぎょう》を具足《ぐそく》し、もろもろの衆生《しゅじょう》をして功徳《くどく》を成就《じょうじゅ》せしむ。

住《じゅ》空《く》無《む》相《そう》・無《む》願《がん》之《し》法《ほう》・無《む》作《さ》無《む》起《き》・観《かん》法《ぼう》如《にょ》化《け》・遠《おん》離《り》麁《そ》言《ごん》・自《じ》害《がい》害《がい》彼《ひ》・彼《ひ》此《し》倶《く》害《がい》・修《しゅ》習《じゅう》善《ぜん》語《ご》・自《じ》利《り》利《り》人《にん》・人《にん》

欲覚瞋覚害覚　むさぼり、いかり、害を加えようとする分別作用。

欲想瞋想害想　想は外界の対象を知覚表象するはたらきで、欲覚・瞋覚・害覚を生ぜしめる原因となる。

色声香味触法　感覚器官のはたらく対象。

染恚痴　貪欲《とんよく》・瞋恚《しんに》・愚痴《ぐち》の三毒の煩悩。

諂曲の心　相手にこびへつらう心。

和顔愛語　やわらかな笑顔とやさしい言葉。

承問　相手の意志を先んじて知り、その要求を満たしてやること。

清白の法　清浄潔白な善法。

大荘厳　恭敬三宝《くぎょうさんぽう》・奉事師長《ぶじしちょう》によって得られた福徳と智慧との二つの荘厳。

六七

我《が》兼《けん》利《り》・棄《き》國《こく》捐《えん》王《のう》・絶《ぜっ》去《こ》財《ざい》色《しき》・自《じ》行《ぎょう》六《ろく》波《は》羅《ら》蜜《みつ》・
教《きょう》人《にん》令《りょう》行《ぎょう》・無《む》央《おう》數《しゅ》劫《こう》・積《しゃっ》功《く》累《るい》德《とく》・隨《ずい》其《ご》生《しょう》處《じょ》・在《ざい》
意《い》所《しょ》欲《よく》・無《む》量《りょう》寶《ほう》藏《ぞう》・自《じ》然《ねん》發《ほっ》應《とう》・教《きょう》化《け》安《あん》立《りゅう》・無《む》數《しゅ》
衆《しゅ》生《じょう》・住《じゅ》於《お》無《む》上《じょう》・正《しょう》眞《しん》之《し》道《どう》・或《わく》爲《い》長《ちょう》者《じゃ》居《こ》士《じ》・豪《ごう》
姓《しょう》尊《そん》貴《き》・或《わく》爲《い》刹《せつ》利《り》國《こっ》君《くん》・轉《てん》輪《りん》聖《じょう》帝《たい》・或《わく》爲《い》六《ろく》欲《よく》
天《てん》主《じゅ》・乃《ない》至《し》梵《ぼん》王《のう》・常《じょう》以《い》四《し》事《じ》・供《く》養《よう》恭《く》敬《ぎょう》・一《いっ》切《さい》諸《しょ》
佛《ぶつ》・如《にょ》是《ぜ》功《く》德《どく》・不《ふ》可《か》稱《しょう》說《ぜっ》・口《く》氣《け》香《こう》潔《けつ》・如《にょ》優《う》鉢《は》羅《ら》
華《け》・身《しん》諸《しょ》毛《もう》孔《く》・出《すい》栴《せん》檀《だん》香《こう》・其《ご》香《こう》普《ふ》熏《くん》・無《む》量《りょう》世《せ》界《かい》・
容《よう》色《しき》端《たん》正《じょう》・相《そう》好《ごう》殊《しゅ》妙《みょう》・其《ご》手《しゅ》常《じょう》出《すい》・無《む》盡《じん》之《し》寶《ほう》・衣《え》
服《ぶく》飲《おん》食《じき》・珍《ちん》妙《みょう》華《け》香《こう》・繒《ぞう》蓋《がい》幢《どう》旛《ばん》・莊《しょう》嚴《ごん》之《し》具《ぐ》・如《にょ》是《ぜ》
等《とう》事《じ》・超《ちょう》諸《しょ》天《てん》人《にん》・於《お》一《いっ》切《さい》法《ほう》・而《に》得《とく》自《じ》在《ざい》

六八

*空《くう》・無相《むそう》・無願《むがん》の法《ほう》に住《じゅう》して*作《さ》なく起《き》なく、*法《ほう》は化《け》のごとしと観《かん》じて、粗言《そごん》の自害《じがい》と害彼《がいひ》と、彼此《ひし》ともに害《がい》するを遠離《おんり》し、善語《ぜんご》の自《じ》利《り》と利人《りにん》と、人我《にんが》兼《か》ねて利《り》するを修習《しゅじゅう》す。国《くに》を棄《す》て王《おう》を捐《す》てて財色《ざいしき》を絶《た》ち去《さ》け、みづから六波羅蜜《ろっぱらみつ》を行《ぎょう》じ、人《ひと》を教《おし》へて行《ぎょう》ぜしむ。無央《むおう》数劫《しゅこう》に功《こう》を積《つ》み徳《とく》を累《かさ》ぬるに、その生処《しょうじょ》に随《したが》ひて意《こころ》の所欲《しょよく》にあり。無量《むりょう》の宝蔵《ほうぞう》、自然《じねん》に発応《ほっとう》し、無数《むしゅ》の衆生《しゅじょう》を教化《きょうけ》し安立《あんりゅう》して、無上正《むじょうしょう》真《しん》の道《どう》に住《じゅう》せしむ。あるいは長者《ちょうじゃ》・*居士《こじ》・*豪姓《ごうしょう》・尊貴《そんき》となり、あるいは*刹利《せつり》国君《こくくん》・*転輪聖帝《てんりんじょうたい》となり、あるいは*六欲天主《ろくよくてんじゅ》、乃至《ないし》*梵王《ぼんのう》となりて、つねに四事《しじ》をもつて一切《いっさい》の諸仏《しょぶつ》を供養《くよう》し恭敬《くぎょう》したてまつる。かくのごときの功徳《くどく》、*称説《しょうせつ》すべからず。口気《くけ》は香潔《こうけつ》にして、*優鉢羅《うはら》華《け》のごとし。身《み》のもろもろの毛孔《もうく》より*栴檀香《せんだんこう》を出《いだ》す。その香《こう》は、あまねく無量《むりょう》の世界《せかい》に熏《くん》ず。容色端正《ようしきたんじょう》にして相好殊妙《そうごうしゅみょう》なり。その手《て》よりつねに無尽《むじん》の宝《たから》・衣服《えぶく》・飲食《おんじき》・珍妙《ちんみょう》の華香《けこう》・*繒蓋《ぞうがい》・*幢幡《どうばん》、荘厳《しょうごん》の

空無相無願　解脱を得る三種の方法、三三昧《さんざんまい》ともいう。①空解脱門《くうげだつもん》。一切の存在は空であると観ずる。②無相《むそう》解脱門《げだつもん》。一切が空であるから差別の相はないと観ずる。③無願《むがん》解脱門《げだつもん》。願求《がんぐ》すべき何ものもないと観ずる。

作なく起なく　はからいがないという意。

法は化のごとし　もろもろの現象(法)は、仮に相《すがた》をとって現れた存在にすぎない。

居士　在家の男子信者。

豪姓　婆羅門のこと。

刹利　梵語クシャトリヤ(kṣatriya)の音写。古代インドの四姓制度の第二階級。バラモン(婆羅門)族につぐもので、王族・貴族・士族の階級。

転輪聖帝　転輪聖王のこと。

六欲天主　欲界の六天の主。

梵王　色界の初禅天の王。

称説　説き示すこと。※

六九

具《ぐ》を出《いだ》す。かくのごときらの事《じ》もろもろの天人《てんにん》に超《こ》えたり。一切《いっさい》の法《ほう》において自在《じざい》を得《え》たりき」と。

阿《あ》難《なん》白《びゃく》佛《ぶつ》・法《ほう》藏《ぞう》菩《ぼ》薩《さつ》・爲《い》已《い》成《じょう》佛《ぶつ》・而《に》取《しゅ》滅《めつ》度《ど》・爲《い》未《み》成《じょう》佛《ぶつ》・爲《い》今《こん》現《げん》在《ざい》・佛《ぶつ》告《ごう》阿《あ》難《なん》・法《ほう》藏《ぞう》菩《ぼ》薩《さつ》・今《こん》已《に》成《じょう》佛《ぶつ》・現《げん》在《ざい》西《さい》方《ほう》・去《こ》此《し》十《じゅう》萬《まん》億《のく》刹《せつ》・其《ご》佛《ぶつ》世《せ》界《かい》・名《みょう》曰《わっ》安《あん》樂《らく》・阿《あ》難《なん》又《う》問《もん》・其《ご》佛《ぶつ》成《じょう》道《どう》已《い》來《らい》・爲《い》逕《きょう》幾《き》時《じ》・佛《ぶつ》言《ごん》成《じょう》佛《ぶつ》已《い》來《らい》・凡《ぼん》歷《りゃく》十《じっ》劫《こう》・其《ご》佛《ぶつ》國《こく》土《ど》・自《じ》然《ねん》七《しっ》寶《ぽう》・金《こん》銀《ごん》瑠《る》璃《り》・珊《さん》瑚《ご》琥《こ》珀《はく》・硨《しゃ》磲《こ》碼《め》碯《のう》・合《ごう》成《じょう》爲《い》地《じ》・恢《かい》廓《かく》曠《こう》蕩《とう》・不《ふ》可《か》限《げん》極《ごく》・悉《しっ》相《そう》雜《ざっ》廁《し》・轉《てん》相《そう》入《にゅう》間《けん》・光《こう》赫《かく》焜《こん》耀《にょう》・微《み》妙《みょう》奇《き》麗《らい》・清《しょう》淨《じょう》莊《しょう》嚴《ごん》・超《ちょう》踰《ゆ》十《じっ》方《ぽう》・一《いっ》切《さい》

七〇

優鉢羅華　優鉢羅は梵語ウトパラ(utpala)の音写。青蓮華。

栴檀　梵語チャンダナ(candana)の音写。香木の一種で、赤・白・紫などの諸種がある。

繒蓋　絹張りの傘のことで、天蓋ともいう。

幢幡　はたぼこ。

世《せ》界《かい》●衆《しゅ》寶《ぼう》中《ちゅう》精《しょう》●其《ご》寶《ほう》猶《ゆ》如《にょ》●第《だい》六《ろく》天《てん》寶《ぼう》●又《う》其《ご》國《こく》
土《ど》●無《む》須《しゅ》彌《み》山《せん》●及《ぎゅう》金《こん》剛《ごう》鐵《てっ》圍《ち》●一《いっ》切《さい》諸《しょ》山《せん》●亦《やく》無《む》大《だい》
海《かい》小《しょう》海《かい》●谿《けい》渠《ご》井《しょう》谷《こく》●佛《ぶつ》神《じん》力《りっ》故《こ》●欲《よっ》見《けん》則《そく》現《げん》●亦《やく》無《む》
地《じ》獄《ごく》●餓《が》鬼《き》畜《ちく》生《しょう》●諸《しょ》難《なん》之《し》趣《しゅ》●亦《やく》無《む》四《し》時《じ》●春《しゅん》秋《じゅ》冬《とう》
夏《げ》●不《ふ》寒《かん》不《ふ》熱《ねつ》●常《じょう》和《わ》調《じょう》適《しゃく》●爾《に》時《じ》阿《あ》難《なん》●白《びゃく》佛《ぶつ》言《ごん》世《せ》
尊《そん》●若《にゃく》彼《ひ》國《こく》土《ど》●無《む》須《しゅ》彌《み》山《せん》●其《ご》四《し》天《てん》王《のう》●及《ぎゅう》忉《とう》利《り》天《てん》●
依《え》何《が》而《に》住《じゅ》●佛《ぶつ》語《ご》阿《あ》難《なん》●第《だい》三《さん》焔《えん》天《でん》●乃《ない》至《し》色《しき》究《く》竟《きょう》
天《でん》●皆《かい》依《え》何《が》住《じゅ》●阿《あ》難《なん》白《びゃく》佛《ぶつ》●行《ぎょう》業《ごう》果《か》報《ほう》●不《ふ》可《か》思《し》議《ぎ》●
佛《ぶつ》語《ご》阿《あ》難《なん》●行《ぎょう》業《ごう》果《か》報《ほう》●不《ふ》可《か》思《し》議《ぎ》●諸《しょ》佛《ぶつ》世《せ》界《かい》●亦《やく》
不《ふ》可《か》思《し》議《ぎ》●其《ご》諸《しょ》衆《しゅ》生《じょう》●功《く》徳《どく》善《ぜん》力《りき》●住《じゅ》行《ぎょう》業《ごう》之《し》地《じ》●
故《こ》能《のう》爾《に》耳《に》●阿《あ》難《なん》白《びゃく》佛《ぶつ》●我《が》不《ふ》疑《ぎ》此《し》法《ほう》●但《たん》爲《に》將《しょう》來《らい》

七一

衆《しゅ》生《じょう》・欲《よく》除《じょ》其《ご》疑《ぎ》惑《わく》・故《こ》問《もん》斯《し》義《ぎ》

阿難《あなん》、仏《ぶつ》にまうさく、「法蔵菩薩《ほうぞうぼさつ》、すでに成仏《じょうぶつ》して滅度《めつど》を取《と》りたまへりとやせん、いまだ成仏《じょうぶつ》したまはずとやせん、いま現《げん》にましますとやせん」と。仏《ぶつ》、阿難《あなん》に告《つ》げたまはく、「法蔵菩薩《ほうぞうぼさつ》、いますでに成仏《じょうぶつ》して、現《げん》に西方《さいほう》にまします。ここを去《さ》ること十万億刹《じゅうまんおくせつ》なり。その仏《ぶつ》の世界《せかい》をば名《な》づけて安楽《あんらく》といふ」と。阿難《あなん》、また問《と》ひたてまつる、「その仏《ぶつ》、成道《じょうどう》したまひしよりこのかた、いくばくの時《とき》を経《へ》たまへりとやせん」と。仏《ぶつ》のたまはく、「成仏《じょうぶつ》よりこのかた、おほよそ十劫《じっこう》を歴《へ》たまへり。その仏国土《ぶっこくど》は、自然《じねん》の七宝《しっぽう》、金《こん》・銀《ごん》・瑠璃《るり》・珊瑚《さんご》・琥珀《こはく》・硨磲《しゃこ》・碼碯《めのう》合成《ごうじょう》して地《じ》とせり。*恢廓曠蕩《かいかくこうとう》にして限極《げんごく》すべからず。ことごとくあひ*雑廁《ざっし》し、うたたあひ*入間《にゅうけん》せり。*光赫焜耀《こうかくこんよう》にして微妙奇麗《みみょうきらい》なり。清浄《しょうじょう》に荘厳《しょうごん》して十方一切《じっぽういっさい》の世界《せかい》に超踰《ちょうゆ》せり。

恢廓曠蕩　果てしなく広々とし、大きいこと。
雑廁　まじりあうこと。
入間　入りまじること。
光赫焜耀　ひかり輝くこと。

七二

衆宝《しゅぼう》のなかの精《しょう》なり。その宝《たから》、なほ*第六天《だいろくてん》の宝《たから》のごとし。またその国土《こくど》には、須弥山《しゅみせん》および*金剛鉄囲《こんごうてっち》、一切《いっさい》の諸山《しょせん》なし。また大海《だいかい》・小《しょう》海《かい》・*谿渠《けいご》・井谷《しょうこく》なし。仏神力《ぶつじんりき》のゆゑに、見《み》んと欲《おも》へばすなはち現《げん》ず。また地獄《じごく》・餓鬼《がき》・畜生《ちくしょう》、*諸難《しょなん》の趣《しゅ》なし。また四時《しじ》の春《しゅん》・秋《じゅう》・冬《とう》・夏《げ》なし。寒《さむ》からず、熱《あつ》からず。つねに和《やわ》らかにして*調適《じょうちゃく》なり」と。そのときに阿難《あなん》、仏《ぶつ》にまうしてまうさく、「世尊《せそん》、もしかの国土《こくど》に須《しゅ》弥山《みせん》なくは、その四天王《してんのう》および*忉利天《とうりてん》、なにによりてか住《じゅう》する」と。仏《ぶつ》、阿難《あなん》に語《かた》りたまはく、「*第三《だいさん》の焔天《えんてん》、乃至《ないし》、*色究竟天《しきくきょうてん》、みなななににによりてか住《じゅう》する」と。阿難《あなん》、仏《ぶつ》にまうさく、「行業《ぎょうごう》の果報《かほう》、不《ふ》可思議《かしぎ》なればなり」と。仏《ぶつ》、阿難《あなん》に語《かた》りたまはく、「行業《ぎょうごう》の果報《かほう》不《ふ》可思議《かしぎ》ならば、諸仏世界《しょぶつせかい》もまた不可思議《ふかしぎ》なり。その*もろもろの衆生《しゅじょう》、功徳善力《くどくぜんりき》をもつて行業《ぎょうごう》の地《じ》に住《じゅう》す。ゆゑによくしかるのみ」と。阿《あ》難《なん》、仏《ぶつ》にまうさく、「われこの法《ほう》を疑《うたが》はず。ただ将来《しょうらい》の衆生《しゅじょう》のため

第六天　欲界《よくかい》六天の中の頂上の他化自在天《たけじざいてん》。

金剛鉄囲　須弥山《しゅみせん》を囲む九山八海のうち最も外側の鉄でできた山。また三千大千世界各々を囲む山という説もある。

谿渠井谷　谿は谷、渠は溝、井は井戸、谷は水のないたに。

諸難の趣　もろもろの苦しみの世界。

調適　ほどよく整っていること。

忉利天　忉利は梵語トラーヤストリンシャ（Trāyastriṃśa）の音写。三十三天と漢訳する。欲界の六天のうちの第二。須弥山の頂上にあり、帝釈天が住むという。

第三の焔天　欲界六天の第三、夜摩天のことで、須弥山の上方空中にある。

色究竟天　色界四禅天《しきかいしぜんてん》の最上位の天。

もろもろの衆生　浄土の聖《しょう》衆《じゅ》。

にその疑惑《ぎわく》を除《のぞ》かんと欲《ほっ》するがゆゑに、この義《ぎ》を問《と》ひたてまつる」
と。

佛《ぶつ》告《ごう》阿《あ》難《なん》・無《む》量《りょう》壽《じゅ》佛《ぶつ》・威《い》神《じん》光《こう》明《みょう》・最《さい》尊《そん》第《だい》一《いち》・諸《しょ》佛《ぶつ》光《こう》明《みょう》・所《しょ》不《ふ》能《のう》及《ぎゅう》・或《わく》有《う》佛《ぶつ》光《こう》・照《しょう》百《ひゃく》佛《ぶつ》世《せ》界《かい》・或《わく》千《せん》佛《ぶつ》世《せ》界《かい》・取《しゅ》要《よう》言《ごん》之《し》・乃《ない》照《しょう》東《とう》方《ぼう》・恆《ごう》沙《じゃ》佛《ぶつ》刹《せつ》・南《なん》西《ざい》北《ほっ》方《ぼう》・四《し》維《ゆい》上《じょう》下《げ》・亦《やく》復《ぶ》如《にょ》是《ぜ》・或《わく》有《う》佛《ぶつ》光《こう》・照《しょう》于《う》七《しっ》尺《しゃく》・或《わく》照《しょう》一《いち》由《ゆ》旬《じゅん》・二《に》三《さん》四《し》五《ご》由《ゆ》旬《じゅん》・如《にょ》是《ぜ》轉《てん》倍《ばい》・乃《ない》至《し》照《しょう》於《お》・一《いち》佛《ぶつ》刹《せつ》土《ど》・是《ぜ》故《こ》無《む》量《りょう》壽《じゅ》佛《ぶつ》・號《ごう》無《む》量《りょう》光《こう》佛《ぶつ》・無《む》邊《へん》光《こう》佛《ぶつ》・無《む》礙《げ》光《こう》佛《ぶつ》・無《む》對《たい》光《こう》佛《ぶつ》・焰《えん》王《のう》光《こう》佛《ぶつ》・清《しょう》淨《じょう》光《こう》佛《ぶつ》・歡《かん》喜《ぎ》光《こう》佛《ぶつ》・智《ち》慧《え》光《こう》佛《ぶつ》・不《ふ》斷《だん》光《こう》佛《ぶつ》・

七四

難《なん》思《じ》光《こう》佛《ぶつ》・無《む》稱《しょう》光《こう》佛《ぶつ》・超《ちょう》日《にち》月《がっ》光《こう》佛《ぶつ》・其《ご》有《う》衆《しゅ》生《じょう》・遇《ぐ》斯《し》光《こう》者《しゃ》・三《さん》垢《く》消《しょう》滅《めつ》・身《しん》意《に》柔《にゅう》輭《なん》・歡《かん》喜《ぎ》踊《ゆ》躍《やく》・善《ぜん》心《しん》生《しょう》焉《えん》・若《にゃく》在《ざい》三《さん》塗《ず》・勤《ごん》苦《く》之《し》處《しょ》・見《けん》此《し》光《こう》明《みょう》・皆《かい》得《とく》休《く》息《そく》・無《む》復《ぶ》苦《く》惱《のう》・壽《じゅ》終《じゅ》之《し》後《ご》・皆《かい》蒙《む》解《げ》脱《だつ》・無《む》量《りょう》壽《じゅ》佛《ぶつ》・光《こう》明《みょう》顯《けん》赫《かく》・照《しょう》耀《よう》十《じっ》方《ぽう》・諸《しょ》佛《ぶっ》國《こく》土《ど》・莫《まく》不《ふ》聞《もん》焉《ねん》・不《ふ》但《たん》我《が》今《こん》・稱《しょう》其《ご》光《こう》明《みょう》・一《いっ》切《さい》諸《しょ》佛《ぶつ》・聲《しょう》聞《もん》縁《えん》覺《がく》・諸《しょ》菩《ぼ》薩《さっ》衆《しゅ》・咸《げん》共《ぐ》歎《たん》譽《にょ》・亦《やく》復《ぶ》如《にょ》是《ぜ》・若《にゃく》有《う》衆《しゅ》生《じょう》・聞《もん》其《ご》光《こう》明《みょう》・威《い》神《じん》功《く》徳《どく》・日《にち》夜《や》稱《しょう》説《ぜつ》・至《し》心《しん》不《ふ》斷《だん》・隨《ずい》意《い》所《しょ》願《がん》・得《とく》生《しょう》其《ご》國《こく》・爲《い》諸《しょ》菩《ぼ》薩《さつ》・聲《しょう》聞《もん》大《だい》衆《しゅ》・所《しょ》共《ぐ》歎《たん》譽《にょ》・稱《しょう》其《ご》功《く》徳《どく》・至《し》其《ご》然《ねん》後《ご》・得《とく》佛《ぶつ》道《どう》時《じ》・普《ふ》爲《い》十《じっ》方《ぽう》・諸《しょ》佛《ぶつ》菩《ぼ》薩《さつ》・歎《たん》其《ご》光《こう》明《みょう》・亦《やく》如《にょ》今《こん》也《や》・佛《ぶつ》言《ごん》我《が》説《せつ》・無《む》量《りょう》

七五

壽《じゅ》佛《ぶつ》・光《こう》明《みょう》威《い》神《じん》・巍《ぎ》巍《ぎ》殊《しゅ》妙《みょう》・晝《ちゅう》夜《や》一《いっ》劫《こう》・尚《しょう》未《み》能《のう》盡《じん》

仏《ぶつ》、阿難《あなん》に告《つ》げたまはく、「無量寿仏《むりょうじゅぶつ》の威神光明《いじんこうみょう》は、最尊第一《さいそんだいいち》なり。諸仏《しょぶつ》の光明《こうみょう》、及《およ》ぶことあたはざるところなり。あるいは仏光《ぶっこう》ありて、百仏世界《ひゃくぶっせかい》あるいは千仏世界《せんぶつせかい》を照《て》らす。要《よう》を取《と》りてこれをいはば、すなはち東方恒沙《とうぼうごうじゃ》の仏刹《ぶっせつ》を照《て》らす。南西北方《なんざいほっぽう》・*四維《しゆい》・上下《じょうげ》もまたまたかくのごとし。あるいは仏光《ぶっこう》ありて七尺《しちしゃく》を照《て》らし、あるいは一由旬《いちゆじゅん》・二《に》・三《さん》・四《し》・五由旬《ごゆじゅん》を照《て》らす。かくのごとく*うたた倍《ばい》して、乃至《ないし》、一仏刹土《いちぶっせつど》を照《て》らす。このゆゑに無量寿仏《むりょうじゅぶつ》をば、*無量光仏《むりょうこうぶつ》・無辺光《むへんこう》仏《ぶつ》・無礙光仏《むげこうぶつ》・無対光仏《むたいこうぶつ》・焔王光仏《えんのうこうぶつ》・清浄光仏《しょうじょうこうぶつ》・歓喜光仏《かんぎこうぶつ》・智慧光《ちえこう》仏《ぶつ》・不断光仏《ふだんこうぶつ》・難思光仏《なんじこうぶつ》・無称光仏《むしょうこうぶつ》・超日月光仏《ちょうにちがっこうぶつ》と号《ごう》す。それ衆生《しゅじょう》ありて、この光《ひかり》に遇《もうあ》ふものは、三垢消滅《さんくしょうめつ》し、身意柔軟《しんいにゅうなん》なり。歓喜踊《かんぎゆ》

四維　東南・東北・西南・西北。

うたた　いよいよ。

無量光仏…超日月光仏　阿弥陀仏の光明（仏の智慧の象徴）の徳を十二種に分けて称讃したもの。

七六

躍《やく》して善心《ぜんしん》生《しょう》ず。もし三塗《さんず》の勤苦《ごんく》の処《ところ》にありて、この光明《こうみょう》を見《み》たてまつれば、みな休息《くそく》を得《え》てまた苦悩《くのう》なし。寿終《いのちお》わりてののちに、みな解脱《げだつ》を蒙《こうぶ》る。無量寿仏《むりょうじゅぶつ》の光明《こうみょう》は顕赫《けんかく》にして、十方諸仏《じっぽうしょぶつ》の国土《こくど》を照耀《しょうよう》したまふに、*聞《きこ》えざることなし。ただ、われのみいまその光明《こうみょう》を称《しょう》するにあらず。一切《いっさい》の諸仏《しょぶつ》・声聞《しょうもん》・縁覚《えんがく》・もろもろの菩薩衆《ぼさつしゅ》、ことごとくともに歎誉《たんよ》すること、またまたかくのごとし。もし衆生《しゅじょう》ありて、その光明《こうみょう》の威神功徳《いじんくどく》を聞《き》きて、日夜《にちや》に称説《しょうせつ》して至心不断《ししんふだん》なれば、意《こころ》の所願《しょがん》に随《したが》ひて、その国《くに》に生《しょう》ずることを得《え》て、もろもろの菩薩《ぼさつ》・声聞《しょうもん》・大衆《だいしゅ》のために、ともに歎誉《たんよ》してその功徳《くどく》を称《しょう》せられん。それしかうしてのち、仏道《ぶつどう》を得《う》るときに至《いた》りて、あまねく十方《じっぽう》の諸仏《しょぶつ》・菩薩《ぼさつ》のために、その光明《こうみょう》を歎《ほ》められんこと、またいまのごとくならん」と。仏《ぶつ》のたまはく、「われ、無量寿仏《むりょうじゅぶつ》の光明《こうみょう》の威神《いじん》、巍々殊妙《ぎぎしゅみょう》なるを説《と》かんに、*昼夜一劫《ちゅうやいっこう》すとも、なほいまだ尽《つ》くすことあたはじ」と。

聞　光明《こうみょう》の利益《りやく》がそのまま名号の功徳であることを示して聞という。

昼夜一劫すとも　夜を日につぎ一劫の間努力しても。

七七

佛《ぶつ》語《ご》阿《あ》難《なん》●無《む》量《りょう》壽《じゅ》佛《ぶつ》●壽《じゅ》命《みょう》長《じょう》久《く》●不《ふ》可《か》稱《しょう》計《げ》●汝《にょ》寧《にょう》知《ち》乎《こ》●假《け》使《し》十《じっ》方《ぽう》世《せ》界《かい》●無《む》量《りょう》衆《しゅ》生《じょう》●皆《かい》得《とく》人《にん》身《じん》●悉《しつ》令《りょう》成《じょう》就《じゅ》●聲《しょう》聞《もん》縁《えん》覺《がく》●都《と》共《ぐ》集《じゅう》會《え》●禪《ぜん》思《し》一《いっ》心《しん》●竭《げつ》其《ご》智《ち》力《りき》●於《お》百《ひゃく》千《せん》萬《まん》劫《ごう》●悉《しつ》共《ぐ》推《すい》算《さん》●計《け》其《ご》壽《じゅ》命《みょう》●長《じょう》遠《おん》之《し》數《しゅ》●不《ふ》能《のう》窮《ぐ》盡《じん》●知《ち》其《ご》限《げん》極《ごく》●聲《しょう》聞《もん》菩《ぼ》薩《さつ》●天《てん》人《にん》之《し》衆《しゅ》●壽《じゅ》命《みょう》長《じょう》短《たん》●亦《やく》復《ぶ》如《にょ》是《ぜ》●非《ひ》算《さん》數《じゅ》譬《ひ》喩《ゆ》●所《しょ》能《のう》知《ち》也《や》●又《う》聲《しょう》聞《もん》菩《ぼ》薩《さつ》●其《ご》數《しゅ》難《なん》量《りょう》●不《ふ》可《か》稱《しょう》說《ぜつ》●神《じん》智《ち》洞《とう》達《だつ》●威《い》力《りき》自《じ》在《ざい》●能《のう》於《お》掌《しょう》中《ちゅう》●持《じ》一《いっ》切《さい》世《せ》界《かい》●

佛《ぶつ》語《ご》阿《あ》難《なん》●彼《ひ》佛《ぶつ》初《しょ》會《え》●聲《しょう》聞《もん》衆《しゅ》數《しゅ》●不《ふ》可《か》稱《しょう》計《げ》●菩《ぼ》薩《さつ》亦《やく》然《ねん》●如《にょ》今《こん》大《だい》目《もっ》犍《けん》連《れん》●百《ひゃく》千《せん》萬《まん》億《のく》●無《む》量《りょう》無《む》數《しゅ》●於《お》阿《あ》僧《そう》祇《ぎ》●那《な》由《ゆ》他《た》劫《こう》●乃《ない》至《し》滅《めつ》度《ど》●悉《しつ》共《ぐ》計《け》挍《きょう》●不《ふ》

七八

能《のう》究《く》了《りょう》・多《た》少《しょう》之《し》數《しゅ》・譬《ひ》如《にょ》大《だい》海《かい》・深《じん》廣《こう》無《む》量《りょう》・假《け》使《し》有《う》人《にん》・析《しゃく》其《ご》一《いち》毛《もう》・以《い》爲《い》百《ひゃく》分《ぶん》・以《い》一《いち》分《ぶん》毛《もう》・沾《てん》取《しゅ》一《いっ》渧《たい》・於《お》意《い》云《うん》何《が》・其《ご》所《しょ》渧《たい》者《しゃ》・於《お》彼《ひ》大《だい》海《かい》・何《が》所《しょ》爲《い》多《た》・阿《あ》難《なん》白《びゃく》佛《ぶつ》・彼《ひ》所《しょ》渧《たい》水《すい》・比《ひ》於《お》大《だい》海《かい》・多《た》少《しょう》之《し》量《りょう》・非《ひ》巧曆《きょうりゃく》算《さん》數《じゅ》・言《ごん》辭《じ》譬《ひ》類《るい》・所《しょ》能《のう》知《ち》也《や》・佛《ぶつ》語《ご》阿《あ》難《なん》・如《にょ》目《もく》連《れん》等《とう》・於《お》百《ひゃく》千《せん》萬《まん》億《のく》・那《な》由《ゆ》他《た》劫《こう》・計《け》彼《ひ》初《しょ》會《え》・聲《しょう》聞《もん》菩《ぼ》薩《さつ》・所《しょ》知《ち》數《しゅ》者《しゃ》・猶《ゆ》如《にょ》一《いっ》渧《たい》・其《ご》所《しょ》不《ふ》知《ち》・如《にょ》大《だい》海《かい》水《すい》

仏《ぶつ》、阿難《あなん》に語《かた》りたまはく、「無量寿仏《むりょうじゅぶつ》は寿命長久《じゅみょうじょうく》にして*称計《しょうげ》すべからず。なんぢむしろ知《し》れりや。たとひ十方世界《じっぽうせかい》の無量《むりょう》の衆生《しゅじょう》、みな人身《にんじん》を得《え》て、ことごとく声聞《しょうもん》・縁覚《えんがく》を成就《じょうじゅ》せしめて、すべてとも

称計　計算すること。

七九

に集会《しゅうえ》し、*禅思《ぜんし》一心《いっしん》にその智力《ちりき》を竭《つく》して、百千万劫《ひゃくせんまんごう》においてことごとくともに推算《すいさん》してその寿命《じゅみょう》の長遠《じょうおん》の数《かず》を計《はか》らんに、窮尽《ぐじん》してその限極《げんごく》を知《し》ることあたはじ。声聞《しょうもん》・菩薩《ぼさつ》・天《てん》・人《にん》の衆《しゅう》の寿命《じゅみょう》の長短《ちょうたん》も、またまたかくのごとし。算数譬喩《さんじゅひゆ》のよく知《し》るところにあらざるなり。また声聞《しょうもん》・菩薩《ぼさつ》、その数量《かずはか》りがたし。称説《しょうせつ》すべからず。*神智洞達《じんちどうだつ》して、威力自在《いりきじざい》なり。よく掌《たなごころ》のうちにおいて、一切世界《いっさいせかい》を持《じ》せり」と。

仏《ぶつ》、阿難《あなん》に語《かた》りたまはく、「かの仏《ぶつ》の*初会《しょえ》の声聞衆《しょうもんしゅ》の数《かず》、称計《しょうげ》すべからず。菩薩《ぼさつ》もまたしかなり。いまの大目犍連《だいもくけんれん》のごとき、百千万《ひゃくせんまん》億無量無数《おくむりょうむしゅ》にして、阿僧祇那由他劫《あそうぎなゆたこう》において、乃至滅度《ないしめつど》までことごとくともに計校《けきょう》すとも、多少《たしょう》の数《かず》を究了《くりょう》することあたはじ。たとへば大海《だいかい》の深広《じんこう》にして無量《むりょう》なるを、たとひ人《ひと》ありて、その一毛《いちもう》を析《くだ》きてもつて百分《ひゃくぶん》となして、一分《いちぶん》の毛《もう》をもつて*一渧《いったい》を*沾取《てんしゅ》せんがごとし。意《い》においていかん、その渧《したた》るところのものは、かの大海《だいかい》においてい

禅思一心に　思いを静め、心を一つにして。

神智洞達　神通《じんずう》・智慧弁才に通達していること。あるいは、不可思議の智慧に深く熟達していること。

初会　仏の成道《じょうどう》後、初めての法座、またはその説法。

一渧　ひとしずく。

沾取　うるおしとること。

づれをか多《おお》しとする」と。阿難《あなん》、仏《ぶつ》にまうさく、「かの滴《したた》るところの水《みず》を大海《だいかい》に比《ひ》するに、多少《たしょう》の量《りょう》、*巧暦《きょうりゃく》・算数《さんじゅ》・言辞《ごんじ》・譬類《ひるい》のよく知《し》るところにあらざるなり」と。仏《ぶつ》、阿難《あなん》に語《かた》りたまはく、「目連《もくれん》等《とう》のごとき、百千万億那由他劫《ひゃくせんまんおくなゆたこう》において、かの初会《しょえ》の声聞《しょうもん》・菩薩《ぼさつ》を計《かぞ》へて、知《し》らんところの数《かず》はなほ一渧《いったい》のごとし。その知《し》らざるところは大海《だいかい》の水《みず》のごとし。

又《う》其《ご》國《こく》土《ど》●七《しっ》寶《ぽう》諸《しょ》樹《じゅ》●周《しゅ》滿《まん》世《せ》界《かい》●金《こん》樹《じゅ》銀《ごん》樹《じゅ》●瑠《る》璃《り》樹《じゅ》●玻《は》瓈《り》樹《じゅ》●珊《さん》瑚《ご》樹《じゅ》●碼《め》碯《のう》樹《じゅ》●硨《しゃ》磲《こ》樹《じゅ》●或《わく》有《う》二《に》寶《ほう》三《さん》寶《ぼう》●乃《ない》至《し》七《しっ》寶《ぽう》●轉《てん》共《ぐ》合《ごう》成《じょう》●或《わく》有《う》金《こん》樹《じゅ》●銀《ごん》葉《よう》華《け》果《か》●或《わく》有《う》銀《ごん》樹《じゅ》●金《こん》葉《よう》華《け》果《か》●或《わく》瑠《る》璃《り》樹《じゅ》●玻《は》瓈《り》爲《い》葉《よう》●華《け》果《か》亦《やく》然《ねん》●或《わく》水《すい》精《しょう》樹《じゅ》●瑠《る》璃《り》爲《い》葉《よう》●華《け》果《か》亦《やく》然《ねん》●

巧暦　たくみな暦術。

八一

或《わく》珊《さん》瑚《ご》樹《じゅ》・碼《め》碯《のう》爲《い》葉《よう》・華《け》果《か》亦《やく》然《ねん》・或《わく》碼《め》碯《のう》樹《じゅ》・瑠《る》璃《り》爲《い》葉《よう》・華《け》果《か》亦《やく》然《ねん》・或《わく》硨《しゃ》磲《こ》樹《じゅ》・衆《しゅ》寶《ぼう》爲《い》葉《よう》・華《け》果《か》亦《やく》然《ねん》・或《わく》有《う》寶《ほう》樹《じゅ》・紫《し》金《こん》爲《い》本《ほん》・白《びゃく》銀《ごん》爲《い》莖《きょう》・瑠《る》璃《り》爲《い》枝《し》・水《すい》精《しょう》爲《い》條《じょう》・珊《さん》瑚《ご》爲《い》葉《よう》・碼《め》碯《のう》爲《い》華《け》・硨《しゃ》磲《こ》爲《い》實《じつ》・或《わく》有《う》寶《ほう》樹《じゅ》・白《びゃく》銀《ごん》爲《い》本《ほん》・瑠《る》璃《り》爲《い》莖《きょう》・水《すい》精《しょう》爲《い》枝《し》・珊《さん》瑚《ご》爲《い》條《じょう》・碼《め》碯《のう》爲《い》葉《よう》・硨《しゃ》磲《こ》爲《い》華《け》・紫《し》金《こん》爲《い》實《じつ》・或《わく》有《う》寶《ほう》樹《じゅ》・瑠《る》璃《り》爲《い》本《ほん》・水《すい》精《しょう》爲《い》莖《きょう》・珊《さん》瑚《ご》爲《い》枝《し》・碼《め》碯《のう》爲《い》條《じょう》・硨《しゃ》磲《こ》爲《い》葉《よう》・紫《し》金《こん》爲《い》華《け》・白《びゃく》銀《ごん》爲《い》實《じつ》・或《わく》有《う》寶《ほう》樹《じゅ》・水《すい》精《しょう》爲《い》本《ほん》・珊《さん》瑚《ご》爲《い》莖《きょう》・碼《め》碯《のう》爲《い》枝《し》・硨《しゃ》磲《こ》爲《い》條《じょう》・紫《し》金《こん》爲《い》葉《よう》・白《びゃく》銀《ごん》爲《い》華《け》・瑠《る》璃《り》爲《い》實《じつ》・或《わく》有《う》寶《ほう》樹《じゅ》・珊《さん》瑚《ご》爲《い》本《ほん》・碼《め》碯《のう》爲《い》莖《きょう》・硨《しゃ》磲《こ》爲《い》枝《し》・紫《し》金《こん》爲《い》條《じょう》・白《びゃく》銀《ごん》爲《い》

葉《よう》・瑠《る》璃《り》為《い》華《け》・水《すい》精《しょう》為《い》實《じつ》・或《わく》有《う》寶《ほう》樹《じゅ》・碼《め》碯《のう》為《い》本《ほん》・硨《しゃ》磲《こ》為《い》莖《きょう》・紫《し》金《こん》為《い》枝《し》・白《びゃく》銀《ごん》為《い》條《じょう》・瑠《る》璃《り》為《い》葉《よう》・水《すい》精《しょう》為《い》華《け》・珊《さん》瑚《ご》為《い》實《じつ》・或《わく》有《う》寶《ほう》樹《じゅ》・硨《しゃ》磲《こ》為《い》本《ほん》・紫《し》金《こん》為《い》莖《きょう》・白《びゃく》銀《ごん》為《い》枝《し》・瑠《る》璃《り》為《い》條《じょう》・水《すい》精《しょう》為《い》葉《よう》・珊《さん》瑚《ご》為《い》華《け》・碼《め》碯《のう》為《い》實《じつ》・此《し》諸《しょ》寶《ほう》樹《じゅ》・行《ごう》行《ごう》相《そう》値《ち》・莖《きょう》莖《きょう》相《そう》望《もう》・枝《し》枝《し》相《そう》準《じゅん》・葉《よう》葉《よう》相《そう》向《こう》・華《け》華《け》相《そう》順《じゅん》・實《じつ》實《じつ》相《そう》當《とう》・榮《よう》色《しき》光《こう》耀《よう》・不《ふ》可《か》勝《しょう》視《じ》・清《しょう》風《ふ》時《じ》發《ほっ》・出《すい》五《ご》音《おん》聲《じょう》・微《み》妙《みょう》宮《きゅう》商《しょう》・自《じ》然《ねん》相《そう》和《わ》

また、その国土《こくど》に七宝《しっぽう》のもろもろの樹《き》、世界《せかい》に周満《しゅうまん》せり。金樹《こんじゅ》・銀樹《ごんじゅ》・瑠璃樹《るりじゅ》・玻瓈樹《はりじゅ》・珊瑚樹《さんごじゅ》・碼碯樹《めのうじゅ》・硨磲樹《しゃこじゅ》なり。あるいは二《に》宝《ほう》・三宝《さんぽう》、乃至《ないし》、七宝《しっぽう》、うたたともに合成《ごうじょう》せるあり。あるいは金樹《こんじゅ》

八三

に銀《しろがね》の葉《は》・華《はな》・果《このみ》なるあり。あるいは銀樹《ごんじゅ》に金《こがね》の葉《は》・華《はな》・果《このみ》なるあり。あるいは瑠璃樹《るりじゅ》に玻瓈《はり》を葉《は》とす、華《はな》・果《このみ》またしかなり。あるいは*水精樹《すいしょうじゅ》に瑠璃《るり》を葉《は》とす、華《はな》・果《このみ》またしかなり。あるいは珊瑚樹《さんごじゅ》に碼碯《めのう》を葉《は》とす、華《はな》・果《このみ》またしかなり。あるいは碼碯樹《めのうじゅ》に瑠璃《るり》を葉《は》とす、華《はな》・果《このみ》またしかなり。あるいは硨磲樹《しゃこじゅ》に衆宝《しゅぼう》を葉《は》とす、華《はな》・果《このみ》またしかなり。あるいは宝樹《ほうじゅ》あり、紫金《しこん》を*本《もと》とし、白銀《びゃくごん》を*茎《くき》とし、瑠璃《るり》を枝《えだ》とし、水精《すいしょう》を条《こえだ》とし、珊瑚《さんご》を葉《は》とし、碼碯《めのう》を華《はな》とし、硨磲《しゃこ》を実《み》とす。あるいは宝樹《ほうじゅ》あり、白銀《びゃくごん》を本《もと》とし、瑠璃《るり》を茎《くき》とし、水精《すいしょう》を枝《えだ》とし、珊瑚《さんご》を条《こえだ》とし、碼碯《めのう》を葉《は》とし、硨磲《しゃこ》を華《はな》とし、紫金《しこん》を実《み》とす。あるいは宝樹《ほうじゅ》あり、瑠璃《るり》を本《もと》とし、水精《すいしょう》を茎《くき》とし、珊瑚《さんご》を枝《えだ》とし、碼碯《めのう》を条《こえだ》とし、硨磲《しゃこ》を葉《は》とし、紫金《しこん》を華《はな》とし、白銀《びゃくごん》を実《み》とす。あるいは宝樹《ほうじゅ》あり、水精《すいしょう》を本《もと》とし、珊瑚《さんご》を茎《くき》とし、碼碯《めのう》を枝《えだ》とし、硨磲《しゃこ》を条《こえだ》とし、紫金《しこん》を葉《は》とし、白銀《びゃくごん》を華《はな》とし、瑠璃《るり》を実《み》とす。ある

水精樹　水晶でできた樹。

本　根《ね》のこと。

茎　幹《みき》のこと。

いは宝樹《ほうじゅ》あり、珊瑚《さんご》を本《もと》とし、碼碯《めのう》を茎《くき》とし、硨磲《しゃこ》を枝《えだ》とし、紫金《しこん》を条《こえだ》とし、白銀《びゃくごん》を葉《は》とし、瑠璃《るり》を華《はな》とし、水精《すいしょう》を実《み》とす。あるいは宝樹《ほうじゅ》あり、碼碯《めのう》を本《もと》とし、硨磲《しゃこ》を茎《くき》とし、紫金《しこん》を枝《えだ》とし、白銀《びゃくごん》を条《こえだ》とし、瑠璃《るり》を葉《は》とし、水精《すいしょう》を華《はな》とし、珊瑚《さんご》を実《み》とす。あるいは宝樹《ほうじゅ》あり、硨磲《しゃこ》を本《もと》とし、紫金《しこん》を茎《くき》とし、白銀《びゃくごん》を枝《えだ》とし、瑠璃《るり》を条《こえだ》とし、水精《すいしょう》を葉《は》とし、珊瑚《さんご》を華《はな》とし、碼碯《めのう》を実《み》とす。このもろもろの宝樹《ほうじゅ》、*行々《ごうごう》あひ値《あ》ひ、茎々《きょうきょう》あひ望《のぞ》み、枝々《しし》あひ準《したが》ひ、葉々《ようよう》あひ向《む》かひ、華々《けけ》あひ順《したが》ひ、実々《じつじつ》あひ当《あた》れり。栄色《ようしき》の光耀《こうよう》たること、*勝《あ》げて視《み》るべからず。清風《しょうふう》、ときに発《おこ》りて*五《いつ》つの音声《おんじょう》を出《いだ》す。微妙《みみょう》にして宮《きゅう》・商《しょう》、自然《じねん》にあひ和《わ》す。

又《う》無《む》量《りょう》壽《じゅ》佛《ぶつ》・其《ご》道《どう》場《じょう》樹《じゅ》・高《こう》四《し》百《ひゃく》萬《まん》里《り》・其《ご》本《ほん》周《しゅ》圍《い》・五《ご》十《じゅう》由《ゆ》旬《じゅん》・枝《し》葉《よう》四《し》布《ふ》・二《に》十《じゅう》萬《まん》里《り》・一《いっ》切《さい》衆《しゅ》寶《ぼう》・

行々　列と列。

勝げて視るべからず　ことごとく見尽すことができない。

五つの音声　東洋音楽の音階で、宮《きゅう》・商《しょう》・角《かく》・徴《ち》・羽《う》の五音階を指す。

八五

自《じ》然《ねん》合《ごう》成《じょう》・以《い》月《がっ》光《こう》摩《ま》尼《に》・持《じ》海《かい》輪《りん》寶《ぼう》・衆《しゅ》寶《ぼう》之《し》王《おう》・而《に》莊《しょう》嚴《ごん》之《し》・周《しゅ》帀《そう》條《じょう》間《けん》・垂《ずい》寶《ほう》瓔《よう》珞《らく》・百《ひゃく》千《せん》萬《まん》色《じき》・種《しゅ》種《じゅ》異《い》變《へん》・無《む》量《りょう》光《こう》焔《えん》・照《しょう》耀《よう》無《む》極《ごく》・珍《ちん》妙《みょう》寶《ほう》網《もう》・羅《ら》覆《ふ》其《ご》上《じょう》・一《いっ》切《さい》莊《しょう》嚴《ごん》・隨《ずい》應《おう》而《に》現《げん》・微《み》風《ふ》徐《じょ》動《どう》・吹《すい》諸《しょ》枝《し》葉《よう》・演《えん》出《すい》無《む》量《りょう》・妙《みょう》法《ほう》音《おん》聲《じょう》・其《ご》聲《しょう》流《る》布《ふ》・徧《へん》諸《しょ》佛《ぶっ》國《こく》・其《ご》聞《もん》音《おん》者《しゃ》・得《とく》深《じん》法《ぼう》忍《にん》・住《じゅ》不《ふ》退《たい》轉《てん》・至《し》成《じょう》佛《ぶつ》道《どう》・耳《に》根《こん》清《しょう》徹《てつ》・不《ふ》遭《そう》苦《く》患《げん》・目《もく》覩《と》其《ご》色《しき》・耳《に》聞《もん》其《ご》音《おん》・鼻《び》知《ち》其《ご》香《こう》・舌《ぜっ》嘗《じょう》其《ご》味《み》・身《しん》觸《そく》其《ご》光《こう》・心《しん》以《に》法《ほう》緣《えん》・一《いっ》切《さい》皆《かい》得《とく》・甚《じん》深《じん》法《ぼう》忍《にん》・住《じゅ》不《ふ》退《たい》轉《てん》・至《し》成《じょう》佛《ぶつ》道《どう》・六《ろっ》根《こん》清《しょう》徹《てつ》・無《む》諸《しょ》惱《のう》患《げん》・阿《あ》難《なん》若《にゃく》彼《ひ》國《こく》人《にん》天《でん》・見《けん》此《し》樹《じゅ》者《しゃ》・得《とく》三《さん》法《ぼう》忍《にん》・一《いっ》者《しゃ》音《おん》響《こう》忍《にん》・二《に》者《しゃ》柔《にゅう》順《じゅん》忍《にん》・三《さん》者《じゃ》無《む》生《しょう》法《ぼう》

八六

忍《にん》・此《し》皆《かい》無《む》量《りょう》壽《じゅ》佛《ぶつ》・威《い》神《じん》力《りっ》故《こ》・本《ほん》願《がん》力《りっ》故《こ》・滿《まん》足《ぞく》願《がん》故《こ》・明《みょう》了《りょう》願《がん》故《こ》・堅《けん》固《ご》願《がん》故《こ》・究《く》竟《きょう》願《がん》故《こ》・佛《ぶつ》告《ごう》阿《あ》難《なん》・世《せ》間《けん》帝《たい》王《おう》・有《う》百《ひゃく》千《せん》音《おん》樂《がく》・自《じ》轉《てん》輪《りん》聖《じょう》王《おう》・乃《ない》至《し》第《だい》六《ろく》天《てん》上《じょう》・伎《ぎ》樂《がく》音《おん》聲《じょう》・展《てん》轉《でん》相《そう》勝《しょう》・千《せん》億《のく》萬《まん》倍《ばい》・第《だい》六《ろく》天《てん》上《じょう》・萬《まん》種《じゅ》樂《がく》音《おん》・不《ふ》如《にょ》無《む》量《りょう》壽《じゅ》國《こく》・諸《しょ》七《しっ》寶《ぽう》樹《じゅ》・一《いっ》種《しゅ》音《おん》聲《じょう》・千《せん》億《のく》倍《ばい》也《や》・亦《やく》有《う》自《じ》然《ねん》・萬《まん》種《じゅ》伎《ぎ》樂《がく》・又《う》其《ご》樂《がく》聲《しょう》・無《む》非《ひ》法《ほう》音《おん》・清《しょう》揚《よう》哀《あい》亮《りょう》・微《み》妙《みょう》和《わ》雅《げ》・十《じっ》方《ぽう》世《せ》界《かい》・音《おん》聲《じょう》之《し》中《ちゅう》・最《さい》爲《い》第《だい》一《いち》

また、無量寿仏《むりょうじゅぶつ》のその道場樹《どうじょうじゅ》は、高《たか》さ四百万里《しひゃくまんり》、その本《もと》の周囲五《しゅういご》十由旬《じゅうゆじゅん》なり。枝葉四《しようよも》に布《し》けること二十万里《にじゅうまんり》なり。一切《いっさい》の衆宝自然《しゅぼうじねん》に

八七

合成《ごうじょう》せり。*月光摩尼《がっこうまに》・*持海輪宝《じかいりんぼう》の衆宝《しゅぼう》の王《おう》たるをもつて、これを荘《しょう》厳《ごん》せり。条《こえだ》のあひだに周帀《しゅうそう》して、宝《たから》の瓔珞《ようらく》を垂《た》れたり。百千万色《ひゃくせんまんじき》にして種々《しゅじゅ》に異変《いへん》す。無量《むりょう》の光焔《こうえん》、照耀極《しょうようきわ》まりなし。珍妙《ちんみょう》の宝網《ほうもう》、その上《うえ》に*羅覆《らふ》せり。一切《いっさい》の荘厳《しょうごん》、応《おう》に随《したが》ひて現《げん》ず。微風《みふう》*やうやく動《うご》きてもろもろの枝葉《しよう》を吹《ふ》くに、無量《むりょう》の妙法《みょうほう》の音声《おんじょう》を演出《えんすい》す。その声《こえ》流布《るふ》して諸仏《しょぶつ》の国《くに》に遍《へん》す。その音《こえ》を聞《き》くものは、*深法忍《じんぽうにん》を得《え》て不退転《ふたいてん》に住《じゅう》す。仏道《ぶつどう》を成《な》るに至《いた》るまで、耳根清徹《にこんしょうてつ》にして苦患《くげん》に遭《あ》はず。目《め》にその色《いろ》を覩《み》、耳《みみ》にその音《こえ》を聞《き》き、鼻《はな》にその香《か》を知《し》り、舌《した》にその味《あじ》はひを嘗《な》め、身《み》にその光《ひかり》を触《ふ》れ、心《こころ》に法《ほう》をもつて*縁《えん》ずるに、一切《いっさい》みな甚深《じんじん》の法忍《ほうにん》を得《え》て不退転《ふたいてん》に住《じゅう》す。仏道《ぶつどう》を成《な》るに至《いた》るまで、六根《ろっこん》は清徹《しょうてつ》にしてもろもろの悩患《のうげん》なし。阿難《あなん》、もしかの国《くに》の人《にん》・天《でん》、この樹《き》を見《み》るものは三法忍《さんぽうにん》を得《う》。一《ひと》つには音響忍《おんこうにん》、二《ふた》つには柔順忍《にゅうじゅんにん》、三《み》つには無生法忍《むしょうぼうにん》なり。これみな無量寿仏《むりょうじゅぶつ》の威神力《いじんりき》のゆゑに、本願力《ほんがんりき》

月光摩尼　月光のようにすぐれた輝きをもつ宝珠。

持海輪宝　極楽を飾る摩尼《まに》宝珠《ほうしゅ》の別名。海のように偉大な徳を有する宝珠。一説には、須弥山《しゅみせん》の頂上にある威華という名の如意宝珠《にょいほうしゅ》のことで、大海の水をよくたもつからこの名があるという。

羅覆　上から覆いめぐらすこと。

やうやく　ゆっくり。そろそろ。

深法忍　無生法忍《むしょうぼうにん》のことで、これをもって三法忍《さんぽうにん》を代表させるものとみられる。

縁ずる　対象を認識する。

のゆゑに、満足願《まんぞくがん》のゆゑに、明了願《みょうりょうがん》のゆゑに、堅固願《けんごがん》のゆゑに、究《く》竟願《きょうがん》のゆゑなり」と。仏《ぶつ》、阿難《あなん》に告《つ》げたまはく、「世間《せけん》の帝王《たいおう》に百《ひゃく》千《せん》の音楽《おんがく》あり。転輪聖王《てんりんじょうおう》より、乃至《ないし》、第六天上《だいろくてんじょう》の*伎楽《ぎがく》の音声《おんじょう》、*展転《てんでん》してあひ勝《すぐ》れたること、千億万倍《せんおくまんばい》なり。第六天上《だいろくてんじょう》の万種《まんじゅ》の楽音《がくおん》、無《む》量寿国《りょうじゅこく》のもろもろの七宝樹《しっぽうじゅ》の一種《いっしゅ》の音声《おんじょう》にしかざること、千億倍《せんおくばい》なり。また自然《じねん》の万種《まんじゅ》の伎楽《ぎがく》あり。またその楽《がく》の声《こえ》、法音《ほうおん》にあらざることなし。*清揚哀亮《しょうようあいりょう》にして微妙和雅《みみょうわげ》なり。十方世界《じっぽうせかい》の音声《おんじょう》のなかに、もつとも第一《だいいち》とす。

又《う》講《こう》堂《どう》精《しょう》舎《じゃ》・宮《く》殿《でん》樓《ろう》觀《かん》・皆《かい》七《しっ》寶《ぽう》莊《しょう》嚴《ごん》・自《じ》然《ねん》化《け》成《じょう》・復《ぶ》以《い》眞《しん》珠《じゅ》・明《みょう》月《がつ》摩《ま》尼《に》衆《しゅ》寶《ぼう》・以《い》爲《い》交《きょう》露《ろ》・覆《ふ》蓋《がい》其《ご》上《じょう》・内《ない》外《げ》左《さ》右《う》・有《う》諸《しょ》浴《よく》池《ち》・或《わく》十《じゅう》由《ゆ》旬《じゅん》・或《わく》二《に》十《じゅう》

伎楽　音楽のこと。
展転　めぐること。
清揚哀亮　音が清らかで軽快であり、あわれにしてさえわたること。

八九

三《さん》十《じゅう》●乃《ない》至《し》百《ひゃく》千《せん》由《ゆ》旬《じゅん》●縦《しゅ》廣《こう》深《じん》淺《せん》●各《かっ》皆《かい》一《いっ》等《とう》●八《はっ》
功《く》徳《どく》水《すい》●湛《たん》然《ねん》盈《よう》滿《まん》●清《しょう》淨《じょう》香《こう》潔《けつ》●味《み》如《にょ》甘《かん》露《ろ》●黄《おう》金《ごん》
池《ち》者《しゃ》●底《たい》白《びゃく》銀《ごん》沙《しゃ》●白《びゃく》銀《ごん》池《ち》者《しゃ》●底《たい》黄《おう》金《ごん》沙《しゃ》●水《すい》精《しょう》池《ち》
者《しゃ》●底《たい》瑠《る》璃《り》沙《しゃ》●瑠《る》璃《り》池《ち》者《しゃ》●底《たい》水《すい》精《しょう》沙《しゃ》●珊《さん》瑚《ご》池《ち》者《しゃ》●
底《たい》琥《こ》珀《はく》沙《しゃ》●琥《こ》珀《はく》池《ち》者《しゃ》●底《たい》珊《さん》瑚《ご》沙《しゃ》●硨《しゃ》磲《こ》池《ち》者《しゃ》●底《たい》
碼《め》碯《のう》沙《しゃ》●碼《め》碯《のう》池《ち》者《しゃ》●底《たい》硨《しゃ》磲《こ》沙《しゃ》●白《びゃく》玉《ごく》池《ち》者《しゃ》●底《たい》紫《し》
金《こん》沙《しゃ》●紫《し》金《こん》池《ち》者《しゃ》●底《たい》白《びゃく》玉《ごく》沙《しゃ》●或《わく》二《に》寶《ほう》三《さん》寶《ぼう》●乃《ない》至《し》
七《しっ》寶《ぼう》●轉《てん》共《ぐ》合《ごう》成《じょう》●其《ご》池《ち》岸《がん》上《じょう》●有《う》栴《せん》檀《だん》樹《じゅ》●華《け》葉《よう》垂《ずい》
布《ふ》●香《こう》氣《け》普《ふ》熏《くん》●天《てん》優《ぬ》鉢《は》羅《ら》華《け》●鉢《は》曇《どん》摩《ま》華《け》●拘《く》物《も》頭《ず》
華《け》●分《ふん》陀《だ》利《り》華《け》●雑《ざっ》色《しき》光《こう》茂《も》●彌《み》覆《ふ》水《すい》上《じょう》

九〇

また*講堂《こうどう》・*精舎《しょうじゃ》・宮殿《くでん》・楼観《ろうかん》、みな七宝荘厳《しっぽうしょうごん》して自然《じねん》に化成《けじょう》す。また真珠《しんじゅ》・*明月摩尼《みょうがつまに》の衆宝《しゅぼう》をもつて、もつて*交露《きょうろ》としてその上《うえ》に覆《ふ》蓋《がい》せり。内外左右《ないげさう》にもろもろの浴池《よくち》あり。〔大《おお》きさ〕あるいは十由旬《じゅうゆじゅん》、あるいは二十《にじゅう》・三十《さんじゅう》、乃至《ないし》、百千由旬《ひゃくせんゆじゅん》なり。*縦広《じゅうこう》・深浅《じんせん》、おのおのみな*一等《いっとう》なり。八功徳水《はっくどくすい》、*湛然《たんねん》として盈満《ようまん》せり。清浄香潔《しょうじょうこうけつ》にして、味《あじ》はひ甘露《かんろ》のごとし。黄金《おうごん》の池《いけ》には、底《そこ》に白銀《びゃくごん》の沙《いさご》あり。白銀《びゃくごん》の池《いけ》には、底《そこ》に黄金《おうごん》の沙《いさご》あり。水精《すいしょう》の池《いけ》には、底《そこ》に瑠璃《るり》の沙《いさご》あり。瑠璃《るり》の池《いけ》には、底《そこ》に水精《すいしょう》の沙《いさご》あり。珊瑚《さんご》の池《いけ》には、底《そこ》に琥珀《こはく》の沙《いさご》あり。琥珀《こはく》の池《いけ》には、底《そこ》に珊瑚《さんご》の沙《いさご》あり。硨磲《しゃこ》の池《いけ》には、底《そこ》に碼碯《めのう》の沙《いさご》あり。碼碯《めのう》の池《いけ》には、底《そこ》に硨磲《しゃこ》の沙《いさご》あり。白玉《びゃくごく》の池《いけ》には、底《そこ》に紫金《しこん》の沙《いさご》あり。紫金《しこん》の池《いけ》には、底《そこ》に白玉《びゃくごく》の沙《いさご》あり。あるいは二宝《にほう》・三宝《さんぽう》・乃至七宝《ないししっぽう》、うたたともに合成《ごうじょう》せり。その池《いけ》の岸《きし》の上《うえ》に栴檀樹《せんだんじゅ》あり。華葉《けよう》垂《た》れ布《し》きて、香気《こうけ》あまねく熏《くん》ず。天《てん》の*優鉢羅華《うはらけ》・*鉢曇摩華《はどんまけ》・*拘《く》

講堂　教法を講説する堂舎。

精舎　仏道修行に精進するものの住む坊舎。

明月摩尼　月光摩尼に同じ。

交露　宝玉をつらねた幔幕《まんまく》。玉の光が露の光を交えたようになるから交露という。

縦広深浅　たてよこと、ふかさ。

一等　平等。ひとしいこと。

湛然として盈満せり　なみなみと満ちている。

優鉢羅華　優鉢羅は梵語ウトパラ(utpala)の音写。青蓮華。

鉢曇摩華　鉢曇摩は梵語パドマ(padma)の音写。紅蓮華。

拘物頭華　拘物頭は梵語クムダ(kumuda)の音写。黄蓮華。

九一

物《も》頭《ず》華《け》・分《ふん》陀《だ》利《り》華《け》、*雜《ざっ》色《しき》光《こう》茂《も》にして、弥《ひろ》く水《みず》の上《うえ》に覆《おお》へり。

九二

彼《ひ》諸《しょ》菩《ぼ》薩《さつ》•及《ぎっ》聲《しょう》聞《もん》衆《しゅ》•若《にゃく》入《にゅう》寶《ほう》池《ち》•意《い》欲《よく》令《りょう》水《すい》没《もっ》足《そく》•水《すい》即《そく》没《もっ》足《そく》•欲《よく》令《りょう》至《し》膝《しっ》•即《そく》至《し》于《う》膝《しっ》•欲《よく》令《りょう》至《し》腰《よう》•水《すい》即《そく》至《し》腰《よう》•欲《よく》令《りょう》至《し》頸《きょう》•水《すい》即《そく》至《し》頸《きょう》•欲《よく》令《りょう》灌《かん》身《じん》•自《じ》然《ねん》灌《かん》身《じん》•欲《よく》令《りょう》還《げん》復《ぶく》•水《すい》輒《ちょう》還《げん》復《ぶく》•調《じょう》和《わ》冷《りょう》煖《なん》•自《じ》然《ねん》隨《ずい》意《い》•開《かい》神《じん》悅《えっ》體《たい》•蕩《とう》除《じょ》心《しん》垢《く》•清《しょう》明《みょう》澄《じょう》潔《けっ》•淨《じょう》若《にゃく》無《む》形《ぎょう》•寶《ほう》沙《しゃ》映《よう》徹《てっ》•無《む》深《じん》不《ふ》照《しょう》•微《み》瀾《らん》廻《え》流《る》•轉《てん》相《そう》灌《かん》注《じゅ》•安《あん》詳《じょう》徐《じょ》逝《ぜい》•不《ふ》遲《ち》不《ふ》疾《しっ》•波《は》揚《よう》無《む》量《りょう》•自《じ》然《ねん》妙《みょう》聲《しょう》•隨《ずい》其《ご》所《しょ》應《おう》•莫《まく》不《ふ》聞《もん》者《しゃ》•或《わく》聞《もん》佛《ぶっ》聲《しょう》•或《わく》聞《もん》法《ほう》聲《しょう》•或《わく》聞《もん》僧《そう》聲《しょう》•或《わく》寂《じゃく》

雜色光茂　色とりどりに咲き乱れる様子。

靜《じょう》聲《しょう》・空《く》無《む》我《が》聲《しょう》・大《だい》慈《じ》悲《ひ》聲《しょう》・波《は》羅《ら》蜜《みっ》聲《しょう》・或《わく》十《じゅう》力《りき》無《む》畏《い》・不《ふ》共《ぐ》法《ほう》聲《しょう》・諸《しょ》通《つう》慧《え》聲《しょう》・無《む》所《しょ》作《さ》聲《しょう》・不《ふ》起《き》滅《めっ》聲《しょう》・無《む》生《しょう》忍《にん》聲《しょう》・乃《ない》至《し》甘《かん》露《ろ》灌《かん》頂《じょう》・衆《しゅ》妙《みょう》法《ほう》聲《しょう》・如《にょ》是《ぜ》等《とう》聲《しょう》・稱《しょう》其《ご》所《しょ》聞《もん》・歡《かん》喜《ぎ》無《む》量《りょう》・隨《ずい》順《じゅん》清《しょう》淨《じょう》・離《り》欲《よく》寂《じゃく》滅《めつ》・眞《しん》實《じつ》之《し》義《ぎ》・隨《ずい》順《じゅん》三《さん》寶《ぼう》・力《りき》無《む》所《しょ》畏《い》・不《ふ》共《ぐ》之《し》法《ほう》・隨《ずい》順《じゅん》通《つう》慧《え》・菩《ぼ》薩《さつ》聲《しょう》聞《もん》・所《しょ》行《ぎょう》之《し》道《どう》・無《む》有《う》三《さん》塗《ず》・苦《く》難《なん》之《し》名《みょう》・但《たん》有《ぬ》自《じ》然《ねん》・快《け》樂《らく》之《し》音《おん》・是《ぜ》故《こ》其《ご》國《こく》・名《みょう》曰《わっ》安《あん》樂《らく》

かの諸菩薩《しょぼさつ》および声聞衆《しょうもんしゅ》、もし宝池《ほうち》に入《い》りて、意《こころ》に水《みず》をして足《あし》を没《ひた》さしめんと欲《おも》へば、水《みず》すなはち足《あし》を没《ひた》す。膝《ひざ》に至《いた》らしめんと欲《おも》へば、すなはち膝《ひざ》に至《いた》る。腰《こし》に至《いた》らしめんと欲《おも》へば、水《みず》すなはち腰《こし》に

九三

至《いた》る。頸《くび》に至《いた》らしめんと欲《おも》へば、水《みず》すなはち頸《くび》に至《いた》る。身《み》に灌《そそ》がしめんと欲《おも》へば、自然《じねん》に身《み》に灌《そそ》ぐ。還復《げんぶく》せしめんと欲《おも》へば、水《みず》すなはち還復《げんぶく》す。冷煖《りょうなん》を調和《じょうわ》するに、自然《じねん》に意《こころ》に随《したが》ふ。〔水浴《すいよく》せば〕神《たましい》を開《ひら》き、体《み》を悦《よろこ》ばしめて、*心垢《しんく》を蕩除《とうじょ》す。〔水《みず》は〕清明澄潔《しょうみょうちょうけつ》にして、浄《きよ》きこと形《かたち》なきがごとし。〔池底《ちてい》の〕宝沙《ほうしゃ》、*映徹《ようてつ》して、深《ふか》きをも照《て》らさざることなし。*微瀾回流《みらんえる》してうたたあひ*灌注《かんちゅう》す。*安詳《あんじょう》としてやうやく逝《ゆ》きて、遅《おそ》からず、疾《と》からず。波揚《なみあ》がりて無量《むりょう》なり。自然《じねん》の妙声《みょうしょう》、その*所応《しょおう》に随《したが》ひて聞《きこ》えざるものなし。あるいは仏声《ぶっしょう》を聞《き》き、あるいは法声《ほうしょう》を聞《き》き、あるいは僧声《そうしょう》を聞《き》く。あるいは*寂静《じゃくじょう》の声《こえ》、空《くう》・無我《むが》の声《こえ》、大慈悲《だいじひ》の声《こえ》、波羅蜜《はらみつ》の声《こえ》、あるいは十力《じゅうりき》・無畏《むい》・*不共法《ふぐほう》の声《こえ》、もろもろの*通慧《つうえ》の声《こえ》、*無所作《むしょさ》の声《こえ》、*不起滅《ふきめつ》の声《こえ》、無生忍《むしょうにん》の声《こえ》、乃至《ないし》、*甘露灌頂《かんろかんじょう》、もろもろの妙法《みょうほう》の声《こえ》、かくのごときらの声《こえ》、その聞《き》くところに称《かな》ひて、歓喜《かんぎ》すること無量《むりょう》なり。〔聞《き》くひとは〕清浄《しょうじょう》・離欲《りよく》・

心垢　煩悩のけがれ。
映徹　照りはえ、すきとおること。
微瀾　さざなみ。
灌注　流れ込むこと。ほとばしること。
安詳　静かなさま。
所応　ねがい。
寂静　涅槃《ねはん》のこと。
不共法　十八不共法のこと。仏のみに具わっている十八種のすぐれた特質。
通慧　神通《じんずう》智慧。
無所作　とらわれのない修行。
不起滅　生滅《しょうめつ》をこえた真理。
甘露灌頂　第十地の菩薩。菩薩が第十地に入るとき、諸仏がその頂に智水をそそいで法王の職を授けるしるしとするからこういう。

九四

寂滅《じゃくめつ》・真実《しんじつ》の義《ぎ》に随順《ずいじゅん》し、三宝《さんぼう》・〔十《じゅう》〕力《りき》・*無所畏《むしょい》・不共《ふぐ》の法《ほう》に随順《ずいじゅん》し、通慧《つうえ》・菩薩《ぼさつ》と声聞《しょうもん》の所行《しょぎょう》の道《どう》に随順《ずいじゅん》す。三塗苦難《さんずくなん》の名《な》あることなく、ただ自然快楽《じねんけらく》の音《こえ》のみあり。このゆゑに、その国《くに》を名《な》づけて安楽《あんらく》といふ。

阿難《あなん》彼佛國土《ひぶっこくど》•諸往生者《しょおうじょうしゃ》•具足如是《ぐそくにょぜ》•清淨色身《しょうじょうしきしん》•諸妙音聲《しょみょうおんじょう》•神通功德《じんずうくどく》•所處宮殿《しょしょくでん》•衣服飲食《えぶくおんじき》•衆妙華香《しゅみょうけこう》•莊嚴之具《しょうごんしぐ》•猶第六天《ゆだいろくてん》•自然之物《じねんしもつ》•若欲食時《にゃくよくじきじ》•七寶鉢器《しっぽうはっき》•自然在前《じねんざいぜん》•金銀瑠璃《こんごんるり》•硨磲碼碯《しゃこめのう》•珊瑚琥珀《さんごこはく》•明月眞珠《みょうがつしんじゅ》•如是諸鉢《にょぜしょはつ》•隨意而至《ずいいにし》•百味飲食《ひゃくみおんじき》•自然盈滿《じねんようまん》•雖有此食《すいうしじき》•實無食者《じつむじきしゃ》•但見色聞香《たんけんしきもんこう》•意以爲食《いいいじき》•自然飽足《じねんほうそく》•身心柔軟《しんじんにゅうなん》•

無所畏　四無所畏のこと。教えを説くにあたって畏れるところのない四種の自信。

九五

無《む》所《しょ》味《み》著《じゃく》・事《じ》已《い》化《け》去《こ》・時《じ》至《し》復《ぶ》現《げん》・彼《ひ》佛《ぶっ》國《こく》土《ど》・清《しょう》淨《じょう》安《あん》穏《のん》・微《み》妙《みょう》快《け》樂《らく》・次《し》於《お》無《む》爲《い》・泥《ない》洹《おん》之《し》道《どう》・其《ご》諸《しょ》聲《しょう》聞《もん》・菩《ぼ》薩《さつ》天《てん》人《にん》・智《ち》慧《え》高《こう》明《みょう》・神《じん》通《ずう》洞《とう》達《だっ》・咸《げん》同《どう》一《いち》類《るい》・形《ぎょう》無《む》異《い》狀《じょう》・但《たん》因《にん》順《じゅん》餘《にょ》方《ほう》故《こ》・有《う》天《てん》人《にん》之《し》名《みょう》・顔《げん》貌《みょう》端《たん》正《じょう》・超《ちょう》世《せ》希《け》有《う》・容《よう》色《しき》微《み》妙《みょう》・非《ひ》天《てん》非《ひ》人《にん》・皆《かい》受《じゅ》自《じ》然《ねん》・虚《こ》無《む》之《し》身《しん》・無《む》極《ごく》之《し》體《たい》

阿難《あなん》、かの仏国土《ぶっこくど》にもろもろの往生《おうじょう》するものは、かくのごときの清浄《しょうじょう》の色身《しきしん》、もろもろの妙音声《みょうおんじょう》、神通功徳《じんずうくどく》を具足《ぐそく》す。処《しょ》するところの宮殿《くでん》・衣服《えぶく》・飲食《おんじき》・衆妙華香《しゅみょうけこう》・荘厳《しょうごん》の具《ぐ》は、なほ第六天《だいろくてん》の自然《じねん》の物《もの》のごとし。もし食《じき》せんと欲《おも》ふときは、七宝《しっぽう》の*鉢器《はっき》、自然《じねん》に前《まえ》にあり。金《こん》・銀《ごん》・瑠璃《るり》・硨磲《しゃこ》・碼碯《めのう》・珊瑚《さんご》・琥珀《こはく》・明月真珠《みょうがつしんじゅ》、かくのご

鉢器　応器ともいう。仏の制規に応じた沙門《しゃもん》の食器のこと。

九六

ときの諸鉢《しょはつ》、意《こころ》に随《したが》ひて至《いた》る。*百味《ひゃくみ》の飲食《おんじき》、自然《じねん》に盈満《ようまん》す。この食《じき》ありといへども、実《じつ》に食《じき》するものなし。ただ色《いろ》を見《み》、香《か》を聞《か》ぐに、意《こころ》に食《じき》をなすと以《おも》へり。自然《じねん》に*飽足《ほうそく》して身心柔軟《しんしんにゅうなん》なり。*味着《みじゃく》するところなし。事已《ことおわ》れば化《け》して去《さ》り、時至《ときいた》ればまた現《げん》ず。かの仏国土《ぶっこくど》は、清浄安穏《しょうじょうあんのん》にして微妙快楽《みみょうけらく》なり。無為泥洹《むいないおん》の道《どう》に次《ちか》し。そのもろもろの声聞《しょうもん》・菩薩《ぼさつ》・天《てん》・人《にん》は、智慧高明《ちえこうみょう》にして神通洞達《じんずうどうだつ》せり。ことごとく同《おな》じく一類《いちるい》にして、形《かたち》に異状《いじょう》なし。ただ*余方《よほう》に因順《いんじゅん》するがゆゑに、天《てん》・人《にん》の名《な》あり。顔貌端正《げんみょうたんじょう》にして超世希有《ちょうせけう》なり。容色微妙《ようしきみみょう》にして、天《てん》にあらず、人《にん》にあらず。みな*自然虚無《じねんこむ》の身《しん》、無極《むごく》の体《たい》を受《う》けたり」と。

佛《ぶつ》告《ごう》阿《あ》難《なん》・譬《ひ》如《にょ》世《せ》間《けん》・貧《びん》窮《ぐ》乞《こつ》人《にん》・在《ざい》帝《たい》王《おう》邊《へん》・形《ぎょう》貌《みょう》容《よう》状《じょう》・寧《にょう》可《か》類《るい》乎《こ》・阿《あ》難《なん》白《びゃく》佛《ぶつ》・假《け》令《りょう》此《し》人《にん》・在《ざい》帝《たい》

百味の飲食　種々さまざまの美味からなる飲食物。

飽足　満足すること。

味着　味に執着すること。

余方…　浄土の聖衆《しょうじゅ》を他方世界に順じて天とか人と呼ぶのみで実の天でも人でもない。

自然虚無の身無極の体　自然・虚無・無極は涅槃《ねはん》の異名。浄土における身体は涅槃のさとりにかない、絶対の自由をもつものであるとの意。

王《おう》邊《へん》・羸《るい》陋《る》醜《しゅ》惡《あく》・無《む》以《い》爲《い》喩《ゆ》・百《ひゃく》千《せん》萬《まん》億《のく》・不《ふ》可《か》計《け》倍《ばい》・所《しょ》以《い》然《ねん》者《しゃ》・貧《びん》窮《ぐ》乞《こつ》人《にん》・底《たい》極《ごく》廝《し》下《げ》・衣《え》不《ふ》蔽《へい》形《ぎょう》・食《じき》趣《しゅ》支《し》命《みょう》・飢《き》寒《かん》困《こん》苦《く》・人《にん》理《り》殆《だい》盡《じん》・皆《かい》坐《ざ》前《ぜん》世《ぜ》・不《ふ》植《じき》德《とく》本《ほん》・積《しゃく》財《ざい》不《ふ》施《せ》・富《ふ》有《う》益《やっ》慳《けん》・但《たん》欲《にょく》唐《とう》得《とく》・貪《とん》求《ぐ》無《む》厭《えん》・不《ふ》肯《こう》修《しゅ》善《ぜん》・犯《ぼん》惡《なく》山《せん》積《じゃく》・如《にょ》是《ぜ》壽《じゅ》終《じゅ》・財《ざい》寶《ほう》消《しょう》散《さん》・苦《く》身《しん》聚《じゅ》積《しゃく》・爲《い》之《し》憂《う》惱《のう》・於《お》己《こ》無《む》益《やく》・徒《と》爲《い》他《た》有《う》・無《む》善《ぜん》可《か》怙《こ》・無《む》德《とく》可《か》恃《じ》・是《ぜ》故《こ》死《し》墮《だ》惡《あく》趣《しゅ》・受《じゅ》此《し》長《じょう》苦《く》・罪《ざい》畢《ひっ》得《とく》出《しゅっ》生《しょう》・爲《い》下《げ》賤《せん》・愚《ぐ》鄙《ひ》廝《し》極《ごく》・示《じ》同《どう》人《にん》類《るい》・所《しょ》以《い》世《せ》間《けん》帝《たい》王《おう》・人《にん》中《じゅう》獨《どく》尊《そん》・皆《かい》由《ゆ》宿《しゅく》世《せ》・積《しゃく》德《とく》所《しょ》致《ち》・慈《じ》惠《え》博《はく》施《せ》・仁《にん》愛《ない》兼《けん》濟《さい》・履《り》信《しん》修《しゅ》善《ぜん》・無《む》所《しょ》違《い》諍《じょう》・是《ぜ》以《い》壽《じゅ》終《じゅ》・福《ふく》應《おう》得《とく》昇《しょう》善《ぜん》道《どう》・上《じょう》生《しょう》天《てん》上《じょう》・享《きょう》茲《し》福《ふく》

九八

樂《らく》・積《しゃく》善《ぜん》餘《よ》慶《きょう》・今《こん》得《とく》爲《い》人《にん》・適《しゃく》生《しょう》王《おう》家《け》・自《じ》然《ねん》尊《そん》貴《き》・儀《ぎ》容《よう》端《たん》正《じょう》・衆《しゅ》所《しょ》敬《きょう》事《じ》・妙《みょう》衣《え》珍《ちん》饍《ぜん》・隨《ずい》心《しん》服《ぶく》御《ご》・宿《しゅく》福《ふく》所《しょ》追《つい》・故《こ》能《のう》致《ち》此《し》

仏《ぶつ》、阿難《あなん》に告《つ》げたまはく、「*たとへば世間《せけん》の貧窮《びんぐ》・乞人《こつにん》、帝王《たいおう》の辺《ほとり》にあらんがごとし。形貌《ぎょうみょう》・容状《ようじょう》、むしろ類《るい》すべけんや」と。阿難《あなん》、仏《ぶつ》にまうさく、「たとひこの人《ひと》、帝王《たいおう》の辺《ほとり》にあらんに、*羸陋醜悪《るいるしゅうあく》にして、もつて喩《たと》へとすることなきこと、百千万億《ひゃくせんまんおく》*不可計倍《ふかけばい》なり。しかるゆゑは、貧窮《びんぐ》・乞人《こつにん》は、*底極廝下《たいごくしげ》にして、衣形《ころもかたち》を蔽《かく》さず。食趣《じきわず》かに命《いのち》を支《ささ》ふ。飢寒困苦《きかんこんく》して人理《にんり》*ほとほと尽《つ》きなんとす。みな前世《ぜんせ》に徳本《とくほん》を植《う》ゑず、財《ざい》を積《つ》みて施《ほどこ》さず、富有《ふう》にしてますます慳《お》しみ、ただいたづらに得《え》んと欲《おも》ひて、貪求《とんぐ》して厭《いと》ふことなく、あへて善《ぜん》を

たとへば世間の貧窮…　→補註2
羸陋醜悪　弱々しくみにくいこと。
不可計倍　はかることができないほどの倍数。
底極廝下　最低の暮しをしていること。
ほとほと　すんでのことで。

九九

修《しゅ》せず、悪《あく》を犯《おか》すこと山《やま》のごとくに積《つ》るによりてなり。かくのごとくして、寿終《いのちおわ》りて、財宝消散《ざいほうしょうさん》す。身《み》を苦《くる》しめ、*聚積《じゅしゃく》してこれがために憂悩《うのう》すれども、おのれにおいて益《やく》なし。いたづらに*他《た》の有《う》となる。善《ぜん》として怙《たの》むべきなし、徳《とく》として恃《たの》むべきなし。このゆゑに、死《し》して悪趣《あくしゅ》に堕《だ》してこの長苦《じょうく》を受《う》く。罪畢《つみおわ》り出《い》づることを得《え》て、生《うま》れて下賤《げせん》となり、*愚鄙断極《ぐひしごく》にして人類《にんるい》に示同《じどう》す。世間《せけん》の帝王《たいおう》、人中《にんちゅう》に独《どく》尊《そん》なるゆゑは、みな*宿世《しゅくせ》に徳《とく》を積《つ》めるによりて致《いた》すところなり。慈《じ》恵《え》博《ひろ》く施《ほどこ》し、仁愛兼《にんあいか》ねて済《すく》ふ。信《しん》を履《ふ》み善《ぜん》を修《しゅ》して、*違諍《いじょう》するところなし。ここをもつて、寿終《いのちおわ》れば、福応《ふくおう》じて善道《ぜんどう》に昇《のぼ》ることを得《え》、天上《てんじょう》に上生《じょうしょう》してこの福楽《ふくらく》を享《う》く。*積善《しゃくぜん》の余慶《よきょう》に、いま人《ひと》となることを得《え》て、たまたま王家《おうけ》に生《うま》れて、自然《じねん》に尊貴《そんき》なり。*儀容端正《ぎようたんじょう》にして衆《しゅう》の敬事《きょうじ》するところなり。妙衣《みょうえ》・珍饍《ちんぜん》、心《こころ》に随《したが》ひて*服御《ぶくご》す。*宿福《しゅくふく》の追《お》ふところなるがゆゑに、よくこれを致《いた》す」と。

聚積　集まり積み重なること。

他の有　他人の所有。

愚鄙断極　最低の生活をしていること。

宿世　前の世。過去世。

違諍　さからいあらそうこと。

積善の余慶　善を積んだ報いとして受ける幸福。

儀容　威儀と姿や容貌。

服御　立派な衣服を着、珍味の食物をとること。

宿福　前世に積んだ福徳。

佛《ぶつ》告《ごう》阿《あ》難《なん》・汝《にょ》言《ごん》是《ぜ》也《や》・假《け》如《にょ》帝《たい》王《おう》・雖《すい》人《にん》中《じゅう》尊《そん》貴《き》・形《ぎょう》色《しき》端《たん》正《じょう》・比《ひ》之《し》轉《てん》輪《りん》聖《じょう》王《おう》・甚《じん》爲《に》鄙《ひ》陋《る》・猶《ゆ》彼《ひ》乞《こつ》人《にん》・在《ざい》帝《たい》王《おう》邊《へん》也《や》・轉《てん》輪《りん》聖《じょう》王《おう》・威《い》相《そう》殊《しゅ》妙《みょう》・天《てん》下《げ》第《だい》一《いち》・比《ひ》之《し》忉《とう》利《り》天《てん》王《のう》・又《う》復《ぶ》醜《しゅ》惡《あく》・不《ふ》得《とく》相《そう》喩《ゆ》・萬《まん》億《のく》倍《ばい》也《や》・假《け》令《りょう》天《てん》帝《たい》・比《ひ》第《だい》六《ろく》天《てん》王《のう》・百《ひゃく》千《せん》億《のく》倍《ばい》・不《ふ》相《そう》類《るい》也《や》・設《せつ》第《だい》六《ろく》天《てん》王《のう》・比《ひ》無《む》量《りょう》壽《じゅ》佛《ぶっ》國《こく》・菩《ぼ》薩《さっ》聲《しょう》聞《もん》・光《こう》顔《げん》容《よう》色《しき》・不《ふ》相《そう》及《ぎゅう》逮《たい》・百《ひゃく》千《せん》萬《まん》億《のく》・不《ふ》可《か》計《け》倍《ばい》・

佛《ぶつ》告《ごう》阿《あ》難《なん》・無《む》量《りょう》壽《じゅ》國《こく》・其《ご》諸《しょ》天《てん》人《にん》・衣《え》服《ぶく》飲《おん》食《じき》・華《け》香《こう》瓔《よう》珞《らく》・繒《ぞう》蓋《がい》幢《どう》旛《ばん》・微《み》妙《みょう》音《おん》聲《じょう》・所《しょ》居《ご》舍《しゃ》宅《たく》・宮《く》殿《でん》樓《ろう》閣《かく》・稱《しょう》其《ご》形《ぎょう》色《しき》・高《こう》下《げ》大《だい》小《しょう》・或《わく》一《いっ》寶《ぽう》二《に》寶《ほう》・乃《ない》至《し》無《む》量《りょう》衆《しゅ》寶《ぼう》・隨《ずい》意《い》所《しょ》欲《よく》・應《おう》念《ねん》即《そく》至《し》・又《う》以《い》衆《しゅ》寶《ぼう》妙《みょう》

一〇一

衣《え》・徧《へん》布《ぷ》其《ご》地《じ》・一《いっ》切《さい》天《てん》人《にん》・践《ぜん》之《し》而《に》行《ぎょう》・無《む》量《りょう》寶《ほう》網《もう》・彌《み》覆《ふ》佛《ぶつ》土《ど》・皆《かい》以《い》金《こん》縷《る》眞《しん》珠《じゅ》・百《ひゃく》千《せん》雜《ざっ》寶《ぽう》・奇《き》妙《みょう》珍《ちん》異《に》・莊《しょう》嚴《ごん》挍《きょう》飾《じき》・周《しゅ》帀《そう》四《し》面《めん》・垂《ずい》以《い》寶《ほう》鈴《りょう》・光《こう》色《しき》晃《こう》耀《よう》・盡《じん》極《ごく》嚴《ごん》麗《らい》・自《じ》然《ねん》德《とく》風《ふ》・徐《じょ》起《き》微《み》動《どう》・其《ご》風《ふ》調《じょう》和《わ》・不《ふ》寒《かん》不《ふ》暑《しょ》・溫《おん》涼《りょう》柔《にゅう》軟《なん》・不《ふ》遲《ち》不《ふ》疾《しつ》・吹《すい》諸《しょ》羅《ら》網《もう》・及《ぎっ》衆《しゅ》寶《ほう》樹《じゅ》・演《えん》發《ぼつ》無《む》量《りょう》・微《み》妙《みょう》法《ほう》音《おん》・流《る》布《ふ》萬《まん》種《じゅ》・溫《おん》雅《げ》德《とっ》香《こう》・其《ご》有《う》聞《もん》者《しゃ》・塵《じん》勞《ろう》垢《く》習《じゅう》・自《じ》然《ねん》不《ふ》起《き》・風《ふ》觸《そく》其《ご》身《しん》・皆《かい》得《とく》快《け》樂《らく》・譬《ひ》如《にょ》比《び》丘《く》・得《とく》滅《めつ》盡《じん》三《ざん》昧《まい》

仏《ぶつ》、阿難《あなん》に告《つ》げたまはく、「なんぢが言《ことば》是《ぜ》なり。たとひ帝王《たいおう》のごとき、人中《にんちゅう》の尊貴《そんき》にして形色端正《ぎょうしきたんじょう》なりといへども、これを転輪聖王《てんりんじょうおう》

一〇二

に比《なら》ぶるに、はなはだ*鄙陋《ひる》なりとす。なほかの乞人《こつにん》の帝王《たいおう》の辺《ほとり》にあらんがごときなり。転輪聖王《てんりんじょうおう》は、威相殊妙《いそうしゅみょう》にして天下第一《てんげだいいち》なれども、これを*忉利天王《とうりてんのう》に比《なら》ぶるに、また醜悪《しゅうあく》にしてあひ喩《たと》ふるを得《え》ざること万億倍《まんおくばい》なり。たとひ天帝《てんたい》を*第六天王《だいろくてんのう》に比《なら》ぶるに、百千億倍《ひゃくせんおくばい》あひ類《るい》せざるなり。たとひ第六天王《だいろくてんのう》を無量寿仏国《むりょうじゅぶっこく》の菩薩《ぼさつ》・声聞《しょうもん》に比《なら》ぶるに、光顔《こうげん》・容色《ようしき》あひおよばざること百千万億不可計倍《ひゃくせんまんおくふかけばい》なり」と。

仏《ぶつ》、阿難《あなん》に告《つ》げたまはく、「無量寿国《むりょうじゅこく》の、そのもろもろの天人《てんにん》の衣服《えぶく》・飲食《おんじき》・華香《けこう》・瓔珞《ようらく》・繒蓋《ぞうがい》・幢幡《どうばん》、微妙《みみょう》の音声《おんじょう》、所居《しょご》の舎宅《しゃたく》・宮殿《くでん》・楼閣《ろうかく》は、その*形色《ぎょうしき》に称《かな》ひて高下大小《こうげだいしょう》あり。あるいは一宝《いっぽう》・二《に》宝《ほう》、乃至《ないし》、無量《むりょう》の衆宝《しゅぼう》、意《こころ》の所欲《しょよく》に随《したが》ひて、念《ねん》に応《おう》じてすなはち至《いた》る。また衆宝《しゅぼう》の妙衣《みょうえ》をもつてあまねくその地《じ》に布《し》けり。一切《いっさい》の天人《てんにん》これを践《ふ》みて行《ゆ》く。無量《むりょう》の宝網《ほうもう》、仏土《ぶつど》に弥覆《みふ》せり。みな*金縷《こんる》・真珠《しんじゅ》の百千《ひゃくせん》の雑宝《ざっぽう》の奇妙珍異《きみょうちんい》なるをもつて荘厳《しょうごん》*校飾《きょうじき》せり。四面《しめん》に周帀《しゅうそう》

鄙陋　見劣りすること。

忉利天王　欲界《よくかい》の第二天（三十三天）の主神、帝釈天《たいしゃくてん》のこと。天帝ともいう。

第六天王　欲界第六天である他化自在天《たけじざいてん》の主神。

形色　浄土の聖衆《しょうじゅ》の身のこと。

金縷　黄金の糸。

校飾　宝をまじえて飾りたてること。

一〇三

して、垂《た》るるに宝鈴《ほうりょう》をもつてす。光色晃耀《こうしきこうよう》にして、ことごとく厳麗《ごんらい》を極《きわ》む。自然《じねん》の徳風《とくふう》やうやく起《おこ》りて微動《みどう》す。その風《かぜ》、調和《じょうわ》にして寒《さむ》からず、暑《あつ》からず。温涼柔軟《おんりょうにゅうなん》にして、遅《おそ》からず、疾《と》からず。もろもろの*羅網《らもう》およびもろもろの宝樹《ほうじゅ》を吹《ふ》くに、無量微妙《むりょうみみょう》の法音《ほうおん》を演発《えんぽつ》し、万種温雅《まんじゅおんげ》の徳香《とくこう》を流布《るふ》す。それ聞《か》ぐことあるものは、*塵労《じんろう》*垢習《くじゅう》、自然《じねん》に起《おこ》らず。風《かぜ》、その身《み》に触《ふ》るるに、みな快楽《けらく》を得《う》。たとへば比丘《びく》の*滅尽三昧《めつじんざんまい》を得《う》るがごとし。

又《う》風《ふ》吹《すい》散《さん》華《げ》・徧《へん》満《まん》佛《ぶつ》土《ど》・随《ずい》色《しき》次《し》第《だい》・而《に》不《ふ》雑《ぞう》亂《らん》・柔《にゅう》輭《なん》光《こう》澤《たく》・馨《きょう》香《こう》芬《ふん》烈《れつ》・足《そく》履《り》其《ご》上《じょう》・陥《かん》下《げ》四《し》寸《すん》・随《ずい》擧《こ》足《そく》已《い》・還《げん》復《ぶく》如《にょ》故《こ》・華《け》用《よう》已《い》訖《こつ》・地《じ》輒《ちょう》開《かい》裂《れつ》・以《い》次《し》化《け》沒《もつ》・清淨《しょうじょう》無《む》遺《ゆい》・随《ずい》其《ご》時《じ》節《せつ》・風《ふ》吹《すい》散《さん》華《げ》・如《にょ》是《ぜ》六《ろっ》

羅網　宝珠をつらねたかざり網。
塵労　心を疲れさせるものの意。煩悩の異名。
垢習　煩悩の習気《じっけ》。垢は煩悩のけがれ、習はその残した潜勢力。
滅尽三昧　滅尽定《めつじんじょう》に同じで、心の想い、すなわち、六識《ろくしき》の心作用が滅びてなくなった精神統一の境地。

一〇四

返《ぺん》・又《う》衆《しゅ》寶《ぼう》蓮《れん》華《げ》・周《しゅ》滿《まん》世《せ》界《かい》・一《いち》一《いち》寶《ほう》華《け》・百《ひゃく》千《せん》億《のく》葉《よう》・其《ご》華《け》光《こう》明《みょう》・無《む》量《りょう》種《しゅ》色《しき》・青《しょう》色《しき》青《しょう》光《こう》・白《びゃく》色《しき》白《びゃっ》光《こう》・玄《げん》黄《のう》朱《しゅ》紫《し》・光《こう》色《しき》亦《やく》然《ねん》・暐《い》曄《よう》煥《かん》爛《らん》・明《みょう》曜《よう》日《にち》月《がつ》・一《いち》一《いち》華《け》中《ちゅう》・出《すい》三《さん》十《じゅう》六《ろっ》百《ぴゃく》・千《せん》億《のっ》光《こう》・一《いち》一《いち》光《こう》中《ちゅう》・出《すい》三《さん》十《じゅう》六《ろっ》百《ぴゃく》・千《せん》億《のく》佛《ぶっ》・身《しん》色《じき》紫《し》金《こん》・相《そう》好《ごう》殊《しゅ》特《どく》・一《いち》一《いち》諸《しょ》佛《ぶつ》・又《う》放《ほう》百《ひゃく》千《せん》光《こう》明《みょう》・普《ふ》爲《い》十《じっ》方《ぽう》・說《せっ》微《み》妙《みょう》法《ほう》・如《にょ》是《ぜ》諸《しょ》佛《ぶつ》・各《かっ》各《かく》安《あん》立《りゅう》・無《む》‐量《りょう》衆《しゅ》‐生《じょう》・於《お》佛《ぶつ》正《しょう》道《どう》

佛《ぶっ》說《せつ》無《む》量《りょう》壽《じゅ》經《きょう》卷《かん》上《じょう》

また風《かぜ》吹《ふ》きて、華《はな》を散《ち》らして、仏土《ぶつど》に遍満《へんまん》す。色《いろ》の次第《しだい》に随《したが》ひて雑乱《ぞうらん》せず。柔軟光沢《にゅうなんこうたく》にして*馨香芬烈《きょうこうふんれつ》なり。足《あし》その上《うえ》を履《ふ》むに、陥《くぼ》み

馨香芬烈　香気が強いこと。

一〇五

下《くだ》ること四寸《しすん》、足《あし》を挙《あ》げをはるに随《したが》ひて、還復《げんぶく》することもとのごとし。華《はな》、用《もち》ゐることすでに訖《おわ》れば、地《じ》すなはち開《ひら》き裂《さ》け、次《つ》いでをもつて化没《けもつ》す。清浄《しょうじょう》にして遺《のこ》りなし。その時節《じせつ》に随《したが》ひて、風《かぜ》吹《ふ》いて、華《はな》を散《ち》らす。かくのごとく*六返《ろっぺん》す。また衆宝《しゅぼう》の蓮華《れんげ》、世界《せかい》に周満《しゅうまん》せり。一々《いちいち》の宝華《ほうけ》に百千億《ひゃくせんおく》の葉《はなびら》あり。その華《はな》の光明《こうみょう》に無量種《むりょうしゅ》の色《いろ》あり。青色《しょうしき》に青光《しょうこう》、白色《びゃくしき》に白光《びゃっこう》あり、玄《げん》・黄《おう》・朱《しゅ》・紫《し》の光色《こうしき》もまたしかなり。*暐曄煥爛《いようかんらん》として日月《にちがつ》よりも明曜《みょうよう》なり。一々《いちいち》の華《はな》のなかより三十《さんじゅう》六百千億《ろっぴゃくせんおく》の光《ひかり》を出《いだ》す。一々《いちいち》の光《ひかり》のなかより三十六百千億《さんじゅうろっぴゃくせんおく》の仏《ぶつ》を出《いだ》す。身色紫金《しんじきしこん》にして相好殊特《そうごうしゅどく》なり。一々《いちいち》の諸仏《しょぶつ》、また百千《ひゃくせん》の光明《こうみょう》を放《はな》ちて、あまねく十方《じっぽう》のために微妙《みみょう》の法《ほう》を説《と》きたまふ。かくのごときの諸仏《しょぶつ》、各々《かくかく》に無量《むりょう》の衆生《しゅじょう》を仏《ぶつ》の正道《しょうどう》に安立《あんりゅう》せしめたまふ」と。

仏説無量寿経《ぶっせつむりょうじゅきょう》　巻上《かんじょう》

六返　一昼夜を晨朝《じんじょう》・日《にっ》中《ちゅう》・日没《にちもつ》・初夜《しょや》・中夜《ちゅうや》・後《ご》夜《や》の六時に分け、その六時に行うこと。

暐曄煥爛　華光が明るく鮮やかに輝く様子。

佛《ぶっ》說《せつ》無《む》量《りょう》壽《じゅ》經《きょう》卷《かん》下《げ》

曹魏天竺三藏康僧鎧譯

佛《ぶっ》告《ごう》阿《あ》難《なん》●其《ご》有《う》衆《しゅ》生《じょう》●生《しょう》彼《ひ》國《こく》者《しゃ》●皆《かい》悉《しっ》住《じゅ》於《お》●正《しょう》定《じょう》之《し》聚《じゅ》●所《しょ》以《い》者《しゃ》何《が》●彼《ひ》佛《ぶっ》國《こく》中《ちゅう》●無《む》諸《しょ》邪《じゃ》聚《じゅ》●及《ぎゅう》不《ふ》定《じょう》聚《じゅ》●十《じっ》方《ぽう》恆《ごう》沙《じゃ》●諸《しょ》佛《ぶつ》如《にょ》來《らい》●皆《かい》共《ぐ》讃《さん》歎《だん》●無《む》量《りょう》壽《じゅ》佛《ぶつ》●威《い》神《じん》功《く》德《どく》●不《ふ》可《か》思《し》議《ぎ》●諸《しょ》有《う》衆《しゅ》生《じょう》●聞《もん》其《ご》名《みょう》號《ごう》●信《しん》心《じん》歡《かん》喜《ぎ》●乃《ない》至《し》一《いち》念《ねん》●至《し》心《しん》廻《え》向《こう》●願《がん》生《しょう》彼《ひ》國《こく》●卽《そく》得《とく》往《おう》生《じょう》●住《じゅ》不《ふ》退《たい》轉《てん》●唯《ゆい》除《じょ》五《ご》逆《ぎゃく》●誹《ひ》謗《ほう》正《しょう》法《ぼう》●

佛《ぶっ》告《ごう》阿《あ》難《なん》●十《じっ》方《ぽう》世《せ》界《かい》●諸《しょ》天《てん》人《にん》民《みん》●其《ご》有《う》至《し》心《しん》●願《がん》生《しょう》彼《ひ》國《こく》●凡《ぼん》有《ぬ》三《さん》輩《ぱい》●其《ご》上《じょう》輩《はい》者《しゃ》●捨《しゃ》家《け》棄《き》欲《よく》●而《に》作《さ》沙《しゃ》門《もん》●發《ほっ》菩《ぼ》提《だい》心《しん》●一《いっ》向《こう》專《せん》念《ねん》●無《む》量《りょう》壽《じゅ》佛《ぶっ》●修《しゅ》諸《しょ》功《く》

一〇七

德《どく》・願《がん》生《しょう》彼《ひ》國《こく》・此《し》等《とう》衆《しゅ》生《じょう》・臨《りん》壽《じゅ》終《じゅ》時《じ》・無《む》量《りょう》壽《じゅ》佛《ぶつ》・
與《よ》諸《しょ》大《だい》衆《しゅ》・現《げん》其《ご》人《にん》前《ぜん》・卽《そく》隨《ずい》彼《ひ》佛《ぶつ》・往《おう》生《じょう》其《ご》國《こく》・便《べん》
於《の》七《しっ》寶《ぽう》華《け》中《ちゅう》・自《じ》然《ねん》化《け》生《しょう》・住《じゅ》不《ふ》退《たい》轉《てん》・智《ち》慧《え》勇《ゆう》猛《みょう》・
神《じん》通《ずう》自《じ》在《ざい》・是《ぜ》故《こ》阿《あ》難《なん》・其《ご》有《う》衆《しゅ》生《じょう》・欲《よく》於《お》今《こん》世《ぜ》・見《けん》
無《む》量《りょう》壽《じゅ》佛《ぶつ》・應《おう》發《ほっ》無《む》上《じょう》・菩《ぼ》提《だい》之《し》心《しん》・修《しゅ》行《ぎょう》功《く》德《どく》・願《がん》
生《しょう》彼《ひ》國《こく》

仏《ぶっ》説《せつ》無《む》量《りょう》寿《じゅ》経《きょう》　巻《かん》下《げ》

曹魏《そうぎ》　天竺三蔵《てんじくのさんぞう》　康僧鎧訳《こうそうがいのやく》

仏《ぶっ》、阿難《あなん》に告《つ》げたまはく、「それ衆生《しゅじょう》ありてかの国《くに》に生《うま》るるものは、みなことごとく*正定《しょうじょう》の聚《じゅ》に住《じゅう》す。ゆゑはいかん。かの仏国《ぶっこく》のなか

正定の聚　必ずさとりを開いて仏に成ることが決定しているもののなかま。親鸞聖人は、他力の信心を得た第十八願の行者のことと見られた。

一〇八

にはもろもろの*邪聚《じゃじゅ》および*不定聚《ふじょうじゅ》なければなり。十方恒沙《じっぽうごうじゃ》の諸仏如《しょぶつにょ》来《らい》は、みなともに無量寿仏《むりょうじゅぶつ》の威神功徳《いじんくどく》の不可思議《ふかしぎ》なるを讃歎《さんだん》したまふ。あらゆる衆生《しゅじょう》、その名号《みょうごう》を聞《き》きて、信心歓喜《しんじんかんぎ》せんこと乃至《ないし》一念《いちねん》せん。*至心《ししん》に回向《えこう》したまへり。かの国《くに》に生《うま》れんと願《がん》ずれば、すなはち往生《おうじょう》を得《え》、不退転《ふたいてん》に住《じゅう》せん。ただ五逆《ごぎゃく》と正法《しょうぼう》を誹謗《ひほう》するものとをば除《のぞ》く」と。

仏《ぶつ》、阿難《あなん》に告《つ》げたまはく、「十方世界《じっぽうせかい》の諸天《しょてん》・人民《にんみん》、それ心《こころ》を至《いた》して、かの国《くに》に生《うま》れんと願《がん》ずることあらん。おほよそ三輩《さんぱい》あり。それ上輩《じょうはい》といふは、家《いえ》を捨《す》てて欲《よく》を棄《す》てて沙門《しゃもん》となり、菩提心《ぼだいしん》を発《おこ》して一向《いっこう》にもつぱら無量寿仏《むりょうじゅぶつ》を念《ねん》じ、もろもろの功徳《くどく》を修《しゅ》してかの国《くに》に生《うま》れんと願《がん》ぜん。これらの衆生《しゅじょう》、寿終《いのちおわ》らんときに臨《のぞ》んで、無量寿仏《むりょうじゅぶつ》は、もろもろの大衆《だいしゅ》とともにその人《ひと》の前《まえ》に現《あらわ》れたまふ。すなはちかの仏《ぶつ》に随《したが》ひてその国《くに》に往生《おうじょう》す。すなはち七宝《しっぽう》の華《はな》のなかより自然《じねん》に

邪聚　さとることのないもののなかま。親鸞聖人は、自力の諸善をたのんで浄土に往生しようとする第十九願の行者のことと見られた。

不定聚　さとるともさとらないとも決定していないもののなかま。親鸞聖人は、自力の称名念仏をたのんで浄土に往生しようとする第二十願の行者のことと見られた。

至心に回向したまへり　通常は「至心に回向し」と読む。親鸞聖人は、阿弥陀如来の本願力回向をあらわすためにこう読まれた。

化生《けしょう》して不退転《ふたいてん》に住《じゅう》せん。智慧勇猛《ちえゆうみょう》にして神通自在《じんずうじざい》ならん。このゆゑに阿難《あなん》、それ衆生《しゅじょう》ありて今世《こんぜ》において無量寿仏《むりょうじゅぶつ》を見《み》たてまつらんと欲《おも》はば、無上菩提《むじょうぼだい》の心《しん》を発《おこ》し功徳《くどく》を修行《しゅぎょう》してかの国《くに》に生《うま》れんと願《がん》ずべし」と。

佛《ぶつ》語《ご》阿《あ》難《なん》・其《ご》中《ちゅう》輩《はい》者《しゃ》・十《じっ》方《ぽう》世《せ》界《かい》・諸《しょ》天《てん》人《にん》民《みん》・其《ご》有《う》至《し》心《しん》・願《がん》生《しょう》彼《ひ》國《こく》・雖《すい》不《ふ》能《のう》・行《ぎょう》作《さ》沙《しゃ》門《もん》・大《だい》修《しゅ》功《く》德《どく》・當《とう》發《ほっ》無《む》上《じょう》・菩《ぼ》提《だい》之《し》心《しん》・一《いっ》向《こう》專《せん》念《ねん》・無《む》量《りょう》壽《じゅ》佛《ぶつ》・多《た》少《しょう》修《しゅ》善《ぜん》・奉《ぶ》持《じ》齋《さい》戒《かい》・起《き》立《りゅう》塔《とう》像《ぞう》・飯《ぼん》食《じき》沙《しゃ》門《もん》・懸《げん》繒《ぞう》然《ねん》燈《どう》・散《さん》華《げ》燒《しょう》香《こう》・以《い》此《し》廻《え》向《こう》・願《がん》生《しょう》彼《ひ》國《こく》・其《ご》人《にん》臨《りん》終《じゅ》・無《む》量《りょう》壽《じゅ》佛《ぶつ》・化《け》現《げん》其《ご》身《しん》・光《こう》明《みょう》相《そう》好《ごう》・具《ぐ》如《にょ》眞《しん》佛《ぶつ》・與《よ》諸《しょ》大《だい》衆《しゅ》・現《げん》其《ご》人《にん》前《ぜん》・卽《そく》隨《ずい》化《け》佛《ぶつ》・往《おう》生《じょう》其《ご》國《こく》・

一一〇

住《じゅ》不《ふ》退《たい》轉《てん》•功《く》徳《どく》智《ち》慧《え》•次《し》如《にょ》上《じょう》輩《はい》者《しゃ》也《や》•
佛《ぶつ》告《ごう》阿《あ》難《なん》•其《ご》下《げ》輩《はい》者《しゃ》•十《じっ》方《ぽう》世《せ》界《かい》•諸《しょ》天《てん》人《にん》民《みん》•其《ご》
有《う》至《し》心《しん》•欲《よく》生《しょう》彼《ひ》國《こく》•假《け》使《し》不《ふ》能《のう》•作《さ》諸《しょ》功《く》徳《どく》•當《とう》發《ほつ》
無《む》上《じょう》•菩《ぼ》提《だい》之《し》心《しん》•一《いっ》向《こう》專《せん》意《に》•乃《ない》至《し》十《じゅう》念《ねん》•念《ねん》無《む》量《りょう》
壽《じゅ》佛《ぶつ》•願《がん》生《しょう》其《ご》國《こく》•若《にゃく》聞《もん》深《じん》法《ぼう》•歡《かん》喜《ぎ》信《しん》樂《ぎょう》•不《ふ》生《しょう》疑《ぎ》
惑《わく》•乃《ない》至《し》一《いち》念《ねん》•念《ねん》於《の》彼《ひ》佛《ぶつ》•以《い》至《し》誠《じょう》心《しん》•願《がん》生《しょう》其《ご》國《こく》•
此《し》人《にん》臨《りん》終《じゅ》•夢《む》見《けん》彼《ひ》佛《ぶつ》•亦《やく》得《とく》往《おう》生《じょう》•功《く》徳《どく》智《ち》慧《え》•次《し》
如《にょ》中《ちゅう》輩《はい》者《しゃ》也《や》

仏《ぶつ》、阿難《あなん》に語《かた》りたまはく、「それ中輩《ちゅうはい》といふは、十方世界《じっぽうせかい》の諸天《しょてん》・人民《にんみん》、それ心《こころ》を至《いた》してかの国《くに》に生《うま》れんと願《がん》ずることありて、行《ぎょう》じて沙門《しゃもん》となりて大《おお》きに功徳《くどく》を修《しゅ》することあたはずといへども、まさに

一一一

無上菩提《むじょうぼだい》の心《しん》を発《おこ》して一向《いっこう》にもつぱら無量寿仏《むりょうじゅぶつ》を念《ねん》ずべし。多少《たしょう》、善《ぜん》を修《しゅ》して*斎戒《さいかい》を奉持《ぶじ》し、*塔像《とうぞう》を起立《きりゅう》し、沙門《しゃもん》に飯食《ぼんじき》せしめ、*繒《ぞう》を懸《か》け灯《とう》を燃《とも》し、華《け》を散《さん》じ香《こう》を焼《た》きて、これをもつて回向《えこう》してかの国《くに》に生《うま》れんと願《がん》ぜん。その人《ひと》、終《おわ》りに臨《のぞ》みて、無量寿仏《むりょうじゅぶつ》はその身《しん》を化《け》現《げん》したまふ。光明《こうみょう》・相好《そうごう》はつぶさに真仏《しんぶつ》のごとし。もろもろの大衆《だいしゅ》とともにその人《ひと》の前《まえ》に現《あらわ》れたまふ。すなはち化仏《けぶつ》に随《したが》ひてその国《くに》に往生《おうじょう》して不退転《ふたいてん》に住《じゅう》せん。功徳《くどく》・智慧《ちえ》は、次《つ》いで上輩《じょうはい》のもののごとくならん」と。

仏《ぶつ》、阿難《あなん》に告《つ》げたまはく、「それ下輩《げはい》といふは、十方世界《じっぽうせかい》の諸天《しょてん》・人民《にんみん》、それ心《こころ》を至《いた》してかの国《くに》に生《うま》れんと欲《ほっ》することありて、たとひもろもろの功徳《くどく》をなすことあたはざれども、まさに無上菩提《むじょうぼだい》の心《しん》を発《おこ》して一向《いっこう》に意《い》をもつぱらにして、乃至十念《ないしじゅうねん》、無量寿仏《むりょうじゅぶつ》を念《ねん》じたてまつりて、その国《くに》に生《うま》れんと願《がん》ずべし。もし*深法《じんぼう》を聞《き》きて歓喜信楽《かんぎしんぎょう》

斎戒　八戒斎《はっかいさい》のこと。
塔像　堂塔と仏像。
繒　仏殿にかける絹の天蓋《てんがい》（かさ）。
深法を聞きて　本願の名号の深いいわれを聞信して。

し、疑惑《ぎわく》を生《しょう》ぜずして、乃至一念《ないしいちねん》、かの仏《ぶつ》を念《ねん》じたてまつりて、至《し》誠心《じょうしん》をもつてその国《くに》に生《うま》れんと願《がん》ぜん。この人《ひと》、終《おわ》りに臨《のぞ》んで、夢《ゆめ》のごとくにかの仏《ぶつ》を見《み》たてまつりて、また往生《おうじょう》を得《う》。功徳《くどく》・智慧《ちえ》は、次《つ》いで中輩《ちゅうはい》のもののごとくならん」と。

佛《ぶつ》告《ごう》阿《あ》難《なん》•無《む》量《りょう》壽《じゅ》佛《ぶつ》•威《い》神《じん》無《む》極《ごく》•十《じっ》方《ぽう》世《せ》界《かい》•無《む》量《りょう》無《む》邊《へん》•不《ふ》可《か》思《し》議《ぎ》•諸《しょ》佛《ぶつ》如《にょ》來《らい》•莫《まく》不《ふ》稱《しょう》歎《たん》•於《お》彼《ひ》東《とう》方《ぼう》•恆《ごう》沙《じゃ》佛《ぶっ》國《こく》•無《む》量《りょう》無《む》數《しゅ》•諸《しょ》菩《ぼ》薩《さっ》衆《しゅ》•皆《かい》悉《しっ》往《おう》詣《げい》•無《む》量《りょう》壽《じゅ》佛《ぶっ》所《しょ》•恭《く》敬《ぎょう》供《く》養《よう》•及《ぎっ》諸《しょ》菩《ぼ》薩《さつ》•聲《しょう》聞《もん》大《だい》衆《しゅ》•聽《ちょう》受《じゅ》經《きょう》法《ぼう》•宣《せん》布《ぶ》道《どう》化《け》•南《なん》西《ざい》北《ほっ》方《ぽう》•四《し》維《ゆい》上《じょう》下《げ》•亦《やく》復《ぶ》如《にょ》是《ぜ》•爾《に》時《じ》世《せ》尊《そん》•而《に》說《せつ》頌《じゅ》曰《わつ》•

東《とう》方《ぼう》諸《しょ》佛《ぶっ》國《こく》•其《ご》數《しゅ》如《にょ》恆《ごう》沙《じゃ》•彼《ひ》土《ど》菩《ぼ》薩《さっ》衆《しゅ》•往《おう》覲《ごん》無《む》量《りょう》覺《かく》•

一一三

南《なん》西《ざい》北《ほく》四《し》維《ゆい》・上《じょう》下《げ》亦《やく》復《ぶ》然《ねん》・彼《ひ》土《ど》菩《ぼ》薩《さっ》衆《しゅ》・往《おう》覲《ごん》無《む》量《りょう》覺《かく》・
一《いっ》切《さい》諸《しょ》菩《ぼ》薩《さつ》・各《かく》齎《さい》天《てん》妙《みょう》華《け》・寶《ほう》香《こう》無《む》價《げ》衣《え》・供《く》養《よう》無《む》量《りょう》覺《かく》・
咸《げん》然《ねん》奏《そう》天《てん》樂《がく》・暢《ちょう》發《ほつ》和《わ》雅《げ》音《おん》・歌《か》歎《たん》最《さい》勝《しょう》尊《そん》・供《く》養《よう》無《む》量《りょう》覺《かく》・
究《く》達《だつ》神《じん》通《ずう》慧《え》・遊《ゆ》入《にゅう》深《じん》法《ぼう》門《もん》・具《ぐ》足《そく》功《く》德《どく》藏《ぞう》・妙《みょう》智《ち》無《む》等《とう》倫《りん》・
慧《え》日《にち》照《しょう》世《せ》間《けん》・消《しょう》除《じょ》生《しょう》死《じ》雲《うん》・恭《く》敬《ぎょう》繞《にょう》三《さん》帀《ぞう》・稽《け》首《しゅ》無《む》上《じょう》尊《そん》・
見《けん》彼《ぴ》嚴《ごん》淨《じょう》土《ど》・微《み》妙《みょう》難《なん》思《じ》議《ぎ》・因《いん》發《ぽつ》無《む》上《じょう》心《しん》・願《がん》我《が》國《こく》亦《やく》然《ねん》・
應《おう》時《じ》無《む》量《りょう》尊《そん》・動《どう》容《よう》發《ほつ》欣《ごん》笑《しょう》・口《く》出《すい》無《む》數《しゅ》光《こう》・徧《へん》照《じょう》十《じっ》方《ぽう》國《こく》・
廻《え》光《こう》圍《い》繞《にょう》身《しん》・三《さん》帀《ぞう》從《じゅ》頂《ちょう》入《にゅう》・一《いっ》切《さい》天《てん》人《にん》衆《しゅ》・踊《ゆ》躍《やく》皆《かい》歡《かん》喜《ぎ》

仏《ぶつ》、阿難《あなん》に告《つ》げたまはく、「無量寿仏《むりょうじゅぶつ》の威神《いじん》極《きわ》まりなし。十方世《じっぽうせ》界《かい》の無量無辺不可思議《むりょうむへんふかしぎ》の諸仏如来《しょぶつにょらい》、かれを*称歎《しょうたん》せざることなし。東《とう》

称歎　ほめたたえること。

一一四

方恒沙仏国《ほうごうじゃぶっこく》の無量無数《むりょうむしゅ》の諸菩薩衆《しょぼさっしゅ》、みなことごとく無量寿仏《むりょうじゅぶつ》の所《みもと》に往詣《おうげい》して、恭敬《くぎょう》し供養《くよう》して、もろもろの菩薩《ぼさつ》・声聞《しょうもん》の大衆《だいしゅ》に及《およ》ぼさん。*経法《きょうぼう》を聴受《ちょうじゅ》し、*道化《どうけ》を宣布《せんぷ》す。南西北方《なんざいほっぽう》・*四維《しゆい》・上下《じょうげ》〔の菩薩衆《ぼさっしゅ》〕、またまたかくのごとし」と。

そのときに世尊《せそん》、しかも頌《じゅ》を説《と》きてのたまはく、

「東方《とうぼう》の諸仏《しょぶつ》の国《くに》、その数恒沙《かずごうじゃ》のごとし。
かの土《ど》の菩薩衆《ぼさっしゅ》、往《ゆ》いて*無量覚《むりょうかく》を観《み》たてまつる。
南西北《なんざいほく》・四維《しゆい》・上下《じょうげ》〔の仏国《ぶっこく》〕、またまたしかなり。
かの土《ど》の菩薩衆《ぼさっしゅ》、往《ゆ》いて無量覚《むりょうかく》を観《み》たてまつる。
一切《いっさい》のもろもろの菩薩《ぼさつ》、おのおの天《てん》の妙華《みょうけ》・
宝香《ほうこう》・*無価《むげ》の衣《ころも》を齎《も》つて、無量覚《むりょうかく》を供養《くよう》したてまつる。
*咸然《げんねん》として天《てん》の楽《がく》を奏《そう》し、和雅《わげ》の音《こえ》を*暢発《ちょうほつ》して、
最勝《さいしょう》の尊《そん》を*歌歎《かたん》して、無量覚《むりょうかく》を供養《くよう》したてまつる、

経法　阿弥陀仏の説かれる教法。

道化を宣布す　菩薩が浄土で領受した阿弥陀仏の教法を、十方世界の人々に説いて化益《けやく》するという意。

四維　東南・東北・西南・西北。

無量覚　阿弥陀仏のこと。すなわち、阿弥陀を無量、仏を覚と訳す。この偈頌では、他に阿弥陀仏《あんにょうぶつ》を最勝尊・無上尊・安養仏等と表現している。※

無価の衣　価格がつけられないほど尊い衣。

咸然として　一時に。みなともに。

暢発　明るくのびのびした音を出すこと。

歌歎　歌をうたってほめること。

一一五

〈神通《じんずう》と慧《え》とを*究達《くだつ》して、*深法門《じんぼうもん》に遊入《ゆにゅう》し、
*功徳蔵《くどくぞう》を具足《ぐそく》して、妙智《みょうち》、*等倫《とうりん》なし。
*慧日《えにち》、世間《せけん》を照《て》らして、生死《しょうじ》の雲《くも》を消除《しょうじょ》したまふ〉と。
恭敬《くぎょう》して繞《めぐ》ること*三帀《さんぞう》して、無上尊《むじょうそん》を稽首《けいしゅ》したてまつる。
かの厳浄《ごんじょう》の土《ど》の微妙《みみょう》にして思議《しぎ》しがたきを見《み》て、
よりて*無上心《むじょうしん》を発《おこ》して、わが国《くに》もまたしからんと願《がん》ず。
時《とき》に応《おう》じて無量尊《むりょうそん》、容《みかお》を動《うご》かし欣笑《ごんしょう》を発《おこ》したまひ、
口《くち》より無数《むしゅ》の光《ひかり》を出《いだ》して、あまねく十方国《じっぽうこく》を照《て》らしたまふ。
光《ひかり》を回《めぐ》らして身《み》を*囲繞《いにょう》すること、三帀《さんぞう》して*頂《いただき》より入《い》る。
一切《いっさい》の天人衆《てんにんしゅ》、踊躍《ゆやく》してみな歓喜《かんぎ》す。

大士《だいじ》観世音《かんぜおん》・整服《しょうぶく》稽首《けしゅ》問《もん》・白佛《びゃくぶつ》何《が》縁笑《えんしょう》・唯然《ゆいねん》願《がん》説意《せっち》・
梵聲《ぼんしょう》猶《ゆ》雷震《らいしん》・八音《はっとん》暢《ちょう》妙響《みょうこう》・當《とう》授《じゅ》菩薩《ぼさっ》記《き》・今《こん》説《ぜっ》仁《にん》諦聽《たいちょう》・

一一六

究達　究竟洞達《くきょうどうだつ》。きわめつくすこと。
深法門に遊入し　深法門は甚深の法門で真理のこと、遊入は悟ること。すなわち、深い真理を悟ること。
功徳蔵　あらゆる功徳をおさめ、たくわえたもの。
等倫　等しきともがら。
慧日　無量寿仏の智慧の明らかなことを太陽に喩えた語。
三帀　右回りに三周すること。
無上心　最高のさとりを求める心。
囲繞　とりかこむこと。
頂　頭。

十《じっ》方《ぽう》來《らい》正《しょう》士《じ》●吾《ご》悉《しっ》知《ち》彼《ひ》願《がん》●志《し》求《ぐ》嚴《ごん》淨《じょう》土《ど》●受《じゅ》決《けっ》當《とう》作《さ》佛《ぶつ》●
覺《かく》了《りょう》一《いっ》切《さい》法《ほう》●猶《ゆ》如《にょ》夢《む》幻《げん》響《こう》●満《まん》足《ぞく》諸《しょ》妙《みょう》願《がん》●必《ひつ》成《じょう》如《にょ》是《ぜ》刹《せっ》●
知《ち》法《ほう》如《にょ》電《でん》影《よう》●究《く》竟《きょう》菩《ぼ》薩《さつ》道《どう》●具《ぐ》諸《しょ》功《く》徳《どく》本《ほん》●受《じゅ》決《けっ》當《とう》作《さ》佛《ぶつ》●
通《つう》達《だつ》諸《しょ》法《ほう》性《しょう》●一《いっ》切《さい》空《く》無《む》我《が》●専《せん》求《ぐ》淨《じょう》佛《ぶつ》土《ど》●必《ひつ》成《じょう》如《にょ》是《ぜ》刹《せつ》●
諸《しょ》佛《ぶつ》告《ごう》菩《ぼ》薩《さつ》●令《りょう》覲《ごん》安《あん》養《にょう》佛《ぶつ》●聞《もん》法《ぼう》樂《ぎょう》受《じゅ》行《ぎょう》●疾《しっ》得《とく》清《しょう》淨《じょう》處《しょ》●
至《し》彼《ひ》嚴《ごん》淨《じょう》國《こく》●便《べん》速《そく》得《とく》神《じん》通《ずう》●必《ひっ》於《と》無《む》量《りょう》尊《そん》●受《じゅ》記《き》成《じょう》等《とう》覺《がく》●
其《ご》佛《ぶつ》本《ほん》願《がん》力《りき》●聞《もん》名《みょう》欲《よく》往《おう》生《じょう》●皆《かい》悉《しっ》到《とう》彼《ひ》國《こく》●自《じ》致《ち》不《ふ》退《たい》轉《てん》●
菩《ぼ》薩《さつ》興《こう》至《し》願《がん》●願《がん》己《こ》國《こく》無《む》異《い》●普《ふ》念《ねん》度《ど》一《いっ》切《さい》●名《みょう》顯《けん》達《だつ》十《じっ》方《ぽう》●
奉《ぶ》事《じ》億《おく》如《にょ》來《らい》●飛《ひ》化《け》徧《へん》諸《しょ》刹《せつ》●恭《く》敬《ぎょう》歡《かん》喜《ぎ》去《こ》●還《げん》到《とう》安《あん》養《にょう》國《こく》●
若《にゃく》人《にん》無《む》善《ぜん》本《ぼん》●不《ふ》得《とく》聞《もん》此《し》經《きょう》●清《しょう》淨《じょう》有《う》戒《かい》者《しゃ》●乃《ない》獲《ぎゃく》聞《もん》正《しょう》法《ぼう》●
曾《ぞう》更《きょう》見《けん》世《せ》尊《そん》●則《そく》能《のう》信《しん》此《し》事《じ》●謙《けん》敬《きょう》聞《もん》奉《ぶ》行《ぎょう》●踊《ゆ》躍《やく》大《だい》歡《かん》喜《ぎ》●

一一七

憍慢《きょうまん》弊《へい》懈怠《けだい》・難《なん》以《に》信《しん》此《し》法《ほう》・宿世《しゅくせ》見《けん》諸《しょ》佛《ぶつ》・樂聽《ぎょうちょう》如是《にょぜ》教《きょう》・
聲聞《しょうもん》或《わく》菩薩《ぼさつ》・莫《まく》能《のう》究《く》聖心《しょうしん》・譬《ひ》如《にょ》從《じゅ》生盲《しょうもう》・欲《よく》行《ぎょう》開導《かいどう》人《にん》・
如來《にょらい》智慧《ちえ》海《かい》・深《じん》廣《こう》無《む》涯底《がいたい》・二乘《にじょう》非《ひ》所《しょ》測《しき》・唯《ゆい》佛《ぶつ》獨《どく》明了《みょうりょう》・
假使《けし》一切《いっさい》人《にん》・具足《ぐそく》皆《かい》得道《とくどう》・淨慧《じょうえ》知《ち》本空《ほんぐ》・億劫《おっこう》思《し》佛智《ぶっち》・
窮力《ぐりき》極《ごっ》講說《こうぜつ》・盡壽《じんじゅ》猶《ゆ》不知《ふち》・佛慧《ぶって》無《む》邊際《へんざい》・如是《にょぜ》致《ち》清淨《しょうじょう》・
壽命《じゅみょう》甚《じん》難得《なんとく》・佛世《ぶっせ》亦《やく》難《なん》値《ち》・人《にん》有《ぬ》信慧《しんね》・難《なん》・若《にゃく》聞《もん》精進《しょうじん》求《ぐ》・
聞法《もんぼう》能《のう》不忘《ふもう》・見敬《けんきょう》得《とく》大慶《だいきょう》・則《そく》我《が》善親《ぜんしん》友《ぬ》・是故《ぜこ》當《とう》發意《ほっち》・
設《せつ》滿《まん》世界《せかい》火《か》・必《ひっ》過《か》要《よう》聞法《もんぼう》・會《え》當《とう》成佛《じょうぶつ》道《どう》・廣濟《こうさい》生死《しょうじ》流《る》

*大士観世音《だいじかんぜおん》、服《ぶく》を整《ととの》へ稽首《けいしゅ》して問《と》うて、
仏《ぶつ》にまうさく、〈なんの縁《えん》ありてか笑《え》みたまふや。やや、しかなり、願《ねが》はくは意《こころ》を説《と》きたまへ〉と。

大士観世音　観世音菩薩のこと。

一一八

〔仏《ぶつ》の〕*梵声《ぼんしょう》はなほ雷《いかずち》の震《ふる》ふがごとく、八音《はっとん》は妙《たえ》なる響《ひび》きを暢《の》ぶ、
〈まさに菩薩《ぼさつ》に記《き》を授《さず》くべし。いま説《と》かん。なんぢあきらかに
聴《き》け。
十方《じっぽう》より来《きた》れる*正士《しょうじ》、われことごとくかの願《がん》を知《し》れり。
厳浄《ごんじょう》の土《ど》を志求《しぐ》し、*受決《じゅけつ》してまさに仏《ぶつ》となるべし。
一切《いっさい》の法《ほう》は、なほ*夢《ゆめ》・幻《まぼろし》・響《ひび》きのごとしと覚了《かくりょう》すれども、
もろもろの妙《たえ》なる願《ねがい》を満足《まんぞく》して、かならずかくのごときの*刹《くに》を
成《じょう》ぜん。
法《ほう》は電《でん》・影《よう》のごとしと知《し》れども、菩薩《ぼさつ》の道《どう》を究竟《くきょう》し、
もろもろの功徳《くどく》の本《もと》を具《ぐ》して、受決《じゅけつ》してまさに仏《ぶつ》となるべし。
*諸法《しょほう》の性《しょう》は、一切《いっさい》、空《くう》・無我《むが》なりと通達《つうだつ》すれども、
もつぱら浄《きよ》き仏土《ぶつど》を求《もと》めて、かならずかくのごときの刹《くに》を成《じょう》ぜ
ん〉と。

梵声　清浄なる仏の声。

正士　菩薩の異名。正道を求める大士。

受決して　記別（必ず仏になるという予言）を受けて。

夢幻響き　次に出る電・影と合わせて五喩を出す。すなわち、あらゆる存在は因縁《いんねん》により生ずるものであり、実体がないことを、夢・幻・こだまに喩える。

刹　刹（せつ）は梵語クシェートラ（kṣetra）の音写。国土のこと。ここでは極楽浄土のこと。

諸法の性　あらゆる存在の本性。

一一九

諸仏《しょぶつ》は菩薩《ぼさつ》に告《つ》げて、*安養仏《あんにょうぶつ》を観《み》せしむ、
〈法《ほう》を聞《き》きて楽《ねが》ひて*受行《じゅぎょう》して、疾《と》く*清浄《しょうじょう》の処《ところ》を得《え》よ。
かの厳浄《ごんじょう》の国《くに》に至《いた》らば、すなはちすみやかに神通《じんずう》を得《え》、
かならず無量尊《むりょうそん》において、記《き》を受《う》けて等覚《とうがく》を成《な》らん。
その仏《ぶつ》の本願力《ほんがんりき》、名《みな》を聞《き》きて往生《おうじょう》せんと欲《おも》へば、
みなことごとくかの国《くに》に到《いた》りて、おのづから不退転《ふたいてん》に致《いた》る。
菩薩《ぼさつ》、*至願《しがん》を興《おこ》して、おのれが国《くに》も異《こと》なることなからんと願《ねが》ふ。
あまねく一切《いっさい》を度《ど》せんと念《ねん》じ、名《な》、顕《あらわ》れて十方《じっぽう》に達《たっ》せん。
億《おく》の如来《にょらい》に奉事《ぶじ》するに、飛化《ひけ》してもろもろの刹《くに》に遍《へん》し、
恭敬《くぎょう》し歓喜《かんぎ》して去《さ》り、還《かえ》りて*安養国《あんにょうこく》に到《いた》る。
もし人《ひと》、善本《ぜんぽん》なければ、この経《きょう》を聞《き》くことを得《え》ず。
清浄《しょうじょう》に戒《かい》を有《たも》てるもの、いまし正法《しょうぼう》を聞《き》くことを獲《う》。
むかし*世尊《せそん》を見《み》たてまつりしものは、すなはちよく*この事《じ》を信《しん》

一二〇

安養仏　阿弥陀仏のこと。

受行　受持奉行。教えを受けて、その通り実践すること。

清浄の処　次句の「厳浄の国」と同じく、極楽浄土を指す。

至願　真実の願い。

安養国　阿弥陀仏の極楽浄土のこと。

世尊　諸仏のこと。

この事　阿弥陀仏の本願を指す。

じ、
*謙敬《けんきょう》にして*聞《き》きて奉行《ぶぎょう》し、踊躍《ゆやく》して大《おお》きに歓喜《かんぎ》す。
*憍慢《きょうまん》と弊《へい》と懈怠《けだい》とは、もつて*この法《ほう》を信《しん》ずること難《かた》し。
*宿世《しゅくせ》に諸仏《しょぶつ》を見《み》たてまつりしものは、楽《この》んでかくのごときの教《きょう》を聴《き》かん。
声聞《しょうもん》あるいは菩薩《ぼさつ》、よく*聖心《しょうしん》を究《きわ》むることなし。
*たとへば生《うま》れてより盲《めし》ひたるものの、行《ゆ》いて人《ひと》を*開導《かいどう》せんと欲《おも》はんがごとし。
如来《にょらい》の智慧海《ちえかい》は、深広《じんこう》にして涯底《がいたい》なし。
*二乗《にじょう》の測《はか》るところにあらず。ただ仏《ぶつ》のみ独《ひと》りあきらかに了《さと》りたまへり。
たとひ一切《いっさい》の人《ひと》、具足《ぐそく》してみな道《どう》を得《え》、
浄慧《じょうえ》、*本空《ほんくう》を知《し》り、億劫《おくこう》に仏智《ぶっち》を思《おも》ひ、

一二一

謙敬　わが身をへりくだり、法を敬信すること。
聞きて奉行し　聞いた教法のままに行じ。
憍慢と弊と懈怠　おごりたかぶり、誤った見解を持ち、おこたりなまけること。
この法　阿弥陀仏の本願。
宿世　前の世。過去世。
聖心　仏の心のこと。
たとへば生れてより盲ひたるものの…　→補註6
開導　手引きすること。
二乗　ここでは、大乗（菩薩）・小乗（声聞）の二乗をいう。
本空　本来皆空《ほんらいかいくう》。あらゆる存在は因縁により生じたもので、その本性は空（実体のないこと）であるという道理。

力《ちから》を窮《きわ》め、*講説《こうせつ》を極《きわ》めて、寿《いのち》を尽《つ》すとも、なほ知《し》らじ。
仏慧《ぶって》は辺際《へんざい》なくして、かくのごとく清浄《しょうじょう》に致《いた》る。
寿命《じゅみょう》はなはだ得《え》がたく、*仏世《ぶっせ》また値《もうあ》ひがたし。
人《ひと》*信慧《しんね》あること難《かた》し。もし〔法《ほう》を〕聞《き》かば精進《しょうじん》して求《もと》めよ。
法《ほう》を聞《き》きてよく忘《わす》れず、*見《み》て敬《うやま》ひ得《え》て大《おお》きに慶《よろこ》ばば、
すなはちわが善《よ》き親友《しんぬ》なり。このゆゑにまさに*意《こころ》を発《おこ》すべし。
たとひ世界《せかい》に満《み》てらん火《ひ》をもかならず過《す》ぎて、要《もと》めて法《ほう》を聞《き》かば、
かならずまさに仏道《ぶつどう》を成《じょう》じて、広《ひろ》く*生死《しょうじ》の流《ながれ》を済《すく》ふべし〉」と。

佛《ぶっ》告《ごう》阿《あ》難《なん》・彼《ひ》國《こく》菩《ぼ》薩《さっ》・皆《かい》當《とう》究《く》竟《きょう》・一《いっ》生《しょう》補《ふ》處《しょ》・除《じょ》其《ご》本《ほん》願《がん》・爲《い》衆《しゅ》生《じょう》故《こ》・以《い》弘《ぐ》誓《ぜい》功《く》德《どく》・而《に》自《じ》莊《しょう》嚴《ごん》・普《ふ》

講説　よくわかるように説明すること。

仏世　仏の在世。

信慧　信心の智慧。

見て…慶ばば　見は聞見のことで、名号のいわれを聞きひらき、信を得て法を敬い深く心によろこぶことという意。

意を発す　菩提《ぼだい》心《しん》をおこす。

生死の流　流転輪廻《るてんりんね》している迷いの世界を指す。

一二二

欲《よく》度《ど》脱《だつ》•一《いっ》切《さい》衆《しゅ》生《じょう》•阿《あ》難《なん》彼《ひ》佛《ぶっ》國《こく》中《ちゅう》•諸《しょ》聲《しょう》聞《もん》衆《しゅ》•身《しん》光《こう》一《いち》尋《じん》•菩《ぼ》薩《さつ》光《こう》明《みょう》•照《しょう》百《ひゃく》由《ゆ》旬《じゅん》•有《う》二《に》菩《ぼ》薩《さつ》•最《さい》尊《そん》第《だい》一《いち》•威《い》神《じん》光《こう》明《みょう》•普《ふ》照《しょう》三《さん》千《ぜん》•大《だい》千《せん》世《せ》界《かい》•阿《あ》難《なん》白《びゃく》佛《ぶつ》•彼《ひ》二《に》菩《ぼ》薩《さつ》•其《ご》號《ごう》云《うん》何《が》•佛《ぶつ》言《ごん》一《いち》名《みょう》觀《かん》世《ぜ》音《おん》•二《に》名《みょう》大《だい》勢《せい》至《し》•是《ぜ》二《に》菩《ぼ》薩《さつ》•於《お》此《し》國《こく》土《ど》•修《しゅ》菩《ぼ》薩《さつ》行《ぎょう》•命《みょう》終《じゅ》轉《てん》化《け》•生《しょう》彼《ひ》佛《ぶっ》國《こく》•阿《あ》難《なん》其《ご》有《う》衆《しゅ》生《じょう》•生《しょう》彼《ひ》國《こく》者《しゃ》•皆《かい》悉《しつ》具《ぐ》足《そく》•三《さん》十《じゅう》二《に》相《そう》•智《ち》慧《え》成《じょう》滿《まん》•深《じん》入《にゅう》諸《しょ》法《ほう》•究《く》暢《ちょう》要《よう》妙《みょう》•神《じん》通《ずう》無《む》礙《げ》•諸《しょ》根《こん》明《みょう》利《り》•其《ご》鈍《どん》根《ごん》者《しゃ》•成《じょう》就《じゅ》二《に》忍《にん》•其《ご》利《り》根《こん》者《しゃ》•得《とく》不《ふ》可《か》計《け》•無《む》生《しょう》法《ぼう》忍《にん》•又《う》彼《ひ》菩《ぼ》薩《さつ》•乃《ない》至《し》成《じょう》佛《ぶつ》•不《ふ》更《きょう》惡《あく》趣《しゅ》•神《じん》通《ずう》自《じ》在《ざい》•常《じょう》識《しき》宿《しゅく》命《みょう》•除《じょ》生《しょう》他《た》方《ほう》•五《ご》濁《じょく》惡《あく》世《せ》•示《じ》現《げん》同《どう》彼《ひ》•如《にょ》我《が》國《こく》也《や》

一二三

仏《ぶつ》、阿難《あなん》に告《つ》げたまはく、「かの国《くに》の菩薩《ぼさつ》は、みなまさに一生補処《いっしょうふしょ》を究竟《くきょう》すべし。その本願《ほんがん》、衆生《しゅじょう》のためのゆゑに、弘誓《ぐぜい》の功徳《くどく》をもつて、みづから荘厳《しょうごん》してあまねく一切衆生《いっさいしゅじょう》を*度脱《どだつ》せんと欲《おも》ふをば除《のぞ》く。阿難《あなん》、かの仏国《ぶっこく》のなかのもろもろの声聞衆《しょうもんしゅ》の身光《しんこう》は*一尋《いちじん》なり。菩薩《ぼさつ》の光明《こうみょう》は百由旬《ひゃくゆじゅん》を照《て》らす。ふたりの菩薩《ぼさつ》ありて最尊第一《さいそんだいいち》なり。威神《いじん》の光明《こうみょう》はあまねく三千大千世界《さんぜんだいせんせかい》を照《て》らす」と。阿難《あなん》、仏《ぶつ》にまうさく、「かのふたりの菩薩《ぼさつ》、その号《な》いかん」と。仏《ぶつ》のたまはく、「ひとりをば観世音《かんぜおん》と名《な》づけ、ふたりをば大勢至《だいせいし》と名《な》づく。このふたりの菩薩《ぼさつ》は、この国土《こくど》において菩薩《ぼさつ》の行《ぎょう》を修《しゅ》して、命終《いのちおわ》りて*転化《てんけ》してかの仏国《ぶっこく》に生《うま》れたまへり。阿難《あなん》、それ衆生《しゅじょう》ありてかの国《くに》に生《うま》るるものは、みなことごとく三十二相《さんじゅうにそう》を具足《ぐそく》す。智慧成満《ちえじょうまん》して深《ふか》く諸法《しょほう》に入《い》り、*要妙《ようみょう》を究暢《くちょう》し、神通無礙《じんずうむげ》にして*諸根明利《しょこんみょうり》なり。その鈍根《どんこん》のものは*二忍《ににん》を成就《じょうじゅ》し、その利根《りこん》のものは不可計《ふかけ》の無生法忍《むしょうぼうにん》を得《う》。また

度脱　済度に同じ。迷いの世界から悟りの世界へ導き入れること。

一尋　尋は長さの単位。一尋は両手を広げた長さ。

転化　娑婆《しゃば》世界の身を転じて、浄土へ化生《けしょう》すること。

要妙を究暢し　経典の本旨を究め尽し、通達するという意。

諸根明利　眼《げん》・耳《に》・鼻《び》・舌《ぜつ》・身《しん》・意《い》の六根《ろっこん》が明朗で利発であること。

二忍　三法忍のなかの音響忍《おんこうにん》と柔順忍《にゅうじゅんにん》の二つ。

かの菩薩《ぼさつ》、乃至《ないし》、成仏《じょうぶつ》まで悪趣《あくしゅ》に更《かえ》らず。神通自在《じんずうじざい》にしてつねに*宿《しゅく》命《みょう》を識《さと》る。他方《たほう》の五濁悪世《ごじょくあくせ》に生《しょう》じて示現《じげん》して*かれに同《どう》ずること、*わが国《くに》のごとくなるをば除《のぞ》く」と。

佛《ぶつ》告《ごう》阿《あ》難《なん》・彼《ひ》國《こく》菩《ぼ》薩《さつ》・承《じょう》佛《ぶつ》威《い》神《じん》・一《いち》食《じき》之《し》頃《きょう》・往《おう》詣《げい》十《じっ》方《ぽう》・無《む》量《りょう》世《せ》界《かい》・恭《く》敬《ぎょう》供《く》養《よう》・諸《しょ》佛《ぶっ》世《せ》尊《そん》・隨《ずい》心《しん》所《しょ》念《ねん》・華《け》香《こう》伎《ぎ》樂《がく》・繒《ぞう》蓋《がい》幢《どう》旛《ばん》・無《む》數《しゅ》無《む》量《りょう》・供《く》養《よう》之《し》具《ぐ》・自《じ》然《ねん》化《け》生《しょう》・應《おう》念《ねん》卽《そく》至《し》・珍《ちん》妙《みょう》殊《しゅ》特《どく》・非《ひ》世《せ》所《しょ》有《う》・輙《ちょう》以《い》奉《ぶ》散《さん》・諸《しょ》佛《ぶつ》菩《ぼ》薩《さつ》・聲《しょう》聞《もん》大《だい》衆《しゅ》・在《ざい》虛《こ》空《く》中《じゅう》・化《け》成《じょう》華《け》蓋《がい》・光《こう》色《しき》昱《いく》爍《しゃく》・香《こう》氣《け》普《ふ》熏《くん》・其《ご》華《け》周《しゅ》圓《えん》・四《し》百《ひゃく》里《り》者《しゃ》・如《にょ》是《ぜ》轉《てん》倍《ばい》・乃《ない》覆《ふ》三《さん》千《ぜん》・大《だい》千《せん》世《せ》界《かい》・隨《ずい》其《ご》前《ぜん》

宿命　過去世の境涯。

かれに同ずること　五濁《ごじょく》の悪世間の人々と同じ相をとること。

わが国のごとくなる　釈尊自らがこの娑婆世界に応化して、衆生済度するのと同じであるという意。

一二五

後《ご》•以《い》次《し》化《け》沒《もつ》•其《ご》諸《しょ》菩《ぼ》薩《さつ》•僉《せん》然《ねん》欣《ごん》悦《えつ》•於《お》虚《こ》空《く》中《じゅう》•
共《ぐ》奏《そう》天《てん》樂《がく》•以《い》微《み》妙《みょう》音《おん》•歌《か》歎《たん》佛《ぶっ》德《とく》•聽《ちょう》受《じゅ》經《きょう》法《ぼう》•歡《かん》
喜《ぎ》無《む》量《りょう》•供《く》養《よう》佛《ぶっ》已《ち》•未《み》食《じき》之《し》前《ぜん》•忽《こつ》然《ねん》輕《きょう》擧《こ》•還《げん》其《ご》
本《ほん》國《ごく》

仏《ぶつ》、阿難《あなん》に告《つ》げたまはく、「かの国《くに》の菩薩《ぼさつ》は、仏《ぶつ》の威神《いじん》〔力《りき》〕を承《う》けて、一食《いちじき》のあひだに十方《じっぽう》無量《むりょう》の世界《せかい》に往詣《おうげい》して、諸仏世尊《しょぶつせそん》を恭《く》敬《ぎょう》し供養《くよう》したてまつらん。心《こころ》の所念《しょねん》に随《したが》ひて、華香《けこう》・伎楽《ぎがく》・繒蓋《ぞうがい》・幢幡《どうばん》、無数無量《むしゅむりょう》の供養《くよう》の具《ぐ》、自然《じねん》に化生《けしょう》して念《ねん》に応《おう》じてすなはち至《いた》らん。珍妙殊特《ちんみょうしゅどく》にして世《よ》の所有《しょう》にあらず。すなはちもつてもろもろの仏《ぶつ》・菩薩《ぼさつ》・声聞《しょうもん》の大衆《だいしゅ》に*奉散《ぶさん》せん。〔散《さん》ぜし華《はな》は〕虚空《こくう》のなかにありて化《け》して*華蓋《けがい》となる。光色《こうしき》*昱爍《いくしゃく》して、香気《こうけ》あまねく熏《くん》ず。その華《はな》

一二六

奉散　献上して散らすこと。
華蓋　花で作られた天蓋。
昱爍して　昱は輝くこと、爍は火の光。火の光のように輝いて。

の周円《しゅうえん》、四百里《しひゃくり》なるものあり。かくのごとく*うたた倍《ばい》してすなはち三千大千世界《さんぜんだいせんせかい》に覆《おお》へり。その*前後《ぜんご》に随《したが》ひて、次《つ》いでをもつて化没《けもつ》す。そのもろもろの菩薩《ぼさつ》、*僉然《せんねん》として欣悦《ごんえつ》す。虚空《こくう》のなかにおいてともに天《てん》の楽《がく》を奏《そう》し、微妙《みみょう》の音《こえ》をもつて仏徳《ぶっとく》を歌歎《かたん》す。経法《きょうぼう》を聴受《ちょうじゅ》して歓喜《かんぎ》すること無量《むりょう》なり。仏《ぶつ》を供養《くよう》しをはりていまだ食《じき》せざるのさきに、*忽然《こつねん》として*軽挙《きょうこ》してその*本国《ほんごく》に還《かえ》る」と。

佛《ぶつ》語《ご》阿《あ》難《なん》・無《む》量《りょう》壽《じゅ》佛《ぶつ》・爲《い》諸《しょ》聲《しょう》聞《もん》・菩《ぼ》薩《さつ》大《だい》衆《しゅ》・班《はん》宣《せん》法《ほう》時《じ》・都《と》悉《しつ》集《じゅう》會《え》・七《しっ》寶《ぽう》講《こう》堂《どう》・廣《こう》宣《せん》道《どう》教《きょう》・演《えん》暢《ちょう》妙《みょう》法《ほう》・莫《まく》不《ふ》歡《かん》喜《ぎ》・心《しん》解《げ》得《とく》道《どう》・卽《そく》時《じ》四《し》方《ほう》・自《じ》然《ねん》風《ふ》起《き》・普《ふ》吹《すい》寶《ほう》樹《じゅ》・出《すい》五《ご》音《おん》聲《じょう》・雨《う》無《む》量《りょう》妙《みょう》華《け》・隨《ずい》風《ふ》周《しゅ》徧《へん》・自《じ》然《ねん》供《く》養《よう》・如《にょ》是《ぜ》不《ふ》絕《ぜつ》・一《いっ》切《さい》諸《しょ》天《てん》・皆《かい》齎《さい》天《てん》上《じょう》・

一二七

うたた倍して　次第に増大して。
前後に随ひて…　地に落ちた順に、次々に消えることをいう。
僉然として　みなともに。
忽然として　たちまちに。
軽挙　神通力《じんずうりき》によって身軽く飛び上がること。
本国　浄土を指す。

百《ひゃく》千《せん》華《け》香《こう》・萬《まん》種《じゅ》伎《ぎ》樂《がく》・供《く》養《よう》其《ご》佛《ぶつ》・及《ぎっ》諸《しょ》菩《ぼ》薩《さつ》・聲《しょう》
聞《もん》大《だい》衆《しゅ》・普《ふ》散《さん》華《け》香《こう》・奏《そう》諸《しょ》音《おん》樂《がく》・前《ぜん》後《ご》來《らい》往《おう》・更《きょう》相《そう》
開《かい》避《び》・當《とう》斯《し》之《し》時《じ》・熙《き》怡《い》快《け》樂《らく》・不《ふ》可《か》勝《しょう》言《ごん》

仏《ぶつ》、阿難《あなん》に語《かた》りたまはく、「無量寿仏《むりょうじゅぶつ》、もろもろの声聞《しょうもん》・菩薩《ぼさつ》の大衆《だいしゅ》のために法《ほう》を*班宣《はんせん》したまふとき、すべてことごとく七宝《しっぽう》の講堂《こうどう》に集会《しゅうえ》して、広《ひろ》く*道教《どうきょう》を宣《の》べ妙法《みょうほう》を*演暢《えんちょう》したまふに、〔聞《き》くもの〕歓《かん》喜《ぎ》し、心《こころ》に解《さと》り、道《どう》を得《え》ざることなし。即時《そくじ》に四方《しほう》より自然《じねん》に風《かぜ》起《おこ》りて、あまねく宝樹《ほうじゅ》を吹《ふ》くに、*五《いつ》つの音声《おんじょう》を出《いだ》し、無量《むりょう》の妙華《みょうけ》を雨《あめふ》らす。風《かぜ》に随《したが》ひて周遍《しゅうへん》して自然《じねん》に供養《くよう》すること、かくのごとくして絶《た》えず。一切《いっさい》の諸天《しょてん》、みな天上《てんじょう》の百千《ひゃくせん》の華香《けこう》・万種《まんじゅ》の伎楽《ぎがく》を齎《も》つて、その仏《ぶつ》およびもろもろの菩薩《ぼさつ》・声聞《しょうもん》の大衆《だいしゅ》を供養《くよう》したまふ。あまね

班宣　班は分かつ意で、仏が相手の能力に応じて、法を分けのべること。

道教　仏道の教え。

演暢　ひろく説きのべること。

五つの音声　東洋音楽の音階で、宮《きゅう》・商《しょう》・角《かく》・徴《ち》・羽《う》の五音階を指す。

一二八

く華香《けこう》を散《さん》じ、もろもろの音楽《おんがく》を奏《そう》し、前後《ぜんご》に来往《らいおう》して、かはるがはるあひ*開避《かいひ》す。このときに当《あた》りて〔大衆《だいしゅ》の〕*熙怡快楽《きいけらく》すること、あげていふべからず」と。

佛《ぶつ》語《ご》阿《あ》難《なん》・生《しょう》彼《ひ》佛《ぶつ》國《こく》・諸《しょ》菩《ぼ》薩《さつ》等《とう》・所《しょ》可《か》講《こう》説《ぜつ》・常《じょう》宣《せん》正《しょう》法《ぼう》・隨《ずい》順《じゅん》智《ち》慧《え》・無《む》違《い》無《む》失《しつ》・於《お》其《ご》國《こく》土《ど》・所《しょ》有《う》萬《まん》物《もつ》・無《む》我《が》所《しょ》心《しん》・無《む》染《ぜん》著《じゃく》心《しん》・去《こ》來《らい》進《しん》止《し》・情《じょう》無《む》所《しょ》係《け》・隨《ずい》意《い》自《じ》在《ざい》・無《む》所《しょ》適《ちゃく》莫《まく》・無《む》彼《ひ》無《む》我《が》・無《む》競《きょう》無《む》訟《じゅ》・於《お》諸《しょ》衆《しゅ》生《じょう》・得《とく》大《だい》慈《じ》悲《ひ》・饒《にょう》益《やく》之《し》心《しん》・柔《にゅう》輭《なん》調《じょう》伏《ぶく》・無《む》忿《ふん》恨《ごん》心《しん》・離《り》蓋《がい》清《しょう》淨《じょう》・無《む》厭《えん》怠《だい》心《しん》・等《とう》心《しん》勝《しょう》心《しん》・深《じん》心《しん》定《じょう》心《しん》・愛《あい》法《ほう》樂《ぎょう》法《ほう》・喜《き》法《ほう》之《し》心《しん》・滅《めつ》諸《しょ》煩《ぼん》惱《のう》・離《り》惡《あく》趣《しゅ》

開避　たがいに道をゆずりあうこと。

熙怡快楽　身心ともにやわらぎ喜ぶこと。

一二九

心《しん》・究《く》竟《きょう》一《いっ》切《さい》・菩《ぼ》薩《さつ》所《しょ》行《ぎょう》・具《ぐ》足《そく》成《じょう》就《じゅ》・無《む》量《りょう》功《く》徳《どく》・得《とく》深《じん》禪《ぜん》定《じょう》・諸《しょ》通《つう》明《みょう》慧《え》・遊《ゆ》志《し》七《しっ》覺《かく》・修《しゅ》心《しん》佛《ぶっ》法《ぽう》・肉《にく》眼《げん》清《しょう》徹《てつ》・靡《み》不《ふ》分《ふん》了《りょう》・天《てん》眼《げん》通《つう》達《だつ》・無《む》量《りょう》無《む》限《げん》・法《ほう》眼《げん》觀《かん》察《ざつ》・究《く》竟《きょう》諸《しょ》道《どう》・慧《え》眼《げん》見《けん》眞《しん》・能《のう》度《ど》彼《ひ》岸《がん》・佛《ぶつ》眼《げん》具《ぐ》足《そく》・覺《かく》了《りょう》法《ほっ》性《しょう》・以《い》無《む》礙《げ》智《ち》・爲《い》人《にん》演《えん》説《ぜつ》・等《とう》觀《かん》三《さん》界《がい》・空《く》無《む》所《しょ》有《う》・志《し》求《ぐ》佛《ぶっ》法《ぽう》・具《ぐ》諸《しょ》辯《べん》才《ざい》・除《じょ》滅《めつ》衆《しゅ》生《じょう》煩《ぼん》惱《のう》之《し》患《げん》・從《じゅ》如《にょ》來《らい》生《しょう》・解《げ》法《ほう》如《にょ》如《にょ》・善《ぜん》知《ち》習《じゅう》滅《めつ》・音《おん》聲《じょう》方《ほう》便《べん》・不《ふ》欣《ごん》世《せ》語《ご》・樂《ぎょう》在《ざい》正《しょう》論《ろん》・修《しゅ》諸《しょ》善《ぜん》本《ぽん》・志《し》崇《しゅう》佛《ぶつ》道《どう》・知《ち》一《いっ》切《さい》法《ほう》・皆《かい》悉《しつ》寂《じゃく》滅《めつ》・生《しょう》身《じん》煩《ぼん》惱《のう》・二《に》餘《よ》倶《く》盡《じん》・聞《もん》甚《じん》深《じん》法《ぼう》・心《しん》不《ぶ》疑《ぎ》懼《く》・常《じょう》能《のう》修《しゅ》行《ぎょう》・其《ご》大《だい》悲《ひ》者《しゃ》・深《じん》遠《のん》微《み》妙《みょう》・靡《み》不《ふ》覆《ふ》載《さい》・究《く》竟《きょう》一《いち》乘《じょう》・至《し》于《う》彼《ひ》岸《がん》・決《けつ》斷《だん》

一三〇

疑《ぎ》網《もう》・慧《え》由《ゆ》心《しん》出《しゅつ》・於《お》佛《ぶっ》教《きょう》法《ぼう》・該《かい》羅《ら》無《む》外《げ》

仏《ぶつ》、阿難《あなん》に語《かた》りたまはく、「かの仏国《ぶっこく》に生《うま》るるもろもろの菩薩等《ぼさつとう》は、講説《こうせつ》すべきところには、つねに正法《しょうぼう》を宣《の》べ、智慧《ちえ》に随順《ずいじゅん》して違《い》なく失《しつ》なし。その国土《こくど》のあらゆる万物《まんもつ》において我所《がしょ》の心《しん》なく染着《ぜんじゃく》の心《しん》なし。去《ゆ》くも来《かえ》るも、進《すす》むも止《とど》まるも、情《じょう》に係《か》くるところなく、意《い》に随《したが》ひて自在《じざい》にして*適莫《ちゃくまく》するところなし。彼《ひ》なく我《が》なく、競《きょう》なく訟《じゅ》なし。もろもろの衆生《しゅじょう》において大慈悲《だいじひ》*饒益《にょうやく》の心《しん》を得《え》たり。*柔軟調伏《にゅうなんじょうぶく》にして忿恨《ふんごん》の心《こころ》なく、*離蓋《りがい》清浄《しょうじょう》にして厭怠《えんだい》の心《しん》なし。*等心《とうしん》・勝心《しょうしん》・深心《じんしん》・定心《じょうしん》、*愛法《あいほう》・楽法《ぎょうほう》・喜法《きほう》の心《しん》のみなり。もろもろの煩悩《ぼんのう》を滅《めっ》して悪趣《あくしゅ》の心《しん》を離《はな》る。一切菩薩《いっさいぼさつ》の所行《しょぎょう》を究竟《くきょう》して、無量《むりょう》の功徳《くどく》を具足《ぐそく》し成就《じょうじゅ》せり。深《ふか》き禅定《ぜんじょう》ともろもろの*通《つう》・明《みょう》の慧《え》を得《え》て、志《こころざし》を*七覚《しちかく》に遊《あそ》ばしめ、心《こころ》に仏法《ぶっぽう》を修《しゅ》す。肉眼《にくげん》は清徹《しょうてつ》にして分了《ふんりょう》ならざるこ

適莫　適は親、莫は疎の意で、救済すべき衆生に対して、親疎のへだて心をもつこと。

饒益　他を利益《りやく》すること。

柔軟調伏　心を軟らかく保ち、自制すること。

離蓋　真実を覆う煩悩（蓋）を離れること。

等心勝心深心定心　衆生を平等に救う心・志願の勝れた心・慈悲深い心・精神が統一された静かな境地の心。

愛法楽法喜法の心　仏法を愛楽し歓喜する心。

通明の慧　通は六神通《ろくじんずう》、明は三明《さんみょう》のことで、慧とは六神通と三明を貫く智慧のこと。

七覚　七菩提分《しちぼだいぶん》のこと。

一三一

となし。天眼《てんげん》は通達《つうだつ》して無量無限《むりょうむげん》なり。法眼《ほうげん》は観察《かんざつ》して、諸道《しょどう》を究竟《くきょう》す。慧眼《えげん》は真《しん》を見《み》てよく彼岸《ひがん》に度《ど》す。仏眼《ぶつげん》は具足《ぐそく》して法性《ほっしょう》を覚了《かくりょう》す。*無碍《むげ》の智《ち》をもつて人《ひと》のために〔法《ほう》を〕演説《えんぜつ》す。等《ひと》しく三界《さんがい》の空《くう》・無所有《むしょう》なるを観《かん》じて仏法《ぶっぽう》を志求《しぐ》し、もろもろの弁才《べんざい》を具《ぐ》して衆生《しゅじょう》の煩悩《ぼんのう》の患《うれ》ひを除滅《じょめつ》す。*如《にょ》より来生《らいしょう》して法《ほう》の如々《にょにょ》を解《さと》り、よく*習滅《じゅうめつ》の音声《おんじょう》の方便《ほうべん》を知《し》りて*世語《せご》を欣《ねが》はず、楽《ねが》ひ正論《しょうろん》にあり。もろもろの善本《ぜんぼん》を修《しゅ》して、志《こころざし》仏道《ぶつどう》を崇《あが》む。一切《いっさい》の法《ほう》はみなことごとく寂滅《じゃくめつ》なりと知《し》りて、*生身《しょうじん》・煩悩《ぼんのう》、*二余《によ》ともに尽《つく》せり。甚深《じんじん》の法《ほう》を聞《き》きて心《こころ》に疑懼《ぎく》せず、つねによく修行《しゅぎょう》す。その大悲《だいひ》は深遠微妙《じんのんみみょう》にして*覆載《ふさい》せずといふことなし。一乗《いちじょう》を究竟《くきょう》して〔衆生《しゅじょう》を〕彼岸《ひがん》に至《いた》らしむ。疑網《ぎもう》を決断《けつだん》して、慧《え》、心《しん》によりて出《い》づ。*仏《ぶつ》の教法《きょうぼう》において該羅《かいら》して外《ほか》なし。

無碍の智　四種類の自由自在な理解表現能力。法無碍・義無碍・辞無碍・楽説無碍の四をいう。

如より来生して…　真如をさとったものが、そのさとりの境地を人々に正しく解説する意。

習滅の音声の方便　善を習い悪を滅する教誡（音声）を衆生に会得せしめる種々の手だて。

世語　仏道修行にとって利益にならない世間の俗論。

生身煩悩　迷いの果としての肉体と、迷いの因としての煩悩。

二余　肉体と煩悩との余習。

覆載せずといふことなし　仏の大悲は、天が一切万物を差別なく覆い、地が残すことなく載せるように、衆生に対してわけへだてしないことの意。

仏の教法…外なし　仏教すべてに精通していて余すところがない。

智《ち》慧《え》如《にょ》
大《だい》海《かい》●三《さん》昧《まい》如《にょ》山《せん》王《のう》●慧《え》光《こう》明《みょう》浄《じょう》●超《ちょう》踰《ゆ》日《にち》月《がつ》●清《しょう》白《びゃく》
之《し》法《ほう》●具《ぐ》足《そく》圓《えん》満《まん》●猶《ゆ》如《にょ》雪《せっ》山《せん》●照《しょう》諸《しょ》功《く》徳《どく》●等《とう》一《いち》浄《じょう》
故《こ》●猶《ゆ》如《にょ》大《だい》地《じ》●浄《じょう》穢《え》好《こう》悪《あく》●無《む》異《い》心《しん》故《こ》●猶《ゆ》如《にょ》浄《じょう》水《すい》●
洗《せん》除《じょ》塵《じん》労《ろう》●諸《しょ》垢《く》染《ぜん》故《こ》●猶《ゆ》如《にょ》火《か》王《おう》●焼《しょう》滅《めつ》一《いっ》切《さい》●煩《ぼん》
悩《のう》薪《しん》故《こ》●猶《ゆ》如《にょ》大《だい》風《ふ》●行《ぎょう》諸《しょ》世《せ》界《かい》●無《む》障《しょう》礙《げ》故《こ》●猶《ゆ》如《にょ》
虚《こ》空《く》●於《お》一《いっ》切《さい》有《う》●無《む》所《しょ》著《じゃっ》故《こ》●猶《ゆ》如《にょ》蓮《れん》華《げ》●於《お》諸《しょ》世《せ》
間《けん》●無《む》汚《お》染《ぜん》故《こ》●猶《ゆ》如《にょ》大《だい》乗《じょう》●運《うん》載《さい》群《ぐん》萠《もう》●出《しゅっ》生《しょう》死《じ》故《こ》●
猶《ゆ》如《にょ》重《じゅう》雲《うん》●震《しん》大《だい》法《ほう》雷《らい》●覚《かく》未《み》覚《かっ》故《こ》●猶《ゆ》如《にょ》大《だい》雨《う》●雨《う》
甘《かん》露《ろ》法《ほう》●潤《にん》衆《しゅ》生《じょう》故《こ》●如《にょ》金《こん》剛《ごう》山《せん》●衆《しゅ》魔《ま》外《げ》道《どう》●不《ふ》能《のう》
動《どう》故《こ》●如《にょ》梵《ぼん》天《でん》王《のう》●於《お》諸《しょ》善《ぜん》法《ぼう》●最《さい》上《じょう》首《しゅ》故《こ》●如《にょ》尼《に》拘《く》

類《るい》樹《じゅ》・普《ふ》覆《ふ》一《いっ》切《さい》故《こ》・如《にょ》優《う》曇《どん》鉢《ば》華《け》・希《け》有《う》難《なん》遇《ぐ》故《こ》・如《にょ》金《こん》翅《じ》鳥《ちょう》・威《い》伏《ぶく》外《げ》道《どう》故《こ》・如《にょ》衆《しゅ》遊《ゆ》禽《きん》・無《む》所《しょ》蔵《ぞう》積《しゃく》故《こ》・猶《ゆ》如《にょ》牛《ご》王《おう》・無《む》能《のう》勝《しょう》故《こ》・猶《ゆ》如《にょ》象《ぞう》王《おう》・善《ぜん》調《じょう》伏《ぶっ》故《こ》・如《にょ》師《し》子《し》王《おう》・無《む》所《しょ》畏《い》故《こ》・曠《こう》若《にゃく》虚《こ》空《く》・大《だい》慈《じ》等《とう》故《こ》・摧《さい》滅《めっ》嫉《しっ》心《しん》・不《ふ》忌《き》勝《しょう》故《こ》

〔浄土《じょうど》の菩薩《ぼさつ》の〕智慧《ちえ》は大海《だいかい》のごとく、三昧《さんまい》は*山王《せんのう》のごとし。慧光《えこう》は明浄《みょうじょう》にして日月《にちがつ》に超踰《ちょうゆ》せり。*清白《しょうびゃく》の法《ほう》具足《ぐそく》し円満《えんまん》すること、なほ雪山《せっせん》のごとし。もろもろの功徳《くどく》を照《て》らすこと等一《とういつ》にして浄《きよ》きがゆゑに。なほ大地《だいじ》のごとし、浄穢《じょうえ》・好悪《こうあく》、*異心《いしん》なきがゆゑに。なほ浄水《じょうすい》のごとし、*塵労《じんろう》もろもろの*垢染《くぜん》を洗除《せんじょ》するがゆゑに。なほ*火王《かおう》のごとし、一切《いっさい》の煩悩《ぼんのう》の薪《たきぎ》を焼滅《しょうめつ》するがゆゑに。なほ大風《だいふう》のごとし、も

山王　須弥山《しゅみせん》のこと。
清白の法　清浄潔白な無漏の功徳。
異心　わけへだてする心。
塵労　心を疲れさせるものの意。煩悩の異名。
垢染　心を汚し染めるはたらき。煩悩のこと。
火王　さかんに燃える火。

ろもろの世界《せかい》に行《ぎょう》ずるに障礙《しょうげ》なきがゆゑに。なほ虚空《こくう》のごとし、*一《いっ》切《さい》の有《う》において所着《しょじゃく》なきがゆゑに。なほ蓮華《れんげ》のごとし、もろもろの世間《せけん》において汚染《わぜん》なきがゆゑに。なほ大乗《だいじょう》のごとし、群萌《ぐんもう》を運載《うんさい》して生死《しょうじ》を出《いだ》すがゆゑに。なほ重雲《じゅううん》のごとし、大法《だいほう》の雷《いかずち》を震《ふる》ひて未覚《みかく》を覚《かく》せしむるがゆゑに。なほ大雨《だいう》のごとし、甘露《かんろ》の法《ほう》を雨《あめふ》らして、衆生《しゅじょう》を潤《うるお》すがゆゑに。*金剛山《こんごうせん》のごとし、衆魔《しゅま》・外道《げどう》、動《うご》かすことあたはざるがゆゑに。梵天王《ぼんてんのう》のごとし、もろもろの善法《ぜんぽう》において最上《さいじょう》首《しゅ》なるがゆゑに。*尼拘類樹《にくるいじゅ》のごとし、あまねく一切《いっさい》を覆《おお》ふがゆゑに。*優曇鉢華《うどんばけ》のごとし、希有《けう》にして遇《もうあ》ひがたきがゆゑに。*金翅鳥《こんじちょう》のごとし、外道《げどう》を威伏《いぶく》するがゆゑに。もろもろの遊禽《ゆきん》のごとし、*蔵積《ぞうしゃく》するところなきがゆゑに。なほ牛王《ごおう》のごとし、よく勝《か》つものなきがゆゑに。なほ象王《ぞうおう》のごとし、よく調伏《じょうぶく》するがゆゑに。獅子王《ししおう》のごとし、畏《おそ》るるところなきがゆゑに。曠《ひろ》きこと虚空《こくう》のごとし、大慈《だいじ》、等《ひと》しき

一切の有　あらゆる存在。

金剛山　金剛鉄囲山《てっちせん》のことで、須弥山を囲む八山のうち一番外側の山。

尼拘類樹　尼拘類は梵語ニヤグローダ（nyagrodha）の音写。縦広樹・縦横樹等と漢訳する。バニヤン樹。枝葉が繁る高木で、炎日を避けるのに適した樹蔭をつくる。

優曇鉢華　優曇鉢樹の花。三千年に一度だけ咲くという。

金翅鳥　八部衆のうちの迦《か》楼羅《るら》（ガルダ garuḍa）のこと。竜を食べる怪鳥。

蔵積　貯蔵すること。

一三五

がゆゑに。〔菩薩《ぼさつ》は〕嫉心《しっしん》を摧滅《さいめつ》す、勝《まさ》れるを忌《そね》まざるがゆゑに。

専《せん》樂《ぎょう》求《ぐ》法《ほう》●心《しん》無《む》厭《えん》足《ぞく》●常《じょう》欲《よく》
廣《こう》說《ぜつ》●志《し》無《む》疲《ひ》倦《けん》●擊《きゃく》法《ほっ》鼓《く》●建《こん》法《ぽう》幢《どう》●曜《よう》慧《え》日《にち》●除《じょ》癡《ち》
闇《あん》●修《しゅ》六《ろく》和《わ》敬《きょう》●常《じょう》行《ぎょう》法《ほう》施《せ》●志《し》勇《ゆう》精《しょう》進《じん》●心《しん》不《ぶ》退《たい》弱《にゃく》●
爲《い》世《せ》燈《とう》明《みょう》●最《さい》勝《しょう》福《ふく》田《でん》●常《じょう》爲《い》導《どう》師《し》●等《とう》無《む》憎《ぞう》愛《あい》●唯《ゆい》
樂《ぎょう》正《しょう》道《どう》●無《む》餘《よ》欣《ごん》戚《しゃく》●拔《ばっ》諸《しょ》欲《よく》刺《し》●以《い》安《あん》群《ぐん》生《じょう》●功《く》慧《え》
殊《しゅ》勝《しょう》●莫《まく》不《ふ》尊《そん》敬《きょう》●滅《めっ》三《さん》垢《く》障《しょう》●遊《ゆ》諸《しょ》神《じん》通《ずう》●因《いん》力《りき》緣《えん》
力《りき》●意《い》力《りき》願《がん》力《りき》●方《ほう》便《べん》之《し》力《りき》●常《じょう》力《りき》善《ぜん》力《りき》●定《じょう》力《りき》慧《え》力《りき》●
多《た》聞《もん》之《し》力《りき》●施《せ》戒《かい》忍《にん》辱《にく》●精《しょう》進《じん》禪《ぜん》定《じょう》●智《ち》慧《え》之《し》力《りき》●正《しょう》
念《ねん》正《しょう》觀《かん》●諸《しょ》通《つう》明《みょう》力《りき》●如《にょ》法《ほう》調《じょう》伏《ぶく》●諸《しょ》衆《しゅ》生《じょう》力《りき》●如《にょ》是《ぜ》

一三六

等《とう》力《りき》・一《いっ》切《さい》具《ぐ》足《そく》・身《しん》色《じき》相《そう》好《ごう》・功《く》徳《どく》辯《べん》才《ざい》・具《ぐ》足《そく》荘《しょう》嚴《ごん》・無《む》與《よ》等《とう》者《しゃ》・恭《く》敬《ぎょう》供《く》養《よう》・無《む》量《りょう》諸《しょ》佛《ぶつ》・常《じょう》爲《い》諸《しょ》佛《ぶつ》・所《しょ》共《ぐ》稱《しょう》歎《たん》・究《く》竟《きょう》菩《ぼ》薩《さつ》・諸《しょ》波《は》羅《ら》蜜《みつ》・修《しゅ》空《く》無《む》相《そう》・無《む》願《がん》三《ざん》昧《まい》・不《ふ》生《しょう》不《ふ》滅《めつ》・諸《しょ》三《さん》昧《まい》門《もん》・遠《おん》離《り》聲《しょう》聞《もん》・縁《えん》覺《がく》之《し》地《じ》・阿《あ》難《なん》彼《ひ》諸《しょ》菩《ぼ》薩《さつ》・成《じょう》就《じゅ》如《にょ》是《ぜ》・無《む》量《りょう》功《く》徳《どく》・我《が》但《たん》爲《い》汝《にょ》・略《りゃく》說《せっ》之《し》耳《に》・若《にゃっ》廣《こう》說《ぜっ》者《しゃ》・百《ひゃく》千《せん》萬《まん》劫《ごう》・不《ふ》能《のう》窮《ぐ》盡《じん》

　もつぱら法《ほう》を楽《ねが》ひ求《もと》めて心《しん》*厭足《えんそく》なし。つねに広説《こうせつ》を欲《おも》ひて、志《こころざし》疲倦《ひけん》なし。法鼓《ほうく》を撃《う》ち、法幢《ほうどう》を建《た》て、慧日《えにち》を曜《かがや》かし、*痴闇《ちあん》を除《のぞ》く。六和敬《ろくわきょう》を修《しゅ》してつねに法施《ほうせ》を行《ぎょう》ず。志勇精進《しゅうしょうじん》にして心退弱《しんたいにゃく》せず。世《よ》

厭足　あきあきすること。
痴闇　痴とは迷妄で、こころをまどわすので闇に喩えて痴闇という。

の灯明《とうみょう》となりて最勝《さいしょう》の*福田《ふくでん》なり。つねに導師《どうし》となり、等《ひと》しくして憎《ぞう》愛《あい》なし。ただ正道《しょうどう》を楽《ねが》ひて余《よ》の欣戚《ごんしゃく》なし。もろもろの*欲《よく》の刺《とげ》を抜《ぬ》いてもつて群生《ぐんじょう》を安《やす》んず。*功《く》・慧《え》、殊勝《しゅしょう》にして尊敬《そんきょう》せられざることなし。三垢《さんく》の障《さわり》を滅《めっ》し、もろもろの神通《じんずう》に遊《あそ》ぶ。*因力《いんりき》・*縁力《えんりき》・*意力《いりき》・*願力《がんりき》・*方便《ほうべん》の力《ちから》・*常力《じょうりき》・*善力《ぜんりき》・*定力《じょうりき》・*慧力《えりき》・*多聞《たもん》の力《ちから》、施《せ》・戒《かい》・忍辱《にんにく》・精進《しょうじん》・禅定《ぜんじょう》・智慧《ちえ》の力《ちから》、*正念《しょうねん》・正観《しょうかん》・もろもろの通明《つうみょう》の力《ちから》、法《ほう》のごとくもろもろの衆生《しゅじょう》を調伏《じょうぶく》する力《ちから》、かくのごときらの力《ちから》、一《いっ》切《さい》具足《ぐそく》せり。身色《しんじき》・相好《そうごう》・功徳《くどく》・弁才《べんざい》を具足《ぐそく》し荘厳《しょうごん》して、ともに等《ひと》しきものなし。無量《むりょう》の諸仏《しょぶつ》を恭敬《くぎょう》し供養《くよう》したてまつりて、つねに諸《しょ》仏《ぶつ》のためにともに称歎《しょうたん》せらる。菩薩《ぼさつ》のもろもろの波羅蜜《はらみつ》を究竟《くきょう》し、*空《くう》・無相《むそう》・無願三昧《むがんざんまい》と、*不生不滅《ふしょうふめつ》〔等《とう》の〕もろもろの三昧門《さんまいもん》を修《しゅ》して、声聞《しょうもん》・縁覚《えんがく》の地《じ》を遠離《おんり》す。阿難《あなん》、かのもろもろの菩薩《ぼさつ》、かくのごときの無量《むりょう》の功徳《くどく》を成就《じょうじゅ》せり。われただなんぢがために略《りゃく》してこれを

福田　福徳を生ずる田の意。仏や僧を敬い供養すれば、田地に穀物が生ずるように福徳を生み出すから、これを指し福田という。

欲の刺　貪欲《とんよく》の煩悩。

功慧　功徳と智慧。

因力　直接の原因となる業の力。ここでは、過去に修めた善根力《ぜんごんりき》の意。

縁力　因を育てて果を結ばせる間接的な力。ここでは諸仏・善知識《ぜんちしき》の教導の力を指す。

意力　さとりを求める意思力。

願力　衆生救済を願う力。

方便の力　修行のことを方便という場合と衆生救済の手段を方便という場合とがある。

常力　常に怠ることなく修行する力。

善力　悪をなさず善をなす力。

定力　精神統一によって得る力。

一三八

説《と》くのみ。もし広《ひろ》く説《と》かば百千万劫《ひゃくせんまんごう》にも窮尽《ぐじん》することあたはじ」と。

佛《ぶっ》告《ごう》彌《み》勒《ろく》菩《ぼ》薩《さつ》•諸《しょ》天《てん》人《にん》等《とう》•無《む》量《りょう》壽《じゅ》國《こく》•聲《しょう》聞《もん》菩《ぼ》薩《さつ》•功《く》德《どく》智《ち》慧《え》•不《ふ》可《か》稱《しょう》說《ぜつ》•又《う》其《ご》國《こく》土《ど》•微《み》妙《みょう》安《あん》樂《らく》•清《しょう》淨《じょう》若《にゃく》此《し》•何《が》不《ふ》力《りき》爲《い》善《ぜん》•念《ねん》道《どう》之《し》自《じ》然《ねん》•著《ちょ》於《お》無《む》上《じょう》下《げ》•洞《とう》達《だつ》無《む》邊《へん》際《ざい》•宜《ぎ》各《かく》勤《ごん》精《しょう》進《じん》•努《ぬ》力《りき》自《じ》求《ぐ》之《し》•必《ひっ》得《とく》超《ちょう》絕《ぜっ》去《こ》•往《おう》生《じょう》安《あん》養《にょう》國《こく》•橫《おう》截《ぜっ》五《ご》惡《あく》趣《しゅ》•惡《あく》趣《しゅ》自《じ》然《ねん》閉《ぺい》•昇《しょう》道《どう》無《む》窮《ぐ》極《ごく》•易《い》往《おう》而《に》無《む》人《にん》•其《ご》國《こく》不《ふ》逆《ぎゃく》違《い》•自《じ》然《ねん》之《し》所《しょ》牽《けん》•何《が》不《ふ》棄《き》世《せ》事《じ》•勤《ごん》行《ぎょう》求《ぐ》道《どう》德《とく》•可《か》獲《ぎゃく》極《ごく》長《じょう》生《しょう》•壽《じゅ》樂《らく》無《む》有《う》極《ごく》•然《ねん》世《せ》人《にん》薄《はく》俗《ぞく》•共《ぐ》諍《じょう》不《ふ》急《きゅう》之《し》事《じ》•於《お》此《し》劇《ぎゃく》惡《あく》•極《ごっ》苦《く》之《し》中《ちゅう》•勤《ごん》身《しん》營《よう》務《む》•以《い》自《じ》

慧力　智慧の力。

多聞の力　多くの教えを聞いて心にさとった力。

正念正観　正しく教法を念ずる力と真実の道理を正しく見る力。六神通《ろくじんずう》と三明《さんみょう》の力。

空無相無願三昧　解脱を得る三種の方法、三三昧《さんざんまい》ともいう。①空解脱門《くうげだつもん》。一切の存在は空であると観ずる。②無相解脱門《むそうげだつもん》。一切が空であるから差別の相はないと観ずる。③無願解脱門《むがんげだつもん》。願求すべき何ものもないと観ずる。

不生不滅　すべての存在の真実の相は、生滅がないということ。

一三九

給《きゅう》濟《さい》・無《む》尊《そん》無《む》卑《ひ》・無《む》貧《びん》無《む》富《ふ》・少《しょう》長《ちょう》男《なん》女《にょ》・共《ぐ》憂《う》錢《ぜん》財《ざい》・有《う》無《む》同《どう》然《ねん》・憂《う》思《し》適《しゃく》等《とう》・屏《びょう》營《よう》愁《しゅう》苦《く》・累《るい》念《ねん》積《しゃく》慮《ろ》・爲《い》心《しん》走《そう》使《し》・無《む》有《う》安《あん》時《じ》・有《う》田《でん》憂《う》田《でん》・有《う》宅《たく》憂《う》宅《たく》・牛《ご》馬《め》六《ろく》畜《ちく》・奴《ぬ》婢《び》錢《ぜん》財《ざい》・衣《え》食《じき》什《じゅう》物《もつ》・復《ぶ》共《ぐ》憂《う》之《し》・重《じゅう》思《し》累《るい》息《そく》・憂《う》念《ねん》愁《しゅう》怖《ふ》・横《おう》爲《い》非《ひ》常《じょう》・水《すい》火《か》盗《とう》賊《ぞく》・怨《おん》家《げ》債《さい》主《しゅ》・焚《ぼん》漂《ぴょう》劫《こう》奪《だつ》・消《しょう》散《さん》磨《ま》滅《めつ》・憂《う》毒《どく》忪《しゅ》忪《じゅ》・無《む》有《う》解《げ》時《じ》

仏《ぶつ》、弥勒菩薩《みろくぼさつ》ともろもろの天《てん》・人等《にんとう》に告《つ》げたまはく、「無量寿国《むりょうじゅこく》の声聞《しょうもん》・菩薩《ぼさつ》の功徳《くどく》・智慧《ちえ》は、称説《しょうせつ》すべからず。またその国土《こくど》は、微妙安楽《みみょうあんらく》にして清浄《しょうじょう》なることかくのごとし。なんぞつとめて善《ぜん》をなして、道《どう》の自然《じねん》なるを念《ねん》じて、*上下《じょうげ》なく洞達《どうだつ》して辺際《へんざい》なきことを著《あらわ》さざらん。よろしくおのおのつとめて精進《しょうじん》して、つとめてみづから

上下なく洞達して　上下の別なくさとりを得て。

一四〇

これを求《もと》むべし。かならず〔迷《まよ》ひの世界《せかい》を〕超絶《ちょうぜつ》して去《す》つることを得《え》て安養国《あんにょうこく》に往生《おうじょう》して、横《よこさま》に五悪趣《ごあくしゅ》を截《き》り、悪趣《あくしゅ》自然《じねん》に閉《と》ぢ、道《どう》に昇《のぼ》るに窮極《ぐうごく》なからん。〔安養国《あんにょうこく》は〕*往《ゆ》き易《やす》くして人《ひと》なし。*その国逆違《くにぎゃくい》せず、自然《じねん》の牽《ひ》くところなり。なんぞ世事《せじ》を棄《す》てて勤行《ごんぎょう》して*道徳《どうとく》を求《もと》めざらん。極長《ごくじょう》の生《しょう》を獲《え》て、寿《いのち》の楽《たの》しみ極《きわ》まりあることなかるべし。しかるに世《よ》の人《ひと》、薄俗《はくぞく》にしてともに*不急《ふきゅう》の事《じ》を諍《あらそ》ふ。この劇悪極苦《ぎゃくあくごっく》のなかにして、身《しん》の営務《ようむ》を勤《つと》めてもつてみづから給済《きゅうさい》す。尊《そん》となく卑《ひ》となく、貧《びん》となく富《ふ》となく、少長《しょうちょう》・男女《なんにょ》ともに銭財《ぜんざい》を憂《うれ》ふ。有無《うむ》同然《どうねん》にして憂思《うし》まさに等《ひと》し。*屏営《びょうよう》として愁苦《しゅうく》し、*念《おもい》を累《かさ》ね、慮《おもんぱか》りを積《つ》みて、〔欲《よく》〕心《しん》のために走《はし》り使《つか》はれて、安《やす》きときあることなし。田《た》あれば田《た》に憂《うれ》へ、宅《いえ》あれば宅《いえ》に憂《うれ》ふ。牛馬六畜《ごめろくちく》・奴婢《ぬひ》・銭財《ぜんざい》・衣《え》食《じき》・*什物《じゅうもつ》、またともにこれを憂《うれ》ふ。思《し》を重《かさ》ね息《そく》を累《つ》みて憂念愁怖《うねんしゅうふ》す。横《よこさま》に非常《ひじょう》の水火《すいか》・盗賊《とうぞく》・怨家《おんげ》・債主《さいしゅ》のために焚《や》かれ漂《なが》され劫奪《こうだつ》せ

往き易くして人なし　浄土往生は願力により容易であるが、自力の執心が強くて、本願力を信ずるものが稀であるから、報土に往生するひとは稀であるとの意。
その国…牽く　浄土は真実信心の行者をたがうことなく、願力の自然によりひきよせるという意。
道徳　さとりの功徳。※
不急の事　急とは出離生死《しゅつりしょうじ》を指すから、不急の事とは世間五欲の対象となる事柄をいう。
屏営　不安でうろうろするさま。
念を累ね慮りを積みて　過去をおもい、未来をおもんぱかって。
什物　家財道具。

一四一

られ、消散《しょうさん》し磨滅《まめつ》せば、憂毒《うどく》*忪々《しゅじゅ》として解《と》くるときあることなし。

結《けっ》憤《ぷん》心《しん》中《じゅう》・不《ふ》離《り》憂《う》悩《のう》・心《しん》堅《けん》意《い》固《こ》・適《しゃく》無《む》縦《しゅ》捨《しゃ》・或《わく》坐《ざ》摧《さい》碎《さい》・身《しん》亡《もう》命《みょう》終《じゅ》・棄《き》捐《えん》之《し》去《こ》・莫《まく》誰《すい》隨《ずい》者《しゃ》・尊《そん》貴《き》豪《ごう》富《ふ》・亦《やく》有《う》斯《し》患《げん》・憂《う》懼《く》萬《まん》端《たん》・勤《ごん》苦《く》若《にゃく》此《し》・結《けっ》衆《しゅ》寒《かん》熱《ねつ》・與《よ》痛《つ》共《ぐ》居《こ》・貧《びん》窮《ぐ》下《げ》劣《れつ》・困《こん》乏《ぼう》常《じょう》無《む》・無《む》田《でん》亦《やく》憂《う》・欲《よく》有《う》田《でん》・無《む》宅《たく》亦《やく》憂《う》・欲《よく》有《う》宅《たく》・無《む》牛《ご》馬《め》六《ろく》畜《ちく》・奴《ぬ》婢《び》錢《ぜん》財《ざい》・衣《え》食《じき》什《じゅう》物《もつ》・亦《やく》憂《う》欲《よく》有《う》之《し》・適《しゃく》有《う》一《いち》・復《ぶ》少《しょう》一《いち》・有《う》是《ぜ》少《しょう》是《ぜ》・思《し》有《う》齊《ざい》等《とう》・適《しゃく》欲《よく》具《ぐ》有《う》・便《べん》復《ぶ》靡《み》散《さん》・如《にょ》是《ぜ》憂《う》苦《く》・當《とう》復《ぶ》求《ぐ》索《しゃく》・不《ふ》能《のう》時《じ》得《とく》・思《し》想《そう》無《む》益《やく》・身《しん》心《じん》俱《く》勞《ろう》・坐《ざ》起《き》不《ふ》安《あん》・憂《う》念《ねん》相《そう》隨《ずい》・勤《ごん》苦《く》若《にゃく》此《し》・亦《やく》結《けっ》衆《しゅ》

一四二　**忪々**　おののき乱れること。

寒《かん》熱《ねつ》・與《よ》痛《つ》共《ぐ》居《こ》・或《わく》時《じ》坐《ざ》之《し》・終《しゅ》身《しん》夭《よう》命《みょう》・不《ふ》肯《こう》爲《い》善《ぜん》・行《ぎょう》道《どう》進《しん》德《とく》・壽《じゅ》終《じゅ》身《しん》死《し》・當《とう》獨《どく》遠《おん》去《こ》・有《う》所《しょ》趣《しゅ》向《こう》・善《ぜん》惡《なく》之《し》道《どう》・莫《まく》能《のう》知《ち》者《しゃ》

　憤《いきどお》りを心中《しんちゅう》に結《むす》びて、憂悩《うのう》を離《はな》れず。心堅《しんかた》く意固《いかた》く、まさに*縦捨《じゅうしゃ》することなし。あるいは*摧砕《さいさい》によりて身《み》亡《ほろ》び命終《いのちおわ》れば、これを棄《き》捐《えん》して去《さ》るに、たれも随《したが》ふものなし。尊貴《そんき》・豪富《ごうふ》もまたこの患《うれ》ひあり。*憂懼万端《うくまんたん》にして、勤苦《ごんく》することかくのごとし。もろもろの*寒熱《かんねつ》を結《むす》びて痛《いた》みとともに居《こ》す。貧窮《びんぐ》・下劣《げれつ》のものは、困乏《こんぼう》してつねに無《か》けたり。田《た》なければ、また憂《うれ》へて田《た》あらんことを欲《おも》ふ。宅《いえ》なければまた憂《うれ》へて宅《いえ》あらんことを欲《おも》ふ。牛馬六畜《ごめろくちく》・奴婢《ぬひ》・銭財《ぜんざい》・衣食《えじき》・什物《じゅうもつ》なければまた憂《うれ》へてこれあらんことを欲《おも》ふ。たまたま一《ひと》つあれ

縦捨　捨て去ること。

摧砕　盗賊・水火等の災難が身を打ち砕くこと。

憂懼万端　憂いや恐れが数かぎりなくあること。

寒熱　肝を冷やし身に汗をかくほどの苦しみ。

ばまた一《ひと》つ少《か》け、これあればこれを少《か》く。*斉等《さいとう》にあらんと思《おも》ふ。たまたまつぶさにあらんと欲《おも》へば、すなはちまた*靡散《みさん》す。かくのごとく憂苦《うく》してまさにまた求索《ぐしゃく》すれども、ときに得《う》ることあたはず。*思《し》想《そう》するも益《やく》なく、身心《しんしん》ともに労《つか》れて、坐起《ざき》安《やす》からず、憂念《うねん》あひ随《したが》ひて勤苦《ごんく》することかくのごとし。またもろもろの寒熱《かんねつ》を結《むす》びて痛《いた》みとともに居《こ》す。あるときはこれによつて身《み》を終《お》へ、命《いのち》を夭《ほろ》ぼす。あへて善《ぜん》をなし道《どう》を行《ぎょう》じて徳《とく》に進《すす》まず。寿《いのち》終《おわ》り、身死《みし》してまさに独《ひと》り遠《とお》く去《さ》るべし。趣向《しゅこう》するところあれども、*善悪《ぜんあく》の道《どう》よく知《し》るものなし。

世《せ》間《けん》人《にん》民《みん》・父《ぶ》子《し》兄《きょう》弟《だい》・夫《ふ》婦《ふ》家《け》室《しつ》・中《ちゅう》外《げ》親《しん》屬《ぞく》・當《とう》相《そう》敬《きょう》愛《あい》・無《む》相《そう》憎《ぞう》嫉《しつ》・有《う》無《む》相《そう》通《つう》・無《む》得《とく》貪《とん》惜《じゃく》・言《ごん》色《しき》常《じょう》和《わ》・莫《まく》相《そう》違《い》戾《らい》・或《わく》時《じ》心《しん》

斉等　あれもこれも等しくそろうこと。
靡散　散失すること。消え失せること。
思想　思い悩むこと。
善悪の道　善悪因果の道理。

一四四

諍《じょう》●有《う》所《しょ》恚《い》怒《ぬ》●今《こん》世《ぜ》恨《ごん》意《に》●微《み》相《そう》憎《ぞう》嫉《しつ》●後《ご》世《せ》轉《てん》劇《ぎゃく》●
至《し》成《じょう》大《だい》怨《おん》●所《しょ》以《い》者《しゃ》何《が》●世《せ》間《けん》之《し》事《じ》●更《きょう》相《そう》患《げん》害《がい》●雖《すい》
不《ふ》即《そく》時《じ》●應《おう》急《きゅう》相《そう》破《は》●然《ねん》含《ごん》毒《どく》畜《ちく》怒《ぬ》●結《けっ》憤《ぷん》精《しょう》神《じん》●自《じ》
然《ねん》剋《こく》識《し》●不《ふ》得《とく》相《そう》離《り》●皆《かい》當《とう》對《たい》生《しょう》●更《きょう》相《そう》報《ほう》復《ぶく》●人《にん》在《ざい》
世《せ》間《けん》●愛《あい》欲《よく》之《し》中《ちゅう》●獨《どく》生《しょう》獨《どく》死《し》●獨《どっ》去《こ》獨《どく》來《らい》●當《とう》行《ぎょう》至《し》
趣《しゅ》●苦《く》樂《らく》之《し》地《じ》●身《しん》自《じ》當《とう》之《し》●無《む》有《う》代《だい》者《しゃ》●善《ぜん》惡《なく》變《へん》化《げ》●
殃《おう》福《ふく》異《い》處《しょ》●宿《しゅく》豫《よ》嚴《ごん》待《だい》●當《とう》獨《どく》趣《しゅ》入《にゅう》●遠《おん》到《とう》他《た》所《しょ》●莫《まく》
能《のう》見《けん》者《しゃ》●善《ぜん》惡《なく》自《じ》然《ねん》●追《つい》行《ぎょう》所《しょ》生《しょう》●窈《よう》窈《よう》冥《みょう》冥《みょう》●別《べつ》離《り》
久《く》長《じょう》●道《どう》路《ろ》不《ふ》同《どう》●會《え》見《けん》無《む》期《ご》●甚《じん》難《なん》甚《じん》難《なん》●復《ぶ》得《とく》相《そう》
値《ち》●何《が》不《ふ》棄《き》衆《しゅ》事《じ》●各《かく》曼《まん》强《ごう》健《ごん》時《じ》●努《ぬ》力《りき》勤《ごん》修《しゅ》善《ぜん》●精《しょう》
進《じん》願《がん》度《ど》世《せ》●可《か》得《とく》極《ごく》長《じょう》生《しょう》●如《にょ》何《が》不《ふ》求《ぐ》道《どう》●安《あん》所《しょ》須《しゅ》

一四五

待《だい》・欲《よく》何《が》樂《らく》哉《ざい》

世間《せけん》の人民《にんみん》にして、父子《ぶし》・兄弟《きょうだい》・夫婦《ふうふ》・*家室《けしつ》・*中外《ちゅうげ》の親属《しんぞく》、まさにあひ敬愛《きょうあい》してあひ憎嫉《ぞうしつ》することなかるべし。*有無《うむ》あひ通《つう》じて、貪惜《とんじゃく》を得《う》ることなく、*言色《ごんしき》つねに和《わ》してあひ*違戾《いらい》することなかれ。あるときは心諍《こころあらそ》ひて恚怒《いぬ》するところあり。今世《こんぜ》の恨《うら》みの意《こころ》は微《すこ》しきあひ憎嫉《ぞうしつ》すれども、後世《ごせ》にはうたた劇《はげ》しくして大《おお》きなる怨《あだ》となるに至《いた》る。ゆゑはいかんとなれば、世間《せけん》の事《じ》たがひにあひ*患害《げんがい》す。即時《そくじ》に急《きゅう》にあひ破《は》すべからずといへども、しかも毒《どく》を含《ふく》み怒《いか》りを畜《たくわ》へて憤《いきどお》りを精神《しょうじん》に結《むす》び、自然《じねん》に*剋識《こくし》してあひ離《はな》るることを得《え》ず。みなまさに*対生《たいしょう》してたがひにあひ報復《ほうぶく》すべし。人《ひと》、世間《せけん》愛欲《あいよく》のなかにありて、独《ひと》り生《うま》れ独《ひと》り死《し》し、独《ひと》り去《さ》り独《ひと》り来《きた》る。*行《ぎょう》に当《あた》りて苦楽《くらく》の地《じ》に至《いた》り趣《おもむ》く。身《しん》みづからこれを当《う》くるに、代《かわ》るものあることなし。善悪変《ぜんあくへん》

家室　家族。

中外の親属　内外の親属。父方の親類を内、母方の親類を外という。

有無あひ通じて　衣食金銭等をたがいに融通し合って。

言色　言葉と顔色。

違戾　さからいそむくこと。

患害　相手を悩まし危害を加えること。

剋識　深く心に刻みつけて忘れないこと。

対生　二人が同じ世界にあい対して生れること。

行に当りて…　自己のなす善悪の行業に従って、その果報を受けるという意。

一四六

化《げ》して、*殃福処《おうふくところ》を異《こと》にし、あらかじめ厳《きび》しく待《ま》ちてまさに独《ひと》り趣入《しゅにゅう》すべし。遠《とお》く他所《たしょ》に到《いた》りぬればよく*見《み》るものなし。善悪自然《ぜんあくじねん》にして行《ぎょう》を追《お》うて生《しょう》ずるところなり。*窈々冥々《ようようみょうみょう》として別離《べつり》久《ひさ》しく長《なが》し。道《どう》路同《ろおな》じからずして会《あ》ひ見《み》ること期《ご》なし。はなはだ難《かた》く、はなはだ難《かた》ければ、またあひ値《あ》ふことを得《え》んや。なんぞ衆事《しゅじ》を棄《す》てざらん。おのおの強健《ごうごん》のときに曼《およ》びて、つとめて善《ぜん》を勤修《ごんしゅ》し精進《しょうじん》して*度世《どせ》を願《ねが》ひ、*極長《ごくじょう》の生《しょう》を得《う》べし。いかんぞ道《どう》を求《もと》めざらん。いづくんぞすべからく、*待《ま》つべきところある。なにの楽《らく》をか欲《ほっ》するや。

如《にょ》是《ぜ》世《せ》人《にん》・不《ふ》信《しん》作《さ》善《ぜん》得《とく》善《ぜん》・為《い》道《どう》得《とく》道《どう》・不《ふ》信《しん》人《にん》死《し》更《きょう》生《しょう》・恵《え》施《せ》得《とく》福《ふく》・善《ぜん》悪《なく》之《し》事《じ》・都《と》不《ふ》信《しん》之《し》・謂《い》之《し》不《ふ》然《ねん》・終《しゅ》無《む》有《う》是《ぜ》・但《たん》坐《ざ》此《し》故《こ》・且《しゃ》自《じ》

殃福　禍と福。

よく見るものなし　業報により境界を異にするため、愛し合った者同士でも再びめぐり会うことはできない。

窈々冥々　かすかでよく見えず暗いさま。

度世　この迷いの世界を渡り、浄土に往生すること。

極長の生　涅槃《ねはん》の常楽のこと。

待つ　この世に期待する。

一四七

見《けん》之《し》・更《きょう》相《そう》瞻《せん》視《じ》・先《せん》後《ご》同《どう》然《ねん》・轉《てん》相《そう》承《じょう》受《じゅ》・父《ぶ》餘《よ》教《きょう》令《りょう》・先《せん》人《にん》祖《そ》父《ぶ》・素《そ》不《ふ》爲《い》善《ぜん》・不《ふ》識《しき》道《どう》德《とく》・身《しん》愚《ぐ》神《じん》闇《なん》・心《しん》塞《そく》意《い》閉《へい》・死《し》生《しょう》之《し》趣《しゅ》・善《ぜん》惡《なく》之《し》道《どう》・自《じ》不《ふ》能《のう》見《けん》・無《む》有《う》語《ご》者《しゃ》・吉《きっ》凶《きょう》禍《か》福《ふく》・競《きょう》各《かく》作《さ》之《し》・無《む》一《いち》怪《け》也《や》・生《しょう》死《じ》常《じょう》道《どう》・轉《てん》相《そう》嗣《じ》立《りゅう》・或《わく》父《ぶ》哭《こく》子《し》・或《わく》子《し》哭《こく》父《ぶ》・兄《きょう》弟《だい》夫《ふ》婦《ふ》・更《きょう》相《そう》哭《こっ》泣《きゅう》・顚《てん》倒《どう》上《じょう》下《げ》・無《む》常《じょう》根《こん》本《ぼん》・皆《かい》當《とう》過《か》去《こ》・不《ふ》可《か》常《じょう》保《ほ》・教《きょう》語《ご》開《かい》導《どう》・信《しん》之《し》者《しゃ》少《しょう》・是《ぜ》以《い》生《しょう》死《じ》流《る》轉《てん》・無《む》有《う》休《く》止《し》・如《にょ》此《し》之《し》人《にん》・曚《も》冥《みょう》抵《たい》突《とつ》・不《ふ》信《しん》經《きょう》法《ぼう》・心《しん》無《む》遠《おん》慮《ろ》・各《かく》欲《よく》快《け》意《い》・癡《ち》惑《わく》於《お》愛《あい》欲《よく》・不《ふ》達《だっ》於《お》道《どう》德《とく》・迷《めい》沒《もっ》於《お》瞋《しん》怒《ぬ》・貪《とん》狼《ろう》於《お》財《ざい》色《しき》・坐《ざ》之《し》不《ふ》得《とく》道《どう》・當《とう》更《きょう》惡《あく》趣《しゅ》苦《く》・生《しょう》死《じ》無《む》窮《ぐ》已《い》・哀《あい》哉《ざい》甚《じん》可《か》傷《しょう》

一四八

かくのごときの世人《せにん》、善《ぜん》をなして善《ぜん》を得《え》、道《どう》をなして道《どう》を得《う》ることを信《しん》ぜず。人《ひと》死《し》してさらに生《しょう》じ、恵施《えせ》して福《ふく》を得《う》ることを信《しん》ぜず。善悪《ぜんあく》の事《じ》すべてこれを信《しん》ぜずして、これをしからずと謂《おも》うてつひに是《ぜ》することあることなし。＊ただこれによるがゆゑに、またみづからこれを見《み》る。たがひにあひ＊瞻視《せんじ》して＊先後《せんご》同《おな》じくしかなり。うたたあひ＊承受《しょうじゅ》するに父《ちち》の余《のこ》せる＊教令《きょうりょう》をもつてす。＊先人《せんにん》・祖父《そぶ》もとより善《ぜん》をなさず、道徳《どうとく》を識《し》らず、身愚《みおろ》かに神《たましい》闇《くら》く、心塞《こころふさ》がり意閉《こころと》ぢて、死生《ししょう》の趣《おもむき》、善悪《ぜんあく》の道《どう》、みづから見《み》ることあたはず、語《かた》るものあることなし。吉凶《きっきょう》・禍福《かふく》、競《きお》ひておのおのこれをなすに、ひとりも怪《あや》しむものなし。＊生死《しょうじ》の常《つね》の道《みち》、うたた＊あひ嗣《つ》ぎて立《た》つ。あるいは父《ちち》、子《こ》に哭《こく》し、あるいは子《こ》、父《ちち》に哭《こく》す。兄弟《きょうだい》・夫婦《ふうふ》たがひにあひ哭泣《こっきゅう》す。＊顛倒上下《どうじょうげ》することは、無常《むじょう》の根本《こんぽん》なり。みなまさに過《す》ぎ去《さ》るべく、つねに保《たも》つべからず。〔道理《どうり》を〕教語《きょうご》し開導《かいどう》すれどもこれを信《しん》ずるも

これ　善悪因果の道理を信じない邪見を指す。
瞻視　見習うこと。
先後　先祖と後継ぎ。
承受　うけ伝えること。
教令　教訓。
先人　父親。
生死の常の道　生あるものは必ず死ぬという必然の道理。
あひ嗣ぎて立つ　生死《しょうじ》相続するのに絶え間がない。
顛倒上下　ここでは老少不定のこと。

一四九

のは少《すく》なし。ここをもつて生死《しょうじ》流転《るてん》し、休止《くし》することあることなし。かくのごときの人、*矇冥抵突《もうみょうたいとつ》して経法《きょうぼう》を信《しん》ぜず、心《こころ》に*遠《とお》き慮《おもんばか》りなくして、おのおの意《い》を快《こころよ》くせんと欲《おも》へり。愛欲《あいよく》に*痴惑《ちわく》せられて道《どう》徳《とく》を達《さと》らず、瞋怒《しんぬ》に迷没《めいもつ》し*財《ざい》・色《しき》を貪狼《とんろう》す。これによつて道《どう》を得《え》ず、まさに悪趣《あくしゅ》の苦《く》に更《かえ》り、生死《しょうじ》窮《きわ》まりやむことなかるべし。哀《あわ》れなるかな、はなはだ傷《いた》むべし。

或《わく》時《じ》室《しつ》
家《け》父《ぶ》子《し》・兄《きょう》弟《だい》夫《ふ》婦《ふ》・一《いっ》死《し》一《いっ》生《しょう》・更《きょう》相《そう》哀《あい》愍《みん》・恩《おん》愛《ない》
思《し》慕《ぼ》・憂《う》念《ねん》結《けっ》縛《ばく》・心《しん》意《に》痛《つ》著《じゃく》・迭《でっ》相《そう》顧《こ》戀《れん》・窮《ぐ》日《にち》卒《そっ》
歳《さい》・無《む》有《う》解《げ》已《い》・教《きょう》語《ご》道《どう》徳《とく》・心《しん》不《ぶ》開《かい》明《みょう》・思《し》想《そう》恩《おん》好《こう》・
不《ふ》離《り》情《じょう》欲《よく》・昏《こん》矇《も》閉《へい》塞《そく》・愚《ぐ》惑《わく》所《しょ》覆《ふ》・不《ふ》能《のう》深《じん》思《し》熟《じゅっ》

矇冥抵突　心が愚かでくらいために、道理に背くこと。

遠き慮り　将来を思いはかること。後世を心にかけること。

痴惑　おろかにまどわされること。

財色を貪狼す　財欲・色欲をむさぼる。

一五〇

計《け》●心《しん》自《じ》端《たん》正《じょう》●專《せん》精《しょう》行《ぎょう》道《どう》●決《けつ》斷《だん》世《せ》事《じ》●便《べん》旋《せん》至《し》竟《きょう》●年《ねん》壽《じゅ》終《じゅ》盡《じん》●不《ふ》能《のう》得《とく》道《どう》●無《む》可《か》奈《ない》何《が》●總《そう》猥《わい》憒《かい》擾《にょう》●皆《かい》貪《とん》愛《あい》欲《よく》●惑《わく》道《どう》者《しゃ》衆《しゅ》●悟《ご》之《し》者《しゃ》寡《か》●世《せ》間《けん》怱《そう》怱《ぞう》●無《む》可《か》憀《りょう》賴《らい》●尊《そん》卑《ぴ》上《じょう》下《げ》●貧《びん》富《ぷ》貴《き》賤《せん》●勤《ごん》苦《く》怱《そう》務《む》●各《かく》懷《え》殺《せつ》毒《どく》●惡《あっ》氣《け》窈《よう》冥《みょう》●爲《い》妄《もう》興《こう》事《じ》●違《い》逆《ぎゃく》天《てん》地《じ》●不《ふ》從《じゅ》人《にん》心《しん》●自《じ》然《ねん》非《ひ》惡《あく》●先《せん》隨《ずい》與《よ》之《し》●恣《し》聽《ちょう》所《しょ》爲《い》●待《だい》其《ご》罪《ざい》極《ごく》●其《ご》壽《じゅ》未《み》盡《じん》●便《べん》頓《とん》奪《だっ》之《し》●下《げ》入《にゅう》惡《あく》道《どう》●累《るい》世《せ》勤《ごん》苦《く》●展《てん》轉《でん》其《ご》中《ちゅう》●數《しゅ》千《せん》億《のっ》劫《こう》●無《む》有《う》出《しゅつ》期《ご》●痛《つ》不《ふ》可《か》言《ごん》●甚《じん》可《か》哀《あい》愍《みん》

あるときは*室家《しつけ》の父子《ぶし》・兄弟《きょうだい》・夫婦《ふうふ》、ひとりは死《し》しひとりは生《い》き

室家　一戸の家庭、家族。※

一五一

て、たがひにあひ哀愍《あいみん》し、恩愛思慕《おんないしぼ》して、憂念《うねん》〔身心《しんしん》を〕結縛《けつばく》す、心《しん》意《い》*痛着《つうじゃく》してたがひにあひ顧恋《これん》す。日《ひ》を窮《きわ》め歳《とし》を卒《お》へて、解《と》けやむことあることなし。道徳《どうとく》を教語《きょうご》すれども心開明《しんかいみょう》せず、*恩好《おんこう》を思想《しそう》して情欲《じょうよく》を離《はな》れず。*昏矇閉塞《こんもうへいそく》して愚惑《ぐわく》に覆《おお》はれたり。深《ふか》く思《おも》ひ、つらつら計《はか》り、心《こころ》みづから端正《たんじょう》にして*専精《せんしょう》に道《どう》を行《ぎょう》じて世事《せじ》を決断《けつだん》することあたはず。*便旋《べんせん》として竟《おわ》りに至《いた》る。年寿終《ねんじゅおわ》りつきぬれば、道《どう》を得《う》ることあたはず、いかんともすべきことなし。*総猥憒擾《そうわいかいにょう》にしてみな愛欲《あいよく》を貪《むさぼ》る。道《どう》に惑《まど》へるものは衆《おお》く、これを悟《さと》るものは寡《すく》なし。世《せ》間《けん》*悤々《そうそう》として*憀頼《りょうらい》すべきものなし。尊卑《そんぴ》・上下《じょうげ》・貧富《ひんぷ》・貴賤《きせん》、勤苦《ごんく》*悤務《そうむ》しておのおの*殺毒《せつどく》を懐《いだ》く。*悪気窈冥《あくけようみょう》にしてために妄《みだ》りに事《じ》を興《おこ》す。天地《てんち》に違逆《いぎゃく》し、人心《にんしん》に従《したが》はず。自然《じねん》の*非悪《ひあく》、まづ随《したが》ひてこれに与《くみ》し、ほしいままに所為《しょい》を聴《ゆる》してその罪《つみ》の極《きわ》まるを待《ま》つ。その寿《いのち》いまだ尽《つ》きざるに、すなはちたちまちにこれを奪《うば》ふ。悪道《あくどう》に下《くだ》り入《い》り

痛着　悲歎にくれること。
恩好を思想して　先立ったものに対する恩愛とよしみを思い出して。
昏矇閉塞　心がくらく閉じふさがること。
専精　一心にはげむこと。
便旋　さまよいめぐること。
総猥憒擾　世の中がすべて濁り、心煩わしく乱れること。
悤々　あわただしいこと。
憀頼　信頼し力にすること。
悤務　世渡りに忙しく、あくせくすること。
殺毒　害毒を含んだ恐ろしい思い。
悪気窈冥　内に悪意を含み外に顕さないこと。
非悪　非行悪業。

*て累世《るいせ》に勤苦《ごんく》す。そのなかに展転《てんでん》して数千億劫《しゅせんおくこう》も出《い》づる期《ご》あることなし。痛《いた》みいふべからず、はなはだ哀愍《あいみん》すべし」と。

佛《ぶつ》告《ごう》彌《み》勒《ろく》菩《ぼ》薩《さつ》•諸《しょ》天《てん》人《にん》等《とう》•我《が》今《こん》語《ご》汝《にょ》•世《せ》間《けん》之《し》事《じ》•人《にん》用《にょう》是《ぜ》故《こ》•坐《ざ》不《ふ》得《とく》道《どう》•當《とう》熟《じゅく》思《し》計《け》•遠《おん》離《り》衆《しゅ》惡《あく》•擇《じゃく》其《ご》善《ぜん》者《しゃ》•勤《ごん》而《に》行《ぎょう》之《し》•愛《あい》欲《よく》榮《よう》華《げ》•不《ふ》可《か》常《じょう》保《ほ》•皆《かい》當《とう》別《べつ》離《り》•無《む》可《か》樂《らく》者《しゃ》•曼《まん》佛《ぶつ》在《ざい》世《せ》•當《とう》勤《ごん》精《しょう》進《じん》•其《ご》有《う》至《し》心《しん》•願《がん》生《しょう》安《あん》樂《らっ》國《こく》者《しゃ》•可《か》得《とく》智《ち》慧《え》明《みょう》達《だっ》•功《く》德《どく》殊《しゅ》勝《しょう》•勿《もっ》得《とく》隨《ずい》心《しん》所《しょ》欲《よく》•虧《き》負《ぶ》經《きょう》戒《かい》•在《ざい》人《にん》後《ご》也《や》•儻《とう》有《う》疑《ぎ》意《い》•不《ふ》解《げ》經《きょう》者《しゃ》•可《か》具《ぐ》問《もん》佛《ぶつ》•當《とう》爲《い》説《せっ》之《し》•彌《み》勒《ろく》菩《ぼ》薩《さつ》•長《じょう》跪《き》白《びゃく》言《ごん》•佛《ぶつ》威《い》神《じん》尊《そん》重《じゅう》•所《しょ》説《せっ》快《け》善《ぜん》•聽《ちょう》佛《ぶつ》經《きょう》

累世　迷いの生死をかさねること。

一五三

語《ご》・貫《かん》心《しん》思《し》之《し》・世《せ》人《にん》實《じつ》爾《に》・如《にょ》佛《ぶつ》所《しょ》言《ごん》・今《こん》佛《ぶつ》慈《じ》愍《みん》・顯《けん》示《じ》大《だい》道《どう》・耳《に》目《もく》開《かい》明《みょう》・長《じょう》得《とく》度《ど》脫《だつ》・聞《もん》佛《ぶつ》所《しょ》說《せつ》・莫《まく》不《ふ》歡《かん》喜《ぎ》・諸《しょ》天《てん》人《にん》民《みん》・蠕《ねん》動《どう》之《し》類《るい》・皆《かい》蒙《む》慈《じ》恩《おん》・解《げ》脫《だつ》憂《う》苦《く》・佛《ぶつ》語《ご》教《きょう》誡《かい》・甚《じん》深《じん》甚《じん》善《ぜん》・智《ち》慧《え》明《みょう》見《けん》・八《はっ》方《ぽう》上《じょう》下《げ》・去《こ》來《らい》今《こん》事《じ》・莫《まく》不《ふ》究《く》暢《ちょう》・今《こん》我《が》衆《しゅ》等《とう》・所《しょ》以《い》蒙《む》得《とく》度《ど》脫《だつ》・皆《かい》佛《ぶつ》前《ぜん》世《ぜ》・求《ぐ》道《どう》之《し》時《じ》・謙《けん》苦《く》所《しょ》致《ち》・恩《おん》德《どく》普《ふ》覆《ふ》・福《ふく》祿《ろく》巍《ぎ》巍《ぎ》・光《こう》明《みょう》徹《てっ》照《しょう》・達《だっ》空《く》無《む》極《ごく》・開《かい》入《にゅう》泥《ない》洹《おん》・教《きょう》授《じゅ》典《てん》攬《らん》・威《い》制《せい》消《しょう》化《け》・感《かん》動《どう》十《じっ》方《ぽう》・無《む》窮《ぐ》無《む》極《ごく》・佛《ぶっ》爲《ち》法《ほう》王《おう》・尊《そん》超《ちょう》衆《しゅ》聖《しょう》・普《ふ》爲《い》一《いっ》切《さい》・天《てん》人《にん》之《し》師《し》・隨《ずい》心《しん》所《しょ》願《がん》・皆《かい》令《りょう》得《とく》道《どう》・今《こん》得《とく》値《ち》佛《ぶつ》・復《ぶ》聞《もん》無《む》量《りょう》壽《じゅ》佛《ぶっ》聲《しょう》・靡《み》不《ふ》歡《かん》喜《ぎ》・心《しん》得《とく》開《かい》明《みょう》

一五四

仏《ぶつ》、弥勒菩薩《みろくぼさつ》ともろもろの天《てん》・人等《にんとう》に告《つ》げたまはく、「われいまなんぢに世間《せけん》の事《じ》を語《かた》る。人《ひと》これをもつてのゆゑに坐《とど》まりて道《どう》を得《え》ず。まさにつらつら思《おも》ひ計《はか》りて衆悪《しゅあく》を遠離《おんり》し、その善《ぜん》のものを択《えら》びてつとめてこれを行《ぎょう》ずべし。愛欲《あいよく》・栄華《えいが》つねに保《たも》つべからず、みなまさに別離《べつり》すべし。楽《たの》しむべきものなし。仏《ぶつ》の在世《ざいせ》に曼《およ》びて、まさにつとめて精進《しょうじん》すべし。それ至心《ししん》に安楽国《あんらくこく》に生《うま》れんと願《がん》ずることあるものは、智慧《ちえ》あきらかに達《さと》り、功徳殊勝《くどくしゅしょう》なることを得《う》べし。心《こころ》の所欲《しょよく》に随《したが》ひて、*経戒《きょうかい》を虧負《きぶ》して、人《ひと》の後《しりえ》にあることを得《う》ることなかれ。もし疑《うたがい》の意《こころ》ありて経《きょう》を解《さと》らざるものは、つぶさに仏《ぶつ》に問《と》ひたてまつるべし。まさにためにこれを説《と》くべし」と。

弥勒菩薩《みろくぼさつ》、*長跪《じょうき》してまうさく、「仏《ぶつ》は威神尊重《いじんそんじゅう》にして、説《と》きたまふところ快《こころよ》く善《よ》し。仏《ぶつ》の経語《きょうご》を聴《き》きて心《こころ》に貫《つらぬ》きてこれを思《おも》ふに、世《せ》人《にん》まことにしかなり。仏《ぶつ》ののたまふところのごとし。いま仏《ぶつ》、*慈愍《じみん》

経戒を虧負して　仏の戒めを守らず、それに背いて。

長跪　両膝を地につけ、両足指を地に立てて礼すること。

慈愍　いつくしみあわれむこと。

して大道《だいどう》を顕示《けんじ》したまふに、耳目開明《にもくかいみょう》にして長《なが》く*度脱《どだつ》を得《う》。仏《ぶつ》の所《しょ》説《せつ》を聞《き》きたてまつりて歓喜《かんぎ》せざることなし。諸天《しょてん》・人民《にんみん》・*蠕動《ねんどう》の類《たぐい》、みな慈恩《じおん》を蒙《こうぶ》りて憂苦《うく》を解脱《げだつ》す。仏語《ぶつご》の教誡《きょうかい》ははなはだ深《ふか》くははなはだ善《よ》し。智慧《ちえ》あきらかに八方上下《はっぽうじょうげ》、*去来今《こらいこん》の事《じ》を見《み》そなはして、*究《く》暢《ちょう》せざることなし。いまわれ衆等《しゅとう》、度脱《どだつ》を得《う》ることを蒙《こうぶ》るゆゑは、みな仏《ぶつ》の前世《ぜんせ》に求道《ぐどう》のとき*謙苦《けんく》せしが致《いた》すところなり。恩徳《おんどく》あまねく〔衆生《しゅじょう》を〕覆《おお》ひて*福禄巍々《ふくろくぎぎ》たり。光明徹照《こうみょうてっしょう》して空《くう》を達《さと》ること極《きわ》まりなし。〔人《ひと》をして〕*泥洹《ないおん》に開入《かいにゅう》せしめ、*典攬《てんらん》を教授《きょうじゅ》し、*威制消化《いせいしょうけ》して十方《じっぽう》を感動《かんどう》せしめたまふこと無窮無極《むぐうむごく》なり。仏《ぶつ》は*法王《ほうおう》たり、尊《とうと》きこと衆聖《しゅしょう》に超《こ》えたまへり。あまねく一切《いっさい》の天《てん》・人《にん》の師《し》となりて、〔人々《ひとびと》の〕心《こころ》の所願《しょがん》に随《したが》ひてみな道《どう》を得《え》しめたまふ。いま仏《ぶつ》に値《もうあ》ひたてまつることを得《え》、また無量寿仏《むりょうじゅぶつ》の声《みこえ》を聞《き》きて歓喜《かんぎ》せざるものなし。心開明《しんかいみょう》なることを得《え》たり」と。

度脱　解脱に同じ。迷いの世界をわたりきって、そこから脱すること。※

蠕動の類　足を持たずに動くもので、みみずなどのように身体を屈伸して地をはう虫の類。

去来今　過去・未来・現在。

究暢　きわまりなく通達していること。

謙苦　謙譲勤苦。へり下りつとめること。

福禄巍々たり　仏果の福徳が高くすぐれている。

泥洹　涅槃のこと。※

典攬を教授し　経典の要義を取ってこれを学ばせるという意。

威制消化　仏の威光をもって、邪見・外道《げどう》を制伏し化《け》導《どう》すること。

法王　法門の王。仏を讃嘆《さんだん》していう語。

一五六

佛《ぶつ》告《ごう》彌《み》勒《ろく》菩《ぼ》薩《さつ》・汝《にょ》言《ごん》是《ぜ》也《や》・若《にゃく》有《う》慈《じ》敬《きょう》於《お》佛《ぶっ》者《しゃ》・
實《じっ》爲《い》大《だい》善《ぜん》・天《てん》下《げ》久《く》久《く》・乃《ない》復《ぶ》有《う》佛《ぶつ》・今《こん》我《が》於《お》此《し》世《せ》
作《さ》佛《ぶつ》・演《えん》說《ぜつ》經《きょう》法《ぼう》・宣《せん》布《ぷ》道《どう》教《きょう》・斷《だん》諸《しょ》疑《ぎ》網《もう》・拔《ばっ》愛《たい》欲《よく》
之《し》本《ほん》・杜《と》衆《しゅ》惡《あく》之《し》源《げん》・遊《ゆ》步《ぶ》三《さん》界《がい》・無《む》所《しょ》拘《く》礙《げ》・典《てん》攬《らん》
智《ち》慧《え》・衆《しゅ》道《どう》之《し》要《よう》・執《しゅう》持《じ》綱《こう》維《ゆい》・昭《しょう》然《ねん》分《ふん》明《みょう》・開《かい》示《じ》五《ご》
趣《しゅ》・度《ど》未《み》度《ど》者《しゃ》・決《けっ》正《しょう》生《しょう》死《じ》・泥《ない》洹《おん》之《し》道《どう》・彌《み》勒《ろく》當《とう》知《ち》・
汝《にょ》從《じゅ》無《む》數《しゅ》劫《こう》來《らい》・修《しゅ》菩《ぼ》薩《さつ》行《ぎょう》・欲《よく》度《ど》衆《しゅ》生《じょう》・其《ご》已《い》久《く》
遠《おん》・從《じゅ》汝《にょ》得《とく》道《どう》・至《し》于《う》泥《ない》洹《おん》・不《ふ》可《か》稱《しょう》數《しゅ》・汝《にょ》及《ぎゅう》十《じっ》方《ぽう》・
諸《しょ》天《てん》人《にん》民《みん》・一《いっ》切《さい》四《し》衆《しゅ》・永《よう》劫《こう》已《い》來《らい》・展《てん》轉《でん》五《ご》道《どう》・憂《う》
畏《い》勤《ごん》苦《く》・不《ふ》可《か》具《ぐ》言《ごん》・乃《ない》至《し》今《こん》世《ぜ》・生《しょう》死《じ》不《ふ》絕《ぜつ》・與《よ》佛《ぶつ》
相《そう》値《ち》・聽《ちょう》受《じゅ》經《きょう》法《ぼう》・又《う》復《ぶ》得《とく》聞《もん》・無《む》量《りょう》壽《じゅ》佛《ぶつ》・快《け》哉《さい》甚《じん》

一五七

善《ぜん》●吾《ご》助《じょ》爾《に》喜《き》●汝《にょ》今《こん》亦《やっ》可《か》●自《じ》厭《えん》生《しょう》死《じ》●老《ろう》病《びょう》痛《つ》苦《く》●
惡《お》露《ろ》不《ふ》淨《じょう》●無《む》可《か》樂《らく》者《しゃ》●宜《ぎ》自《じ》決《けつ》斷《だん》●端《たん》身《じん》正《しょう》行《ぎょう》●益《やく》
作《さ》諸《しょ》善《ぜん》●修《しゅ》己《こ》潔《けっ》體《たい》●洗《せん》除《じょ》心《しん》垢《く》●言《ごん》行《ぎょう》忠《ちゅ》信《しん》●表《ひょう》裏《り》
相《そう》應《おう》●人《にん》能《のう》自《じ》度《ど》●轉《てん》相《そう》拯《じょう》濟《さい》●精《しょう》明《みょう》求《ぐ》願《がん》●積《しゃく》累《るい》善《ぜん》
本《ぼん》●雖《すい》一《いっ》世《せ》勤《ごん》苦《く》●須《しゅ》臾《ゆ》之《し》間《けん》●後《ご》生《しょう》無《む》量《りょう》壽《じゅ》佛《ぶっ》國《こく》●
快《け》樂《らく》無《む》極《ごく》●長《じょう》與《よ》道《どう》德《とく》合《ごう》明《みょう》●永《よう》拔《ばっ》生《しょう》死《じ》根《こん》本《ぼん》●無《む》
復《ぶ》貪《とん》恚《に》愚《ぐ》癡《ち》●苦《く》惱《のう》之《し》患《げん》●欲《よく》壽《じゅ》一《いっ》劫《こう》百《ひゃっ》劫《こう》●千《せん》萬《まん》
億《のっ》劫《こう》●自《じ》在《ざい》隨《ずい》意《い》●皆《かい》可《か》得《とく》之《し》●無《む》爲《い》自《じ》然《ねん》●次《し》於《お》泥《ない》
洹《おん》之《し》道《どう》●汝《にょ》等《とう》宜《ぎ》各《かく》精《しょう》進《じん》●求《ぐ》心《しん》所《しょ》願《がん》●無《む》得《とく》疑《ぎ》惑《わく》
中《ちゅう》悔《け》●自《じ》爲《い》過《か》咎《ぐ》●生《しょう》彼《ひ》邊《へん》地《じ》●七《しっ》寶《ぽう》宮《く》殿《でん》●五《ご》百《ひゃく》歳《さい》
中《ちゅう》●受《じゅ》諸《しょ》厄《やく》也《や》●彌《み》勒《ろく》白《びゃく》佛《ぶつ》言《ごん》●受《じゅ》佛《ぶつ》重《じゅう》誨《け》●專《せん》精《しょう》修《しゅ》

一五八

學《がく》・如《にょ》教《きょう》奉《ぶ》行《ぎょう》・不《ふ》敢《かん》有《う》疑《ぎ》

仏《ぶつ》、弥勒菩薩《みろくぼさつ》に告《つ》げたまはく、「なんぢがいへることは是《ぜ》なり。もし、仏《ぶつ》を慈敬《じきょう》することあらば、実《じつ》に大善《だいぜん》なりとす。天下《てんげ》に久々《くく》にしていましまた仏《ぶつ》ましします。いまわれこの世《よ》において仏《ぶつ》となりて、経法《きょうぼう》を演説《えんぜつ》し、道教《どうきょう》を宣布《せんぶ》して、もろもろの疑網《ぎもう》を断《た》ち、愛欲《あいよく》の本《もと》を抜《ぬ》き、衆悪《しゅあく》の源《みなもと》を杜《ふさ》ぐ。三界《さんがい》に*遊歩《ゆぶ》するに*拘礙《くげ》するところなし。典攬《てんらん》の智慧《ちえ》は衆道《しゅどう》の要《よう》なり。*綱維《こうゆい》を執持《しゅうじ》して昭然分明《しょうねんぶんみょう》なり。五趣《ごしゅ》を開示《かいじ》していまだ度《ど》せざるものを度《ど》し、生死《しょうじ》と泥洹《ないおん》の道《どう》を決正《けっしょう》す。弥勒《みろく》、まさに知《し》るべし。なんぢ、無数劫《むしゅこう》よりこのかた菩薩《ぼさつ》の行《ぎょう》を修《しゅ》して衆生《しゅじょう》を度《ど》せんと欲《ほっ》するに、それすでに久遠《くおん》なり。なんぢに従《したが》ひて道《どう》を得《え》、泥洹《ないおん》に至《いた》るもの、はかり数《かぞ》ふべからず。なんぢおよび十方《じっぽう》の諸天《しょてん》・人民《にんみん》・一切《いっさい》の四衆《ししゅ》、永劫《ようごう》よりこのかた*五道《ごどう》に展転《てんでん》して、憂《う》

遊歩　各地をめぐって説法教化すること。
拘礙　さまたげること。
綱維　教法の大綱。
五道　五悪趣《ごあくしゅ》のこと。

一五九

畏勤苦《いごんく》つぶさにいふべからず。乃至《ないし》、今世《こんぜ》まで生死《しょうじ》絶《た》えず。仏《ぶつ》とあひ値《あ》うて経法《きょうぼう》を聴受《ちょうじゅ》し、またまた無量寿仏《むりょうじゅぶつ》を聞《き》くことを得《え》たり。快《こころよ》きかな、はなはだ善《よ》し。われ、なんぢを助《たす》けて喜《よろこ》ばしむ。なんぢいままたみづから生《しょう》・死《じ》・老《ろう》・病《びょう》の痛苦《つうく》を厭《いと》ふべし。*悪露不浄《おろふじょう》にして楽《たの》しむべきものなし。よろしくみづから決断《けつだん》して身《み》を端《ただ》しく行《ぎょう》を正《ただ》しくして、ますますもろもろの善《ぜん》をなし、おのれを修《おさ》めて体《からだ》を潔《いさぎよ》くし、心垢《しんく》を洗除《せんじょ》し、言行《ごんぎょう》*忠信《ちゅうしん》にして表裏《ひょうり》相応《そうおう》すべし。人《ひと》よくみづから度《ど》してうたたあひ*拯済《じょうさい》し、*精明《しょうみょう》に求願《ぐがん》して善本《ぜんぽん》を積累《しゃくるい》せよ。*一世《いっせ》に勤苦《ごんく》すといへども須臾《しゅゆ》のあひだなり、後《のち》に無量寿仏国《むりょうじゅぶっこく》に生《うま》れて快楽極《けらくきわ》まりなし。長《なが》く*道徳《どうとく》と合明《ごうみょう》して永《なが》く生死《しょうじ》の根本《こんぽん》を抜《ぬ》き、また貪《とん》・恚《い》・愚痴《ぐち》の苦悩《くのう》の患《うれ》ひなく、寿一劫《いのちいっこう》・百劫《ひゃくこう》・千万億劫《せんまんおくこう》ならんと欲《おも》へば、自在《じざい》に意《こころ》に随《したが》ひてみなこれを得《う》べし。〔浄土《じょうど》は〕*無為自然《むいじねん》にして泥洹《ないおん》の道《どう》に次《ちか》し。なんぢら、よろしくおのおの精進《しょうじん》して心《こころ》の所《しょ》

悪露不浄　醜悪さがあらわれて汚いこと。

忠信　まことにして虚偽のないこと。

拯済　たすけすくうこと。

精明　専精明信。ひたすら明瞭な心でつとめること。

一世　一生。

道徳と合明して　仏道に相応し智慧が明らかになって。

無為自然　さとりの世界は有無の分別をはなれ、分別による限定を超えた絶対無限の境地であることをいう。

一六〇

願《がん》を求《もと》むべし。〔仏智《ぶっち》を〕疑惑《ぎわく》し*中悔《ちゅうげ》して、みづから*過咎《かぐ》をなして、かの辺地《へんじ》の七宝《しっぽう》の宮殿《くでん》に生《うま》れて、五百歳《ごひゃくさい》のうちにもろもろの厄《わざわい》を受《う》くることを得《う》ることなかれ」と。弥勒《みろく》、仏《ぶつ》にまうしてまうさく、「仏《ぶつ》の*重誨《じゅうけ》を受《う》けて専精《せんしょう》に修学《しゅがく》し、教《おしえ》のごとく奉行《ぶぎょう》して、あへて疑《うたが》ふことあらじ」と。

佛《ぶつ》告《ごう》彌《み》勒《ろく》・汝《にょ》等《とう》能《のう》於《お》此《し》世《せ》・端《たん》心《じん》正《しょう》意《い》・不《ふ》作《さ》衆《しゅ》惡《あく》・甚《じん》爲《に》至《し》德《とく》・十《じっ》方《ぽう》世《せ》界《かい》・最《さい》無《む》倫《りん》匹《ぴっ》・所《しょ》以《い》者《しゃ》何《が》・諸《しょ》佛《ぶっ》國《こく》土《ど》・天《てん》人《にん》之《し》類《るい》・自《じ》然《ねん》作《さ》善《ぜん》・不《ふ》大《だい》爲《い》惡《あく》・易《い》可《か》開《かい》化《け》・今《こん》我《が》於《お》此《し》・世《せ》間《けん》作《さ》佛《ぶつ》・處《しょ》於《お》五《ご》惡《あく》五《ご》痛《つ》・五《ご》燒《しょう》之《し》中《ちゅう》・爲《い》最《さい》劇《ぎゃっ》苦《く》・教《きょう》化《け》群《ぐん》生《じょう》・令《りょう》捨《しゃ》五《ご》惡《あく》・令《りょう》去《こ》五《ご》痛《つ》・令《りょう》離《り》五《ご》燒《しょう》・降《ごう》化《け》其《ご》意《い》・令《りょう》持《じ》五《ご》善《ぜん》・獲《ぎゃく》其《ご》

中悔　修行の途中で急に気が変り、修行をやめてしまうこと。

過咎　あやまち。つみとが。

重誨　ねんごろな教え。

一六一

福《ふく》徳《とく》・度《ど》世《せ》長《じょう》壽《じゅ》・泥《ない》洹《おん》之《し》道《どう》・佛《ぶつ》言《ごん》何《が》等《とう》五《ご》惡《あく》・何《が》等《とう》五《ご》痛《つ》・何《が》等《とう》五《ご》燒《しょう》・何《が》等《とう》消《しょう》化《け》五《ご》惡《あく》・令《りょう》持《じ》五《ご》善《ぜん》・獲《ぎゃく》其《ご》福《ふく》徳《とく》・度《ど》世《せ》長《じょう》壽《じゅ》・泥《ない》洹《おん》之《し》道《どう》

仏《ぶつ》、弥勒《みろく》に告《つ》げたまはく、「なんぢらよくこの世《よ》にして、心《こころ》を端《ただ》しくし意《い》を正《ただ》しくして衆悪《しゅあく》をなさざれば、はなはだ至徳《しとく》なりとす。十方世界《じっぽうせかい》にもつとも*倫匹《りんぴつ》なけん。ゆゑはいかん。諸仏《しょぶつ》の国土《こくど》の天《てん》・人《にん》の類《たぐい》は、自然《じねん》に善《ぜん》をなして大《おお》きに悪《あく》をなさざれば、開化《かいけ》すべきこと易《やす》し。いまわれこの世間《せけん》において仏《ぶつ》になりて五悪《ごあく》・*五痛《ごつう》・*五焼《ごしょう》のなかに処《しょ》すること、もつとも劇苦《ぎゃくく》なりとす。群生《ぐんじょう》を教化《きょうけ》して五悪《ごあく》を捨《す》てしめ、五痛《ごつう》を去《さ》らしめ、五焼《ごしょう》を離《はな》れしめ、その意《い》を*降化《ごうけ》して五《ご》善《ぜん》を持《たも》たしめて、その福徳《ふくとく》・度世《どせ》・長寿《ちょうじゅ》・泥洹《ないおん》の道《どう》を獲《え》しめん」と。

仏《ぶつ》のたまはく、「なんらか五悪《ごあく》、なんらか五痛《ごつう》、なんらか五焼《ごしょう》なる。

倫匹　くらべるべきともがら。

五痛　五悪をなすことにより、現世において受ける華報《けほう》。現世の益たる福徳に対する語。

五焼　五悪をなすことにより、来世において受ける果報。来世の益たる度世・長寿・泥洹《ないおん》に対する語。

降化　悪心を降伏《ごうぶく》し教化すること。※

なんらか五悪《ごあく》を消化《しょうけ》して五善《ごぜん》を持《たも》たしめて、その福徳《ふくとく》・度世《どせ》・長寿《ちょうじゅ》・泥洹《ないおん》の道《どう》を獲《え》しむる」と。

佛《ぶつ》言《ごん》其《ご》一《いち》惡《あく》者《しゃ》・諸《しょ》天《てん》人《にん》民《みん》・蠕《ねん》動《どう》之《し》類《るい》・欲《よく》爲《い》衆《しゅ》惡《あく》・莫《まく》不《ふ》皆《かい》然《ねん》・强《ごう》者《しゃ》伏《ぶく》弱《にゃく》・轉《てん》相《そう》剋《こく》賊《ぞく》・殘《ざん》害《がい》殺《せつ》戮《ろく》・迭《でっ》相《そう》呑《とん》噬《ぜい》・不《ふ》知《ち》修《しゅ》善《ぜん》・惡《あく》逆《ぎゃく》無《む》道《どう》・後《ご》受《じゅ》殃《おう》罰《ばつ》・自《じ》然《ねん》趣《しゅ》向《こう》・神《じん》明《みょう》記《き》識《し》・犯《ぼん》者《しゃ》不《ふ》赦《しゃ》・故《こ》有《う》貧《びん》窮《ぐ》下《げ》賤《せん》・乞《こつ》丐《がい》孤《こ》獨《どく》・聾《ろう》盲《もう》瘖《おん》瘂《な》・愚《ぐ》癡《ち》弊《へい》惡《あく》・至《し》有《う》尪《おう》狂《きょう》・不《ふ》逮《たい》之《し》屬《ぞく》・又《う》有《う》尊《そん》貴《き》豪《ごう》富《ふ》・高《こう》才《ざい》明《みょう》達《だつ》・皆《かい》由《ゆ》宿《しゅく》世《せ》・慈《じ》孝《きょう》修《しゅ》善《ぜん》・積《しゃく》德《とく》所《しょ》致《ち》・世《せ》有《う》常《じょう》道《どう》・王《おう》法《ぼう》牢《ろう》獄《ごく》・不《ふ》肯《こう》畏《い》愼《しん》・爲《い》惡《あく》入《にゅう》罪《ざい》・受《じゅ》其《ご》殃《おう》罰《ばつ》・求《ぐ》望《もう》解《げ》脫《だつ》・難《なん》得《とく》

免《めん》出《しゅっ》世《せ》間《けん》有《う》此《し》・目《もく》前《ぜん》見《けん》事《じ》・壽《じゅ》終《じゅ》後《ご》世《せ》・尤《う》深《じん》尤《う》劇《ぎゃく》・入《にゅう》其《ご》幽《ゆ》冥《みょう》・轉《てん》生《しょう》受《じゅ》身《しん》・譬《ひ》如《にょ》王《おう》法《ぼう》・痛《つう》苦《く》極《ごく》刑《ぎょう》・故《こ》有《う》自《じ》然《ねん》三《さん》塗《ず》・無《む》量《りょう》苦《く》惱《のう》・轉《てん》貿《も》其《ご》身《しん》・改《かい》形《ぎょう》易《やく》道《どう》・所《しょ》受《じゅ》壽《じゅ》命《みょう》・或《わく》長《じょう》或《わく》短《たん》・魂《ごん》神《じん》精《しょう》識《しき》・自《じ》然《ねん》趣《しゅ》之《し》・當《とう》獨《どく》値《ち》向《こう》・相《そう》從《じゅ》共《ぐ》生《しょう》・更《きょう》相《そう》報《ほう》復《ぶく》・無《む》有《う》絕《ぜっ》已《ち》・殃《おう》惡《あく》未《み》盡《じん》・不《ふ》得《とく》相《そう》離《り》・展《てん》轉《でん》其《ご》中《ちゅう》・無《む》有《う》出《しゅっ》期《ご》・難《なん》得《とく》解《げ》脫《だっ》・痛《つ》不《ふ》可《か》言《ごん》・天《てん》地《じ》之《し》間《けん》・自《じ》然《ねん》有《う》是《ぜ》・雖《すい》不《ふ》卽《そく》時《じ》・卒《そつ》暴《ぼう》應《おう》至《し》・善《ぜん》惡《なく》之《し》道《どう》・會《え》當《とう》歸《き》之《し》・是《ぜ》爲《い》一《いち》大《だい》惡《あく》・一《いっ》痛《つ》一《いっ》燒《しょう》・勤《ごん》苦《く》如《にょ》是《ぜ》・譬《ひ》如《にょ》大《だい》火《か》・焚《ぼん》燒《じょう》人《にん》身《じん》・人《にん》能《のう》於《お》中《ちゅう》・一《いっ》心《しん》制《せい》意《い》・端《たん》身《じん》正《しょう》行《ぎょう》・獨《どく》作《さ》諸《しょ》善《ぜん》・不《ふ》爲《い》衆《しゅ》惡《あく》者《しゃ》・身《しん》獨《どく》度《ど》脫《だっ》・獲《ぎゃく》其《ご》福《ふく》德《とく》・度《ど》世《せ》上《じょう》天《てん》・泥《ない》

一六四

洹《おん》之《し》道《どう》・是《ぜ》為《い》一《いち》大《だい》善《ぜん》也《や》

*仏《ぶつ》のたまはく、「その一《ひと》つの悪《あく》とは、諸天《しょてん》・人民《にんみん》・蠕動《ねんどう》の類《たぐい》、衆《しゅ》悪《あく》をなさんと欲《おも》へり、みなしからざるはなし。強《つよ》きものは弱《よわ》きを伏《ぶく》し、うたたあひ剋賊《こくぞく》し、残害殺戮《ざんがいせつろく》してたがひにあひ*呑噬《どんぜい》す。善《ぜん》を修《しゅ》することを知《し》らず、悪逆無道《あくぎゃくむどう》にして、後《のち》に*殃罰《おうばつ》を受《う》けて、自然《じねん》に〔悪道《あくどう》に〕趣向《しゅこう》す。*神明《じんみょう》は*記識《きし》して、犯《おか》せるものを赦《ゆる》さず。ゆゑに貧《びん》窮《ぐ》・下賤《げせん》・*乞丐《こつがい》・孤独《こどく》・聾《ろう》・盲《もう》・*瘖瘂《おんあ》・愚痴《ぐち》・*弊悪《へいあく》のものありて、*尪《おう》・狂《きょう》・不逮《ふたい》の属《たぐい》あるに至《いた》る。また尊貴《そんき》・豪富《ごうふ》・高才《こうざい》・明達《みょうだつ》なるものあり。みな宿世《しゅくせ》に慈孝《じきょう》ありて、善《ぜん》を修《しゅ》し徳《とく》を積《つ》むの致《いた》すところによるなり。世《よ》に常道《じょうどう》の*王法《おうぼう》の牢獄《ろうごく》あれども、あへて畏《おそ》れ慎《つつし》まず。悪《あく》をなし罪《つみ》に入《い》りてその殃罰《おうばつ》を受《う》く。解脱《げだつ》を求望《ぐもう》すれども免《まぬか》れ出《い》づることを得《え》がたし。世間《せけん》に、この目前《もくぜん》に見《み》ることあり。寿終《いのちおわ》りて後世《ごせ》

仏のたまはく…　以下の「五善五悪」の経文は、従来「五悪段」と称して布教されてきたものである。↓補註2

呑噬　蛇のごとく呑み、狼のごとくかむ。

殃罰　罪のむくいとしての罰。

神明　天地の神々。

記識して　（罪を）記録して忘れず。

乞丐　他人に物を乞うこと。

瘖瘂　話すことの不自由な人。

弊悪　片意地なこと。

尪狂不逮　身心の不自由な人や才智の至らない人。

王法　国の法律・規則。

に〔受《う》くるところの苦《くる》しみは〕もつとも深《ふか》く、もつとも劇《はげ》し。その*幽冥《ゆうみょう》に入《い》り、生《しょう》を転《てん》じて身《しん》を受《う》くること、たとへば王法《おうぼう》の痛苦極刑《つうくごくぎょう》なるがごとし。ゆゑに自然《じねん》に三塗無量《さんずむりょう》の苦悩《くのう》ありて、うたたその身《み》を貿《か》へ、形《かたち》を改《あらた》め、〔生死輪廻《しょうじりんね》して〕道《どう》を易《か》へて、受《う》くるところの寿命《じゅみょう》、あるいは長《なが》く、あるいは短《みじか》し。*魂神精識《ごんじんしょうしき》、自然《じねん》にこれに趣《おもむ》く。まさに独《ひと》り値《あ》ひ向《む》かひ、あひ従《したが》ひてともに生《うま》れて、たがひにあひ報復《ほうぶく》して絶《た》えやむことあることなかるべし。*殃悪《おうあく》いまだ尽《つ》きざれば、あひ離《はな》るることを得《え》ず。そのなかに展転《てんでん》して出《い》づる期《ご》あることなく、解脱《げだつ》を得《え》がたし。痛《いた》みいふべからず。天地《てんち》のあひだに自然《じねん》に*これあり。即時《そくじ》ににはかに善悪《ぜんあく》の道《どう》に至《いた》るべからずといへども、かならずまさにこれに帰《き》すべし。これを一《ひと》つの大悪《だいあく》・一《ひと》つの痛《つう》・一《ひと》つの焼《しょう》とす。勤苦《ごんく》かくのごとし。たとへば大火《だいか》の人身《にんじん》を焚焼《ぼんじょう》するがごとし。人《ひと》よく*なかにおいて一心《いっしん》に意《こころ》を制《せい》し、身《み》を端《ただ》しくし、行《おこな》ひを正《ただ》しくして、独《ひと》

幽冥　暗い世界、すなわち三悪道《さんまくどう》のこと。

魂神精識　精神や感情や意識をまとめていう。俗にいうたましい。

殃悪　悪業。

これ　因果《いんが》必然の道理を指す。

なかにおいて　五濁《ごじょく》の世の中において。※

りもろもろの善《ぜん》をなして衆悪《しゅあく》をなさざれば、身独《みひと》り度脱《どだつ》して、その福徳《ふくとく》・度世《どせ》・上天《じょうてん》・泥洹《ないおん》の道《どう》を獲《え》ん。これを一《ひと》つの大善《だいぜん》とす」と。

佛《ぶつ》言《ごん》其《ご》二《に》惡《あく》者《しゃ》・世《せ》間《けん》人《にん》民《みん》・父《ぶ》子《し》兄《きょう》弟《だい》・室《しっ》家《け》夫《ふ》婦《ふ》・都《と》無《む》義《ぎ》理《り》・不《ふ》順《じゅん》法《ほう》度《ど》・奢《しゃ》婬《いん》憍《きょう》縱《しゅ》・各《かく》欲《よく》快《け》意《い》・任《にん》心《しん》自《じ》恣《し》・更《きょう》相《そう》欺《ご》惑《わく》・心《しん》口《く》各《かく》異《い》・言《ごん》念《ねん》無《む》實《じつ》・佞《にょう》諂《てん》不《ふ》忠《ちゅ》・巧《きょう》言《ごん》諛《ゆ》媚《み》・嫉《しつ》賢《げん》謗《ほう》善《ぜん》・陷《かん》入《にゅう》怨《おん》枉《のう》・主《しゅ》上《じょう》不《ふ》明《みょう》・任《にん》用《にょう》臣《しん》下《げ》・臣《しん》下《げ》自《じ》在《ざい》・機《き》僞《ぎ》多《た》端《たん》・踐《ぜん》度《ど》能《のう》行《ぎょう》・知《ち》其《ご》形《ぎょう》勢《せい》・在《ざい》位《い》不《ふ》正《しょう》・爲《い》其《ご》所《しょ》欺《ご》・妄《もう》損《そん》忠《ちゅ》良《りょう》・不《ふ》當《とう》天《てん》心《しん》・臣《しん》欺《ご》其《ご》君《くん》・子《し》欺《ご》其《ご》父《ぶ》・兄《きょう》弟《だい》夫《ふ》婦《ふ》・中《ちゅう》外《げ》知《ち》識《しき》・更《きょう》相《そう》欺《ご》誑《おう》・各《かく》懷《え》貪《とん》欲《にょく》・瞋《しん》恚《に》愚《ぐ》癡《ち》・欲《よく》自《じ》

一六七

厚《こう》己《こ》•欲《よく》貪《とん》多《た》有《う》•尊《そん》卑《ぴ》上《じょう》下《げ》•心《しん》俱《く》同《どう》然《ねん》•破《は》家《け》亡《もう》身《しん》•不《ふ》顧《こ》前《ぜん》後《ご》•親《しん》屬《ぞく》内《ない》外《げ》•坐《ざ》之《し》而《に》滅《めつ》•或《わく》時《じ》室《しっ》家《け》知《ち》識《しき》•鄕《こう》黨《とう》市《じ》里《り》•愚《ぐ》民《みん》野《や》人《にん》•轉《てん》共《ぐ》從《じゅ》事《じ》•更《きょう》相《そう》利《り》害《がい》•忿《ふん》成《じょう》怨《おん》結《けつ》•富《ふ》有《う》慳《けん》惜《じゃく》•不《ふ》肯《こう》施《せ》與《よ》•愛《あい》寶《ほう》貪《とん》重《じゅう》•心《しん》勞《ろう》身《しん》苦《く》•如《にょ》是《ぜ》至《し》竟《きょう》•無《む》所《しょ》恃《じ》怙《こ》•獨《どく》來《らい》獨《どっ》去《こ》•無《む》一《いち》隨《ずい》者《しゃ》•善《ぜん》惡《なく》禍《か》福《ふく》•追《つい》命《みょう》所《しょ》生《しょう》•或《わく》在《ざい》樂《らく》處《しょ》•或《わく》入《にゅう》苦《く》毒《どく》•然《ねん》後《ご》乃《ない》悔《け》•當《とう》復《ぶ》何《が》及《ぎゅう》

仏《ぶつ》のたまはく、「その二《ふた》つの悪《あく》とは、世間《せけん》の人民《にんみん》・父子《ぶし》・兄弟《きょうだい》・室家《しつけ》・夫婦《ふうふ》、すべて義理《ぎり》なくして*法度《ほうど》に順《したが》はず。*奢婬《しゃいん》・*憍縱《きょうじゅう》にしておのおの意《い》を快《こころよ》くせんと欲《おも》へり。心《しん》に任《まか》せてみづからほしいままにたがひにあひ欺惑《ごわく》す。心口《しんく》おのおの異《こと》にして、言念実《ごんねんまこと》なし。*佞諂不《にょうてんふ》

法度　法規。規則。
奢婬　贅沢を好み、みだらであること。
憍縱　放逸、気ままでしまりがないこと。
佞諂不忠　心が曲がり誠実でないこと。

一六八

忠《ちゅう》にして、*巧言諛媚《きょうごんゆみ》なり。賢《けん》を嫉《そね》み善《ぜん》を謗《そし》りて、*怨枉《おんおう》に陥《おと》し入《い》る。主上《しゅじょう》あきらかならずして、臣下《しんげ》を任用《にんよう》すれば、臣下《しんげ》自在《じざい》にして*機偽《きぎ》多端《たたん》なり。*度《ど》を践《ふ》みよく行《おこな》ひてその形勢《ぎょうせい》を知《し》る。位《くらい》にありて正《ただ》しからざれば、それがために欺《あざむ》かれ、みだりに忠良《ちゅうりょう》を損《そん》じて*天心《てんしん》に当《あた》らず。臣《しん》はその君《くん》を欺《あざむ》き、子《こ》はその父《ちち》を欺《あざむ》く。兄弟《きょうだい》・夫婦《ふうふ》・中外《ちゅうげ》・*知《ち》識《しき》、たがひにあひ欺誑《ごおう》す。おのおの貪欲《とんよく》・瞋恚《しんに》・愚痴《ぐち》を懐《いだ》きて、みづからおのれを厚《あつ》くせんと欲《おも》ひ、多《おお》くあることを欲貪《よくとん》す。尊卑《そんぴ》・上《じょう》下《げ》、心《こころ》ともに同《おな》じくしかなり。家《いえ》を破《やぶ》り身《み》を亡《ほろ》ぼし、前後《ぜんご》を顧《かえり》みず、親属内外《しんぞくないげ》これによりて滅《ほろ》ぶ。あるときは室家《しつけ》・知識《ちしき》・*郷党《ごうとう》・*市里《じり》・愚民《ぐみん》・野人《やにん》、うたたともに事《じ》に従《したが》ひてたがひにあひ*利害《りがい》し、忿《いか》りて怨結《おんけつ》をなす。富有《ふう》なれども*慳惜《けんじゃく》してあへて施与《せよ》せず。宝《たから》を愛《あい》して貪《むさぼ》ること重《おも》く、心労《しんろう》し、身苦《しんく》す。かくのごとくして、竟《おわ》りに至《いた》りて*恃《じ》怙《こ》するところなし。独《ひと》り来《きた》り独《ひと》り去《さ》り、ひとりも随《したが》ふものなけん。

巧言諛媚　言葉たくみにこびへつらうこと。
怨枉に陥し入る　無実のものをうらみ、曲げて罪におとし入れる。
機偽多端　いろいろなからくりを設けて偽ること。
度を践み…　よく法度を実践し、天下の大勢を知る。
天心に当らず　天地のことわりに背く。
知識　友人。
郷党　同郷の人。
市里　町村民。
利害　自党に利し、他党に害すること。
慳惜　執着して物おしみすること。
恃怙　たのみとすること。

善悪《ぜんあく》・禍福《かふく》、*命《みょう》を追《お》ひて生《しょう》ずるところなり。あるいは*楽処《らくしょ》にあり、あるいは*苦毒《くどく》に入《い》る。しかるのちに、いまし悔《く》ゆともまさにまたなんぞ及《およ》ぶべき。

世《せ》間《けん》人《にん》民《みん》・心《しん》愚《ぐ》少《しょう》智《ち》・見《けん》善《ぜん》憎《ぞう》謗《ほう》・不《ふ》思《し》慕《ぼ》及《ぎゅう》・但《たん》欲《にょく》爲《い》惡《あく》・妄《もう》作《さ》非《ひ》法《ほう》・常《じょう》懐《え》盗《とう》心《しん》・悕《け》望《もう》他《た》利《り》・消《しょう》散《さん》糜《み》盡《じん》・而《に》復《ぶ》求《ぐ》索《しゃく》・邪《じゃ》心《しん》不《ふ》正《しょう》・懼《く》人《にん》有《う》色《しき》・不《ふ》豫《よ》思《し》計《け》・事《じ》至《し》乃《ない》悔《け》・今《こん》世《ぜ》現《げん》有《ぬ》・王《おう》法《ぼう》牢《ろう》獄《ごく》・隨《ずい》罪《ざい》趣《しゅ》向《こう》・受《じゅ》其《ご》殃《おう》罰《ばつ》・因《いん》其《ご》前《ぜん》世《ぜ》・不《ふ》信《しん》道《どう》徳《とく》・不《ふ》修《しゅ》善《ぜん》本《ぼん》・今《こん》復《ぶ》爲《い》惡《あく》・天《てん》神《じん》剋《こく》識《し》・別《べつ》其《ご》名《みょう》籍《じゃく》・壽《じゅ》終《じゅ》神《じん》逝《ぜい》・下《げ》入《にゅう》惡《あく》道《どう》・故《こ》有《う》自《じ》然《ねん》三《さん》塗《ず》・無《む》量《りょう》苦《く》惱《のう》・展《てん》轉《でん》其《ご》中《ちゅう》・世《せ》世《せ》累《るい》劫《こう》・無《む》有《う》出《しゅつ》期《ご》・

一七〇

命を追ひて　自己のなす業に従って。

楽処　人・天を指す。

苦毒　地獄・餓鬼《がき》・畜生《ちくしょう》の三悪道《さんまくどう》を指す。

難《なん》得《とく》解《げ》脱《だつ》・痛《つ》不《ふ》可《か》言《ごん》・是《ぜ》為《い》二《に》大《だい》悪《あく》・二《に》痛《つ》二《に》焼《しょう》・勤《ごん》苦《く》如《にょ》是《ぜ》・譬《ひ》如《にょ》大《だい》火《か》・焚《ばん》焼《じょう》人《にん》身《じん》・人《にん》能《のう》於《お》中《ちゅう》・一《いっ》心《しん》制《せい》意《い》・端《たん》身《じん》正《しょう》行《ぎょう》・独《どく》作《さ》諸《しょ》善《ぜん》・不《ふ》為《い》衆《しゅ》悪《あく》者《しゃ》・身《しん》独《どく》度《ど》脱《だつ》・獲《ぎゃく》其《ご》福《ふく》徳《とく》・度《ど》世《せ》上《じょう》天《てん》・泥《ない》洹《おん》之《し》道《どう》・是《ぜ》為《い》二《に》大《だい》善《ぜん》也《や》

世間《せけん》の人民《にんみん》、心愚《こころおろ》かにして智少《ちすく》なし。善《ぜん》を見《み》ては憎《にく》み謗《そし》りて、慕《した》ひ及《およ》ばんことを思《おも》はず、ただ悪《あく》をなさんと欲《おも》ひて、みだりに非法《ひほう》をなす。つねに盗心《とうしん》を懐《いだ》きて他《た》の利《り》を悕望《けもう》す。*消散《しょうさん》し靡尽《みじん》してしかもまた求索《ぐしゃく》す。邪心《じゃしん》にして正《ただ》しからざれば、*人《ひと》の色《し》ることとあらんことを懼《おそ》る。あらかじめ思《おも》ひ計《はか》らずして、事《じ》に至《いた》りていまし悔《く》ゆ。今世《こんぜ》に現《げん》に王法《おうぼう》の牢獄《ろうごく》あり。罪《つみ》に随《したが》ひて趣向《しゅこう》してその殃罰《おうばつ》を受《う》く。その

消散し靡尽して　ここでは使いはたすという意。

人の色ることとあらんこと　人に見破られること。

前世《ぜんせ》に道徳《どうとく》を信《しん》ぜず、善本《ぜんぽん》を修《しゅ》せざるによりていままた悪《あく》をなさば、天神《てんじん》、*剋識《こくし》してその*名籍《みょうじゃく》を別《わか》つ。寿終《いのちおわ》り、神《たましい》逝《ゆ》きて悪道《あくどう》に下《くだ》り入《い》る。ゆゑに自然《じねん》に三塗《さんず》の無量《むりょう》の苦悩《くのう》あり。そのなかに展転《てんでん》して世々《せせ》に劫《こう》を累《かさ》ねて出《い》づる期《ご》あることなく、解脱《げだつ》を得《え》がたし。痛《いた》みいふべからず。これを二《ふた》つの大悪《だいあく》・二《ふた》つの痛《つう》・二《ふた》つの焼《しょう》とす。勤苦《ごんく》かくのごとし。たとへば大火《だいか》の人身《にんじん》を焚焼《ぼんじょう》するがごとし。人《ひと》よくなかにおいて一心《いっしん》に意《こころ》を制《せい》し、身《み》を端《ただ》しくし、行《おこな》ひを正《ただ》しくして、独《ひと》りもろもろの善《ぜん》をなして衆悪《しゅあく》をなさざれば、身独《みひと》り度脱《どだつ》して、その福徳《ふくとく》・度《ど》世《せ》・上天《じょうてん》・泥洹《ないおん》の道《どう》を獲《え》ん。これを二《ふた》つの大善《だいぜん》とす」と。

佛《ぶつ》言《ごん》其《ご》三《さん》惡《まく》者《しゃ》・世《せ》間《けん》人《にん》民《みん》・相《そう》因《いん》寄《き》生《しょう》・共《ぐ》居《こ》天《てん》地《じ》之《し》間《けん》・處《しょ》年《ねん》壽《じゅ》命《みょう》・無《む》能《のう》幾《き》何《が》・上《じょう》有《う》賢《げん》明《みょう》長《ちょう》者《じゃ》・

一七二

剋識　必ず記録すること。
名籍を別つ　罪相とその名前を一々名簿に分けて記すということ。

尊《そん》貴《き》豪《ごう》富《ふ》・下《げ》有《う》貧《びん》窮《ぐ》廝《し》賤《せん》・尪《おう》劣《れつ》愚《ぐ》夫《ふ》・中《ちゅう》有《う》不《ふ》善《ぜん》之《し》人《にん》・常《じょう》懷《え》邪《じゃ》惡《あく》・但《たん》念《ねん》婬《いん》泆《にっ》・煩《ぼん》満《まん》胸《きょう》中《ちゅう》・愛《あい》欲《よく》交《きょう》亂《らん》・坐《ざ》起《き》不《ふ》安《あん》・貪《とん》意《に》守《しゅ》惜《しゃく》・但《たん》欲《にょく》唐《とう》得《とく》・眄《めん》睞《らい》細《さい》色《しき》・邪《じゃ》態《たい》外《げ》逸《いつ》・自《じ》妻《さい》厭《えん》憎《ぞう》・私《し》妄《もう》入《にゅう》出《しゅつ》・費《ひ》損《そん》家《け》財《ざい》・事《じ》爲《い》非《ひ》法《ほう》・交《きょう》結《けつ》聚《じゅ》會《え》・興《こう》師《し》相《そう》伐《ばつ》・攻《こう》劫《こう》殺《せつ》戮《ろく》・強《ごう》奪《だつ》不《ふ》道《どう》・惡《あく》心《しん》在《ざい》外《げ》・不《ふ》自《じ》修《しゅ》業《ごう》・盗《とう》竊《せつ》趣《しゅ》得《とく》・欲《よっ》繋《け》成《じょう》事《じ》・恐《く》熱《ねつ》迫《はっ》愶《きょう》・歸《き》給《きゅう》妻《さい》子《し》・恣《し》心《しん》快《け》意《い》・極《ごく》身《しん》作《さ》樂《らく》・或《わく》於《お》親《しん》屬《ぞく》・不《ふ》避《び》尊《そん》卑《び》・家《け》室《しっ》中《ちゅう》外《げ》・患《げん》而《に》苦《く》之《し》・亦《やく》復《ぶ》不《ふ》畏《い》・王《おう》法《ぼう》禁《きん》令《りょう》・如《にょ》是《ぜ》之《し》惡《あく》・著《ちょ》於《お》人《にん》鬼《き》・日《にち》月《がっ》照《しょう》見《けん》・神《じん》明《みょう》記《き》識《し》・故《こ》有《う》自《じ》然《ねん》三《さん》塗《ず》・無《む》量《りょう》苦《く》惱《のう》・展《てん》轉《でん》其《ご》中《ちゅう》・世《せ》世《せ》累《るい》劫《こう》・無《む》有《う》出《しゅっ》期《ご》・難《なん》得《とく》解《げ》脱《だつ》・痛《つ》

不《ふ》可《か》言《ごん》•是《ぜ》爲《い》三《さん》大《だい》惡《あく》•三《さん》痛《つ》三《さん》焼《しょう》•勤《ごん》苦《く》如《にょ》是《ぜ》•譬《ひ》如《にょ》大《だい》火《か》•焚《ぼん》焼《じょう》人《にん》身《じん》•人《にん》能《のう》於《お》中《ちゅう》•一《いっ》心《しん》制《せい》意《い》•端《たん》身《じん》正《しょう》行《ぎょう》•獨《どく》作《さ》諸《しょ》善《ぜん》•不《ふ》爲《い》衆《しゅ》惡《あく》者《しゃ》•身《しん》獨《どく》度《ど》脱《だつ》•獲《ぎゃく》其《ご》福《ふく》德《とく》•度《ど》世《せ》上《じょう》天《てん》•泥《ない》洹《おん》之《し》道《どう》•是《ぜ》爲《い》三《さん》大《だい》善《ぜん》也《や》

仏《ぶつ》のたまはく、「その三《み》つの悪《あく》とは、世間《せけん》の人民《にんみん》、あひ因《よ》り寄生《きしょう》してともに天地《てんち》のあひだに居《こ》す。*処年寿命《しょねんじゅみょう》、よくいくばくなることなし。上《かみ》に賢明《げんみょう》・長者《ちょうじゃ》・尊貴《そんき》・豪富《ごうふ》あり。下《しも》に貧窮《びんぐ》・*廝賤《しせん》・*尪劣《おうれつ》・愚夫《ぐふ》あり。なかに不善《ふぜん》の人《ひと》ありてつねに邪悪《じゃあく》を懐《いだ》けり。ただ*婬妷《いんいつ》を念《おも》ひて、煩《わずら》ひ胸《むね》のうちに満《み》ち、愛欲交乱《あいよくきょうらん》して坐起《ざき》安《やす》からず。貪《とん》意《い》*守《しゅ》惜《しゃく》して、ただいたづらに得《え》んことを欲《おも》ふ。*細色《さいしき》を眄睞《めんらい》して*邪態《じゃたい》ほかにほしいままにす。自妻《じさい》をば厭《いと》ひ憎《にく》みてひそかにみだりに入出《にゅうしゅつ》す。

処年寿命　生をうけてから死ぬまでの年月。
廝賤　地位の低い者。
尪劣　弱く劣った者。
婬妷　邪婬にふけること。
守惜　守り惜しむこと。
細色を眄睞して　美女に流し目を送って。
邪態　卑猥な態度。

家財《けざい》を費損《ひそん》して、事非法《じひほう》をなす。*交結聚会《きょうけつじゅえ》して師《いくさ》を興《おこ》してあひ伐《う》つ。攻《せ》め劫《うば》ひ殺戮《せつろく》して強奪《ごうだつ》すること不道《ふどう》なり。悪心《あくしん》ほかにありて*みづから業《ごう》を修《しゅ》せず。盗窃《とうせつ》して趣《わず》かに得《う》れば、*欲繋《よくけ》して事《じ》をなす。*恐熱迫《くねつはっ》憎《きょう》して妻子《さいし》に*帰給《ききゅう》す。心《しん》をほしいままにし、意《い》を快《こころよ》くし、身《しん》を極《きわ》めて楽《たの》しみをなす。あるいは親属《しんぞく》において*尊卑《そんぴ》を避《さ》けず。家室《けしつ》・中外《ちゅうげ》患《うれ》へてこれに苦《くる》しむ。またまた王法《おうぼう》の禁令《きんりょう》を畏《おそ》れず。かくのごときの悪《あく》は*人《にん》・鬼《き》に著《しる》され、日月《にちがつ》も照見《しょうけん》し、神明《じんみょう》も記識《きし》す。ゆゑに自然《じねん》に三塗《さんず》の無量《むりょう》の苦悩《くのう》あり。そのなかに展転《てんでん》して世々《せせ》に劫《こう》を累《かさ》ねて出《い》づる期《ご》あることなく、解脱《げだつ》を得《え》がたし。痛《いた》みいふべからず。これを三《み》つの大悪《だいあく》・三《み》つの痛《つう》・三《み》つの焼《しょう》とす。勤苦《ごんく》かくのごとし。たとへば大火《だいか》の人身《にんじん》を焚焼《ぼんじょう》するがごとし。人《ひと》よくなかにおいて一心《いっしん》に意《こころ》を制《せい》し、身《み》を端《ただ》し、行《おこな》ひを正《ただ》しくして、独《ひと》りもろもろの善《ぜん》をなして衆《しゅ》悪《あく》をなさざれば、身独《みひと》り度脱《どだつ》してその福徳《ふくとく》・度世《どせ》・上天《じょうてん》・泥洹《ないおん》の道《どう》

交結聚会　同心のものがより集まり徒党を組むこと。

みづから業を修せず　自分の正当の仕事を怠る。

欲繋して事をなす　欲にかられて大悪をなす。

恐熱迫憎　悪事をするため心は落ちつかず、熱の出たようにみずから恐れながらも、他人を脅迫し財宝を奪い取ること。

帰給　支給すること。

尊卑を避けず　上下の区別を顧みないで礼儀を乱す。

人鬼に著され　人にも知られ鬼神にも見られ。

一七五

を獲《え》ん。これを三《み》つの大善《だいぜん》とす」と。

佛《ぶつ》言《ごん》其《ご》四《し》惡《あく》者《しゃ》・世《せ》間《けん》人《にん》民《みん》・不《ふ》念《ねん》修《しゅ》善《ぜん》・轉《てん》相《そう》教《きょう》令《りょう》・共《ぐ》爲《い》衆《しゅ》惡《あく》・兩《りょう》舌《ぜつ》惡《あっ》口《く》・妄《もう》言《ごん》綺《き》語《ご》・讒《ざん》賊《ぞく》鬪《とう》亂《らん》・憎《ぞう》嫉《しっ》善《ぜん》人《にん》・敗《はい》壞《え》賢《げん》明《みょう》・於《お》傍《ぼう》快《け》喜《き》・不《ふ》孝《きょう》二《に》親《しん》・輕《きょう》慢《まん》師《し》長《ちょう》・朋《ぼう》友《う》無《む》信《しん》・難《なん》得《とく》誠《じょう》實《じつ》・尊《そん》貴《き》自《じ》大《だい》・謂《い》己《こ》有《う》道《どう》・横《おう》行《ぎょう》威《い》勢《せい》・侵《しん》易《に》於《お》人《にん》・不《ふ》能《のう》自《じ》知《ち》・爲《い》惡《あく》無《む》恥《ち》・自《じ》以《い》强《ごう》健《ごん》・欲《よく》人《にん》敬《きょう》難《なん》・不《ふ》畏《い》天《てん》地《じ》・神《じん》明《みょう》日《にち》月《がつ》・不《ふ》肯《こう》作《さ》善《ぜん》・難《なん》可《か》降《ごう》化《け》・自《じ》用《よう》偃《えん》蹇《けん》・謂《い》可《か》常《じょう》爾《に》・無《む》所《しょ》憂《う》懼《く》・常《じょう》懷《え》憍《きょう》慢《まん》・如《にょ》是《ぜ》衆《しゅ》惡《あく》・天《てん》神《じん》記《き》識《し》・賴《らい》其《ご》前《ぜん》世《ぜ》・頗《は》作《さ》福《ふく》德《とく》・小《しょう》善《ぜん》扶《ぶ》接《しょう》・營《よう》護《ご》助《じょ》之《し》・今《こん》世《ぜ》爲《い》

一七六

惡《あく》・福《ふく》德《とく》盡《じん》滅《めつ》・諸《しょ》善《ぜん》鬼《き》神《じん》・各《かく》共《ぐ》離《り》之《し》・身《しん》獨《どっ》空《く》立《りゅう》・無《む》所《しょ》復《ぶ》依《え》・壽《じゅ》命《みょう》終《じゅ》盡《じん》・諸《しょ》惡《あく》所《しょ》歸《き》・自《じ》然《ねん》迫《はく》促《そく》・共《ぐ》趣《しゅ》頓《とん》之《し》・又《う》其《ご》名《みょう》籍《じゃく》・記《き》在《ざい》神《じん》明《みょう》・殃《おう》咎《ぐ》牽《けん》引《にん》・當《とう》往《おう》趣《しゅ》向《こう》・罪《ざい》報《ほう》自《じ》然《ねん》・無《む》從《じゅ》捨《しゃ》離《り》・但《たん》得《とく》前《ぜん》行《ぎょう》・入《にゅう》於《お》火《か》鑊《かく》・身《しん》心《じん》摧《さい》碎《さい》・精《しょう》神《じん》痛《つ》苦《く》・當《とう》斯《し》之《し》時《じ》・悔《け》復《ぶ》何《が》及《ぎゅう》・天《てん》道《どう》自《じ》然《ねん》・不《ふ》得《とく》蹉《さ》跌《てつ》・故《こ》有《う》自《じ》然《ねん》三《さん》塗《ず》・無《む》量《りょう》苦《く》惱《のう》・展《てん》轉《でん》其《ご》中《ちゅう》・世《せ》世《せ》累《るい》劫《こう》・無《む》有《う》出《しゅつ》期《ご》・難《なん》得《とく》解《げ》脱《だつ》・痛《つ》不《ふ》可《か》言《ごん》・是《ぜ》爲《い》四《し》大《だい》惡《あく》・四《し》痛《つ》四《し》燒《しょう》・勤《ごん》苦《く》如《にょ》是《ぜ》・譬《ひ》如《にょ》大《だい》火《か》・焚《ぼん》燒《じょう》人《にん》身《じん》・人《にん》能《のう》於《お》中《ちゅう》・一《いっ》心《しん》制《せい》意《い》・端《たん》身《じん》正《しょう》行《ぎょう》・獨《どく》作《さ》諸《しょ》善《ぜん》・不《ふ》爲《い》衆《しゅ》惡《あく》者《しゃ》・身《しん》獨《どく》度《ど》脱《だつ》・獲《ぎゃく》其《ご》福《ふく》德《とく》・度《ど》世《せ》上《じょう》天《てん》・泥《ない》洹《おん》之《し》道《どう》・是《ぜ》爲《い》四《し》大《だい》善《ぜん》也《や》

一七七

仏《ぶつ》のたまはく、「その四《よ》つの悪《あく》とは、世間《せけん》の人民《にんみん》、善《ぜん》を修《しゅ》せんと念《おも》はず、うたたあひ*教令《きょうりょう》してともに衆悪《しゅあく》をなす。*両舌《りょうぜつ》・悪口《あっく》・妄《もう》言《ごん》・綺語《きご》、*讒賊闘乱《ざんぞくとうらん》す。善人《ぜんにん》を憎嫉《ぞうしつ》し、賢明《けんみょう》を敗壊《はいえ》して、傍《かたわ》らにして快喜《けき》す。二親《にしん》に孝《きょう》せず、師長《しちょう》を軽慢《きょうまん》し、朋友《ぼうう》に信《しん》なくして、誠実《じょうじつ》を得《え》がたし。*尊貴自大《そんきじだい》にしておのれに道《みち》ありと謂《おも》ひ、横《よこさま》に威勢《いせい》を行《ぎょう》じて人《ひと》を*侵易《しんい》し、みづから知《し》ることあたはず。悪《あく》をなして恥《は》づることなし。みづから強健《ごうごん》なるをもつて、人《ひと》の*敬難《きょうなん》せんことを欲《おも》へり。天《てん》地《ち》・神明《じんみょう》・日月《にちがつ》を畏《おそ》れず、あへて善《ぜん》をなさず、降化《ごうけ》すべきこと難《かた》し。みづからもつて*偃蹇《えんけん》して、つねにしかるべしと謂《おも》ひ、憂懼《うく》するところなく、つねに*憍慢《きょうまん》を懐《いだ》けり。かくのごときの衆悪《しゅあく》、天神記識《てんじんきし》す。その前世《ぜんせ》に*すこぶる福徳《ふくとく》をなせるによりて、小善《しょうぜん》*扶接《ふしょう》し*営護《ようご》してこれを助《たす》く。今世《こんぜ》に悪《あく》をなして福徳《ふくとく》ことごとく滅《めっ》しぬれば、もろもろの善鬼神《ぜんきじん》、おのおのともにこれを離《はな》る。身独《みひと》り空《むな》しく立《た》ちて、また

教令　教えそそのかすこと。

両舌悪口妄言綺語　二枚舌を使い、わる口をいい、うそをいい、言葉を飾りへつらうこと。

讒賊闘乱す　人をそしり害し、仲違いさせて争わせる。

尊貴自大　わが身ほど尊いものはないと思いあがること。

侵易　侵しあなどること。

敬難　敬いはばかること。

偃蹇　おごりあなどること。ここでは、善事をなそうとせずに、横着をきめこむこと。

憍慢　おごり高ぶる心。

すこぶる　少しばかり。

扶接　たすけたもつこと。

営護　かばいまもること。

一七八

依《よ》るところなし。寿命《じゅみょう》終《お》わりつきて諸悪《しょあく》の帰《き》するところ自然《じねん》に*迫促《はくそく》してともに趣《おもむ》きてこれに頓《いた》る。またその名籍《みょうじゃく》、記《き》して神明《じんみょう》にあり。*殃咎《おう》牽引《ぐけんいん》して、まさに往《ゆ》いて〔悪道《あくどう》に〕趣向《しゅこう》すべし。罪報自然《ざいほうじねん》にして従《したが》ひて捨離《しゃり》することなし。ただ前《すす》み行《ゆ》いて*火鑊《かかく》に入《い》ることを得《え》て、身心《しん》摧砕《しんさいさい》し精神痛苦《しょうじんつうく》す。このときに当《あた》りて悔《く》ゆともまたなんぞ及《およ》ばん。*天道自然《てんどうじねん》にして、*蹉跌《さでつ》することを得《え》ず。ゆゑに自然《じねん》に三途《さんず》の無量《むりょう》の苦悩《くのう》あり。そのなかに展転《てんでん》して、世々《せせ》に劫《こう》を累《かさ》ねて出《い》づる期《ご》あることなく、解脱《げだつ》を得《え》がたし。痛《いた》みいふべからず。これを四《よ》つの大悪《だいあく》・四《よ》つの痛《つう》・四《よ》つの焼《しょう》とす。勤苦《ごんく》かくのごとし。たとへば大火《だいか》の人身《にんじん》を焚焼《ぼんじょう》するがごとし。人《ひと》よくなかにおいて、一心《いっしん》に意《こころ》を制《せい》し、身《み》を端《ただ》し、行《おこな》ひを正《ただ》しくして、独《ひと》りもろもろの善《ぜん》をなして衆悪《しゅあく》をなさざれば、身独《みひと》り度脱《どだつ》して、その福徳《ふくとく》・度世《どせ》・上天《じょうてん》・泥洹《ないおん》の道《どう》を獲《え》ん。これを四《よ》つの大善《だいぜん》とす」と。

迫促　せめうながすこと。

殃咎　つみとが。

火鑊　火の燃えさかる釜。

天道　業の道理、因果の道理のこと。

蹉跌することを得ず　ここでは業の道理に少しもくい違いのないことの意。

一七九

佛《ぶつ》言《ごん》其《ご》五《ご》惡《あく》者《しゃ》・世《せ》間《けん》人《にん》民《みん》・徙《し》倚《い》懈《け》惰《だ》・不《ふ》肯《こう》作《さ》
善《ぜん》・治《じ》身《しん》修《しゅ》業《ごう》・家《け》室《しっ》眷《けん》屬《ぞく》・飢《き》寒《かん》困《こん》苦《く》・父《ぶ》母《も》教《きょう》誨《け》・
瞋《しん》目《もく》怒《ぬ》譍《おう》・言《ごん》令《りょう》不《ふ》和《わ》・違《い》戾《らい》反《ほん》逆《ぎゃく》・譬《ひ》如《にょ》怨《おん》家《げ》・不《ふ》
如《にょ》無《む》子《し》・取《しゅ》與《よ》無《む》節《せつ》・衆《しゅ》共《ぐ》患《げん》厭《ねん》・負《ぶ》恩《おん》違《い》義《ぎ》・無《む》有《う》
報《ほう》償《じょう》之《し》心《しん》・貧《びん》窮《ぐ》困《こん》乏《ぼう》・不《ふ》能《のう》復《ぶ》得《とく》・辜《こ》較《かく》縱《しゅ》奪《だつ》・放《ほう》
恣《し》遊《ゆ》散《さん》・串《かん》數《そく》唐《とう》得《とく》・用《よう》自《じ》賑《しん》給《きゅう》・耽《たん》酒《しゅ》嗜《じ》美《み》・飲《おん》食《じき》
無《む》度《ど》・肆《し》心《しん》蕩《とう》逸《いつ》・魯《ろ》扈《こ》抵《たい》突《とつ》・不《ふ》識《しき》人《にん》情《じょう》・强《ごう》欲《よく》抑《おく》
制《せい》・見《けん》人《にん》有《う》善《ぜん》・憎《ぞう》嫉《しっ》惡《と》之《し》・無《む》義《ぎ》無《む》禮《らい》・無《む》所《しょ》顧《こ》難《なん》・
自《じ》用《よう》職《しき》當《とう》・不《ふ》可《か》諫《かん》曉《きょう》・六《ろく》親《しん》眷《けん》屬《ぞく》・所《しょ》資《し》有《う》無《む》・不《ふ》
能《のう》憂《う》念《ねん》・不《ふ》惟《ゆい》父《ぶ》母《も》之《し》恩《おん》・不《ふ》存《ぞん》師《し》友《う》之《し》義《ぎ》・心《しん》常《じょう》
念《ねん》惡《まく》・口《く》常《じょう》言《ごん》惡《なく》・身《しん》常《じょう》行《ぎょう》惡《あく》・曾《ぞう》無《む》一《いち》善《ぜん》・不《ふ》信《しん》先《せん》

一八〇

聖《しょう》・諸《しょ》佛《ぶつ》經《きょう》法《ぼう》・不《ふ》信《しん》行《ぎょう》道《どう》・可《か》得《とく》度《ど》世《せ》・不《ふ》信《しん》死《し》後《ご》・神《じん》明《みょう》更《きょう》生《しょう》・不《ふ》信《しん》作《さ》善《ぜん》得《とく》善《ぜん》・爲《い》惡《あく》得《とく》惡《あく》・欲《よく》殺《せっ》眞《しん》人《にん》・鬪《とう》亂《らん》衆《しゅ》僧《そう》・欲《よく》害《がい》父《ぶ》母《も》・兄《きょう》弟《だい》眷《けん》屬《ぞく》・六《ろく》親《しん》憎《ぞう》惡《お》・願《がん》令《りょう》其《ご》死《し》・如《にょ》是《ぜ》世《せ》人《にん》・心《しん》意《に》倶《く》然《ねん》・愚《ぐ》癡《ち》曚《も》昧《まい》・而《に》自《じ》以《い》智《ち》慧《え》・不《ふ》知《ち》生《しょう》所《しょ》從《じゅ》來《らい》・死《し》所《しょ》趣《しゅ》向《こう》・不《ふ》仁《にん》不《ふ》順《じゅん》・惡《あく》逆《ぎゃく》天《てん》地《じ》・而《に》於《お》其《ご》中《ちゅう》・悕《け》望《もう》僥《きょう》倖《ぎょう》・欲《よく》求《ぐ》長《じょう》生《しょう》・會《え》當《とう》歸《き》死《し》

仏《ぶつ》のたまはく、「その五《いつ》つの悪《あく》とは、世間《せけん》の人民《にんみん》、*徙倚懈惰《しいけだ》にして、あへて善《ぜん》をなし身《み》を治《おさ》め業《ごう》を修《しゅ》せずして、家室《けしつ》・眷属《けんぞく》、飢寒困苦《きかんこんく》す。父母《ぶも》、教誨《きょうけ》すれば、目《まなこ》を瞋《いか》らし怒《いか》りて譍《こた》ふ。言令和《ごんりょうやわ》らかならず。違《い》戻《らい》し反逆《ほんぎゃく》すること、たとへば怨家《おんげ》のごとし。子《こ》なきにしかず。取与《しゅよ》

徙倚懈惰　あちこちさまよい、なまけること。

一八一

に*節《せつ》なくして、衆《しゅう》ともに患《うれ》ひ厭《いと》ふ。恩《おん》に負《そむ》き義《ぎ》に違《い》して報償《ほうしょう》の心《しん》あることなし。貧窮困乏《びんぐこんぼう》にしてまた得《う》ることあたはず。*辜較縦奪《こかくじゅうだつ》してほしいままに*遊散《ゆさん》す。しばしばいたづらに得《う》るに*串《なら》ひて、もつてみづから*賑給《しんきゅう》す。酒《さけ》に耽《ふけ》り、美《うま》きを嗜《たしな》みて、飲食《おんじき》、*度《ど》なし。心《こころ》をほしいままに蕩逸《とういつ》して*魯扈牴突《ろこたいとつ》す。人《ひと》の情《こころ》を識《し》らず、しひて抑制《おくせい》せんと欲《おも》ふ。人《ひと》の善《ぜん》あるを見《み》て、憎嫉《ぞうしつ》してこれを悪《にく》む。義《ぎ》なく礼《らい》なくして〔わが身《み》を〕顧《かえり》み難《はばか》るところなし。みづからもつて*職当《しきとう》して*諫暁《かんぎょう》すべからず。*六親《ろくしん》・眷属《けんぞく》の*所資《しょし》の有無《うむ》、憂念《うねん》することあたはず。父母《ぶも》の恩《おん》を惟《おも》はず、師友《しう》の義《ぎ》を存《ぞん》ぜず。心《こころ》につねに悪《あく》を念《おも》ひ、口《くち》につねに悪《あく》をいひ、身《み》につねに悪《あく》を行《ぎょう》じて、かつて一善《いちぜん》もなし。先聖《せんしょう》・諸仏《しょぶつ》の経法《きょうぼう》を信《しん》ぜず、道《みち》を行《ぎょう》じて度世《どせ》を得《う》べきことを信《しん》ぜず、死《し》してのちに*神明《じんみょう》さらに生《しょう》ずることを信《しん》ぜず。善《ぜん》をなせば善《ぜん》を得《え》、悪《あく》をなせば悪《あく》を得《う》ることを信《しん》ぜず。*真人《しんにん》を殺《ころ》し、*衆僧《しゅそう》を闘乱《とうらん》せんと欲《おも》ひ、父《ぶ》

一八二

節　節度。

辜較縦奪　利益を独占しようとして、ほしいままに他人のものを奪うこと。

遊散　散財すること。

串ひて　習慣として。

賑給　口腹を満たし養うこと。すなわち、ぜいたくな生活をすること。

度　節度。

魯扈牴突　自己の愚かさを顧みず、人と衝突すること。

職当　うぬぼれて自己をあくまでも主張すること。

諫暁　いさめ、さとすこと。

六親　六種の親族。父・母・兄・弟・妻・子のこと。

所資　生計をたすける衣食などの資財。

神明　神識《じんしき》。たましい。

真人　真理をさとった聖者、すなわち阿羅漢《あらかん》のこと。

衆僧を闘乱せん　和合している集団、すなわち僧伽《そうぎゃ》を乱す。

母《も》・兄弟《きょうだい》・眷属《けんぞく》を害《がい》せんと欲《おも》ふ。六親《ろくしん》、憎悪《ぞうお》してそれをして死《し》せしめんと願《ねが》ふ。かくのごときの世人《せにん》、心意《しんい》ともにしかなり。愚痴《ぐち》*曚昧《もうまい》にしてみづから智慧《ちえ》ありと以《おも》うて、生《しょう》の従来《じゅうらい》するところ、死《し》の趣《しゅ》向《こう》するところを知《し》らず。*仁《にん》ならず、順《じゅん》ならず、天地《てんち》に悪逆《あくぎゃく》してそのなかにおいて*僥倖《きょうぎょう》を悕望《けもう》し、長生《じょうしょう》を求《もと》めんと欲《ほっ》すれども、かならずまさに死《し》に帰《き》すべし。

慈《じ》心《しん》教《きょう》誨《け》●令《りょう》其《ご》念《ねん》善《ぜん》●開《かい》示《じ》生《しょう》死《じ》●善《ぜん》惡《なく》之《し》趣《しゅ》●自《じ》然《ねん》有《う》是《ぜ》●而《に》不《ふ》肯《こう》信《しん》之《し》●苦《く》心《しん》與《よ》語《ご》●無《む》益《やく》其《ご》人《にん》●心《しん》中《じゅう》閉《へい》塞《そく》●意《い》不《ふ》開《かい》解《げ》●大《だい》命《みょう》將《しょう》終《じゅ》●悔《け》懼《く》交《きょう》至《し》●不《ふ》豫《よ》修《しゅ》善《ぜん》●臨《りん》窮《ぐ》方《ほう》悔《け》●悔《け》之《し》於《お》後《ご》●將《しょう》何《が》及《ぎゅう》乎《こ》●天《てん》地《じ》之《し》間《けん》●五《ご》道《どう》分《ふん》明《みょう》●恢《かい》廓《かく》窈《よう》窕《ちょう》●浩《こう》浩《こう》茫《もう》茫《もう》●

曚昧　心の暗いこと。

仁ならず順ならず　他人に対して慈悲心がなく先輩に従順でない。

僥倖　思いがけない幸福。

善《ぜん》惡《なく》報《ほう》應《おう》・禍《か》福《ふく》相《そう》承《じょう》・身《しん》自《じ》當《とう》之《し》・無《む》誰《すい》代《だい》者《しゃ》・數《しゅ》之《し》自《じ》然《ねん》・應《おう》其《ご》所《しょ》行《ぎょう》・殃《おう》咎《ぐ》追《つい》命《みょう》・無《む》得《とく》縱《しゅ》捨《しゃ》・善《ぜん》人《にん》行《ぎょう》善《ぜん》・從《じゅ》樂《らく》入《にゅう》樂《らく》・從《じゅ》明《みょう》入《にゅう》明《みょう》・惡《あく》人《にん》行《ぎょう》惡《あく》・從《じゅ》苦《く》入《にゅう》苦《く》・從《じゅ》冥《みょう》入《にゅう》冥《みょう》・誰《すい》能《のう》知《ち》者《しゃ》・獨《どく》佛《ぶつ》知《ち》耳《に》・教《きょう》語《ご》開《かい》示《じ》・信《しん》用《にょう》者《しゃ》少《しょう》・生《しょう》死《じ》不《ふ》休《く》・惡《あく》道《どう》不《ふ》絕《ぜつ》・如《にょ》是《ぜ》世《せ》人《にん》・難《なん》可《か》具《ぐ》盡《じん》・故《こ》有《う》自《じ》然《ねん》三《さん》塗《ず》・無《む》量《りょう》苦《く》惱《のう》・展《てん》轉《でん》其《ご》中《ちゅう》・世《せ》世《せ》累《るい》劫《こう》・無《む》有《う》出《しゅっ》期《ご》・難《なん》得《とく》解《げ》脫《だつ》・痛《つ》不《ふ》可《か》言《ごん》・是《ぜ》爲《い》五《ご》大《だい》惡《あく》・五《ご》痛《つ》五《ご》燒《しょう》・勤《ごん》苦《く》如《にょ》是《ぜ》・譬《ひ》如《にょ》大《だい》火《か》・焚《ぼん》燒《じょう》人《にん》身《じん》・人《にん》能《のう》於《お》中《ちゅう》・一《いっ》心《しん》制《せい》意《い》・端《たん》身《じん》正《しょう》念《ねん》・言《ごん》行《ぎょう》相《そう》副《ふ》・所《しょ》作《さ》至《し》誠《じょう》・所《しょ》語《ご》如《にょ》語《ご》・心《しん》口《く》不《ふ》轉《てん》・獨《どく》作《さ》諸《しょ》善《ぜん》・不《ふ》爲《い》衆《しゅ》惡《あく》者《しゃ》・身《しん》獨《どく》度《ど》脫《だつ》・獲《ぎゃく》其《ご》福《ふく》德《とく》・度《ど》世《せ》上《じょう》

一八四

天《てん》・泥《ない》洹《おん》之《し》道《どう》・是《ぜ》爲《い》五《ご》大《だい》善《ぜん》也《や》

慈心《じしん》をもつて教誨《きょうけ》して、それをして善《ぜん》を念《ねん》ぜしめ、*生死《しょうじ》・善悪《ぜんあく》の趣《しゅ》、自然《じねん》にこれあることを開示《かいじ》すれども、しかもあへてこれを信《しん》ぜず。心《こころ》を苦《くだ》きてともに語《かた》れども、その人《ひと》に益《やく》なし。心中閉塞《しんちゅうへいそく》して意《い》開解《かいげ》せず。大命《だいみょう》まさに終《おわ》らんとするに*悔懼《けく》こもごも至《いた》る。あらかじめ善《ぜん》を修《しゅ》せずして、窮《きわ》まるに臨《のぞ》んでまさに悔《く》ゆ。これを後《のち》に悔《く》ゆともまさになんぞ及《およ》ばんや。天地《てんち》のあひだに五道《ごどう》〔の輪廻《りんね》の道理《どうり》〕、分明《ぶんみょう》なり。*恢廓窈窕《かいかくようちょう》として*浩々茫々《こうこうもうもう》たり。善悪報応《ぜんあくほうおう》し、禍福《かふく》あひ承《う》けて、身《み》みづからこれに当《あた》る。たれも代《かわ》るものなし。*数《ことわり》の自然《じねん》なり。その所行《しょぎょう》に応《おう》じて、殃咎《おうぐ》、命《みょう》を追《お》うて、*縦捨《じゅうしゃ》を得《う》ることなし。善人《ぜんにん》は善《ぜん》を行《ぎょう》じて、楽《らく》より楽《らく》に入《い》り、明《みょう》より明《みょう》に入《い》る。悪人《あくにん》は悪《あく》を行《ぎょう》じて、苦《く》より苦《く》に入《い》り、*冥《みょう》より冥《みょう》に入《い》る。たれかよく知《し》るものぞ、独《ひと》り仏《ぶつ》

生死善悪の趣　生死輪廻や善悪における因果応報の道理。

悔懼こもごも至る　後悔と恐怖が入り混っておこる。

恢廓窈窕　広大で、深遠な様子。

浩々茫々　広大で、深遠な様子。

数　道理。ここでは、善悪の因果応報の道理のこと。

縦捨　放ち捨てること。

冥　くらがり。

一八五

の知《し》りたまふのみ。教語開示《きょうごかいじ》すれども信用《しんよう》するものは少《すく》なし。生死《しょうじ》休《や》まず、悪道《あくどう》絶《た》えず。かくのごときの世人《せにん》、つぶさに〔述《の》べ〕尽《つく》すべきこと難《かた》し。ゆゑに自然《じねん》に三塗《さんず》の無量《むりょう》の苦悩《くのう》あり。そのなかに展転《てんでん》して世々《せせ》に劫《こう》を累《かさ》ね、出《い》づる期《ご》あることなく、解脱《げだつ》を得《え》がたし。痛《いた》みいふべからず。これを五《いつ》つの大悪《だいあく》・五《いつ》つの痛《つう》・五《いつ》つの焼《しょう》とす。勤《ごん》苦《く》かくのごとし。たとへば大火《だいか》の人身《にんじん》を焚焼《ぼんじょう》するがごとし。人《ひと》よくなかにおいて一心《いっしん》に意《こころ》を制《せい》し、身《み》を端《ただ》し、念《おもい》を正《ただ》しくして、言行《ごんぎょう》あひ副《かな》ひ、なすところ誠《まこと》を至《いた》し、語《かた》るところ語《ことば》のごとく、心口《しんく》転《てん》ぜずして、独《ひと》りもろもろの善《ぜん》をなして衆悪《しゅあく》をなさざれば、身独《みひと》り度脱《どだつ》して、その福徳《ふくとく》・度世《どせ》・上天《じょうてん》・泥洹《ないおん》の道《どう》を獲《え》ん。これを五《いつ》つの大善《だいぜん》とす」と。

佛《ぶっ》告《ごう》彌《み》勒《ろく》・吾《ご》語《ご》汝《にょ》等《とう》・是《ぜ》世《せ》五《ご》惡《あく》・勤《ごん》苦《く》若《にゃく》此《し》・五《ご》

一八六

痛《つ》五《ご》燒《しょう》●展《てん》轉《でん》相《そう》生《しょう》●但《たん》作《さ》衆《しゅ》惡《あく》●不《ふ》修《しゅ》善《ぜん》本《ぽん》●皆《かい》悉《しつ》自《じ》然《ねん》●入《にゅう》諸《しょ》惡《あく》趣《しゅ》●或《わく》其《ご》今《こん》世《ぜ》●先《せん》被《び》殃《おう》病《びょう》●求《ぐ》死《し》不《ふ》得《とく》●求《ぐ》生《しょう》不《ふ》得《とく》●罪《ざい》惡《あく》所《しょ》招《しょう》●示《じ》衆《しゅ》見《けん》之《し》●身《しん》死《し》隨《ずい》行《ぎょう》●入《にゅう》三《さん》惡《まく》道《どう》●苦《く》毒《どく》無《む》量《りょう》●自《じ》相《そう》燋《しょう》然《ねん》●至《し》其《ご》久《く》後《ご》●共《ぐ》作《さ》怨《おん》結《けつ》●從《じゅ》小《しょう》微《み》起《き》●遂《すい》成《じょう》大《だい》惡《あく》●皆《かい》由《ゆ》貪《とん》著《じゃく》財《ざい》色《しき》●不《ふ》能《のう》施《せ》惠《え》●癡《ち》欲《よく》所《しょ》迫《はく》●隨《ずい》心《しん》思《し》想《そう》●煩《ぼん》惱《のう》結《けっ》縛《ばく》●無《む》有《う》解《げ》已《い》●厚《こう》己《こ》諍《じょう》利《り》●無《む》所《しょ》省《しょう》錄《ろく》●富《ふ》貴《き》榮《よう》華《げ》●當《とう》時《じ》快《け》意《い》●不《ふ》能《のう》忍《にん》辱《にく》●不《ふ》務《む》修《しゅ》善《ぜん》●威《い》勢《せい》無《む》幾《き》●隨《ずい》以《い》磨《ま》滅《めつ》●身《しん》坐《ざ》勞《ろう》苦《く》●久《く》後《ご》大《だい》劇《ぎゃく》●天《てん》道《どう》施《し》張《ちょう》●自《じ》然《ねん》糺《く》擧《こ》●綱《こう》紀《き》羅《ら》網《もう》●上《じょう》下《げ》相《そう》應《おう》●煢《けい》煢《げい》忪《しゅ》忪《じゅ》●當《とう》入《にゅう》其《ご》中《ちゅう》●古《こ》今《こん》有《う》是《ぜ》●痛《つ》哉《ざい》可《か》傷《しょう》●佛《ぶっ》語《ご》彌《み》勒《ろく》●世《せ》間《けん》如《にょ》是《ぜ》●佛《ぶっ》皆《かい》

一八七

哀《あい》之《し》・以《い》威《い》神《じん》力《りき》・摧《さい》滅《めつ》衆《しゅ》惡《あく》・悉《しつ》令《りょう》就《じゅ》善《ぜん》・棄《き》捐《えん》所《しょ》思《し》・奉《ぶ》持《じ》經《きょう》戒《かい》・受《じゅ》行《ぎょう》道《どう》法《ほう》・無《む》所《しょ》違《い》失《しつ》・終《しゅ》得《とく》度《ど》世《せ》・泥《ない》洹《おん》之《し》道《どう》

仏《ぶつ》、弥勒《みろく》に告《つ》げたまはく、「われなんぢらに語《かた》りしごとく、この世《よ》の五悪《ごあく》、勤苦《ごんく》かくのごとし。五痛《ごつう》・五焼《ごしょう》、展転《てんでん》してあひ生《しょう》ず。ただ衆悪《しゅあく》をなして善本《ぜんぽん》を修《しゅ》せざれば、みなことごとく自然《じねん》にもろもろの悪趣《あくしゅ》に入《い》る。あるいはそれ今世《こんぜ》にまづ*殃病《おうびょう》を被《こうぶ》りて、死《し》を求《もと》むるに得《え》ず、生《しょう》を求《もと》むるに得《え》ず。罪悪《ざいあく》の招《まね》くところ衆《しゅう》に示《しめ》してこれを見《み》せしむ。身死《みし》して行《ぎょう》に随《したご》うて三悪道《さんまくどう》に入《い》りて、苦毒無量《くどくむりょう》にしてみづからあひ*焦燃《しょうねん》す。その久《ひさ》しくして後《のち》に至《いた》りて〔再《ふたた》び人間界《にんげんかい》に生《しょう》じ〕ともに怨結《おんけつ》をなし、*小微《しょうみ》より起《おこ》りてつひに大悪《だいあく》となる。みな財色《ざいしき》に貪着《とんじゃく》

一八八

殃病　治療困難な病。不治の病。

焦燃　こげ燃えること。

小微　ささいなこと、微少の意。

して施恵《せえ》することあたはざるによりてなり。*痴欲《ちよく》に迫《せ》められて心《こころ》に随《したご》うて思想《しそう》す。煩悩結縛《ぼんのうけつばく》して解《と》けやむことあることなし。おのれを厚《あつ》くし利《り》を諍《あらそ》ひて*省録《しょうろく》するところなし。富貴《ふき》・栄華《えいが》、時《とき》に当《あた》りて意《い》を快《こころよ》くして忍辱《にんにく》することあたはず。つとめて善《ぜん》を修《しゅ》せざれば、威勢《いせい》いくばくもなくして、随《したが》ひてもつて磨滅《まめつ》す。身《しん》とどまりて労苦《ろうく》す。久《ひさ》しくして後大《のちおお》きに劇《はげ》し。*天道《てんどう》、施張《しちょう》して自然《じねん》に*糺挙《くこ》し、*綱紀《こうき》の羅《ら》網《もう》、上下《じょうげ》相応《そうおう》す。*煢々忪々《けいけいしゅじゅ》として、まさにそのなかに入《い》るべし。古《こ》今《こん》にこれあり。痛《いた》ましきかな、傷《いた》むべし」と。仏《ぶつ》、弥勒《みろく》に語《かた》りたまはく、「世間《せけん》かくのごとし。仏《ぶつ》みなこれを哀《あわ》れみたまひて、威神力《いじんりき》をもつて衆悪《しゅあく》を摧滅《さいめつ》してことごとく善《ぜん》に就《つ》かしめたまふ。*所思《しょし》を棄《き》捐《えん》し、*経戒《きょうかい》を奉持《ぶじ》し、道法《どうほう》を受行《じゅぎょう》して違失《いしつ》するところなくは、つひに度世《どせ》・泥洹《ないおん》の道《どう》を得《え》ん」と。

痴欲　愚かな欲心。

省録　悪事を反省し、善事を進んでとり収めること。

天道施張して　五道の因果《いんが》の道理が網の目のように天地の間に張りめぐらされているという意。

糺挙　罪を一々数えあげてただすこと。

綱紀の羅網上下相応す　大綱小綱からなる業道の網が八方上下に張りめぐらされ、それからのがれることができないという意。

煢々忪々　孤独で頼るものがなく、心が騒ぐこと。

所思を棄捐し　五悪をなそうとする思いを棄てさり。

経戒　戒律。ここでは五善の教え。

一八九

佛《ぶつ》言《ごん》汝《にょ》今《こん》・諸《しょ》天《てん》人《にん》民《みん》・及《ぎゅう》後《ご》世《せ》人《にん》・得《とく》佛《ぶっ》經《きょう》語《ご》・當《とう》熟《じゅく》思《し》之《し》・能《のう》於《お》其《ご》中《ちゅう》・端《たん》心《しん》正《しょう》行《ぎょう》・主《しゅ》上《じょう》爲《い》善《ぜん》・率《そっ》化《け》其《ご》下《げ》・轉《てん》相《そう》勅《ちょく》令《りょう》・各《かく》自《じ》端《たん》守《しゅ》・尊《そん》聖《しょう》敬《きょう》善《ぜん》・仁《にん》慈《じ》博《はく》愛《あい》・佛《ぶつ》語《ご》教《きょう》誨《け》・無《む》敢《かん》虧《き》負《ぶ》・當《とう》求《ぐ》度《ど》世《せ》・拔《ばっ》斷《だん》生《しょう》死《じ》・衆《しゅ》惡《あく》之《し》本《ほん》・當《とう》離《り》三《さん》塗《ず》・無《む》量《りょう》憂《う》畏《い》・苦《く》痛《つ》之《し》道《どう》・汝《にょ》等《とう》於《お》是《ぜ》・廣《こう》植《じき》德《とく》本《ほん》・布《ふ》恩《おん》施《せ》惠《え》・勿《もっ》犯《ぼん》道《どう》禁《きん》・忍《にん》辱《にく》精《しょう》進《じん》・一《いっ》心《しん》智《ち》慧《え》・轉《てん》相《そう》教《きょう》化《け》・爲《い》德《とく》立《りゅう》善《ぜん》・正《しょう》心《しん》正《しょう》意《い》・齋《さい》戒《かい》清《しょう》淨《じょう》・一《いち》日《にち》一《いち》夜《や》・勝《しょう》在《ざい》無《む》量《りょう》壽《じゅ》國《こく》・爲《い》善《ぜん》百《ひゃく》歳《さい》・所《しょ》以《い》者《しゃ》何《が》・彼《ひ》佛《ぶっ》國《こく》土《ど》・無《む》爲《い》自《じ》然《ねん》・皆《かい》積《しゃく》衆《しゅ》善《ぜん》・無《む》毛《もう》髮《ほっ》之《し》惡《あく》・於《お》此《し》修《しゅ》善《ぜん》・十《じゅう》日《にち》十《じゅう》夜《や》・勝《しょう》於《お》他《た》方《ほう》・諸《しょ》佛《ぶっ》國《こく》土《ど》・爲《い》善《ぜん》千《せん》歳《ざい》・所《しょ》以《い》者《しゃ》何《が》・

一九〇

他《た》方《ほう》佛《ぶっ》國《こく》・爲《い》善《ぜん》者《しゃ》多《た》・爲《い》惡《あく》者《しゃ》少《しょう》・福《ふく》德《とく》自《じ》然《ねん》・無《む》造《ぞう》惡《あく》之《し》地《じ》・唯《ゆい》此《し》間《けん》多《た》惡《あく》・無《む》有《う》自《じ》然《ねん》・勤《ごん》苦《く》求《ぐ》欲《よく》・轉《てん》相《そう》欺《ご》紿《だい》・心《しん》勞《ろう》形《ぎょう》困《こん》・飮《おん》苦《く》食《じき》毒《どく》・如《にょ》是《ぜ》悤《そう》務《む》・未《み》嘗《じょう》寧《にょう》息《そく》

仏《ぶつ》のたまはく、「なんぢいまの諸天《しょてん》・人民《にんみん》、および後世《ごせ》の人《ひと》、仏《ぶつ》の経語《きょうご》を得《え》て、まさにつらつらこれを思《おも》ひて、よくそのなかにおいて心《こころ》を端《ただ》しくして行《おこな》ひを正《ただ》しくすべし。*主上善《しゅじょうぜん》をなして、その下《しも》を*率化《そっけ》して*うたたあひ勅令《ちょくりょう》し、おのおのみづから端《ただ》しく守《まも》り、聖《しょう》〔者《じゃ》〕を尊《とうと》び、善《ぜん》〔人《にん》〕を敬《うやま》ひ、仁慈博愛《にんじはくあい》にして、仏語《ぶつご》の教誨《きょうけ》あへて*虧負《きぶ》することなかれ。まさに度世《どせ》を求《もと》めて生死衆悪《しょうじしゅあく》の本《もと》を抜断《ばつだん》すべし。まさに三塗《さんず》の無量《むりょう》の憂畏苦痛《ういくつう》の道《どう》を離《はな》るべし。なんぢらここにおい

主上　国王。

率化　率いて感化すること。

うたたあひ勅令し　国王から人々へ次々と戒めを伝えていくという意。

虧負　そむきそしること。

一九一

て*広《ひろ》く徳本《とくほん》を植《う》ゑて、恩《おん》を布《し》き恵《え》を施《ほどこ》して、*道禁《どうきん》を犯《おか》すことなかれ。忍辱《にんにく》・精進《しょうじん》・一心《いっしん》・智慧《ちえ》をもつてうたたあひ教化《きょうけ》し、徳《とく》をなし善《ぜん》を立《た》てよ。心《こころ》を正《ただ》しくし、意《い》を正《ただ》しくして、斎戒清浄《さいかいしょうじょう》なること一日一《いちにちいち》夜《や》すれば、無量寿国《むりょうじゅこく》にありて善《ぜん》をなすこと百歳《ひゃくさい》せんに勝《すぐ》れたり。ゆゑはいかん。かの仏国土《ぶっこくど》は無為自然《むいじねん》にして、みな衆善《しゅぜん》を積《つ》んで*毛髪《もうはつ》の悪《あく》もなければなり。*ここにして善《ぜん》を修《しゅ》すること十日十夜《じゅうにちじゅうや》すれば、他方《たほう》の諸仏国土《しょぶっこくど》にして善《ぜん》をなすこと千歳《せんざい》するに勝《すぐ》れたり。ゆゑはいかん。他方《たほう》の仏国《ぶっこく》は、善《ぜん》をなすものは多《おお》く悪《あく》をなすものは少《すく》なし。福徳自然《ふくとくじねん》にして造悪《ぞうあく》の地《ところ》なければなり。ただ*このあひだのみ悪多《あくおお》くして、自然《じねん》なることあることなし。勤苦《ごんく》して欲《よく》を求《もと》め、うたたあひ*欺紿《ごだい》し、*心労《しんろう》し形困《かたちくる》しみて、苦《く》を飲《の》み毒《どく》を食《く》らふ。かくのごとく悤《そう》務《む》して、いまだかつて*寧息《にょうそく》せず。

広く徳本を植ゑて　広く功徳の本である六波羅蜜《ろっぱらみつ》（六度）の行を積んで。

道禁　仏道の規則、戒律。

毛髪の悪　毛すじほどの少しの悪。

ここにして　この世界、すなわち娑婆《しゃば》世間で。

このあひだ　娑婆世間。

欺紿　いつわりあざむくこと。

心労し形困しみて　心身ともに疲れて。

寧息　安らかに休むこと。

吾《ご》哀《あい》汝《にょ》等《とう》・天《てん》人《にん》之《し》類《るい》・苦《く》心《しん》誨《け》喩《ゆ》・教《きょう》令《りょう》修《しゅ》善《ぜん》・隨《ずい》器《き》開《かい》導《どう》・授《じゅ》與《よ》經《きょう》法《ぼう》・莫《まく》不《ふ》承《じょう》用《よう》・在《ざい》意《い》所《しょ》願《がん》・皆《かい》令《りょう》得《とく》道《どう》・佛《ぶっ》所《しょ》遊《ゆ》履《り》・國《こく》邑《おう》丘《く》聚《じゅ》・靡《み》不《ふ》蒙《む》化《け》・天《てん》下《げ》和《わ》順《じゅん》・日《にち》月《がつ》清《しょう》明《みょう》・風《ふ》雨《う》以《い》時《じ》・災《さい》厲《れい》不《ふ》起《き》・國《こく》豐《ふ》民《みん》安《なん》・兵《ひょう》戈《が》無《む》用《よう》・崇《しゅう》德《とく》興《こう》仁《にん》・務《む》修《しゅ》禮《らい》讓《じょう》・佛《ぶっ》言《ごん》我《が》哀《あい》愍《みん》汝《にょ》等《とう》・諸《しょ》天《てん》人《にん》民《みん》・甚《じん》於《の》父《ぶ》母《も》念《ねん》子《し》・今《こん》我《が》於《お》此《し》・世《せ》間《けん》作《さ》佛《ぶつ》・降《ごう》化《け》五《ご》惡《あく》・消《しょう》除《じょ》五《ご》痛《つ》・絕《ぜつ》滅《めつ》五《ご》燒《しょう》・以《い》善《ぜん》攻《こう》惡《あく》・拔《ばっ》生《しょう》死《じ》之《し》苦《く》・令《りょう》獲《ぎゃく》五《ご》德《とく》・昇《しょう》無《む》爲《い》之《し》安《あん》・吾《ご》去《こ》世《せ》後《ご》・經《きょう》道《どう》漸《ぜん》滅《めつ》・人《にん》民《みん》諂《てん》僞《ぎ》・復《ぶ》爲《い》衆《しゅ》惡《あく》・五《ご》痛《つ》五《ご》燒《しょう》・還《げん》如《にょ》前《ぜん》法《ぼう》・久《く》後《ご》轉《てん》劇《ぎゃく》・不《ふ》可《か》悉《しっ》說《せつ》・我《が》但《たん》爲《い》汝《にょ》・略《りゃく》言《ごん》之《し》耳《に》・佛《ぶつ》語《ご》彌《み》勒《ろく》・汝《にょ》等《とう》各《かく》善《ぜん》思《し》

一九三

之《し》・轉《てん》相《そう》教《きょう》誡《かい》・如《にょ》佛《ぶつ》經《きょう》法《ぼう》・無《む》得《とく》犯《ぼん》也《や》・於《お》是《ぜ》彌《み》勒《ろく》菩《ぼ》薩《さつ》・合《がっ》掌《しょう》白《びゃく》言《ごん》・佛《ぶっ》所《しょ》說《せつ》甚《じん》苦《く》・世《せ》人《にん》實《じっ》爾《に》・如《にょ》來《らい》普《ふ》慈《じ》哀《あい》愍《みん》・悉《しっ》令《りょう》度《ど》脫《だつ》・受《じゅ》佛《ぶつ》重《じゅう》誨《け》・不《ふ》敢《かん》違《い》失《しつ》

　われなんぢら天《てん》・人《にん》の類《たぐい》を哀《あわ》れみて、苦心《ねんごろ》に誨喩《けゆ》し、教《おし》へて善《ぜん》を修《しゅ》せしむ。*器《うつわ》に随《したが》ひて開導《かいどう》し、経法《きょうぼう》を授与《じゅよ》するに承用《じょうよう》せざることなし。意《い》の所願《しょがん》にありてみな道《どう》を得《え》しむ。仏《ぶつ》の*遊履《ゆり》したまふところの*国邑《こくおう》・*丘聚《くじゅ》、化《け》を蒙《こうぶ》らざるはなし。天下《てんげ》和順《わじゅん》し日月《にちがつ》清明《しょうみょう》なり。風雨《ふうう》時《とき》をもつてし、*災厲《さいれい》起《おこ》らず、国豊《くにゆた》かに民安《たみやす》くして*兵戈《ひょうが》用《もち》ゐることなし。〔人民《にんみん》〕徳《とく》を崇《あが》め仁《にん》を興《おこ》し、つとめて*礼譲《らいじょう》を修《しゅ》す」と。仏《ぶつ》のたまはく、「われなんぢら諸天《しょてん》・人民《にんみん》を哀愍《あいみん》すること、父母《ぶも》の子《こ》を念《おも》ふよりもはなはだし。いまわれこの世間《せけん》において仏《ぶつ》となり、五悪《ごあく》を降《ごう》

器　器量。機根。人それぞれの性質。
遊履　衆生済度のために、遊行すること。
国邑　国および地方の町や村。
丘聚　人の多く集まる村落。
災厲　天災や疫病。
兵戈　兵士と武器。
礼譲　礼儀と謙譲。

一九四

化《け》し、五痛《ごつう》を消除《しょうじょ》し、五焼《ごしょう》を絶滅《ぜつめつ》して、善《ぜん》をもつて悪《あく》を攻《せ》め、生死《しょうじ》の苦《く》を抜《ぬ》いて*五徳《ごとく》を獲《え》しめ、*無為《むい》の安《やす》きに昇《のぼ》らしむ。われ世《よ》を去《さ》りてのち、*経道《きょうどう》やうやく滅《めっ》し、人民《にんみん》*諂偽《てんぎ》にしてまた衆悪《しゅあく》をなし、五《ご》痛《つう》・五焼還《ごしょうかえ》りて前《さき》の法《ほう》のごとく、久《ひさ》しくして後《のち》にうたた劇《はげ》しからんこと、ことごとく説《と》くべからず。われただなんぢがために略《りゃく》してこれをいふのみ」と。仏《ぶつ》、弥勒《みろく》に語《かた》りたまはく、「なんぢらおのおのよくこれを思《おも》ひ、うたたあひ*教誡《きょうかい》し、仏《ぶつ》の経法《きょうほう》のごとくして犯《おか》すこと得《う》ることなかれ」と。ここにおいて弥勒菩薩《みろくぼさつ》、合掌《がっしょう》してまうさく、「仏《ぶつ》の所説《しょせつ》、はなはだ苦《ねんごろ》なり。世人《せにん》まことにしかなり。如来《にょらい》あまねく慈《いつく》しみて哀愍《あいみん》し、ことごとく度脱《どだつ》せしめたまふ。仏《ぶつ》の*重誨《じゅうけ》を受《う》けてあへて違失《いしつ》せじ」と。

佛《ぶつ》告《ごう》阿《あ》難《なん》・汝《にょ》起《き》更《きょう》整《しょう》衣《え》服《ぶく》・合《がっ》掌《しょう》恭《く》敬《ぎょう》・禮《らい》無《む》量《りょう》

五徳　五善を修めて得た五つの功徳。

無為の安き　無為涅槃《ねはん》の安楽。

経道やうやく滅し　仏の教法が次第に消滅し。

諂偽　へつらい、いつわること。

教誡　教え、戒めること。

重誨　ねんごろな教え。

一九五

壽《じゅ》佛《ぶつ》・十《じっ》方《ぽう》國《こく》土《ど》・諸《しょ》佛《ぶつ》如《にょ》來《らい》・常《じょう》共《ぐ》稱《しょう》揚《よう》讃《さん》歎《だん》・彼《ひ》
佛《ぶつ》無《む》著《じゃく》無《む》礙《げ》・於《お》是《ぜ》阿《あ》難《なん》・起《き》整《しょう》衣《え》服《ぶく》・正《しょう》身《しん》西《さい》面《めん》・
恭《く》敬《ぎょう》合《がっ》掌《しょう》・五《ご》體《たい》投《とう》地《じ》・禮《らい》無《む》量《りょう》壽《じゅ》佛《ぶつ》・白《びゃく》言《ごん》世《せ》尊《そん》・
願《がん》見《けん》彼《ひ》佛《ぶつ》・安《あん》樂《らっ》國《こく》土《ど》・及《ぎっ》諸《しょ》菩《ぼ》薩《さっ》・聲《しょう》聞《もん》大《だい》衆《しゅ》・説《せつ》
是《ぜ》語《ご》已《い》・卽《そく》時《じ》無《む》量《りょう》壽《じゅ》佛《ぶつ》・放《ほう》大《だい》光《こう》明《みょう》・普《ふ》照《しょう》一《いっ》切《さい》・
諸《しょ》佛《ぶつ》世《せ》界《かい》・金《こん》剛《ごう》圍《い》山《せん》・須《しゅ》彌《み》山《せん》王《のう》・大《だい》小《しょう》諸《しょ》山《せん》・一《いっ》
切《さい》所《しょ》有《う》・皆《かい》同《どう》一《いっ》色《しき》・譬《ひ》如《にょ》劫《こう》水《ずい》・彌《み》滿《まん》世《せ》界《かい》・其《ご》中《ちゅう》
萬《まん》物《もつ》・沈《じん》沒《もつ》不《ふ》現《げん》・滉《こう》瀁《よう》浩《こう》汗《かん》・唯《ゆい》見《けん》大《だい》水《すい》・彼《ひ》佛《ぶつ》光《こう》
明《みょう》・亦《やく》復《ぶ》如《にょ》是《ぜ》・聲《しょう》聞《もん》菩《ぼ》薩《さっ》・一《いっ》切《さい》光《こう》明《みょう》・皆《かい》悉《しっ》隱《おん》蔽《ぺい》・
唯《ゆい》見《けん》佛《ぶっ》光《こう》・明《みょう》曜《よう》顯《けん》赫《かく》・爾《に》時《じ》阿《あ》難《なん》・卽《そっ》見《けん》無《む》量《りょう》壽《じゅ》
佛《ぶつ》・威《い》德《とく》巍《ぎ》巍《ぎ》・如《にょ》須《しゅ》彌《み》山《せん》王《のう》・高《こう》出《しゅつ》一《いっ》切《さい》・諸《しょ》世《せ》界《かい》

一九六

上《じょう》・相《そう》好《ごう》光《こう》明《みょう》・靡《み》不《ふ》照《しょう》曜《よう》・此《し》會《え》四《し》衆《しゅ》・一《いち》時《じ》悉《しっ》見《けん》・
彼《ひ》見《けん》此《し》土《ど》・亦《やく》復《ぶ》如《にょ》是《ぜ》

仏《ぶつ》、阿難《あなん》に告《つ》げたまはく、「なんぢ起《た》ちてさらに衣服《えぶく》を整《ととの》へ、合掌《がっしょう》し*恭敬《くぎょう》して無量寿仏《むりょうじゅぶつ》を礼《らい》したてまつれ。十方国土《じっぽうこくど》の諸仏如来《しょぶつにょらい》は、つねにともにかの仏《ぶつ》の*無着《むじゃく》・無礙《むげ》なるを称揚《しょうよう》し讃歎《さんだん》したまへばなり」と。ここにおいて阿難《あなん》起《た》ちて、衣服《えぶく》を整《ととの》へ、身《み》を正《ただ》しくし、面《おもて》を西《にし》にして、恭敬《くぎょう》し合掌《がっしょう》して、五体《ごたい》を地《じ》に投《な》げて、無量寿仏《むりょうじゅぶつ》を礼《らい》したてまつりてまうさく、「世尊《せそん》、願《ねが》はくはかの仏《ぶつ》・安楽国土《あんらくこくど》、およびもろもろの菩薩《ぼさつ》・声聞《しょうもん》の大衆《だいしゅ》を見《み》たてまつらん」と。この語《ご》を説《と》きをはるに、即時《そくじ》に無量寿仏《むりょうじゅぶつ》は、大光明《だいこうみょう》を放《はな》ちてあまねく一切諸仏《いっさいしょぶつ》の世界《せかい》を照《て》らしたまふ。*金剛囲山《こんごういせん》、須弥山王《しゅみせんのう》、大小《だいしょう》の諸山《しょせん》、一切《いっさい》のあら

恭敬　敬い、つつしむこと。うやうやしくすること。

無着無礙　まことの道理にめざめて執着を離れ、なにものにもさまたげられないこと。

金剛囲山　須弥山をめぐる九つの山の中で、もっとも外側にあるといわれる。

一九七

ゆるものみな同《おな》じく一色《いっしき》なり。たとへば*劫水《こうすい》の世界《せかい》に*弥満《みまん》するに、そのなかの万物《まんもつ》、沈没《ちんもつ》して現《あらわ》れず、*滉瀁浩汗《こうようこうかん》としてただ大水《だいすい》をのみ見《み》るがごとし。かの仏《ぶつ》の光明《こうみょう》もまたまたかくのごとし。声聞《しょうもん》・菩薩《ぼさつ》の一切《いっさい》の光明《こうみょう》、みなことごとく隠蔽《おんぺい》して、ただ仏光《ぶっこう》の*明曜顕赫《みょうようけんかく》なるを見《み》たてまつる。そのとき阿難《あなん》、すなはち無量寿仏《むりょうじゅぶつ》を見《み》たてまつるに、威徳《いとく》*巍々《ぎぎ》として、須弥山王《しゅみせんのう》の高《たか》くして、一切《いっさい》のもろもろの世界《せかい》の上《うえ》に出《い》づるがごとし。相好《そうごう》〔より放《はな》つ〕光明《こうみょう》の照曜《しょうよう》せざることなし。この*会《え》の四衆《ししゅ》、一時《いちじ》にことごとく見《み》たてまつる。*かしこにしてこの土《ど》を見《み》ること、またまたかくのごとし。

爾《に》時《じ》佛《ぶつ》告《ごう》阿《あ》難《なん》・及《ぎゅう》慈《じ》氏《じ》菩《ぼ》薩《さつ》・汝《にょ》見《けん》彼《ひ》國《こく》・從《じゅ》地《じ》已《い》上《じょう》・至《し》淨《じょう》居《ご》天《てん》・其《ご》中《ちゅう》所《しょ》有《う》・微《み》妙《みょう》嚴《ごん》淨《じょう》・自《じ》然《ねん》之《し》

劫水　世界の終末（劫末）の時、大雨が降り地も水を涌出して、世界が水びたしになる時を水災劫といい、そのときの大洪水を劫水という。
弥満　満ち満ちること。
滉瀁浩汗　水が満ち広がった様子。
明曜顕赫　光り輝き鮮明にあらわれること。
巍々　仏の気高く勝れている様子。
会　説法の会座。
かしこ　浄土を指す。

一九八

物《もっ》・爲《い》悉《しっ》見《けん》不《ぷ》・阿《あ》難《なん》對《たい》曰《わっ》・唯《ゆい》然《ねん》已《い》見《けん》・汝《にょ》寧《にょう》復《ぶ》聞《もん》・無《む》量《りょう》壽《じゅ》佛《ぶつ》大《だい》音《おん》・宣《せん》布《ぷ》一《いっ》切《さい》世《せ》界《かい》・化《け》衆《しゅ》生《じょう》不《ふ》・阿《あ》難《なん》對《たい》曰《わっ》・唯《ゆい》然《ねん》已《い》聞《もん》・彼《ひ》國《こく》人《にん》民《みん》・乘《じょう》百《ひゃく》千《せん》由《ゆ》旬《じゅん》・七《しっ》寶《ぼう》宮《く》殿《でん》・無《む》有《う》障《しょう》礙《げ》・徧《へん》至《し》十《じっ》方《ぽう》・供《く》養《よう》諸《しょ》佛《ぶつ》・汝《にょ》復《ぶ》見《けん》不《ぷ》・對《たい》曰《わっ》已《い》見《けん》・彼《ひ》國《こく》人《にん》民《みん》・有《う》胎《たい》生《しょう》者《しゃ》・汝《にょ》復《ぶ》見《けん》不《ぷ》・對《たい》曰《わっ》已《い》見《けん》・其《ご》胎《たい》生《しょう》者《しゃ》・所《しょ》處《しょ》宮《く》殿《でん》・或《わく》百《ひゃく》由《ゆ》旬《じゅん》・或《わく》五《ご》百《ひゃく》由《ゆ》旬《じゅん》・各《かく》於《お》其《ご》中《ちゅう》・受《じゅ》諸《しょ》快《け》樂《らく》・如《にょ》忉《とう》利《り》天《てん》上《じょう》・亦《やっ》皆《かい》自《じ》然《ねん》

そのとき仏《ぶつ》、阿難《あなん》および慈氏菩薩《じしぼさつ》（弥勒）に告《つ》げたまはく、「なんぢ、かの国《くに》を見《み》るに、地《じ》より以上《いじょう》、＊浄居天《じょうごてん》に至《いた》るまで、そのなかのあらゆる微妙厳浄《みみょうごんじょう》なる自然《じねん》のもの、ことごとく見《み》るとせんや、いな

浄居天　色界《しきかい》に属する第四禅天の五天界のこと。この天界は欲を離れた清浄《しょうじょう》な諸天（聖者）がいる所なので、浄居天と名づける。

一九九

や」と。阿難《あなん》対《こた》へてまうさく、「*やや、しかなり、すでに見《み》たてまつれり」と。「なんぢ、むしろまた無量寿仏《むりょうじゅぶつ》の大音《だいおん》、一切世界《いっさいせかい》に宣《せん》布《ぶ》して、衆生《しゅじょう》を化《け》したまふを聞《き》くや、いなや」と。阿難《あなん》対《こた》へてまうさく、「やや、しかなり、すでに聞《き》きたてまつれり」と。「かの国《くに》の人民《にんみん》、百千由旬《ひゃくせんゆじゅん》の七宝《しっぽう》の宮殿《くでん》に乗《じょう》じて障碍《しょうげ》あることなく、あまねく十方《じっぽう》に至《いた》りて諸仏《しょぶつ》を供養《くよう》するを、なんぢ、また見《み》るや、いなや」と。対《こた》へてまうさく、「すでに見《み》たてまつれり」と。「かの国《くに》の人民《にんみん》に胎生《たいしょう》のものあり。なんぢ、また見《み》るや、いなや」と。対《こた》へてまうさく、「すでに見《み》たてまつれり」と。「その胎生《たいしょう》のものの処《しょ》するところの宮《く》殿《でん》は、あるいは百由旬《ひゃくゆじゅん》、あるいは五百由旬《ごひゃくゆじゅん》なり。おのおののそのなかにしてもろもろの快楽《けらく》を受《う》くること*忉利天上《とうりてんじょう》のごとくにして、またみな自然《じねん》なり」と。

二〇〇

ややしかなり　「やや」は相手に恭順の意を示しつつ応諾する語で、「はい、そうです」と仏の聖旨に随順する語。

忉利天　忉利は梵語トラーヤストリンシャ(Trāyast-riṃśa)の音写。三十三天と漢訳する。欲界《よくかい》の六天のうちの第二。須弥山《しゅみせん》の頂上にあり、帝釈天《たいしゃくてん》が住むという。

爾《に》時《じ》慈《じ》氏《じ》菩《ぼ》薩《さつ》・白《びゃく》佛《ぶつ》言《ごん》世《せ》尊《そん》・何《が》因《いん》何《が》緣《えん》・彼《ひ》國《こく》
人《にん》民《みん》・胎《たい》生《しょう》化《け》生《しょう》・佛《ぶつ》告《ごう》慈《じ》氏《じ》・若《にゃく》有《う》衆《しゅ》生《じょう》・以《い》疑《ぎ》惑《わく》
心《しん》・修《しゅ》諸《しょ》功《く》德《どく》・願《がん》生《しょう》彼《ひ》國《こく》・不《ふ》了《りょう》佛《ぶっ》智《ち》・不《ふ》思《し》議《ぎ》智《ち》・
不《ふ》可《か》稱《しょう》智《ち》・大《だい》乘《じょう》廣《こう》智《ち》・無《む》等《とう》無《む》倫《りん》・最《さい》上《じょう》勝《しょう》智《ち》・於《お》
此《し》諸《しょ》智《ち》・疑《ぎ》惑《わく》不《ふ》信《しん》・然《ねん》猶《ゆ》信《しん》罪《ざい》福《ふく》・修《しゅ》習《じゅう》善《ぜん》本《ぽん》・願《がん》
生《しょう》其《ご》國《こく》・此《し》諸《しょ》衆《しゅ》生《じょう》・生《しょう》彼《ひ》宮《く》殿《でん》・壽《じゅ》五《ご》百《ひゃく》歲《さい》・常《じょう》不《ふ》
見《けん》佛《ぶつ》・不《ふ》聞《もん》經《きょう》法《ぼう》・不《ふ》見《けん》菩《ぼ》薩《さつ》・聲《しょう》聞《もん》聖《しょう》衆《じゅ》・是《ぜ》故《こ》於《お》
彼《ひ》國《こく》土《ど》・謂《い》之《し》胎《たい》生《しょう》・若《にゃく》有《う》衆《しゅ》生《じょう》・明《みょう》信《しん》佛《ぶっ》智《ち》・乃《ない》至《し》
勝《しょう》智《ち》・作《さ》諸《しょ》功《く》德《どく》・信《しん》心《じん》廻《え》向《こう》・此《し》諸《しょ》衆《しゅ》生《じょう》・於《お》七《しっ》寶《ぽう》
華《け》中《ちゅう》・自《じ》然《ねん》化《け》生《しょう》・跏《か》趺《ふ》而《に》坐《ざ》・須《しゅ》臾《ゆ》之《し》頃《きょう》・身《しん》相《そう》光《こう》
明《みょう》・智《ち》慧《え》功《く》德《どく》・如《にょ》諸《しょ》菩《ぼ》薩《さつ》・具《ぐ》足《そく》成《じょう》就《じゅ》

二〇一

そのときに慈氏《じし》菩薩《ぼさつ》（弥勒）、仏《ぶつ》にまうしてまうさく、「世尊《せそん》、なんの因《いん》、なんの縁《えん》ありてか、かの国《くに》の人民《にんみん》、胎生《たいしょう》・化生《けしょう》なる」と。

仏《ぶつ》、慈氏《じし》に告《つ》げたまはく、「もし衆生《しゅじょう》ありて、疑惑《ぎわく》の心《しん》をもつてもろもろの功徳《くどく》を修《しゅ》してかの国《くに》に生《うま》れんと願《ねが》はん。*仏智《ぶっち》・*不思議智《ふしぎち》・*不可称智《ふかしょうち》・*大乗広智《だいじょうこうち》・*無等無倫最上勝智《むとうむりんさいじょうしょうち》を了《さと》らずして、この諸智《しょち》において疑惑《ぎわく》して信《しん》ぜず。しかるになほ罪福《ざいふく》を信《しん》じ善本《ぜんぽん》を修習《しゅじゅう》して、その国《くに》に生《うま》れんと願《ねが》ふ。このもろもろの衆生《しゅじょう》、かの宮殿《くでん》に生《うま》れて寿《いのち》五百歳《ごひゃくさい》、つねに仏《ぶつ》を見《み》たてまつらず、経法《きょうぼう》を聞《き》かず、菩薩《ぼさつ》・声聞《しょうもん》の聖衆《しょうじゅ》を見《み》たてまつらず。このゆゑに、かの国土《こくど》においてこれを胎生《たいしょう》といふ。もし衆生《しゅじょう》ありて、あきらかに仏智乃至勝智《ぶっちないししょうち》を信《しん》じ、もろもろの功徳《くどく》をなして信心回向《しんじんえこう》すれば、このもろもろの衆生《しゅじょう》、七宝《しっぽう》の華《け》中《ちゅう》において自然《じねん》に化生《けしょう》し、*跏趺《かふ》して坐《ざ》し、須臾《しゅゆ》のあひだに身相《しんそう》・光《こう》明《みょう》・智慧《ちえ》・功徳《くどく》、もろもろの菩薩《ぼさつ》のごとく具足《ぐそく》し成就《じょうじゅ》せん。

仏智　仏智（如来の智慧）は総名で後の四智は別名である。

不思議智　凡夫《ぼんぶ》の思議の及ばない智慧。

不可称智　ほめ尽せない智慧。

大乗広智　一切の衆生を救う広大な智慧。

無等無倫最上勝智　何ものにも比べることのできないもっともすぐれた智慧。

跏趺　結跏趺坐《けっかふざ》。禅定《ぜんじょう》を修めるときの姿勢で、足を組んで坐る坐法の一種。

復《ぶ》次《し》慈《じ》氏《じ》●他《た》方《ほう》佛《ぶつ》國《こく》●諸《しょ》大《だい》菩《ぼ》薩《さつ》●發《ほっ》心《しん》欲《よっ》見《けん》●無《む》量《りょう》壽《じゅ》佛《ぶつ》●恭《く》敬《ぎょう》供《く》養《よう》●及《ぎっ》諸《しょ》菩《ぼ》薩《さつ》●聲《しょう》聞《もん》之《し》衆《しゅ》●彼《ひ》菩《ぼ》薩《さっ》等《とう》●命《みょう》終《じゅ》得《とく》生《しょう》●無《む》量《りょう》壽《じゅ》國《こく》●於《お》七《しっ》寶《ぽう》華《け》中《ちゅう》●自《じ》然《ねん》化《け》生《しょう》●彌《み》勒《ろく》當《とう》知《ち》●彼《ひ》化《け》生《しょう》者《しゃ》●智《ち》慧《え》勝《しょう》故《こ》●其《ご》胎《たい》生《しょう》者《しゃ》●皆《かい》無《む》智《ち》慧《え》●於《お》五《ご》百《ひゃく》歳《さい》中《ちゅう》●常《じょう》不《ふ》見《けん》佛《ぶつ》●不《ふ》聞《もん》經《きょう》法《ぼう》●不《ふ》見《けん》菩《ぼ》薩《さつ》●諸《しょ》聲《しょう》聞《もん》衆《しゅ》●無《む》由《ゆ》供《く》養《よう》於《お》佛《ぶつ》●不《ふ》知《ち》菩《ぼ》薩《さつ》法《ほっ》式《しき》●不《ふ》得《とく》修《しゅ》習《じゅう》功《く》德《どく》●當《とう》知《ち》此《し》人《にん》●宿《しゅく》世《せ》之《し》時《じ》●無《む》有《う》智《ち》慧《え》●疑《ぎ》惑《わく》所《しょ》致《ち》●

佛《ぶつ》告《ごう》彌《み》勒《ろく》●譬《ひ》如《にょ》轉《てん》輪《りん》聖《じょう》王《おう》●別《べっ》有《つ》七《しっ》寶《ぽう》宮《く》室《しつ》●種《しゅ》種《じゅ》莊《しょう》嚴《ごん》●張《ちょう》設《せっ》牀《じょう》帳《ちょう》●懸《げん》諸《しょ》繒《ぞう》旛《ばん》●若《にゃく》有《う》諸《しょ》小《しょう》王《おう》子《じ》●得《とく》罪《ざい》於《お》王《おう》●輒《ちょう》內《ない》彼《ひ》宮《く》中《じゅう》●繫《け》以《い》金《こん》鎖《さ》●供《く》給《きゅう》飲《おん》食《じき》●

衣《え》服《ぶく》牀《じょう》褥《のく》・華《け》香《こう》妓《ぎ》樂《がく》・如《にょ》轉《てん》輪《りん》王《のう》・無《む》所《しょ》乏《ぼう》少《しょう》・於《お》意《い》云《うん》何《が》・此《し》諸《しょ》王《おう》子《じ》・寧《にょう》樂《ぎょう》彼《ひ》處《しょ》不《ふ》・對《たい》曰《わっ》不《ふ》也《や》・但《たん》種《しゅ》種《じゅ》方《ほう》便《べん》・求《ぐ》諸《しょ》大《だい》力《りき》・欲《よく》自《じ》免《めん》出《しゅつ》・佛《ぶっ》告《ごう》彌《み》勒《ろく》・此《し》諸《しょ》衆《しゅ》生《じょう》・亦《やく》復《ぶ》如《にょ》是《ぜ》・以《い》疑《ぎ》惑《わく》佛《ぶっ》智《ち》故《こ》・生《しょう》彼《ひ》宮《く》殿《でん》・無《む》有《う》刑《ぎょう》罰《ばつ》・乃《ない》至《し》一《いち》念《ねん》惡《あく》事《じ》・但《たん》於《の》五《ご》百《ひゃく》歳《さい》中《ちゅう》・不《ふ》見《けん》三《さん》寶《ぼう》・不《ふ》得《とく》供《く》養《よう》・修《しゅ》諸《しょ》善《ぜん》本《ぼん》・以《い》此《し》爲《い》苦《く》・雖《すい》有《う》餘《よ》樂《らく》・猶《ゆ》不《ふ》樂《ぎょう》彼《ひ》處《しょ》・若《にゃく》此《し》衆《しゅ》生《じょう》・識《しき》其《ご》本《ほん》罪《ざい》・深《じん》自《じ》悔《け》責《しゃく》・求《ぐ》離《り》彼《ひ》處《しょ》・卽《そく》得《とく》如《にょ》意《い》・往《おう》詣《げい》無《む》量《りょう》壽《じゅ》佛《ぶっ》所《しょ》・恭《く》敬《ぎょう》供《く》養《よう》・亦《やく》得《とく》徧《へん》至《し》・無《む》量《りょう》無《む》數《しゅ》・諸《しょ》餘《よ》佛《ぶっ》所《しょ》・修《しゅ》諸《しょ》功《く》德《どく》・彌《み》勒《ろく》當《とう》知《ち》・其《ご》有《う》菩《ぼ》薩《さっ》・生《しょう》疑《ぎ》惑《わく》者《しゃ》・爲《い》失《しっ》大《だい》利《り》・是《ぜ》故《こ》應《おう》當《とう》・明《みょう》信《しん》諸《しょ》佛《ぶっ》・無《む》上《じょう》智《ち》慧《え》

二〇四

また次《つぎ》に慈氏《じし》（弥勒）、他方仏国《たほうぶっこく》の諸大菩薩《しょだいぼさつ》、発心《ほっしん》して、無量寿仏《むりょうじゅぶつ》を見《み》たてまつり、〔無量寿仏《むりょうじゅぶつ》〕およびもろもろの菩薩《ぼさつ》・声聞《しょうもん》の衆《しゅう》を恭《く》敬《ぎょう》し供養《くよう》せんと欲《おも》はん。かの菩薩等《ぼさつとう》、命終《いのちおわ》りて無量寿国《むりょうじゅこく》に生《しょう》ずることを得《え》て、七宝《しっぽう》の華《はな》のなかにおいて自然《じねん》に化生《けしょう》せん。弥勒《みろく》、まさに知《し》るべし。かの化生《けしょう》のものは智慧勝《ちえすぐ》れたるがゆゑなり。その胎生《たいしょう》のものはみな智慧《ちえ》なし。五百歳《ごひゃくさい》のなかにおいてつねに仏《ぶつ》を見《み》たてまつらず、経法《きょうぼう》を聞《き》かず、菩薩《ぼさつ》・もろもろの声聞《しょうもん》の衆《しゅう》を見《み》ず、仏《ぶつ》を供養《くよう》するによしなし。*菩薩《ぼさつ》の法式《ほっしき》を知《し》らず、*功徳《くどく》を修習《しゅじゅう》することを得《え》ず。まさに知《し》るべし、この人《ひと》は宿世《しゅくせ》のとき、智慧《ちえ》あることなくして疑惑《ぎわく》せしが致《いた》すところなり」と。

仏《ぶつ》、弥勒《みろく》に告《つ》げたまはく、「たとへば、転輪聖王《てんりんじょうおう》のごとき、別《べつ》に七宝《しっぽう》の*宮室《くしつ》ありて種々《しゅじゅ》に荘厳《しょうごん》し、*床帳《じょうちょう》を張設《ちょうせつ》し、もろもろの*繒幡《ぞうばん》を懸《か》く、もしもろもろの小王子《しょうおうじ》ありて、罪《つみ》を王《おう》に得《う》れば、すなはちか

菩薩の法式　菩薩のなすべき自利利他の行法、すなわち自ら菩提《ぼだい》を求め衆生を化益すること。

功徳　大乗の菩薩の修すべき六種の行業、すなわち六《ろっ》波羅蜜《ぱらみつ》のこと。

宮室　宮殿。

床帳を張設し　坐臥する床を設け、その上に幕（帳）を張りめぐらして。

繒幡　うす絹でつくられた旗ぼこ。

二〇五

の宮中《くちゅう》に内《い》れて、繋《つな》ぐに金鎖《こんさ》をもつてす、飲食《おんじき》・衣服《えぶく》・*床褥《じょうのく》・華香《けこう》・妓楽《ぎがく》を供給《くきゅう》せんこと、転輪王《てんりんのう》のごとくして乏少《ほうしょう》するところなけん。意《い》においていかん。このもろもろの王子《おうじ》、むしろかの処《ところ》を楽《ねが》ふや、いなや」と。対《こた》へてまうさく、「いななり。ただ種々《しゅじゅ》に方便《ほうべん》して、もろもろの大力《だいりき》〔ある人《ひと》〕を求《もと》めてみづから免《まぬか》れ出《い》でんことを欲《おも》ふ」と。仏《ぶつ》、弥勒《みろく》に告《つ》げたまはく、「このもろもろの衆生《しゅじょう》もまたまたかくのごとし。仏智《ぶっち》を疑惑《ぎわく》せしをもつてのゆゑに、かの〔胎生《たいしょう》の〕宮殿《くでん》に生《しょう》じて、刑罰《ぎょうばつ》乃至《ないし》一念《いちねん》の悪事《あくじ》もあることなし。ただ五百歳《ごひゃくさい》のうちにおいて三宝《さんぼう》を見《み》たてまつらず、〔諸仏《しょぶつ》を〕供養《くよう》してもろもろの善本《ぜんぽん》を修《しゅ》することを得《え》ず。これをもつて苦《く》とす。余《よ》の楽《らく》ありといへども、なほかの処《ところ》を楽《ねが》はず。もしこの衆生《しゅじょう》、その*本《もと》の罪《つみ》を識《し》りて、深《ふか》くみづから*悔責《けしゃく》して、かの処《ところ》を離《はな》れんことを求《もと》めば、すなはち意《こころ》のごとく、無量寿仏《むりょうじゅぶつ》の所《みもと》に往詣《おうげい》して恭敬《くぎょう》し供養《くよう》することを得《え》、またあまね

二〇六

床褥　寝床と寝具。

本の罪　仏智を疑惑した罪。

悔責　くいせめること。

く無量無数《むりょうむしゅ》の諸余《しょよ》の仏《ぶつ》の所《みもと》に至《いた》りて、もろもろの功徳《くどく》を修《しゅ》することを得《え》ん。弥勒《みろく》、まさに知《し》るべし。それ菩薩《ぼさつ》ありて疑惑《ぎわく》を生《しょう》ずるものは、大利《だいり》を失《しっ》すとす。このゆゑに、まさにあきらかに*諸仏無上《しょぶつむじょう》の智《ち》慧《え》を信《しん》ずべし」と。

彌《み》勒《ろく》菩《ぼ》薩《さつ》・白《びゃく》佛《ぶつ》言《ごん》世《せ》尊《そん》・於《お》此《し》世《せ》界《かい》・有《う》幾《き》所《しょ》・不《ふ》退《たい》菩《ぼ》薩《さつ》・生《しょう》彼《ひ》佛《ぶつ》國《こく》・佛《ぶつ》告《ごう》彌《み》勒《ろく》・於《お》此《し》世《せ》界《かい》・有《う》六《ろく》十《じゅう》七《しち》億《おく》・不《ふ》退《たい》菩《ぼ》薩《さつ》・往《おう》生《じょう》彼《ひ》國《こく》・一《いち》一《いち》菩《ぼ》薩《さつ》・已《い》曾《ぞう》供《く》養《よう》・無《む》數《しゅ》諸《しょ》佛《ぶつ》・次《し》如《にょ》彌《み》勒《ろく》者《しゃ》也《や》・諸《しょ》小《しょう》行《ぎょう》菩《ぼ》薩《さつ》・及《ぎゅう》修《しゅ》習《じゅう》少《しょう》功《く》德《どく》者《しゃ》・不《ふ》可《か》稱《しょう》計《げ》・皆《かい》當《とう》往《おう》生《じょう》・佛《ぶつ》告《ごう》彌《み》勒《ろく》・不《ふ》但《たん》我《が》剎《せっ》・諸《しょ》菩《ぼ》薩《さつ》等《とう》・往《おう》生《じょう》彼《ひ》國《こく》・他《た》方《ほう》佛《ぶつ》

諸仏無上の智慧　阿弥陀仏の五智を略して諸仏無上の智慧という。すなわち、阿弥陀仏のすぐれた智慧のこと。阿弥陀仏は、すべての仏陀を仏陀たらしめる諸仏の本源であるから、阿弥陀仏の智慧を諸仏の智慧ともいう。

土《ど》・亦《やく》復《ぶ》如《にょ》是《ぜ》・其《ご》第《だい》一《いち》佛《ぶつ》・名《みょう》曰《わっ》遠《おん》照《しょう》・彼《ひ》有《う》百《ひゃく》八《はち》十《じゅう》億《おく》菩《ぼ》薩《さつ》・皆《かい》當《とう》往《おう》生《じょう》・其《ご》第《だい》二《に》佛《ぶつ》・名《みょう》曰《わっ》寶《ほう》藏《ぞう》・彼《ひ》有《う》九《く》十《じゅう》億《おく》菩《ぼ》薩《さつ》・皆《かい》當《とう》往《おう》生《じょう》・其《ご》第《だい》三《さん》佛《ぶつ》・名《みょう》曰《わっ》無《む》量《りょう》音《おん》・彼《ひ》有《う》二《に》百《ひゃく》二《に》十《じゅう》億《おく》菩《ぼ》薩《さつ》・皆《かい》當《とう》往《おう》生《じょう》・其《ご》第《だい》四《し》佛《ぶつ》・名《みょう》曰《わっ》甘《かん》露《ろ》味《み》・彼《ひ》有《う》二《に》百《ひゃく》五《ご》十《じゅう》億《おく》菩《ぼ》薩《さつ》・皆《かい》當《とう》往《おう》生《じょう》・其《ご》第《だい》五《ご》佛《ぶつ》・名《みょう》曰《わっ》龍《りゅう》勝《しょう》・彼《ひ》有《う》十《じゅう》四《し》億《おく》菩《ぼ》薩《さつ》・皆《かい》當《とう》往《おう》生《じょう》・其《ご》第《だい》六《ろく》佛《ぶつ》・名《みょう》曰《わっ》勝《しょう》力《りき》・彼《ひ》有《う》萬《まん》四《し》千《せん》菩《ぼ》薩《さつ》・皆《かい》當《とう》往《おう》生《じょう》・其《ご》第《だい》七《しち》佛《ぶつ》・名《みょう》曰《わっ》師《し》子《し》・彼《ひ》有《う》五《ご》百《ひゃく》億《おく》菩《ぼ》薩《さつ》・皆《かい》當《とう》往《おう》生《じょう》

弥勒菩薩《みろくぼさつ》、仏《ぶつ》にまうしてまうさく、「世尊《せそん》、この世界《せかい》において、

二〇八

いくばくの*不退《ふたい》の菩薩《ぼさつ》ありてか、かの仏国《ぶっこく》に生《しょう》ぜん」と。仏《ぶつ》、弥勒《みろく》に告《つ》げたまはく、「この世界《せかい》において六十七億《ろくじゅうしちおく》の不退《ふたい》の菩薩《ぼさつ》ありて、かの国《くに》に往生《おうじょう》せん。一々《いちいち》の菩薩《ぼさつ》は、すでにかつて無数《むしゅ》の諸仏《しょぶつ》を供養《くよう》せること、次《つ》いで弥勒《みろく》のごときものなり。もろもろの*小行《しょうぎょう》の菩薩《ぼさつ》および少功徳《しょうくどく》を修習《しゅじゅう》せんもの、称計《しょうげ》すべからず。みなまさに往生《おうじょう》すべし」と。仏《ぶつ》、弥勒《みろく》に告《つ》げたまはく、「ただわが刹《くに》のもろもろの菩薩《ぼさつ》等《とう》のみかの国《くに》に往生《おうじょう》するにあらず、他方《たほう》の仏土《ぶつど》〔の菩薩等《ぼさつとう》〕も、またまたかくのごとし。その第一《だいいち》の仏《ぶつ》を名《な》づけて遠照《おんしょう》といふ。かしこに百八十億《ひゃくはちじゅうおく》の菩薩《ぼさつ》あり、みなまさに往生《おうじょう》すべし。その第二《だいに》の仏《ぶつ》を名《な》づけて宝蔵《ほうぞう》といふ。かしこに九十億《くじゅうおく》の菩薩《ぼさつ》あり、みなまさに往生《おうじょう》すべし。その第三《だいさん》の仏《ぶつ》を名《な》づけて無量音《むりょうおん》といふ。かしこに二百二十億《にひゃくにじゅうおく》の菩薩《ぼさつ》あり、みなまさに往生《おうじょう》すべし。その第四《だいし》の仏《ぶつ》を名《な》づけて甘露味《かんろみ》といふ。かしこに二百五十億《にひゃくごじゅうおく》の菩薩《ぼさつ》あり、みなまさに往生《おうじょう》すべし。

不退の菩薩　不退転の位を得た菩薩。親鸞聖人は真実信心の行者とみなされている。

小行の菩薩および少功徳を修習せんもの　行の劣った菩薩たちや、わずかな功徳を修めた人々。親鸞聖人は自力の行者とみなされている。

二〇九

その第五《だいご》の仏《ぶつ》を名《な》づけて龍勝《りゅうしょう》といふ。かしこに十四億《じゅうしおく》の菩薩《ぼさつ》あり、みなまさに往生《おうじょう》すべし。その第六《だいろく》の仏《ぶつ》を名《な》づけて勝力《しょうりき》といふ。かしこに万四千《まんしせん》の菩薩《ぼさつ》あり、みなまさに往生《おうじょう》すべし。その第七《だいしち》の仏《ぶつ》を名《な》づけて師子《しし》といふ。かしこに五百億《ごひゃくおく》の菩薩《ぼさつ》あり、みなまさに往生《おうじょう》すべし。

其《ご》第《だい》八《はち》佛《ぶつ》・名《みょう》曰《わつ》離《り》垢《く》光《こう》・彼《ひ》有《う》八《はち》十《じゅう》億《おく》菩《ぼ》薩《さつ》・皆《かい》當《とう》往《おう》生《じょう》・其《ご》第《だい》九《く》佛《ぶつ》・名《みょう》曰《わつ》德《とく》首《しゅ》・彼《ひ》有《う》六《ろく》十《じゅう》億《おく》菩《ぼ》薩《さつ》・皆《かい》當《とう》往《おう》生《じょう》・其《ご》第《だい》十《じゅう》佛《ぶつ》・名《みょう》曰《わつ》妙《みょう》德《とく》山《せん》・彼《ひ》有《う》六《ろく》十《じゅう》億《おく》菩《ぼ》薩《さつ》・皆《かい》當《とう》往《おう》生《じょう》・其《ご》第《だい》十《じゅう》一《いち》佛《ぶつ》・名《みょう》曰《わつ》人《にん》王《のう》・彼《ひ》有《う》十《じゅう》億《おく》菩《ぼ》薩《さつ》・皆《かい》當《とう》往《おう》生《じょう》・其《ご》第《だい》十《じゅう》二《に》佛《ぶつ》・名《みょう》曰《わつ》無《む》上《じょう》華《け》・彼《ひ》有《う》無《む》數《しゅ》・不《ふ》

二一〇

可《か》稱《しょう》計《げ》・諸《しょ》菩《ぼ》薩《さっ》衆《しゅ》・皆《かい》不《ふ》退《たい》轉《てん》・智《ち》慧《え》勇《ゆう》猛《みょう》・已《い》曾《ぞう》
供《く》養《よう》・無《む》量《りょう》諸《しょ》佛《ぶつ》・於《お》七《しち》日《にっ》中《ちゅう》・卽《そく》能《のう》攝《せっ》取《しゅ》・百《ひゃく》千《せん》億《のっ》
劫《こう》・大《だい》士《じ》所《しょ》修《しゅ》・堅《けん》固《ご》之《し》法《ほう》・斯《し》等《とう》菩《ぼ》薩《さつ》・皆《かい》當《とう》往《おう》生《じょう》・
其《ご》第《だい》十《じゅう》三《さん》佛《ぶつ》・名《みょう》曰《わっ》無《む》畏《い》・彼《ひ》有《う》七《しち》百《ひゃく》九《く》十《じゅう》億《おく》・大《だい》
菩《ぼ》薩《さつ》衆《しゅ》・諸《しょ》小《しょう》菩《ぼ》薩《さつ》・及《ぎゅう》比《び》丘《く》等《とう》・不《ふ》可《か》稱《しょう》計《げ》・皆《かい》當《とう》
往《おう》生《じょう》・佛《ぶつ》語《ご》彌《み》勒《ろく》・不《ふ》但《たん》此《し》・十《じゅう》四《し》佛《ぶつ》國《こく》中《ちゅう》・諸《しょ》菩《ぼ》薩《さっ》
等《とう》・當《とう》往《おう》生《じょう》也《や》・十《じっ》方《ぽう》世《せ》界《かい》・無《む》量《りょう》佛《ぶっ》國《こく》・其《ご》往《おう》生《じょう》者《しゃ》・
亦《やく》復《ぶ》如《にょ》是《ぜ》・甚《じん》多《た》無《む》數《しゅ》・我《が》但《たん》說《せつ》十《じっ》方《ぽう》・諸《しょ》佛《ぶつ》名《みょう》號《ごう》・
及《ぎゅう》菩《ぼ》薩《さつ》比《び》丘《く》・生《しょう》彼《ひ》國《こく》者《しゃ》・晝《ちゅう》夜《や》一《いっ》劫《こう》・尚《しょう》未《み》能《のう》竟《きょう》・
我《が》今《こん》爲《い》汝《にょ》・略《りゃく》說《せっ》之《し》耳《に》

二一一

その第八《だいはち》の仏《ぶつ》を名《な》づけて離垢光《りくこう》といふ。かしこに八十億《はちじゅうおく》の菩薩《ぼさつ》あり、みなまさに往生《おうじょう》すべし。その第九《だいく》の仏《ぶつ》を名《な》づけて徳首《とくしゅ》といふ。かしこに六十億《ろくじゅうおく》の菩薩《ぼさつ》あり、みなまさに往生《おうじょう》すべし。その第十《だいじゅう》の仏《ぶつ》を名《な》づけて妙徳山《みょうとくせん》といふ。かしこに六十億《ろくじゅうおく》の菩薩《ぼさつ》あり、みなまさに往生《おうじょう》すべし。その第十一《だいじゅういち》の仏《ぶつ》を名《な》づけて、人王《にんのう》といふ。かしこに十《じゅう》億《おく》の菩薩《ぼさつ》あり、みなまさに往生《おうじょう》すべし。その第十二《だいじゅうに》の仏《ぶつ》を名《な》づけて無上華《むじょうけ》といふ。かしこに無数不可称計《むしゅふかしょうげ》のもろもろの菩薩衆《ぼさっしゅ》あり、みな不退転《ふたいてん》にして智慧勇猛《ちえゆうみょう》なり。すでにかつて無量《むりょう》の諸仏《しょぶつ》を供養《くよう》したてまつりて、七日《しちにち》のうちにおいてすなはちよく百千億劫《ひゃくせんおくこう》に大士《だいじ》の修《しゅ》するところの*堅固《けんご》の法《ほう》を摂取《せっしゅ》す。これらの菩薩《ぼさつ》みなまさに往生《おうじょう》すべし。その第十三《だいじゅうさん》の仏《ぶつ》を名《な》づけて無畏《むい》といふ。かしこに七百九十億《しちひゃくくじゅうおく》の大菩薩衆《だいぼさっしゅ》、もろもろの*小菩薩《しょうぼさつ》および*比丘《びく》等《とう》の称計《しょうげ》すべからざるあり、みなまさに往生《おうじょう》すべし」と。仏《ぶつ》、弥勒《みろく》に語《かた》りたまはく、「ただこの

堅固の法　菩薩が勇猛精進《ゆうみょうしょうじん》して修する利他大悲の尊い行。

小菩薩　小行の菩薩。行の劣った菩薩。

比丘　ここでは少功徳を修習するものをいう。

十四仏国《じゅうしぶっこく》のなかのもろもろの菩薩等《ぼさつとう》のみまさに往生《おうじょう》すべきにあらざるなり。十方世界無量《じっぽうせかいむりょう》の仏国《ぶっこく》より、その往生《おうじょう》するものまたまたかくのごとし、はなはだ多《おお》くして無数《むしゅ》なり。われただ十方諸仏《じっぽうしょぶつ》の名号《みょうごう》と、および〔それらの仏国《ぶっこく》の〕菩薩《ぼさつ》・比丘《びく》のかの国《くに》に生《しょう》ずるものを説《と》かんに、昼夜一劫《ちゅうやいっこう》すともなほいまだ竟《おわ》ることあたはじ。われいまなんぢがために略《りゃく》してこれを説《と》くのみ」と。

佛《ぶつ》語《ご》彌《み》勒《ろく》・其《ご》有《う》得《とく》聞《もん》・彼《ひ》佛《ぶつ》名《みょう》號《ごう》・歡《かん》喜《ぎ》踊《ゆ》躍《やく》・乃《ない》至《し》一《いち》念《ねん》・當《とう》知《ち》此《し》人《にん》・爲《い》得《とく》大《だい》利《り》・則《そく》是《ぜ》具《ぐ》足《そく》・無《む》上《じょう》功《く》德《どく》・是《ぜ》故《こ》彌《み》勒《ろく》・設《せつ》有《つ》大《だい》火《か》・充《しゅ》滿《まん》三《さん》千《ぜん》・大《だい》千《せん》世《せ》界《かい》・要《よう》當《とう》過《か》此《し》・聞《もん》是《ぜ》經《きょう》法《ぼう》・歡《かん》喜《ぎ》信《しん》樂《ぎょう》・受《じゅ》持《じ》讀《どく》誦《じゅ》・如《にょ》說《せつ》修《しゅ》行《ぎょう》・所《しょ》以《い》者《しゃ》何《が》・多《た》有《う》菩《ぼ》薩《さつ》・欲《よく》聞《もん》此《し》經《きょう》・而《に》

二一三

不《ふ》能《のう》得《とく》・若《にゃく》有《う》衆《しゅ》生《じょう》・聞《もん》此《し》經《きょう》者《しゃ》・於《お》無《む》上《じょう》道《どう》・終《しゅ》不《ふ》退《たい》轉《てん》・是《ぜ》故《こ》應《おう》當《とう》・專《せん》心《しん》信《しん》受《じゅ》・持《じ》誦《じゅ》說《せつ》行《ぎょう》・佛《ぶつ》言《ごん》吾《ご》今《こん》・爲《い》諸《しょ》衆《しゅ》生《じょう》・說《せっ》此《し》經《きょう》法《ぼう》・令《りょう》見《けん》無《む》量《りょう》壽《じゅ》佛《ぶつ》・及《ぎゅう》其《ご》國《こく》土《ど》・一《いっ》切《さい》所《しょ》有《う》・所《しょ》當《とう》爲《い》者《しゃ》・皆《かい》可《か》求《ぐ》之《し》・無《む》得《とく》以《い》我《が》・滅《めつ》度《ど》之《し》後《ご》・復《ぶ》生《しょう》疑《ぎ》惑《わく》・當《とう》來《らい》之《し》世《せ》・經《きょう》道《どう》滅《めつ》盡《じん》・我《が》以《い》慈《じ》悲《ひ》哀《あい》愍《みん》・特《どく》留《る》此《し》經《きょう》・止《し》住《じゅ》百《ひゃく》歳《さい》・其《ご》有《う》衆《しゅ》生《じょう》・値《ち》斯《し》經《きょう》者《しゃ》・隨《ずい》意《い》所《しょ》願《がん》・皆《かい》可《か》得《とく》度《ど》・佛《ぶつ》語《ご》彌《み》勒《ろく》・如《にょ》來《らい》興《こう》世《せ》・難《なん》値《ち》難《なん》見《けん》・諸《しょ》佛《ぶつ》經《きょう》道《どう》・難《なん》得《とく》難《なん》聞《もん》・菩《ぼ》薩《さつ》勝《しょう》法《ぼう》・諸《しょ》波《は》羅《ら》蜜《みつ》・得《とく》聞《もん》亦《やく》難《なん》・遇《ぐ》善《ぜん》知《ち》識《しき》・聞《もん》法《ぼう》能《のう》行《ぎょう》・此《し》亦《やく》爲《い》難《なん》・若《にゃく》聞《もん》斯《し》經《きょう》・信《しん》樂《ぎょう》受《じゅ》持《じ》・難《なん》中《ちゅう》之《し》難《なん》・無《む》過《か》此《し》難《なん》・是《ぜ》故《こ》我《が》法《ほう》・如《にょ》是《ぜ》作《さ》・如《にょ》是《ぜ》說《せつ》・如《にょ》是《ぜ》

二一四

教《きょう》・應《おう》當《とう》信《しん》順《じゅん》・如《にょ》法《ほう》修《しゅ》行《ぎょう》

仏《ぶつ》、弥勒《みろく》に語《かた》りたまはく、「それかの仏《ぶつ》の名号《みょうごう》を聞《き》くことを得《え》て、歓喜踊躍《かんぎゆやく》して乃至一念《ないしいちねん》せんことあらん。まさに知《し》るべし、この人《ひと》は大利《だいり》を得《う》とす。すなはちこれ無上《むじょう》の功徳《くどく》を具足《ぐそく》するなりと。このゆゑに弥勒《みろく》、たとひ大火《だいか》ありて三千大千世界《さんぜんだいせんせかい》に充満《じゅうまん》すとも、かならずまさにこれを過《す》ぎて、この経法《きょうほう》を聞《き》きて歓喜信楽《かんぎしんぎょう》し、受持読誦《じゅじどくじゅ》して説《せつ》のごとく修行《しゅぎょう》すべし。ゆゑはいかん。多《おお》く菩薩《ぼさつ》ありてこの経《きょう》を聞《き》かんと欲《ほっ》すれども、得《う》ることあたはざればなり。もし衆生《しゅじょう》ありてこの経《きょう》を聞《き》くものは、無上道《むじょうどう》においてつひに退転《たいてん》せず。このゆゑにまさに専心《せんしん》に信受《しんじゅ》し、持誦《じじゅ》し、説行《せつぎょう》すべし」と。仏《ぶつ》のたまはく、「われいまもろもろの衆生《しゅじょう》のためにこの経法《きょうほう》を説《と》きて、無量寿仏《むりょうじゅぶつ》およびその国土《こくど》の一切《いっさい》の所有《しょう》を見《み》せしむ。まさに*なすべきところのものは、

なすべきところのもの　釈尊が説いた経法についての疑念、不審におもう事柄についての質疑。

二一五

みなこれを〔尋《たず》ね〕求《もと》むべし。わが滅度《めつど》ののちをもつてまた疑惑《ぎわく》を生《しょう》ずることを得《う》ることなかれ。*当来《とうらい》の世《よ》に*経道滅尽《きょうどうめつじん》せんに、われ慈悲《じひ》をもつて哀愍《あいみん》して、特《こと》にこの経《きょう》を留《とど》めて止住《しじゅう》すること百歳《ひゃくさい》せん。それ衆生《しゅじょう》ありてこの経《きょう》に値《もうあ》ふものは、意《こころ》の所願《しょがん》に随《したが》ひてみな*得度《とくど》すべし」と。仏《ぶつ》、弥勒《みろく》に語《かた》りたまはく、「如来《にょらい》の*興世《こうせ》に値《もうあ》ひがたく、見《み》たてまつること難《かた》し。諸仏《しょぶつ》の経道《きょうどう》、得《え》がたく聞《き》きがたし。菩薩《ぼさつ》の勝《しょう》法《ぼう》・諸波羅蜜《しょはらみつ》、聞《き》くことを得《う》ることまた難《かた》し。善知識《ぜんぢしき》に遇《あ》ひ、法《ほう》を聞《き》き、よく行《ぎょう》ずること、これまた難《かた》しとす。もしこの経《きょう》を聞《き》きて信《しん》楽受持《ぎょうじゅじ》することは、難《なん》のなかの難《なん》、これに過《す》ぎたる難《なん》はなけん。このゆゑにわが法《ほう》はかくのごとくなし、かくのごとく説《と》き、かくのごとく教《おし》ふ。まさに信順《しんじゅん》して法《ほう》のごとく修行《しゅぎょう》すべし」と。

爾《に》時《じ》世《せ》尊《そん》・說《せっ》此《し》經《きょう》法《ぼう》・無《む》量《りょう》衆《しゅ》生《じょう》・皆《かい》發《ほっ》無《む》上《じょう》・正《しょう》

二一六

当来　将来。
経道　諸経に教示された解《げ》脱《だつ》の道。
得度　迷いの世界を渡り、さとりの世界に生れること。
興世　世に現れること。

覺《がく》之《し》心《しん》・萬《まん》二《に》千《せん》・那《な》由《ゆ》他《た》人《にん》・得《とく》清《しょう》淨《じょう》法《ほう》眼《げん》・二《に》十《じゅう》
二《に》億《おく》・諸《しょ》天《てん》人《にん》民《みん》・得《とく》阿《あ》那《な》含《ごん》果《か》・八《はち》十《じゅう》萬《まん》比《び》丘《く》・漏《ろ》
盡《じん》意《い》解《げ》・四《し》十《じゅう》億《おく》菩《ぼ》薩《さつ》・得《とく》不《ふ》退《たい》轉《てん》・以《い》弘《ぐ》誓《ぜい》功《く》德《どく》・
而《に》自《じ》莊《しょう》嚴《ごん》・於《お》將《しょう》來《らい》世《せ》・當《とう》成《じょう》正《しょう》覺《がく》・爾《に》時《じ》三《さん》千《ぜん》・大《だい》
千《せん》世《せ》界《かい》・六《ろく》種《しゅ》震《しん》動《どう》・大《だい》光《こう》普《ふ》照《しょう》・十《じっ》方《ぽう》國《こく》土《ど》・百《ひゃく》千《せん》
音《おん》樂《がく》・自《じ》然《ねん》而《に》作《さ》・無《む》量《りょう》妙《みょう》華《け》・紛《ふん》紛《ぷん》而《に》降《ごう》・佛《ぶっ》說《せっ》經《きょう》
已《い》・彌《み》勒《ろく》菩《ぼ》薩《さつ》・及《ぎゅう》十《じっ》方《ぽう》來《らい》・諸《しょ》菩《ぼ》薩《さっ》衆《しゅ》・長《ちょう》老《ろう》阿《あ》難《なん》・
諸《しょ》大《だい》聲《しょう》聞《もん》・一《いっ》切《さい》大《だい》衆《しゅ》・聞《もん》佛《ぶっ》所《しょ》‐說《せつ》・靡《み》‐不《ふ》歡《かん》喜《ぎ》

佛《ぶっ》說《せつ》無《む》量《りょう》壽《じゅ》經《きょう》卷《かん》下《げ》

そのときに世尊《せそん》、この経法《きょうぼう》を説《と》きたまふに、無量《むりょう》の衆生《しゅじょう》、みな

二一七

＊無上正覚《むじょうしょうがく》の心《しん》を発《おこ》しき。万二千那由他《まんにせんなゆた》の人《ひと》、＊清浄法眼《しょうじょうほうげん》を得《え》、二十二億《にじゅうにおく》の諸天《しょてん》・人民《にんみん》、阿那含果《あなごんか》を得《え》、八十万《はちじゅうまん》の比丘《びく》、＊漏尽意解《ろじんいげ》し、四十億《しじゅうおく》の菩薩《ぼさつ》、不退転《ふたいてん》を得《え》、＊弘誓《ぐぜい》の功徳《くどく》をもつてみづから荘厳《しょうごん》し、将来《しょうらい》の世《よ》においてまさに正覚《しょうがく》を成《な》るべし。そのときに三千大千世界《さんぜんだいせんせかい》、＊六種《ろくしゅ》に震動《しんどう》し、大光《だいこう》あまねく十方国土《じっぽうこくど》を照《て》らす。百千《ひゃくせん》の音楽《おんがく》、自然《じねん》にしてなし、無量《むりょう》の妙華《みょうけ》、＊紛々《ふんぷん》として降《くだ》る。仏《ぶつ》、経《きょう》を説《と》きたまふこと已《おわ》りて、弥勒菩薩《みろくぼさつ》および十方《じっぽう》より来《きた》れるもろもろの菩薩衆《ぼさっしゅ》・長老《ちょうろう》阿難《あなん》、もろもろの大声聞《だいしょうもん》・一切《いっさい》の大衆《だいしゅ》、仏《ぶつ》の所説《しょせつ》を聞《き》きたてまつりて、歓喜《かんぎ》せざるはなし。

仏説《ぶっせつ》無量寿経《むりょうじゅきょう》　巻下《かんげ》

無上正覚の心　菩提心《ぼだいしん》のこと。

清浄法眼　声聞《しょうもん》の修道階位である四果の最下位、須陀洹果《しゅだおんか》（預流果《よるか》）に入って得る四諦《したい》の理をさとる智慧の眼。

漏尽意解し　煩悩を滅し尽して智慧を得、声聞の修道階位である四果の最高位、阿羅漢果《あらかんか》に達するという意。

弘誓の功徳　衆生済度の誓願を立て、その誓いに応じて修行し、種々の善根功徳《ぜんごんくどく》を積むこと。

六種に震動し　如来の出現や説法を讃えて、動《どう》・起《き》・涌《ゆう》（形の震動）と震《しん》・吼《く》・覚《かく》（音の震動）の六種の瑞相（めでたいしるし）があらわれることをいう。

紛々　乱れ散るさま。

佛說觀無量壽經

佛《ぶっ》說《せつ》觀《かん》無《む》量《りょう》壽《じゅ》經《きょう》

宋元嘉中畺良耶舎譯

如《にょ》是《ぜ》我《が》聞《もん》●一《いち》時《じ》佛《ぶつ》在《ざい》王《おう》舍《しゃ》城《じょう》●耆《ぎ》闍《しゃ》崛《くっ》山《せん》中《じゅう》●與《よ》大《だい》比《び》丘《く》衆《しゅ》●千《せん》二《に》百《ひゃく》五《ご》十《じゅう》人《にん》倶《く》●菩《ぼ》薩《さつ》三《さん》萬《まん》二《に》千《せん》●文《もん》殊《じゅ》師《し》利《り》法《ほう》王《おう》子《じ》●而《に》爲《い》上《じょう》首《しゅ》●

爾《に》時《じ》王《おう》舍《しゃ》大《だい》城《じょう》●有《う》一《いち》太《たい》子《し》●名《みょう》阿《あ》闍《じゃ》世《せ》●隨《ずい》順《じゅん》調《じょう》達《だっ》●惡《あく》友《う》之《し》敎《きょう》●收《しゅ》執《しゅ》父《ぶ》王《おう》●頻《びん》婆《ば》娑《しゃ》羅《ら》●幽《ゆ》閉《へい》置《ち》於《お》●七《しち》重《じゅう》室《しつ》内《ない》●制《せい》諸《しょ》群《ぐん》臣《しん》●一《いっ》不《ぶ》得《とく》往《おう》●國《こく》大《だい》夫《ぶ》人《にん》●名《みょう》韋《い》提《だい》希《け》●恭《く》敬《ぎょう》大《だい》王《おう》●澡《そう》浴《よく》清《しょう》淨《じょう》●以《い》酥《そ》蜜《みつ》和《わ》麨《しょう》●用《よう》塗《ず》其《ご》身《しん》●諸《しょ》瓔《よう》珞《らく》中《ちゅう》●盛《じょう》蒲《ぶ》桃《どう》漿《しょう》●密《みっ》以《ち》上《じょう》王《おう》●爾《に》時《じ》大《だい》王《おう》●食《じき》麨《しょう》飲《おん》漿《しょう》●求《ぐ》水《すい》漱《しゅ》口《く》●漱《しゅ》口《く》畢《ひっ》已《ち》●合《がっ》掌《しょう》恭《く》

敬《ぎょう》・向《こう》耆《ぎ》闍《しゃ》崛《くっ》山《せん》・遙《よう》禮《らい》世《せ》尊《そん》・而《に》作《さ》是《ぜ》言《ごん》・大《だい》目《もっ》犍《けん》連《れん》・是《ぜ》吾《ご》親《しん》友《ぬ》・願《がん》興《こう》慈《じ》悲《ひ》・授《じゅ》我《が》八《はっ》戒《かい》・時《じ》目《もっ》犍《けん》連《れん》・如《にょ》鷹《おう》隼《じゅん》飛《ぴ》・疾《しっ》至《し》王《おう》所《しょ》・日《にち》日《にち》如《にょ》是《ぜ》・授《じゅ》王《おう》八《はっ》戒《かい》・世《せ》尊《そん》亦《やっ》遣《けん》・尊《そん》者《じゃ》富《ふ》-樓《る》那《な》・爲《い》王《おう》說《せっ》法《ぽう》・如《にょ》是《ぜ》時《じ》間《けん》・經《きょう》三《さん》七《しち》日《にち》・王《おう》食《じき》麨《しょう》蜜《みつ》・得《とく》聞《もん》法《ぼう》故《こ》・顏《げん》色《しき》和《わ》悅《えつ》

仏《ぶっ》説《せつ》観《かん》無《む》量《りょう》寿《じゅ》経《きょう》

*宋元嘉中《そうのげんかちゅうに》 畺良耶舎《きょうりょうやしゃ》訳《やくす》

かくのごとく、われ聞《き》きたてまつりき。ひととき、仏《ぶつ》、王舎城《おうしゃじょう》の耆《ぎ》闍崛山《しゃくっせん》のうちにましまして、大比丘《だいびく》の衆《しゅう》千二百五十人《せんにひゃくごじゅうにん》と倶《とも》なりき。菩薩《ぼさつ》三万二千《さんまんにせん》ありき。*文殊師利法王子《もんじゅしりほうおうじ》を*上首《じょうしゅ》とせり。

宋元嘉中　宋の元嘉年中。すなわち、劉宋《りゅうそう》の文帝《ぶんてい》(四二四—四五三)の時の年代。

文殊師利法王子　文殊師利は梵語マンジュシュリー(Mañjuśrī)の音写、法王子は法王(仏)の子の意で、必

そのとき、王舎大城《おうしゃだいじょう》にひとりの太子《たいし》あり、阿闍世《あじゃせ》と名《な》づく。調達《じょうだつ》（提婆達多）悪友《あくう》の教《おしえ》に随順《ずいじゅん》して、父《ちち》の王頻婆娑羅《おうびんばしゃら》を収執《しゅうしゅう》し、幽閉《ゆうへい》して七重《しちじゅう》の室内《しつない》に置《お》き、もろもろの群臣《ぐんしん》を制《せい》して、ひとりも往《ゆ》くことを得《え》ざらしむ。国《くに》の大夫人《だいぶにん》あり、韋提希《いだいけ》と名《な》づく。大王《だいおう》を恭敬《くぎょう》し、*澡浴清浄《そうよくしょうじょう》にして、*酥蜜《そみつ》をもつて*麨《しょう》に和《わ》してもつてその身《み》に塗《ぬ》り、もろもろの瓔珞《ようらく》のなかに蒲桃《ぶどう》の*漿《しょう》を盛《い》れて、ひそかにもつて王《おう》にたてまつる。そのときに大王《だいおう》、麨《しょう》を食《じき》し漿《しょう》を飲《の》んで、水《みず》を求《もと》めて口《くち》を漱《すす》ぐ。口《くち》を漱《すす》ぎをはりて合掌恭敬《がっしょうくぎょう》し、耆闍崛山《ぎしゃくっせん》に向《む》かひ、はるかに世《せ》尊《そん》を礼《らい》してこの言《ごん》をなさく、「大目犍連《だいもくけんれん》はこれわが親友《しんぬ》なり。願《ねが》はくは慈悲《じひ》を興《おこ》して、われに*八戒《はっかい》を授《さず》けたまへ」と。ときに目犍連《もくけんれん》、鷹《たか》・隼《はやぶさ》の飛《と》ぶがごとくして、疾《と》く王《おう》の所《ところ》に至《いた》る。日々《にちにち》にかくのごとくして、王《おう》に八戒《はっかい》を授《さず》く。世尊《せそん》また、尊者富楼那《そんじゃふるな》を遣《つか》はして王《おう》のために法《ほう》を説《と》かしむ。かくのごときの時《とき》のあひだに三七日《さんしちにち》を経《へ》たり。

ず仏になる菩薩を指していう。妙吉祥《みょうきちじょう》、妙徳ともいう。普賢《ふげん》菩薩とならぶ釈尊の脇士で、智慧を司る菩薩とされる。

上首 教団の指導的役割を果たす人物。

澡浴 身体を洗うこと。

酥蜜 牛乳を精製してつくった乳酥に蜂蜜を加えたもの。

麨 米または小麦の粉。

漿 汁。※

八戒 八戒斎《はっかいさい》のこと。※

王《おう》、麨蜜《しょうみつ》を食《じき》し法《ほう》を聞《き》くことを得《う》るがゆゑに顔色和悦《げんしきわえつ》なり。

時《じ》阿《あ》闍《じゃ》世《せ》•問《もん》守《しゅ》門《もん》者《しゃ》•父《ぶ》王《おう》今《こん》者《じゃ》•猶《ゆ》存《ぞん》在《ざい》耶《や》•時《じ》守《しゅ》門《もん》人《にん》•白《びゃく》言《ごん》大《だい》王《おう》•國《こく》大《だい》夫《ぶ》人《にん》•身《しん》塗《ず》麨《しょう》蜜《みつ》•瓔《よう》珞《らく》盛《じょう》漿《しょう》•持《じ》用《よう》上《じょう》王《おう》•沙《しゃ》門《もん》目《もく》連《れん》•及《ぎゅう》富《ふ》樓《る》那《な》•從《じゅ》空《く》而《に》來《らい》•爲《い》王《おう》說《せっ》法《ぽう》•不《ふ》可《か》禁《きん》制《ぜい》•時《じ》阿《あ》闍《じゃ》世《せ》•聞《もん》此《し》語《ご》已《い》•怒《ぬ》其《ご》母《も》曰《わっ》•我《が》母《も》是《ぜ》賊《ぞく》•與《よ》賊《ぞく》爲《い》伴《ばん》•沙《しゃ》門《もん》惡《あく》人《にん》•幻《げん》惑《なく》呪《しゅ》術《じゅつ》•令《りょう》此《し》惡《あく》王《おう》•多《た》日《にち》不《ふ》死《し》•卽《そく》執《しゅ》利《り》劍《けん》•欲《よく》害《がい》其《ご》母《も》•時《じ》有《う》一《いっ》臣《しん》•名《みょう》曰《わっ》月《がっ》光《こう》•聰《そう》明《みょう》多《た》智《ち》•及《ぎゅう》與《よ》耆《ぎ》婆《ば》•爲《い》王《おう》作《さ》禮《らい》•白《びゃく》言《ごん》大《だい》王《おう》•臣《しん》聞《もん》毗《び》-陀《だ》論《ろん》經《ぎょう》說《せっ》•劫《こっ》初《しょ》已《い》來《らい》•有《う》諸《しょ》惡《あく》王《おう》•貪《とん》國《ごく》位《い》故《こ》•殺《せつ》害《がい》其《ご》父《ぶ》•一《いち》萬《まん》

八《はっ》千《せん》・未《み》曾《ぞう》聞《もん》有《ぬ》・無《む》道《どう》害《がい》母《も》・王《おう》今《こん》爲《い》此《し》・殺《せつ》逆《ぎゃく》之《し》事《じ》・汚《お》刹《せつ》利《り》種《しゅ》・臣《しん》不《ぶ》忍《にん》聞《もん》・是《ぜ》栴《せん》陀《だ》羅《ら》・不《ふ》宜《ぎ》住《じゅ》此《し》・時《じ》二《に》大《だい》臣《じん》・說《せっ》此《し》語《ご》竟《きょう》・以《い》手《しゅ》按《あん》劍《けん》・却《きゃく》行《ぎょう》而《に》退《たい》・時《じ》阿《あ》闍《じゃ》世《せ》・驚《きょう》怖《ふ》惶《おう》懼《く》・告《ごう》耆《ぎ》婆《ば》言《ごん》・汝《にょ》不《ふ》爲《い》我《が》耶《や》・耆《ぎ》婆《ば》白《びゃく》言《ごん》大《だい》王《おう》・愼《しん》莫《まく》害《がい》母《も》・王《おう》聞《もん》此《し》語《ご》・懺《さん》悔《げ》求《ぐ》救《く》・卽《そく》便《べん》捨《しゃ》劍《けん》・止《し》不《ふ》害《がい》母《も》・敕《ちょく》語《ご》內《ない》官《かん》・閉《へい》置《ち》深《じん》宮《ぐ》・不《ふ》令《りょう》復《ぶ》出《すい》

ときに阿闍世《あじゃせ》、守門《しゅもん》のものに問《と》はく、「父《ちち》の王《おう》、いまになほ存在《そんざい》せりや」と。ときに守門《しゅもん》の人《ひと》まうさく、「大王《だいおう》、国《くに》の大夫人《だいぶにん》、身《み》に麨蜜《しょうみつ》を塗《ぬ》り、瓔珞《ようらく》に漿《しょう》を盛《い》れて、もつて王《おう》にたてまつる。沙門目連《しゃもんもくれん》および富楼那《ふるな》、空《そら》より来《きた》りて王《おう》のために法《ほう》を説《と》く。禁制《きんぜい》すべからず」と。ときに阿闍世《あじゃせ》、この語《ご》を聞《き》きをはりて、その母《はは》を怒《いか》りていはく、「わが母《はは》はこれ賊《ぞく》なり。賊《ぞく》と伴《とも》なればなり。沙門《しゃもん》は悪人《あくにん》なり。*幻惑《げんわく》の呪術《しゅじゅつ》をもつて、この悪王《あくおう》をして多日《たにち》死《し》せざらしむ」と。すなはち利剣《りけん》を執《と》りて、その母《はは》を害《がい》せんと欲《ほっ》す。ときにひとりの臣《しん》あり、名《な》を月光《がっこう》といふ。聡明《そうみょう》にして多智《たち》なり。および耆婆《ぎば》と王《おう》のために礼《らい》をなしてまうさく、「大王《だいおう》、*臣聞《しんき》く、〈*毘陀論経《びだろんきょう》〉に説《と》かく、〈*劫初《こうしょ》よりこのかたもろもろの悪王《あくおう》ありて、国位《こくい》を貪《むさぼ》るがゆゑにその父《ちち》を殺《せっ》害《がい》せること一万八千《いちまんはっせん》なり〉と。いまだかつて無道《むどう》に母《はは》を害《がい》することあるを聞《き》かず。王《おう》いまこの殺逆《せつぎゃく》の事《じ》をなさば、*刹利種《せつりしゅ》を汚《けが》さん。臣《しん》聞《き》くに忍《しの》びず。これ*栴陀羅《せんだら》なり。よろしくここに住《じゅう》すべからず」と。ときにふたりの大臣《だいじん》、この語《ご》を説《と》きをはりて、手《て》をもつて剣《けん》を按《おさ》へて*却行《きゃくぎょう》して退《しりぞ》く。ときに阿闍世《あじゃせ》、驚怖《きょうふ》し*惶懼《おうく》して耆婆《ぎば》に告《つ》げていは

八

幻惑の呪術　呪文などをとなえて、人をまどわす魔術。

臣聞く　わたくしどもの聞くところでは。

毘陀論経　毘陀は梵語ヴェーダ(Veda)の音写。吠陀《べいだ》、韋陀《いだ》とも音写する。古代インドの宗教的聖典でバラモン教の根本聖典の総称。讃歌、呪文、祭詞などを集めたもので、インドの宗教、哲学、文学の根源をなす書である。

劫初　成劫のはじめ。世界の成立当初。

刹利種　刹帝利種《せっていりしゅ》のこと。梵語クシャトリヤ(kṣatriya)の音写。古代インドの四姓制度(カースト制度)の第二階級。婆羅門族につぐもので、王族・貴族・士族の階級。刹利種の種は家柄のこと。

栴陀羅　梵語チャンダーラ(caṇḍāla)の音写。→補註4

却行　後向きに退くこと。

く、「なんぢ、わがためにせざるや」と。耆婆《ぎば》、大王《だいおう》にまうさく、「つつしんで母《はは》を害《がい》することなかれ」と。王《おう》、この語《ご》を聞《き》きて懺悔《さんげ》して救《たす》けんことを求《もと》む。すなはち剣《けん》を捨《す》てて止《とど》まりて母《はは》を害《がい》せず。*内官《ないかん》に勅語《ちょくご》し深宮《じんぐ》に閉置《へいち》して、また出《いだ》さしめず。

時《じ》韋《い》提《だい》希《け》・被《び》幽《ゆ》閉《へい》已《い》・愁《しゅう》憂《う》憔《しょう》悴《すい》・遙《よう》向《こう》耆《ぎ》闍《しゃ》崛《くっ》山《せん》・爲《い》佛《ぶつ》作《さ》禮《らい》・而《に》作《さ》是《ぜ》言《ごん》・如《にょ》來《らい》世《せ》尊《そん》・在《ざい》昔《しゃく》之《し》時《じ》・恒《ごう》遣《けん》阿《あ》難《なん》・來《らい》慰《い》問《もん》我《が》・我《が》今《こん》愁《しゅう》憂《う》・世《せ》尊《そん》威《い》重《じゅう》・無《む》由《ゆ》得《とっ》見《けん》・願《がん》遣《けん》目《もく》連《れん》・尊《そん》者《じゃ》阿《あ》難《なん》・與《よ》我《が》相《そう》見《けん》・作《さ》是《ぜ》語《ご》已《い》・悲《ひ》泣《きゅう》雨《う》淚《るい》・遙《よう》向《こう》佛《ぶつ》禮《らい》・未《み》擧《こ》頭《ず》頃《きょう》・爾《に》時《じ》世《せ》尊《そん》・在《ざい》耆《ぎ》闍《しゃ》崛《くっ》山《せん》・知《ち》韋《い》提《だい》希《け》・心《しん》之《し》所《しょ》念《ねん》・卽《そく》勅《ちょく》大《だい》

惶懼　おそれかしこむこと。

内官　宮中に奉仕する役人。

目《もっ》犍《けん》連《れん》・及《ぎゅう》以《い》阿《あ》難《なん》・從《じゅ》空《く》而《に》來《らい》・佛《ぶつ》從《じゅ》耆《ぎ》闍《しゃ》崛《くっ》山《せん》
沒《もっ》・於《お》王《おう》宮《ぐ》出《しゅつ》・時《じ》韋《い》提《だい》希《け》・禮《らい》已《い》擧《こ》頭《ず》・見《けん》世《せ》尊《そん》・釋《しゃ》―
迦《か》牟《む》―尼《に》佛《ぶつ》・身《しん》紫《し》金《こん》色《じき》・坐《ざ》百《ひゃっ》寶《ぽう》蓮《れん》華《げ》・目《もく》連《れん》侍《じ》左《さ》・
阿《あ》難《なん》在《ざい》右《う》・釋《しゃく》梵《ぼん》護《ご》世《せ》諸《しょ》天《てん》・在《ざい》虛《こ》空《く》中《じゅう》・普《ふ》雨《う》天《てん》
華《げ》・持《じ》用《よう》供《く》養《よう》・時《じ》韋《い》提《だい》希《け》・見《けん》佛《ぶつ》世《せ》尊《そん》・自《じ》絕《ぜつ》瓔《よう》珞《らく》・
擧《こ》身《しん》投《とう》地《じ》・號《ごう》泣《きゅう》向《こう》佛《ぶつ》・白《びゃく》言《ごん》世《せ》尊《そん》・我《が》宿《しゅく》何《が》罪《ざい》・生《しょう》
此《し》惡《あく》子《し》・世《せ》尊《そん》復《ぶ》有《う》・何《が》等《とう》因《いん》緣《ねん》・與《よ》提《だい》婆《ば》達《だっ》多《た》・共《ぐ》
爲《い》眷《けん》屬《ぞく》

ときに韋提希《いだいけ》、幽閉《ゆうへい》せられをはりて愁憂《しゅうう》＊憔悴《しょうすい》す。はるかに耆闍《ぎしゃ》崛山《くっせん》に向《む》かひて、仏《ぶつ》のために礼《らい》をなしてこの言《ごん》をなさく、「如来世尊《にょらいせそん》、

一〇

憔悴　やつれること。

むかしのとき、つねに阿難《あなん》を遣《つか》はし、来《きた》らしめてわれを慰問《いもん》したまひき。われいま愁憂《しゅうう》す。世尊《せそん》は*威重《いじゅう》にして、見《み》たてまつることを得《う》るに由《よし》なし。願《ねが》はくは目連《もくれん》と尊者阿難《そんじゃあなん》を遣《つか》はして、われとあひ見《まみ》えしめたまへ」と。この語《ご》をなしをはりて悲泣雨涙《ひきゅううるい》して、はるかに仏《ぶつ》に向《む》かひて礼《らい》したてまつる。いまだ頭《こうべ》を挙《あ》げざるあひだに、そのとき世尊《せそん》、耆闍崛山《ぎしゃくっせん》にましまして、韋提希《いだいけ》の心《こころ》の所念《しょねん》を知《し》ろしめして、すなはち大目犍連《だいもくけんれん》および阿難《あなん》に勅《ちょく》して、空《そら》より来《きた》らしめ、仏《ぶつ》、耆闍《ぎしゃ》崛山《くっせん》より没《もっ》して王宮《おうぐ》に出《い》でたまふ。ときに韋提希《いだいけ》、礼《らい》しをはりて頭《こうべ》を挙《あ》げ、世尊釈迦牟尼仏《せそんしゃかむにぶつ》を見《み》たてまつる。身《み》は*紫金色《しこんじき》にして百宝《ひゃっぽう》の蓮華《れんげ》に坐《ざ》したまへり。目連《もくれん》は左《ひだり》に侍《はべ》り、阿難《あなん》は右《みぎ》にあり。*釈《しゃく》・梵《ぼん》・護世《ごせ》の諸天《しょてん》、虚空《こくう》のなかにありてあまねく天華《てんげ》を雨《あめふ》らしてもつて供《く》養《よう》したてまつる。ときに韋提希《いだいけ》、仏世尊《ぶつせそん》を見《み》たてまつりて、みづから瓔珞《ようらく》を絶《た》ち、身《み》を挙《あ》げて地《じ》に投《な》げ、号泣《ごうきゅう》して仏《ぶつ》に向《む》かひてまうさ

威重　威徳が高く、重々しいこと。

紫金色　閻浮檀金色《えんぶだんごんじき》ともいう。※

釈梵護世の諸天　釈は帝釈《たいしゃく》天《てん》、梵は梵天《ぼんてん》、護世の諸天は四天王《してんのう》のこと。

く、「世尊《せそん》、われむかし、なんの罪《つみ》ありてかこの悪子《あくし》を生《しょう》ずる。世《せ》尊《そん》また、なんらの因縁《いんねん》ましましてか、提婆達多《だいばだった》とともに眷属《けんぞく》たる。

唯《ゆい》願《がん》世《せ》尊《そん》●為《い》我《が》廣《こう》説《ぜつ》●無《む》憂《う》惱《のう》處《しょ》●我《が》當《とう》往《おう》生《じょう》●不《ふ》樂《ぎょう》閻《えん》浮《ぶ》提《だい》●濁《じょく》惡《あく》世《せ》也《や》●此《し》濁《じょく》惡《あく》處《しょ》●地《じ》獄《ごく》餓《が》鬼《き》●畜《ちく》生《しょう》盈《よう》滿《まん》●多《た》不《ふ》善《ぜん》聚《じゅ》●願《がん》我《が》未《み》來《らい》●不《ふ》聞《もん》惡《あく》聲《しょう》●不《ふ》見《けん》惡《あく》人《にん》●今《こん》向《こう》世《せ》尊《そん》●五《ご》體《たい》投《とう》地《じ》●求《ぐ》哀《あい》懺《さん》悔《げ》●唯《ゆい》願《がん》佛《ぶつ》日《にち》●教《きょう》我《が》觀《かん》於《の》●清《しょう》淨《じょう》業《ごっ》處《しょ》●爾《に》時《じ》世《せ》尊《そん》●放《ほう》眉《み》間《けん》光《こう》●其《ご》光《こう》金《こん》色《じき》●徧《へん》照《じょう》十《じっ》方《ぽう》●無《む》量《りょう》世《せ》界《かい》●還《げん》住《じゅう》佛《ぶっ》頂《ちょう》●化《け》為《い》金《こん》臺《だい》●如《にょ》須《しゅ》彌《み》山《せん》●十《じっ》方《ぽう》諸《しょ》佛《ぶつ》●淨《じょう》妙《みょう》國《こく》土《ど》●皆《かい》於《お》中《ちゅう》現《げん》●或《わく》有《う》國《こく》土《ど》●七《しっ》寶《ぽう》合《ごう》成《じょう》●復《ぶ》有《う》國《こく》土《ど》●純《じゅん》是《ぜ》蓮《れん》

華《げ》・復《ぶ》有《う》國《こく》土《ど》・如《にょ》自《じ》在《ざい》天《てん》宮《ぐ》・復《ぶ》有《う》國《こく》土《ど》・如《にょ》玻《は》瓈《り》
鏡《きょう》・十《じっ》方《ぽう》國《こく》土《ど》・皆《かい》於《お》中《ちゅう》現《げん》・有《う》如《にょ》是《ぜ》等《とう》・無《む》量《りょう》諸《しょ》佛《ぶっ》
國《こく》土《ど》・嚴《ごん》顯《けん》可《か》觀《かん》・令《りょう》韋《い》提《だい》希《け》見《けん》・時《じ》韋《い》提《だい》希《け》・白《びゃく》佛《ぶつ》
言《ごん》世《せ》尊《そん》・是《ぜ》諸《しょ》佛《ぶつ》土《ど》・雖《すい》復《ぶ》清《しょう》淨《じょう》・皆《かい》有《う》光《こう》明《みょう》・我《が》今《こん》
樂《ぎょう》生《しょう》・極《ごく》樂《らく》世《せ》界《かい》・阿《あ》彌《み》陀《だ》佛《ぶっ》所《しょ》・唯《ゆい》願《がん》世《せ》尊《そん》・教《きょう》我《が》
思《し》惟《ゆい》・教《きょう》我《が》正《しょう》受《じゅ》

*やや、願《ねが》はくは世尊《せそん》、わがために広《ひろ》く憂悩《うのう》なき処《ところ》を説《と》きたまへ。われまさに往生《おうじょう》すべし。閻浮提《えんぶだい》の濁悪《じょくあく》の世《よ》をば楽《ねが》はざるなり。この濁悪《じょくあく》の処《ところ》は*地獄《じごく》・餓鬼《がき》・畜生《ちくしょう》盈満《ようまん》し、不善《ふぜん》の聚《ともがら》多《おお》し。願《ねが》はくは、われ未来《みらい》に悪《あく》の声《こえ》を聞《き》かじ、悪人《あくにん》を見《み》じ。いま世尊《せそん》に向《む》かひて*五体《ごたい》を

やや　相手に恭順の意を示しつつ応諾する語。「はい」とか「どうぞ」にあたる。※
地獄餓鬼畜生　これらを三《さん》悪趣《まくしゅ》という。
五体を地に投げて　両ひざ・両ひじ・額の五体を地につ

地《じ》に投《な》げて哀《あわ》れみを求《もと》めて懺悔《さんげ》す。やや、願《ねが》はくは*仏日《ぶつにち》、われに教《おし》へて*清浄業処《しょうじょうごっしょ》を観《かん》ぜしめたまへ」と。そのとき世尊《せそん》、眉間《みけん》の光《ひかり》を放《はな》ちたまふ。その光金色《ひかりこんじき》なり。あまねく十方無量《じっぽうむりょう》の世界《せかい》を照《て》らし、還《かえ》りて仏《ぶつ》の頂《いただき》に住《とど》まりて化《け》して金《こがね》の台《うてな》となる。〔その形《かたち》は〕須弥山《しゅみせん》のごとし。十方諸仏《じっぽうしょぶつ》の浄妙《じょうみょう》の国土《こくど》、みななかにおいて現《げん》ず。あるいは国土《こくど》あり、七宝合成《しっぽうごうじょう》せり。また国土《こくど》あり、もつぱらこれ蓮華《れんげ》なり。また国土《こくど》あり、*自在天宮《じざいてんぐ》のごとし。また国土《こくど》あり、*玻瓈鏡《はりきょう》のごとし。十方《じっぽう》の国土《こくど》、みななかにおいて現《げん》ず。かくのごときらの無量《むりょう》の諸仏《しょぶつ》の国土《こくど》あり。厳顕《ごんけん》にして観《み》つべし。韋提希《いだいけ》をして見《み》せしめたまふ。

ときに韋提希《いだいけ》、仏《ぶつ》にまうしてまうさく、「世尊《せそん》、このもろもろの仏土《ぶつど》、また清浄《しょうじょう》にしてみな光明《こうみょう》ありといへども、われいま極楽世界《ごくらくせかい》の阿《あ》弥陀仏《みだぶつ》の所《みもと》に生《しょう》ぜんことを楽《ねが》ふ。やや、願《ねが》はくは世尊《せそん》、われに*思惟《しゆい》を教《おし》へたまへ、われに*正受《しょうじゅ》を教《おし》へたまへ」と。

けて礼拝するという意。

仏日　釈尊を太陽に喩えて仏日という。

清浄業処　清浄の業因によって報い現れた世界、すなわち浄土をいう。

自在天宮　欲界《よくかい》の天の最高処である他化自在天《たけじざいてん》の宮殿。

玻瓈鏡　水晶でできた鏡。

思惟　精神統一して浄土のすがたを想い浮べること。正受の前段階。

正受　思惟が完成して、浄土のすがたが行者の心と一つになること。これが観の成就である。

爾《に》時《じ》世《せ》尊《そん》•即《そく》便《べん》微《み》笑《しょう》•有《う》五《ご》色《しっ》光《こう》•從《じゅ》佛《ぶっ》口《く》出《しゅつ》•一《いち》
一《いち》光《こう》照《しょう》•頻《びん》婆《ば》娑《しゃ》羅《ら》頂《ちょう》•爾《に》時《じ》大《だい》王《おう》•雖《すい》在《ざい》幽《ゆ》閉《へい》•心《しん》
眼《げん》無《む》障《しょう》•遥《よう》見《けん》世《せ》尊《そん》•頭《ず》面《めん》作《さ》禮《らい》•自《じ》然《ねん》増《ぞう》進《しん》•成《じょう》阿《あ》
那《な》含《ごん》•

爾《に》時《じ》世《せ》尊《そん》•告《ごう》韋《い》提《だい》希《け》•汝《にょ》今《こん》知《ち》不《ふ》•阿《あ》彌《み》陀《だ》佛《ぶつ》•去《こ》
此《し》不《ふ》遠《おん》•汝《にょ》當《とう》繋《け》念《ねん》•諦《たい》觀《かん》彼《ひ》國《こく》•淨《じょう》業《ごう》成《じょう》者《しゃ》•我《が》今《こん》
爲《い》汝《にょ》•廣《こう》説《ぜつ》衆《しゅ》譬《び》•亦《やく》令《りょう》未《み》來《らい》世《せ》•一《いっ》切《さい》凡《ぼん》夫《ぶ》•欲《よく》修《しゅ》
淨《じょう》業《ごう》者《しゃ》•得《とく》生《しょう》西《さい》方《ほう》•極《ごく》樂《らっ》國《こく》土《ど》•欲《よく》生《しょう》彼《ひ》國《こく》者《しゃ》•當《とう》
修《しゅ》三《さん》福《ぷく》•一《いっ》者《しゃ》孝《きょう》養《よう》父《ぶ》母《も》•奉《ぶ》事《じ》師《し》長《ちょう》•慈《じ》心《しん》不《ふ》殺《せっ》•
修《しゅ》十《じゅう》善《ぜん》業《ごう》•二《に》者《しゃ》受《じゅ》持《じ》三《さん》歸《き》•具《ぐ》足《そく》衆《しゅ》戒《かい》•不《ふ》犯《ぼん》威《い》
儀《ぎ》•三《さん》者《じゃ》發《ほっ》菩《ぼ》提《だい》心《しん》•深《じん》信《しん》因《いん》果《が》•讀《どく》誦《じゅ》大《だい》乘《じょう》•勸《かん》進《じん》

行《ぎょう》者《じゃ》・如《にょ》此《し》三《さん》事《じ》・名《みょう》爲《い》淨《じょう》業《ごう》・佛《ぶつ》告《ごう》韋《い》提《だい》希《け》・汝《にょ》今《こん》知《ち》不《ふ》・此《し》三《さん》種《じゅ》業《ごう》・過《か》去《こ》未《み》來《らい》現《げん》在《ざい》・三《さん》世《ぜ》諸《しょ》佛《ぶつ》・淨《じょう》業《ごう》正《しょう》因《いん》

そのとき世尊《せそん》、すなはち微笑《みしょう》したまふに、五色《ごしき》の光《ひかり》ありて仏《ぶつ》の口《くち》より出《い》づ。一々《いちいち》の光《ひかり》、頻婆娑羅《びんばしゃら》の頂《いただき》を照《て》らす。そのとき大王《だいおう》、幽閉《ゆうへい》にありといへども心眼障《しんげんさわり》なく、はるかに世尊《せそん》を見《み》たてまつりて頭面《ずめん》、礼《らい》をなし、〔王《おう》の心《こころ》は〕自然《じねん》に増進《ぞうしん》して阿那含《あなごん》と成《な》る。

そのとき世尊《せそん》、韋提希《いだいけ》に告《つ》げたまはく、「なんぢいま、知《し》れりやいなや。阿弥陀仏《あみだぶつ》、ここを去《さ》ること遠《とお》からず。なんぢ、まさに繋念《けねん》して、あきらかに*かの国《くに》の浄業成《じょうごうじょう》じたまへるひとを観《かん》ずべし。われいまなんぢがために広《ひろ》く*もろもろの譬《たと》へを説《と》き、また未来世《みらいせ》の一切《いっさい》

かの国の…　浄業を成じた人、つまり阿弥陀仏を指す。ただし「あきらかにかの国を観ずべし。浄業成ずるものなり」と読む場合は、観によって往生浄土の業が成就するという意になる。
もろもろの譬へ　以下に明かす定善《じょうぜん》十三観をいう。

凡夫《ぼんぶ》の、浄業《じょうごう》を修《しゅ》せんと欲《おも》はんものをして西方極楽国土《さいほうごくらくこくど》に生《しょう》ずることを得《え》しめん。

かの国《くに》に生《しょう》ぜんと欲《おも》はんものは、まさに三福《さんぷく》を修《しゅ》すべし。一《ひと》つには父母《ぶも》に孝養《きょうよう》し、師長《しちょう》に奉事《ぶじ》し、慈心《じしん》にして殺《ころ》さず、*十善業《じゅうぜんごう》を修《しゅ》す。二《ふた》つには*三帰《さんき》を受持《じゅじ》し、*衆戒《しゅかい》を具足《ぐそく》し、*威儀《いぎ》を犯《おか》さず。三《み》つには菩提心《ぼだいしん》を発《おこ》し、深《ふか》く因果《いんが》を信《しん》じ、*大乗《だいじょう》を読誦《どくじゅ》し、行者《ぎょうじゃ》を*勧進《かんじん》す。かくのごときの三事《さんじ》を名《な》づけて浄業《じょうごう》とす」と。仏《ぶつ》、韋提希《いだいけ》に告《つ》げたまはく、「なんぢいま、知《し》れりやいなや。この三種《さんしゅ》の業《ごう》は、過去《かこ》・未来《みらい》・現在《げんざい》、三世《さんぜ》の諸仏《しょぶつ》の*浄業《じょうごう》の正因《しょういん》なり」と。

佛《ぶつ》告《ごう》阿《あ》難《なん》●及《ぎゅう》韋《い》提《だい》希《け》●諦《たい》聽《ちょう》諦《たい》聽《ちょう》●善《ぜん》思《し》念《ねん》之《し》●如《にょ》來《らい》今《こん》者《じゃ》●爲《い》未《み》來《らい》世《せ》●一《いっ》切《さい》衆《しゅ》生《じょう》●爲《い》煩《ぼん》惱《のう》賊《ぞく》●之《し》所《しょ》

十善業　十種の善行。
三帰　三帰依ともいう。
衆戒　もろもろの戒め。五戒、八戒斎《はっかいさい》、十戒《じっかい》、具足戒《ぐそくかい》など。
威儀　規則にかなった正しい行い。
大乗　大乗経典のこと。
勧進　人を勧めて仏道に入らしめること。
浄業の正因　三世の諸仏が、仏となるために修行される正しい因《たね》。

害《がい》者《しゃ》・説《せっ》清《しょう》淨《じょう》業《ごう》・善《ぜん》哉《ざい》韋《い》提《だい》希《け》・快《け》問《もん》此《し》事《じ》・阿《あ》難《なん》汝《にょ》當《とう》受《じゅ》持《じ》・廣《こう》爲《い》多《た》衆《しゅ》・宣《せん》説《ぜつ》佛《ぶつ》語《ご》・如《にょ》來《らい》今《こん》者《じゃ》・教《きょう》韋《い》提《だい》希《け》・及《ぎゅう》未《み》來《らい》世《せ》・一《いっ》切《さい》衆《しゅ》生《じょう》・觀《かん》於《の》西《さい》方《ほう》・極《ごく》樂《らく》世《せ》界《かい》・以《い》佛《ぶつ》力《りっ》故《こ》・當《とう》得《とく》見《けん》彼《ぴ》清《しょう》淨《じょう》國《こく》土《ど》・如《にょ》執《しゅう》明《みょう》鏡《きょう》・自《じ》見《けん》面《めん》像《ぞう》・見《けん》彼《ぴ》國《こく》土《ど》・極《ごく》妙《みょう》樂《らく》事《じ》・心《しん》歡《かん》喜《ぎ》故《こ》・應《おう》時《じ》即《そく》得《とく》・無《む》生《しょう》法《ぼう》忍《にん》・佛《ぶつ》告《ごう》韋《い》提《だい》希《け》・汝《にょ》是《ぜ》凡《ぼん》夫《ぶ》・心《しん》想《そう》羸《るい》劣《れつ》・未《み》得《とく》天《てん》眼《げん》・不《ふ》能《のう》遠《おん》觀《かん》・諸《しょ》佛《ぶつ》如《にょ》來《らい》・有《う》異《い》方《ほう》便《べん》・令《りょう》汝《にょ》得《とっ》見《けん》・時《じ》韋《い》提《だい》希《け》・白《びゃく》佛《ぶつ》言《ごん》世《せ》尊《そん》・如《にょ》我《が》今《こん》者《じゃ》・以《い》佛《ぶつ》力《りっ》故《こ》・見《けん》彼《ぴ》國《こく》土《ど》・若《にゃく》佛《ぶつ》滅《めつ》後《ご》・諸《しょ》衆《しゅ》生《じょう》等《とう》・濁《じょく》惡《あく》不《ふ》善《ぜん》・五《ご》苦《く》所《しょ》逼《ひっ》・云《うん》何《が》當《とう》見《けん》・阿《あ》彌《み》陀《だ》佛《ぶつ》・極《ごく》樂《らく》世《せ》界《かい》

仏《ぶつ》、阿難《あなん》および韋提希《いだいけ》に告《つ》げたまはく、「あきらかに聴《き》け、あきらかに聴《き》け、よくこれを思念《しねん》せよ。如来《にょらい》、いま未来世《みらいせ》の一切衆生《いっさいしゅじょう》の、煩悩《ぼんのう》の賊《ぞく》のために害《がい》せらるるもののために、清浄《しょうじょう》の業《ごう》を説《と》かん。善《よ》いかな韋提希《いだいけ》、快《こころよ》くこの事《じ》を問《と》へり。阿難《あなん》、なんぢまさに受持《じゅじ》して、広《ひろ》く多衆《たしゅ》のために仏語《ぶつご》を宣説《せんぜつ》すべし。如来《にょらい》、いま韋提希《いだいけ》および未来《みらい》世《せ》の一切衆生《いっさいしゅじょう》を教《おし》へて西方極楽世界《さいほうごくらくせかい》を観《かん》ぜしむ。仏力《ぶつりき》をもつてのゆゑに、まさにかの清浄《しょうじょう》の国土《こくど》を見《み》ること、明鏡《みょうきょう》を執《と》りてみづから面《めん》像《ぞう》を見《み》るがごとくなるを得《う》べし。かの国土《こくど》の極妙《ごくみょう》の楽事《らくじ》を見《み》て、心《しん》歓喜《かんぎ》するがゆゑに、時《とき》に応《おう》じてすなはち無生法忍《むしょうぼうにん》を得《え》ん」と。仏《ぶつ》、韋提希《いだいけ》に告《つ》げたまはく、「なんぢはこれ凡夫《ぼんぶ》なり。*心想羸劣《しんそうるいれつ》にして、いまだ*天眼《てんげん》を得《え》ざれば、遠《とお》く観《み》ることあたはず。諸仏如来《しょぶつにょらい》に*異《い》の方《ほう》便《べん》ましまして、なんぢをして見《み》ることを得《え》しむ」と。ときに韋提希《いだいけ》、仏《ぶつ》にまうしてまうさく、「世尊《せそん》、わがごときは、いま仏力《ぶつりき》をもつて

心想羸劣　心が弱く劣っていること。
天眼　天眼通のこと。六神通の一。
異の方便　とくにすぐれた方法。

のゆゑにかの国土《こくど》を見《み》る。もし仏滅後《ぶつめつご》のもろもろの衆生等《しゅじょうとう》、濁悪不《じょくあくふ》善《ぜん》にして五苦《ごく》に逼《せ》められん。いかんしてか、まさに阿弥陀仏《あみだぶつ》の極楽《ごくらく》世界《せかい》を見《み》たてまつるべき」と。

佛《ぶつ》告《ごう》韋《い》提《だい》希《け》・汝《にょ》及《ぎゅう》衆《しゅ》生《じょう》・應《おう》當《とう》專《せん》心《しん》・繋《け》念《ねん》一《いっ》處《しょ》・想《そう》於《お》西《さい》方《ほう》・云《うん》何《が》作《さ》想《そう》・凡《ぼん》作《さ》想《そう》者《しゃ》・一《いっ》切《さい》衆《しゅ》生《じょう》・自《じ》非《ひ》生《しょう》盲《もう》・有《う》目《もく》之《し》徒《と》・皆《かい》見《けん》日《にち》沒《もつ》・當《とう》起《き》想《そう》念《ねん》・正《しょう》坐《ざ》西《さい》向《こう》・諦《たい》觀《かん》於《お》日《にち》・令《りょう》心《しん》堅《けん》住《じゅう》・專《せん》想《そう》不《ふ》移《い》・見《けん》日《にち》欲《よく》沒《もつ》・狀《じょう》如《にょ》懸《げん》鼓《く》・既《き》見《けん》日《にっ》已《ち》・閉《へい》目《もく》開《かい》目《もく》・皆《かい》令《りょう》明《みょう》了《りょう》・是《ぜ》爲《い》日《にっ》想《そう》・名《みょう》曰《わっ》初《しょ》觀《かん》・

次《し》作《さ》水《すい》想《そう》・見《けん》水《すい》澄《じょう》清《しょう》・亦《やく》令《りょう》明《みょう》了《りょう》・無《む》分《ふん》散《さん》意《に》・既《き》

見《けん》水《すい》已《い》•當《とう》起《き》氷《ひょう》想《そう》•見《けん》氷《ぴょう》映《よう》徹《てつ》•作《さ》瑠《る》璃《り》想《そう》•此《し》想《そう》
成《じょう》已《い》•見《けん》瑠《る》璃《り》地《じ》•内《ない》外《げ》映《よう》徹《てつ》•下《げ》有《う》金《こん》剛《ごう》•七《しっ》寶《ぽう》金《こん》
幢《どう》•擎《ぎょう》瑠《る》璃《り》地《じ》•其《ご》幢《どう》八《はっ》方《ぽう》•八《はち》楞《りょう》具《ぐ》足《そく》•一《いち》一《いち》方《ほう》面《めん》•
百《ひゃっ》寶《ぽう》所《しょ》成《じょう》•一《いち》一《いち》寶《ほう》珠《しゅ》•有《う》千《せん》光《こう》明《みょう》•一《いち》一《いち》光《こう》明《みょう》•八《はち》
萬《まん》四《し》千《せん》色《しき》•映《よう》瑠《る》璃《り》地《じ》•如《にょ》億《おく》千《せん》日《にち》•不《ふ》可《か》具《ぐ》見《けん》•瑠《る》
璃《り》地《じ》上《じょう》•以《い》黄《おう》金《ごん》縄《じょう》•雑《ざっ》廁《し》間《けん》錯《ざく》•以《い》七《しっ》寶《ぽう》界《かい》•分《ぶん》齊《ざい》
分《ふん》明《みょう》•一《いち》一《いち》寶《ほう》中《ちゅう》•有《う》五《ご》百《ひゃく》色《しっ》光《こう》•其《ご》光《こう》如《にょ》華《け》•又《う》似《じ》
星《しょう》月《がつ》•懸《げん》處《しょ》虚《こ》空《く》•成《じょう》光《こう》明《みょう》臺《だい》•樓《ろう》閣《かく》千《せん》萬《まん》•百《ひゃっ》寶《ぽう》合《ごう》
成《じょう》•於《お》臺《だい》兩《りょう》邊《へん》•各《かく》有《う》百《ひゃく》億《おく》華《け》幢《どう》•無《む》量《りょう》樂《がっ》器《き》•以《い》為《い》
莊《しょう》嚴《ごん》•八《はっ》種《しゅ》清《しょう》風《ふ》•從《じゅ》光《こう》明《みょう》出《しゅつ》•鼓《く》此《し》樂《がっ》器《き》•演《えん》說《ぜつ》苦《く》
空《く》•無《む》常《じょう》無《む》我《が》之《し》音《おん》•是《ぜ》為《い》水《すい》想《そう》•名《みょう》第《だい》二《に》觀《かん》

仏《ぶつ》、韋提希《いだいけ》に告《つ》げたまはく、「なんぢおよび衆生《しゅじょう》、まさに心《こころ》をもつぱらにし念《おもい》を一処《いっしょ》に繋《か》けて、西方《さいほう》を想《おも》ふべし。いかんが想《そう》をなす。おほよそ想《そう》をなすといふは、一切衆生《いっさいしゅじょう》、生盲《しょうもう》にあらざるよりは、有《う》目《もく》の徒《ともがら》、みな日没《にちもつ》を見《み》よ。まさに想念《そうねん》を起《おこ》し正坐《しょうざ》し西向《さいこう》して、あきらかに日《ひ》を観《かん》じて、心《こころ》をして堅住《けんじゅう》ならしめて専想《せんそう》して移《うつ》らざれば、日《ひ》の没《もっ》せんと欲《ほっ》して、状《かたち》、鼓《つづみ》を懸《か》けたるがごとくなるを見《み》るべし。すでに日《ひ》を見《み》ること已《おわ》らば、閉目《へいもく》・開目《かいもく》に、みな明了《みょうりょう》ならしめよ。これを日想《にっそう》とし、名《な》づけて初《はじ》めの観《かん》といふ。

次《つぎ》に水想《すいそう》をなせ。水《みず》の澄清《ちょうしょう》なるを見《み》て、また明了《みょうりょう》にして分散《ふんさん》の意《こころ》なからしめよ。すでに水《みず》を見《み》をはりなば、まさに氷想《ひょうそう》を起《おこ》すべし。氷《こおり》の映徹《*ようてつ》せるを見《み》て瑠璃《*るり》の想《そう》をなせ。この想成《そうじょう》じをはりて、瑠璃地《るりじ》の内外《ないげ》に映徹《ようてつ》せるを見《み》ん。下《した》に金剛七宝《*こんごうしっぽう》の金《こがね》の幢《*はたぼこ》ありて瑠璃地《るりじ》を擎《ささ》ぐ。その幢《はたぼこ》、八方《はっぽう》にして八楞《*はちりょう》を具足《ぐそく》せり。一々《いちいち》の方面《ほうめん》は百宝《ひゃっぽう》の所成《しょじょう》

映徹　すきとおっていること。
瑠璃　青色の宝石。※
金剛　梵語ヴァジュラ（vajra）の漢訳。不壊の義で何よりも堅いこと。このことから最上、最勝の意に用いられる。
幢　のぼりばた。※
八楞　楞は角の意味で、八角のこと。

なり。一々《いちいち》の宝珠《ほうしゅ》に千《せん》の光明《こうみょう》あり。一々《いちいち》の光明《こうみょう》、八万四千色《はちまんしせんしき》なり。瑠璃地《るりじ》に映《よう》ずること億千《おくせん》の日《ひ》のごとし。つぶさに見《み》るべからず。瑠《る》璃地《りじ》の上《うえ》に黄金《おうごん》の*縄《なわ》をもつて*雑廁間錯《ざっしけんざく》し、七宝《しっぽう》をもつて界《さか》ひて*分斉《ぶんざい》分明《ぶんみょう》なり。一々《いちいち》の宝《たから》のうちに五百色《ごひゃくしき》の光《ひかり》あり。その光《ひかり》、華《はな》のごとし。また星《しょう》・月《がつ》に似《に》たり。虚空《こくう》に懸処《けんしょ》して光明《こうみょう》の台《うてな》と成《な》る。楼閣千万《ろうかくせんまん》にして百宝合成《ひゃっぽうごうじょう》す。台《うてな》の両辺《りょうへん》において、おのおの百億《ひゃくおく》の華幢《けどう》、無量《むりょう》の楽器《がっき》あり、もつて荘厳《しょうごん》とす。*八種《はっしゅ》の清風《しょうふう》、光明《こうみょう》より出《い》でてこの楽器《がっき》を鼓《う》つに、苦《く》・空《くう》・無常《むじょう》・無我《むが》の音《こえ》を演説《えんぜつ》す。これを水想《すいそう》とし、第《だい》二《に》の観《かん》と名《な》づく。

此《し》想《そう》成《じょう》時《じ》・一《いち》一《いち》観《かん》之《し》・極《ごく》令《りょう》了《りょう》了《りょう》・閉《へい》目《もく》開《かい》目《もく》・不《ふ》令《りょう》散《さん》失《しつ》・唯《ゆい》除《じょ》睡《すい》時《じ》・恆《ごう》憶《おく》此《し》事《じ》・如《にょ》此《し》想《そう》者《しゃ》・名《みょう》為《い》

縄　道を喩えて縄という。

雑廁間錯　縦横に交わり合っていること。

分斉　分際。区域。

八種の清風　四方四隅から吹きよせる清涼な風。

粗《そ》見《けん》●極《ごく》樂《らっ》國《こく》地《じ》●若《にゃく》得《とく》三《さん》昧《まい》●見《けん》彼《ぴ》國《こく》地《じ》●了《りょう》了《りょう》分《ふん》明《みょう》●不《ふ》可《か》具《ぐ》說《せつ》●是《ぜ》爲《い》地《じ》想《そう》●名《みょう》第《だい》三《さん》觀《がん》●佛《ぶつ》告《ごう》阿《あ》難《なん》●汝《にょ》持《じ》佛《ぶつ》語《ご》●爲《い》未《み》來《らい》世《せ》●一《いっ》切《さい》大《だい》衆《しゅ》●欲《よく》脫《だっ》苦《く》者《しゃ》●說《せつ》是《ぜ》觀《かん》地《じ》法《ほう》●若《にゃっ》觀《かん》是《ぜ》地《じ》者《しゃ》●除《じょ》八《はち》十《じゅう》億《おっ》劫《こう》●生《しょう》死《じ》之《し》罪《ざい》●捨《しゃ》身《しん》他《た》世《せ》●必《ひっ》生《しょう》淨《じょう》國《こく》●心《しん》得《とく》無《む》疑《ぎ》●作《さ》是《ぜ》觀《かん》者《しゃ》●名《みょう》爲《い》正《しょう》觀《かん》●若《にゃく》他《た》觀《かん》者《しゃ》●名《みょう》爲《い》邪《じゃ》觀《かん》

この想成《そうじょう》ずるとき、一々《いちいち》にこれを観《かん》じて、きはめて了々《りょうりょう》ならしめよ。閉目《へいもく》・開目《かいもく》に散失《さんしつ》せしめざれ。ただ睡時《すいじ》を除《のぞ》きて、つねにこの事《じ》を憶《おも》へ。かくのごとく想《おも》ふものを名《な》づけて、ほぼ極楽国地《ごくらくこくじ》を見《み》るとす。もし三昧《さんまい》を得《え》ば、かの国地《こくじ》を見ること了々分明《りょうりょうぶんみょう》なり。つぶさに説《と》くべからず。これを地想《じそう》とし、第三《だいさん》の観《かん》と名《な》づく」と。仏《ぶつ》、阿《あ》難《なん》に告《つ》げたまはく、「なんぢ、仏語《ぶつご》を持《たも》ちて、未来世《みらいせ》の一切大衆《いっさいだいしゅ》の、苦《く》を脱《まぬか》れんと欲《おも》はんもののために、この観地《かんじ》の法《ほう》を説《と》け。もしこの地《じ》を観《かん》ずるものは、八十億劫《はちじゅうおくこう》の生死《しょうじ》の罪《つみ》を除《のぞ》き、身《み》を捨《す》てて他世《たせ》にかならず浄国《じょうこく》に生《しょう》ぜん。心《こころ》に疑《うたが》なきことを得《え》よ。この観《かん》をなすをば、名《な》づけて正観《しょうかん》とす。もし他観《たかん》するをば、名《な》づけて邪観《じゃかん》とす」と。

佛《ぶつ》告《ごう》阿《あ》難《なん》・及《ぎゅう》韋《い》提《だい》希《け》・地《じ》想《そう》成《じょう》已《い》・次《し》觀《かん》寶《ほう》樹《じゅ》・觀《かん》寶《ぼう》樹《じゅ》者《しゃ》・一《いち》一《いち》觀《かん》之《し》・作《さ》七《しち》重《じゅう》行《ごう》樹《じゅ》想《そう》・一《いち》一《いち》樹《じゅ》高《こう》・八《はっ》千《せん》由《ゆ》旬《じゅん》・其《ご》諸《しょ》寶《ほう》樹《じゅ》・七《しっ》寶《ぽう》華《け》葉《よう》・無《む》不《ふ》具《ぐ》足《そく》・一《いち》一《いち》華《け》葉《よう》・作《さ》異《い》寶《ほう》色《しき》・瑠《る》璃《り》色《しき》中《ちゅう》・出《すい》金《こん》色《じき》光《こう》・玻《は》瓈《り》色《しき》中《ちゅう》・出《すい》紅《ぐ》色《しっ》光《こう》・碼《め》碯《のう》色《しき》中《ちゅう》・出《すい》硨《しゃ》磲《こ》光《こう》・硨《しゃ》磲《こ》色《しき》

中《ちゅう》・出《すい》綠《ろく》眞《しん》珠《じゅ》光《こう》・珊《さん》瑚《ご》琥《こ》珀《はく》・一《いっ》切《さい》衆《しゅ》寶《ぼう》・以《い》爲《い》映《よう》飾《じき》・妙《みょう》眞《しん》珠《じゅ》網《もう》・彌《み》覆《ふ》樹《じゅ》上《じょう》・一《いち》一《いち》樹《じゅ》上《じょう》・有《う》七《しち》重《じゅう》網《もう》・一《いち》一《いち》網《もう》間《けん》・有《う》五《ご》百《ひゃく》億《おく》・妙《みょう》華《け》宮《く》殿《でん》・如《にょ》梵《ぼん》王《のう》宮《ぐ》・諸《しょ》天《てん》童《どう》子《じ》・自《じ》然《ねん》在《ざい》中《ちゅう》・一《いち》一《いち》童《どう》子《じ》・五《ご》百《ひゃく》億《おく》・釋《しゃ》迦《か》毗《び》楞《りょう》伽《が》摩《ま》尼《に》寶《ほう》・以《い》爲《い》瓔《よう》珞《らく》・其《ご》摩《ま》尼《に》光《こう》・照《しょう》百《ひゃく》由《ゆ》旬《じゅん》・猶《ゆ》如《にょ》和《わ》合《ごう》・百《ひゃく》億《おく》日《にち》月《がつ》・不《ふ》可《か》具《ぐ》名《みょう》・衆《しゅ》寶《ぼう》間《けん》錯《ざく》・色《しき》中《ちゅう》上《じょう》者《しゃ》・此《し》諸《しょ》寶《ほう》樹《じゅ》・行《ごう》行《ごう》相《そう》當《とう》・葉《よう》葉《よう》相《そう》次《し》・於《お》衆《しゅ》葉《よう》間《けん》・生《しょう》諸《しょ》妙《みょう》華《け》・華《け》上《じょう》自《じ》然《ねん》・有《う》七《しっ》寶《ぽう》果《か》・一《いち》一《いち》樹《じゅ》葉《よう》・縱《じゅ》廣《こう》正《しょう》等《とう》・二《に》十《じゅう》五《ご》由《ゆ》旬《じゅん》・其《ご》葉《よう》千《せん》色《しき》・有《う》百《ひゃく》種《しゅ》畫《え》・如《にょ》天《てん》瓔《よう》珞《らく》・有《う》衆《しゅ》妙《みょう》華《け》・作《さ》閻《えん》浮《ぶ》檀《だん》金《ごん》色《じき》・如《にょ》旋《せん》火《か》輪《りん》・婉《えん》轉《でん》葉《よう》間《けん》・涌《ゆ》生《しょう》諸《しょ》果《か》・如《にょ》帝《たい》釋《しゃく》瓶《びょう》・有《う》大《だい》光《こう》

明《みょう》・化《け》成《じょう》幢《どう》旛《ばん》・無《む》量《りょう》寶《ほう》蓋《がい》・是《ぜ》寶《ほう》蓋《がい》中《ちゅう》・映《よう》現《げん》三《さん》千《ぜん》・大《だい》千《せん》世《せ》界《かい》・一《いっ》切《さい》佛《ぶつ》事《じ》・十《じっ》方《ぽう》佛《ぶっ》國《こく》・亦《やく》於《お》中《ちゅう》現《げん》・見《けん》此《し》樹《じゅ》已《い》・亦《やく》當《とう》次《し》第《だい》・一《いち》一《いち》觀《かん》之《し》・觀《かん》見《けん》樹《じゅ》莖《きょう》・枝《し》葉《よう》華《け》果《か》・皆《かい》令《りょう》分《ふん》明《みょう》・是《ぜ》爲《い》樹《じゅ》想《そう》・名《みょう》第《だい》四《し》觀《かん》

仏《ぶつ》、阿難《あなん》および韋提希《いだいけ》に告《つ》げたまはく、「地想成《じそうじょう》じをはりなば、次《つぎ》に宝樹《ほうじゅ》を観《かん》ぜよ。宝樹《ほうじゅ》を観《かん》ずとは、一々《いちいち》にこれを観《かん》じて七重《しちじゅう》の*行《ごう》樹《じゅ》の想《そう》をなせ。一々《いちいち》の樹《き》の高《たか》さ八千由旬《はっせんゆじゅん》なり。そのもろもろの宝樹《ほうじゅ》、七宝《しっぽう》の華葉《けよう》具足《ぐそく》せざることなし。一々《いちいち》の華葉《けよう》、異《こと》なれる宝色《ほうしき》をなす。瑠璃色《るりしき》のなかより金色《こんじき》の光《ひかり》を出《いだ》し、玻瓈色《はりしき》のなかより紅色《ぐしき》の光《ひかり》を出《いだ》し、碼碯色《めのうしき》のなかより硨磲《しゃこ》の光《ひかり》を出《いだ》し、硨磲色《しゃこしき》のなかより緑真珠《ろくしんじゅ》の光《ひかり》を出《いだ》す。珊瑚《さんご》・琥珀《こはく》、一切《いっさい》の衆宝《しゅぼう》をもつて映飾《ようじき》とす。妙真珠網《みょうしんじゅもう》は、

行樹　並木。

樹上《じゅじょう》に*弥覆《みふ》せり。一々《いちいち》の樹上《じゅじょう》に七重《しちじゅう》の網《あみ》あり。一々《いちいち》の網《あみ》のあひだに五百億《ごひゃくおく》の妙華《みょうけ》の宮殿《くでん》あり。*梵王宮《ぼんのうぐ》のごとし。諸天《しょてん》の童子《どうじ》、自然《じねん》になかにあり。一々《いちいち》の童子《どうじ》、五百億《ごひゃくおく》の*釈迦毘楞伽摩尼宝《しゃかびりょうがまにほう》をもつて瓔珞《ようらく》とす。その摩尼《まに》の光《ひかり》、百由旬《ひゃくゆじゅん》を照《て》らす。なほ、百億《ひゃくおく》の日月《にちがつ》を和合《わごう》せるがごとし。つぶさに名《な》づくべからず。*衆宝間錯《しゅほうけんざく》して、色《いろ》のなかに上《すぐ》れたるものなり。このもろもろの宝樹《ほうじゅ》、行々《ごうごう》あひ当《あた》り、葉々《ようよう》あひ次《ちか》し。もろもろの葉《は》のあひだにおいて、もろもろの妙華《みょうけ》を生《しょう》ず。華《はな》の上《うえ》に自然《じねん》に七宝《しっぽう》の果《このみ》あり。一々《いちいち》の樹葉《じゅよう》、*縦広正等《じゅうこうしょうとう》にして二十五由旬《にじゅうごゆじゅん》なり。その葉《は》、千色《せんじき》にして百種《ひゃくしゅ》の画《え》あり。天《てん》の瓔珞《ようらく》のごとし。もろもろの妙華《みょうけ》あり。*閻浮檀金色《えんぶだんごんじき》をなし、*旋火輪《せんかりん》のごとく葉《は》のあひだに*婉転《えんでん》す。もろもろの果《このみ》を涌生《ゆしょう》すること、*帝釈《たいしゃく》の瓶《かめ》のごとし。大光明《だいこうみょう》あり、化《け》して*幢幡《どうばん》・無量《むりょう》の*宝蓋《ほうがい》と成《な》る。この宝蓋《ほうがい》のなかに三千大千《さんぜんだいせん》世界《せかい》の一切《いっさい》の仏事《ぶつじ》を映現《ようげん》す。十方《じっぽう》の仏国《ぶっこく》もまたなかにおいて現《げん》ず。

弥覆　あまねく覆いめぐらすこと。

梵王宮　色界《しきかい》の初禅天《しょぜんてん》の王である大梵天《だいぼんてん》の住む宮殿。

釈迦毘楞伽摩尼宝　釈迦毘楞伽摩尼は梵語シャクラービラグナ・マニ（śakrābhi-lagna-maṇi）の音写。能種種現如意珠と漢訳する。種々のものを変現する如意宝珠のこと。

衆宝間錯　種々の宝の飾りが互いに入りまじっていること。

縦広正等　長さ広さがすべて等しいさま。

閻浮檀金色　閻浮樹林の中を流れる河（閻浮檀）の底からとれる砂金の色。※

旋火輪　火を空中ではやく振りまわすときに見える火の輪。

婉転　美しくまわって変化すること。

この樹《き》を見《み》をはりて、またまさに次第《しだい》に一々《いちいち》にこれを観《かん》ずべし。樹茎《じゅきょう》・枝葉《しよう》・華果《けか》を観見《かんけん》して、みな分明《ぶんみょう》ならしめよ。これを樹想《じゅそう》とし、第四《だいし》の観《かん》と名《な》づく。

次《し》當《とう》想《そう》水《すい》•想《そう》水《すい》者《しゃ》•極《ごく》樂《らっ》國《こく》土《ど》•有《う》八《はっ》池《ち》水《すい》•一《いち》一《いち》池《ち》水《すい》•七《しっ》寶《ぽう》所《しょ》成《じょう》•其《ご》寶《ほう》柔《にゅう》輭《なん》•從《じゅ》如《にょ》意《い》珠《しゅ》王《おう》生《しょう》•分《ふん》爲《に》十《じゅう》四《し》支《し》•一《いち》一《いち》支《し》•作《さ》七《しっ》寶《ぽう》色《しき》•黄《おう》金《ごん》爲《い》渠《こ》•渠《こ》下《げ》皆《かい》以《い》•雜《ざっ》色《しき》金《こん》剛《ごう》•以《い》爲《い》底《たい》沙《しゃ》•一《いち》一《いち》水《すい》中《ちゅう》•有《う》六《ろく》十《じゅう》億《おく》•七《しっ》寶《ぽう》蓮《れん》華《げ》•一《いち》一《いち》蓮《れん》華《げ》•團《だん》圓《ねん》正《しょう》等《とう》•十《じゅう》二《に》由《ゆ》旬《じゅん》•其《ご》摩《ま》尼《に》水《すい》•流《る》注《じゅ》華《け》間《けん》•尋《じん》樹《じゅ》上《じょう》下《げ》•其《ご》聲《しょう》微《み》妙《みょう》•演《えん》說《ぜっ》苦《く》空《く》•無《む》常《じょう》無《む》我《が》•諸《しょ》波《は》羅《ら》蜜《みつ》•復《ぶ》有《う》讚《さん》歎《だん》•諸《しょ》佛《ぶっ》

帝釈の瓶　帝釈天の所持する容器で、求めるものを意のままに出すという。
幢幡　はたぼこ。
宝蓋　宝石でできたかさ。

相《そう》好《ごう》者《しゃ》●如《にょ》意《い》珠《しゅ》王《おう》●涌《ゆ》出《すい》金《こん》色《じき》●微《み》妙《みょう》光《こう》明《みょう》●其《ご》光《こう》化《け》爲《い》●百《ひゃっ》寶《ぽう》色《しき》鳥《ちょう》●和《わ》鳴《みょう》哀《あい》雅《げ》●常《じょう》讃《さん》念《ねん》佛《ぶつ》●念《ねん》法《ぽう》念《ねん》僧《そう》●是《ぜ》爲《い》八《はっ》功《く》德《どく》水《すい》想《そう》●名《みょう》第《だい》五《ご》觀《かん》●

衆《しゅ》寶《ぼう》國《こく》土《ど》●一《いち》一《いち》界《かい》上《じょう》●有《う》五《ご》百《ひゃく》億《おく》●寶《ほう》樓《ろう》閣《かく》●其《ご》樓《ろう》閣《かく》中《ちゅう》●有《う》無《む》量《りょう》諸《しょ》天《てん》●作《さ》天《てん》伎《ぎ》樂《がく》●又《う》有《う》樂《がっ》器《き》●懸《げん》處《しょ》虚《こ》空《く》●如《にょ》天《てん》寶《ほう》幢《どう》●不《ふ》鼓《く》自《じ》鳴《みょう》●此《し》衆《しゅ》音《おん》中《じゅう》●皆《かい》説《せつ》念《ねん》佛《ぶつ》●念《ねん》法《ぼう》念《ねん》比《び》丘《く》僧《そう》●此《し》想《そう》成《じょう》已《い》●名《みょう》爲《い》粗《そ》見《けん》●極《ごく》樂《らく》世《せ》界《かい》●寶《ほう》樹《じゅ》寶《ほう》地《じ》寶《ほう》池《ち》●是《ぜ》爲《い》總《そう》觀《かん》想《そう》●名《みょう》第《だい》六《ろっ》觀《かん》●若《にゃっ》見《けん》此《し》者《しゃ》●除《じょ》無《む》量《りょう》億《おっ》劫《こう》●極《ごく》重《じゅう》惡《あく》業《ごう》●命《みょう》終《じゅ》之《し》後《ご》●必《ひっ》生《しょう》彼《ひ》國《こく》●作《さ》是《ぜ》觀《かん》者《しゃ》●名《みょう》爲《い》正《しょう》觀《かん》●若《にゃく》他《た》觀《かん》者《しゃ》●名《みょう》爲《い》邪《じゃ》觀《かん》

次《つぎ》に、まさに水《みず》を想《おも》ふべし。水《みず》を想《おも》ふとは、極楽国土《ごくらくこくど》に八《や》つの池《ち》水《すい》あり。一々《いちいち》の池水《ちすい》は七宝《しっぽう》の所成《しょじょう》なり。その宝《たから》柔軟《にゅうなん》なり。*如意珠《にょいしゅ》王《おう》より生《しょう》じ、分《わか》れて十四支《じゅうしし》となる。一々《いちいち》の支《し》、七宝《しっぽう》の色《いろ》をなす。黄《おう》金《ごん》を渠《みぞ》とし、渠《みぞ》の下《した》にみな雑色《ざっしき》の*金剛《こんごう》をもつて、もつて底《そこ》の沙《いさご》とす。一々《いちいち》の水《みず》のなかに六十億《ろくじゅうおく》の七宝《しっぽう》の蓮華《れんげ》あり。一々《いちいち》の蓮華《れんげ》、*団円正等《だんえんしょうとう》にして十二由旬《じゅうにゆじゅん》なり。その*摩尼水《まにすい》、華《はな》のあひだに流《なが》れ注《そそ》ぎ、樹《き》を尋《めぐ》りて上下《じょうげ》す。その声《こえ》微妙《みみょう》にして、苦《く》・空《くう》・無常《むじょう》・無我《むが》・諸波羅蜜《しょはらみつ》を演説《えんぜつ》す。また諸仏《しょぶつ》の相好《そうごう》を讃歎《さんだん》するものあり。如意珠王《にょいしゅおう》より金色《こんじき》微《み》妙《みょう》の光明《こうみょう》を涌出《ゆすい》す。その光《ひかり》、化《け》して百宝色《ひゃっぽうしき》の鳥《とり》となる。〔その声《こえ》〕和《わ》鳴哀雅《みょうあいげ》にして、つねに仏《ぶつ》を念《ねん》じ、法《ほう》を念《ねん》じ、僧《そう》を念《ねん》ずることを讃《たた》ふ。これを八功徳水想《はっくどくすいそう》とし、第五《だいご》の観《かん》と名《な》づく。

衆宝国土《しゅぼうこくど》の一々《いちいち》の*界上《かいじょう》に五百億《ごひゃくおく》の宝楼閣《ほうろうかく》あり。その楼閣《ろうかく》のうちに、無量《むりょう》の諸天《しょてん》ありて天《てん》の伎楽《ぎがく》をなす。また楽器《がっき》ありて虚空《こくう》に懸処《けんしょ》し、

如意珠王　如意珠は梵語チンター・マニ(cintā-maṇi)の漢訳。如意宝珠、無価宝珠、摩尼宝珠ともいい、意のままに宝や衣服、食物を出す徳をもつ宝珠のこと。あらゆる宝石の王である如意珠。

金剛　汚れのない、堅固なことをあらわす。

団円　ふっくらとまるみをおびていること。

摩尼水　如意宝珠から流れ出る水。

界上　境界。地域。

天《てん》の宝幢《ほうどう》のごとく、鼓《う》たざるにおのづから鳴《な》る。この衆音《しゅおん》のなかに、みな仏《ぶつ》を念《ねん》じ、法《ほう》を念《ねん》じ、比丘僧《びくそう》を念《ねん》ずることを説《と》く。この想成《そうじょう》じをはるを名《な》づけて、ほぼ極楽世界《ごくらくせかい》の宝樹《ほうじゅ》・宝地《ほうじ》・宝池《ほうち》を見《み》るとす。これを*総観想《そうかんそう》とし、第六《だいろく》の観《かん》と名《な》づく。もしこれを見《み》るものは、無《む》量億劫《りょうおくこう》の極重《ごくじゅう》の悪業《あくごう》を除《のぞ》き、命終《みょうじゅう》ののちにかならずかの国《くに》に生《しょう》ず。この観《かん》をなすをば、名《な》づけて正観《しょうかん》とす。もし他観《たかん》するをば、名《な》づけて邪観《じゃかん》とす」と。

佛《ぶつ》告《ごう》阿《あ》難《なん》・及《ぎゅう》韋《い》提《だい》希《け》・諦《たい》聽《ちょう》諦《たい》聽《ちょう》・善《ぜん》思《し》念《ねん》之《し》・佛《ぶつ》當《とう》爲《い》汝《にょ》・分《ふん》別《べつ》解《げ》説《せつ》・除《じょ》苦《く》惱《のう》法《ほう》・汝《にょ》等《とう》憶《おく》持《じ》・廣《こう》爲《い》大《だい》衆《しゅ》・分《ふん》別《べつ》解《げ》説《せつ》・説《せつ》是《ぜ》語《ご》時《じ》・無《む》量《りょう》壽《じゅ》佛《ぶつ》・住《じゅ》立《りゅう》空《く》中《じゅう》・觀《かん》世《ぜ》音《おん》・大《だい》勢《せい》至《し》・是《ぜ》二《に》大《だい》士《じ》・侍《じ》立《りゅう》左《さ》右《う》・光《こう》明《みょう》

総観想　浄土のすべてを見る観想の意。宝楼観《ほうろうかん》を成就するとき、宝樹・宝地・宝池がおのずから一時に見られるので、宝楼観を総観想という。

熾《し》盛《じょう》・不《ふ》可《か》具《ぐ》見《けん》・百《ひゃく》千《せん》閻《えん》浮《ぶ》檀《だん》金《ごん》色《じき》・不《ふ》得《とく》爲《い》比《ひ》・
時《じ》韋《い》提《だい》希《け》・見《けん》無《む》量《りょう》壽《じゅ》佛《ぶっ》已《ち》・接《せっ》足《そく》作《さ》禮《らい》・白《びゃく》佛《ぶつ》言《ごん》
世《せ》尊《そん》・我《が》今《こん》因《いん》佛《ぶつ》力《りっ》故《こ》・得《とっ》見《けん》無《む》量《りょう》壽《じゅ》佛《ぶつ》・及《ぎゅう》二《に》菩《ぼ》
薩《さつ》・未《み》來《らい》衆《しゅ》生《じょう》・當《とう》云《うん》何《が》觀《かん》・無《む》量《りょう》壽《じゅ》佛《ぶつ》・及《ぎゅう》二《に》菩《ぼ》薩《さつ》・
佛《ぶっ》告《ごう》韋《い》提《だい》希《け》・欲《よっ》觀《かん》彼《ひ》佛《ぶっ》者《しゃ》・當《とう》起《き》想《そう》念《ねん》・於《お》七《しっ》寶《ぽう》
地《じ》上《じょう》・作《さ》蓮《れん》華《げ》想《そう》・令《りょう》其《ご》蓮《れん》華《げ》・一《いち》一《いち》葉《よう》・作《さ》百《ひゃっ》寶《ぽう》色《しき》・
有《う》八《はち》萬《まん》四《し》千《せん》脈《みゃく》・猶《ゆ》如《にょ》天《てん》畫《え》・脈《みゃく》有《う》八《はち》萬《まん》四《し》千《せん》光《こう》・
了《りょう》了《りょう》分《ふん》明《みょう》・皆《かい》令《りょう》得《とっ》見《けん》・華《け》葉《よう》小《しょう》者《しゃ》・縱《しゅ》廣《こう》二《に》百《ひゃく》五《ご》
十《じゅう》由《ゆ》旬《じゅん》・如《にょ》是《ぜ》蓮《れん》華《げ》・有《う》八《はち》萬《まん》四《し》千《せん》葉《よう》・一《いち》一《いち》葉《よう》間《けん》・
各《かく》有《う》百《ひゃく》億《おく》・摩《ま》尼《に》珠《しゅ》王《おう》・以《い》爲《い》映《よう》飾《じき》・一《いち》一《いち》摩《ま》尼《に》・放《ほう》
千《せん》光《こう》明《みょう》・其《ご》光《こう》如《にょ》蓋《がい》・七《しっ》寶《ぽう》合《ごう》成《じょう》・徧《へん》覆《ぷ》地《じ》上《じょう》・釋《しゃ》迦《か》

毗《び》楞《りょう》伽《が》寶《ほう》・以《い》爲《い》其《ご》臺《だい》

仏《ぶつ》、阿難《あなん》および韋提希《いだいけ》に告《つ》げたまはく、「あきらかに聴《き》け、あきらかに聴《き》け、よくこれを思念《しねん》せよ。仏《ぶつ》、まさになんぢがために苦悩《くのう》を除《のぞ》く法《ほう》を分別《ふんべつ》し解説《げせつ》すべし。なんぢら*憶持《おくじ》して、広《ひろ》く大衆《だいしゅ》のために分別《ふんべつ》し解説《げせつ》すべし」と。この語《ご》を説《と》きたまふとき、無量寿仏《むりょうじゅぶつ》、空《くう》中《ちゅう》に住立《じゅうりゅう》したまふ。観世音《かんぜおん》・大勢至《だいせいし》、この*二大士《にだいじ》は左右《さう》に侍立《じりゅう》せり。光明《こうみょう》は熾盛《しじょう》にしてつぶさに見《み》るべからず。百千《ひゃくせん》の閻浮檀金色《えんぶだんごんじき》も比《ひ》とすることを得《え》ず。ときに韋提希《いだいけ》、無量寿仏《むりょうじゅぶつ》を見《み》たてまつりをはりて、*接足作礼《せっそくさらい》して仏《ぶつ》にまうしてまうさく、「世尊《せそん》、われいま仏力《ぶつりき》によるがゆゑに、無量寿仏《むりょうじゅぶつ》および二菩薩《にぼさつ》を見《み》たてまつることを得《え》たり。未《み》来《らい》の衆生《しゅじょう》まさにいかんしてか、無量寿仏《むりょうじゅぶつ》および二菩薩《にぼさつ》を観《み》たてまつるべき」と。仏《ぶつ》、韋提希《いだいけ》に告《つ》げたまはく、「かの仏《ぶつ》を観《み》たてまつら

憶持　憶念執持の略。心におもいたもつこと。※

大士　菩薩のこと。

接足作礼　両手の手のひらに相手の足を受け、自分の頭につけて頂き拝む礼法。

ん と欲《おも》はんものは、まさに想念《そうねん》を起《おこ》すべし。七宝《しっぽう》の地上《じじょう》において蓮《れん》華《げ》の想《そう》をなせ。その蓮華《れんげ》の一々《いちいち》の葉《はなびら》をして百宝《ひゃっぽう》の色《いろ》〔ありとの想《そう》〕をなさしめよ。〔その葉《はなびら》に〕八万四千《はちまんしせん》の脈《すじ》あり、なほ天《てん》の画《え》のごとし。脈《すじ》に八万四千《はちまんしせん》の光《ひかり》あり、了々分明《りょうりょうぶんみょう》に、みな見《み》ることを得《え》しめよ。*華《はな》葉《びら》の小《ちい》さきは、縦広二百五十由旬《じゅうこうにひゃくごじゅうゆじゅん》なり。かくのごときの蓮華《れんげ》に八万《はちまん》四千《しせん》の葉《はなびら》あり。一々《いちいち》の葉《はなびら》のあひだにおのおの百億《ひゃくおく》の摩尼珠王《まにしゅおう》ありて、もつて映飾《ようじき》とす。一々《いちいち》の摩尼《まに》、千《せん》の光明《こうみょう》を放《はな》つ。その光《ひかり》〔天《てん》〕蓋《がい》のごとく七宝合成《しっぽうごうじょう》せり。あまねく地上《じじょう》を覆《おお》へり。*釈迦毘楞伽宝《しゃかびりょうがほう》をもつてその台《うてな》とす。

此《し》蓮《れん》華《げ》臺《だい》・八《はち》萬《まん》金《こん》剛《ごう》・甄《けん》叔《しゅく》迦《か》寶《ほう》・梵《ぼん》摩《ま》尼《に》寶《ほう》・妙《みょう》眞《しん》珠《じゅ》網《もう》・以《い》爲《い》交《きょう》飾《じき》・於《お》其《ご》

華葉　蓮華の花びら。

釈迦毘楞伽宝　釈迦毘楞伽摩尼宝のこと。

臺《だい》上《じょう》●自《じ》然《ねん》而《に》有《う》●四《し》柱《ちゅ》寶《ほう》幢《どう》●一《いち》一《いち》寶《ほう》幢《どう》●如《にょ》百《ひゃく》千《せん》
萬《まん》億《のく》●須《しゅ》彌《み》山《せん》●幢《どう》上《じょう》寶《ほう》幔《まん》●如《にょ》夜《や》摩《ま》天《てん》宮《ぐ》●有《う》五《ご》百《ひゃく》
億《おく》●微《み》妙《みょう》寶《ほう》珠《しゅ》●以《い》爲《い》映《よう》飾《じき》●一《いち》一《いち》寶《ほう》珠《しゅ》●有《う》八《はち》萬《まん》四《し》
千《せん》光《こう》●一《いち》一《いち》光《こう》●作《さ》八《はち》萬《まん》四《し》千《せん》●異《い》種《しゅ》金《こん》色《じき》●一《いち》一《いち》金《こん》
色《じき》●徧《へん》其《ご》寶《ほう》土《ど》●處《しょ》處《しょ》變《へん》化《げ》●各《かく》作《さ》異《い》相《そう》●或《わく》爲《い》金《こん》剛《ごう》
臺《だい》●或《わく》作《さ》眞《しん》珠《じゅ》網《もう》●或《わく》作《さ》雜《ざっ》華《け》雲《うん》●於《お》十《じっ》方《ぽう》面《めん》●隨《ずい》意《い》
變《へん》現《げん》●施《し》作《さ》佛《ぶつ》事《じ》●是《ぜ》爲《い》華《け》座《ざ》想《そう》●名《みょう》第《だい》七《しち》觀《かん》●佛《ぶつ》告《ごう》
阿《あ》難《なん》●如《にょ》此《し》妙《みょう》華《け》●是《ぜ》本《ほん》法《ほう》藏《ぞう》比《び》丘《く》●願《がん》力《りき》所《しょ》成《じょう》●若《にゃく》
欲《よく》念《ねん》彼《ぴ》佛《ぶっ》者《しゃ》●當《とう》先《せん》作《さ》此《し》華《け》座《ざ》想《そう》●作《さ》此《し》想《そう》時《じ》●不《ふ》
得《とく》雜《ざっ》觀《かん》●皆《かい》應《おう》一《いち》一《いち》觀《かん》之《し》●一《いち》一《いち》葉《よー引》●一《いち》一《いち》珠《しゅー引》●一《いち》一《いち》
光《こー引》●一《いち》一《いち》臺《だーい引》●一《いち》一《いち》幢《どー引》●皆《かい》令《りょう》分《ふん》明《みょう》●如《にょ》於《お》鏡《きょう》中《ちゅう》●自《じ》見《けん》

面《めん》像《ぞう》・此《し》想《そう》成《じょう》者《しゃ》・滅《めつ》除《じょ》五《ご》萬《まん》劫《ごう》・生《しょう》死《じ》之《し》罪《ざい》・必《ひつ》定《じょう》
當《とう》生《しょう》・極《ごく》樂《らく》世《せ》界《かい》・作《さ》是《ぜ》觀《かん》者《しゃ》・名《みょう》爲《い》正《しょう》觀《かん》・若《にゃく》他《た》觀《かん》
者《しゃ》・名《みょう》爲《い》邪《じゃ》觀《かん》

この蓮華《れんげ》の台《うてな》は、八万《はちまん》の金剛《こんごう》・*甄叔迦宝《けんしゅくかほう》・*梵摩尼宝《ぼんまにほう》・妙真珠網《みょうしんじゅもう》をもつて交飾《きょうじき》とす。その台《うてな》の上《うえ》において自然《じねん》にして四柱《しちゅう》の宝幢《ほうどう》あり。一々《いちいち》の宝幢《ほうどう》は百千万億《ひゃくせんまんおく》の須弥山《しゅみせん》のごとし。幢上《どうじょう》の*宝幔《ほうまん》は、*夜摩天宮《やまてんぐ》のごとし。†また五百億《ごひゃくおく》の微妙《みみょう》の宝珠《ほうしゅ》ありて、もつて映飾《ようじき》とす。一々《いちいち》の宝珠《ほうしゅ》に八万四千《はちまんしせん》の光《ひかり》あり。一々《いちいち》の光《ひかり》、八万四千《はちまんしせん》の異種《いしゅ》の金色《こんじき》をなす。一々《いちいち》の金色《こんじき》、その宝土《ほうど》に遍《へん》し、処々《しょしょ》に変化《へんげ》して、おのおの異相《いそう》をなす。あるいは金剛《こんごう》の台《うてな》となり、あるいは真珠網《しんじゅもう》となり、あるいは*雑華雲《ざっけうん》となる。十方面《じっぽうめん》において、意《こころ》に随《したが》ひて変現《へんげん》して仏事《ぶつじ》を施作《せさ》

甄叔迦宝　甄叔迦は梵語キンシュカ(kiṃśuka)の音写。甄叔迦という木に咲く赤い花の色に似た宝石。

梵摩尼宝　梵は清浄の意。摩尼は如意宝珠のことで、意のままに宝や衣服、食物を出す徳をもつという。

宝幔　宝でできた幕のこと。

夜摩天宮　夜摩は梵語ヤマ(yama)の音写。欲界《よくかい》の天の第三番目に位する夜摩天にある宮殿。

雑華雲　種々の色をした花で飾られた雲。

す。これを華座《けざ》の想《そう》とす、第七《だいしち》の観《かん》と名《な》づく」と。仏《ぶつ》、阿難《あなん》に告《つ》げたまはく、「かくのごときの妙華《みょうけ》は、これもと*法蔵比丘《ほうぞうびく》の願力《がんりき》の所《しょ》成《じょう》なり。もしかの仏《ぶつ》を念《ねん》ぜんと欲《おも》はんものは、まさにまづこの華座《けざ》の想《そう》をなすべし。この想《そう》をなさんとき、*雑観《ざっかん》することを得《え》ざれ。みな一々《いちいち》にこれを観《かん》ずべし。一々《いちいち》の葉《はなびら》・一々《いちいち》の珠《たま》・一々《いちいち》の光《ひかり》・一々《いちいち》の台《うてな》・一々《いちいち》の幢《はたぼこ》、みな分明《ぶんみょう》ならしめて、鏡《かがみ》のなかにおいて、みづから面像《めんぞう》を見《み》るがごとくせよ。この想成《そうじょう》ずるものは、五万劫《ごまんごう》の生死《しょうじ》の罪《つみ》を滅除《めつじょ》し、必定《ひつじょう》してまさに極楽世界《ごくらくせかい》に生《しょう》ずべし。この観《かん》をなすをば、名《な》づけて正観《しょうかん》とす。もし他観《たかん》するをば、名《な》づけて邪観《じゃかん》とす」と。

佛《ぶつ》告《ごう》阿《あ》難《なん》•及《ぎゅう》韋《い》提《だい》希《け》•見《けん》此《し》事《じ》已《い》•次《し》當《とう》想《そう》佛《ぶつ》•所《しょ》以《い》者《しゃ》何《が》•諸《しょ》佛《ぶつ》如《にょ》來《らい》•是《ぜ》法《ほっ》界《かい》身《しん》•入《にゅう》一《いっ》切《さい》衆《しゅ》生《じょう》•心《しん》

法蔵比丘　法蔵菩薩のこと。

雑観　観察《かんざつ》の次第順序を乱して観ずること。

想《そう》中《じゅう》•是《ぜ》故《こ》汝《にょ》等《とう》•心《しん》想《そう》佛《ぶつ》時《じ》•是《ぜ》心《しん》即《そく》是《ぜ》•三《さん》十《じゅう》二《に》
相《そう》•八《はち》十《じゅう》隨《ずい》形《ぎょう》好《こう》•是《ぜ》心《しん》作《さ》佛《ぶつ》•是《ぜ》心《しん》是《ぜ》佛《ぶつ》•諸《しょ》佛《ぶつ》正《しょう》
徧《へん》知《ち》海《かい》•從《じゅ》心《しん》想《そう》生《しょう》•是《ぜ》故《こ》應《おう》當《とう》•一《いっ》心《しん》繫《け》念《ねん》•諦《たい》觀《かん》
彼《ひ》佛《ぶつ》•多《た》陀《だ》阿《あ》伽《か》度《ど》•阿《あ》羅《ら》訶《か》•三《さん》藐《みゃく》三《さん》佛《ぶっ》陀《だ》•想《そう》彼《ひ》
佛《ぶっ》者《しゃ》•先《せん》當《とう》想《そう》像《ぞう》•閉《へい》目《もく》開《かい》目《もく》•見《けん》一《いち》寶《ほう》像《ぞう》•如《にょ》閻《えん》浮《ぶ》
檀《だん》金《ごん》色《じき》•坐《ざ》彼《ひ》華《け》上《じょう》•見《けん》像《ぞう》坐《ざ》已《い》•心《しん》眼《げん》得《とっ》開《かい》•了《りょう》了《りょう》
分《ふん》明《みょう》•見《けん》極《ごく》樂《らっ》國《こく》•七《しっ》寶《ぽう》莊《しょう》嚴《ごん》•寶《ほう》地《じ》寶《ほう》池《ち》•寶《ほう》樹《じゅ》行《ごう》
列《れつ》•諸《しょ》天《てん》寶《ほう》幔《まん》•彌《み》覆《ふ》其《ご》上《じょう》•衆《しゅ》寶《ぼう》羅《ら》網《もう》•滿《まん》虛《こ》空《く》中《じゅう》•
見《けん》如《にょ》此《し》事《じ》•極《ごく》令《りょう》明《みょう》了《りょう》•如《にょ》觀《かん》掌《しょう》中《ちゅう》•見《けん》此《し》事《じ》已《い》•復《ぶ》
當《とう》更《きょう》作《さ》•一《いち》大《だい》蓮《れん》華《げ》•在《ざい》佛《ぶつ》左《さ》邊《へん》•如《にょ》前《ぜん》蓮《れん》華《げ》•等《とう》無《む》
有《う》異《い》•復《ぶ》作《さ》一《いち》大《だい》蓮《れん》華《げ》•在《ざい》佛《ぶつ》右《う》邊《へん》•想《そう》一《いち》觀《かん》世《ぜ》音《おん》

菩《ぼ》薩《さつ》像《ぞう》・坐《ざ》左《さ》華《け》座《ざ》・亦《やく》放《ほう》金《こん》光《こう》・如《にょ》前《ぜん》無《む》異《い》・想《そう》一《いち》大《だい》勢《せい》至《し》菩《ぼ》薩《さつ》像《ぞう》・坐《ざ》右《う》華《け》座《ざ》・此《し》想《そう》成《じょう》時《じ》・佛《ぶつ》菩《ぼ》薩《さつ》像《ぞう》・皆《かい》放《ほう》光《こう》明《みょう》・其《ご》光《こう》金《こん》色《じき》・照《しょう》諸《しょ》寶《ほう》樹《じゅ》・一《いち》一《いち》樹《じゅ》下《げ》・復《ぶ》有《う》三《さん》蓮《れん》華《げ》・諸《しょ》蓮《れん》華《げ》上《じょう》・各《かく》有《う》一《いち》佛《ぶつ》・二《に》菩《ぼ》薩《さつ》像《ぞう》・徧《へん》滿《まん》彼《ひ》國《こく》・此《し》想《そう》成《じょう》時《じ》・行《ぎょう》者《じゃ》當《とう》聞《もん》・水《すい》流《る》光《こう》明《みょう》・及《ぎっ》諸《しょ》寶《ほう》樹《じゅ》・鳧《ふ》雁《がん》鴛《えん》鴦《のう》・皆《かい》說《せつ》妙《みょう》法《ほう》・出《しゅつ》定《じょう》入《にゅう》定《じょう》・恆《ごう》聞《もん》妙《みょう》法《ほう》・行《ぎょう》者《じゃ》所《しょ》聞《もん》・出《しゅつ》定《じょう》之《し》時《じ》・憶《おく》持《じ》不《ふ》捨《しゃ》・令《りょう》與《よ》修《しゅ》多《た》羅《ら》合《ごう》・若《にゃく》不《ふ》合《ごう》者《しゃ》・名《みょう》爲《い》妄《もう》想《ぞう》・若《にゃく》有《う》合《ごう》者《しゃ》・名《みょう》爲《い》麤《そ》想《そう》・見《けん》極《ごく》樂《らく》世《せ》界《かい》・是《ぜ》爲《い》像《ぞう》想《そう》・名《みょう》第《だい》八《はち》觀《かん》・作《さ》是《ぜ》觀《かん》者《しゃ》・除《じょ》無《む》量《りょう》億《おっ》劫《こう》・生《しょう》死《じ》之《し》罪《ざい》・於《お》現《げん》身《しん》中《じゅう》・得《とく》念《ねん》佛《ぶつ》三《さん》昧《まい》

仏《ぶつ》、阿難《あなん》および韋提希《いだいけ》に告《つ》げたまはく、「この事《じ》を見《み》をはらば、次《つぎ》にまさに仏《ぶつ》を想《おも》ふべし。ゆゑはいかん。諸仏如来《しょぶつにょらい》はこれ法界身《ほうかいしん》なり。一切衆生《いっさいしゅじょう》の心想《しんそう》のうちに入《い》りたまふ。このゆゑになんぢら心《しん》に仏《ぶつ》を想《おも》ふとき、この心《しん》すなはちこれ〔仏《ぶつ》の〕三十二相《さんじゅうにそう》・八十随形好《はちじゅうずいぎょうこう》なれば、この心作仏《しんさぶつ》す、この心《しん》これ仏《ぶつ》なり。*諸仏正遍知海《しょぶつしょうへんちかい》は心想《しんそう》より生《しょう》ず。このゆゑにまさに一心《いっしん》に繫念《けねん》して、あきらかにかの仏《ぶつ》、*多陀《ただ》阿伽度《あかど》・*阿羅訶《あらか》・*三藐三仏陀《さんみゃくさんぶっだ》を観《かん》ずべし。かの仏《ぶつ》を想《おも》はんものは、まづまさに像《ぞう》を想《おも》ふべし。閉目《へいもく》・開目《かいもく》に一《ひと》つの宝像《ほうぞう》の閻浮檀金色《えんぶだんごんじき》のごとくにして、かの華上《けじょう》に坐《ざ》せるを見《み》よ。像《ぞう》の坐《ざ》せるを見《み》をはらば、心眼開《しんげんひら》くることを得《え》て、了々分明《りょうりょうぶんみょう》に極楽国《ごくらくこく》の七宝荘厳《しっぽうしょうごん》の宝地《ほうじ》・宝《ほう》池《ち》・宝樹行列《ほうじゅごうれつ》し、諸天《しょてん》の宝幔《ほうまん》その上《うえ》に弥覆《みふ》し、衆宝《しゅぼう》の*羅網《らもう》、虚空《こくう》のなかに満《み》てるを見《み》ん。かくのごときの事《じ》を見《み》ること、きはめて明了《みょうりょう》にして、掌中《しょうちゅう》を観《み》るがごとくならしめよ。この事《じ》を見《み》をはらば、また

諸仏正遍知海　正遍知は梵語サムヤク・サンブッダ(samyak-sambuddha)の漢訳で、如来十号の一。等正《とうしょう》覚《がく》ともいう。海とは仏のあまねくさとられた智慧の広大なことを海に喩えたことば。正しく完全に真理をさとったあらゆる仏陀たちの意。

多陀阿伽度　梵語タターガタ(tathāgata)の音写。如来と漢訳する。

阿羅訶　梵語アルハット(arhat)の音写。応供《おうぐ》・阿《あ》羅漢《らかん》ともいう。

三藐三仏陀　梵語サムヤク・サンブッダ(samyak-sambuddha)の音写。等正覚、正遍知と漢訳する。最高至上の仏・正しいさとりを得た人。如来十号の一。

羅網　宝珠をつらねたかざり網。

まさにさらに一《ひと》つの大蓮華《だいれんげ》をなして仏《ぶつ》の左辺《さへん》におくべし。前《さき》の蓮華《れんげ》のごとくして等《ひと》しくして異《い》あることなし。また一《ひと》つの大蓮華《だいれんげ》をなして仏《ぶつ》の右辺《うへん》におけ。一《ひと》つの観世音菩薩《かんぜおんぼさつ》の像《ぞう》、左《ひだり》の華座《けざ》に坐《ざ》すと想《おも》へ。また金光放《こんこうはな》つこと、前《さき》の〔仏《ぶつ》の〕ごとくして異《い》なし。一《ひと》つの大勢至《だいせいし》菩薩《ぼさつ》の像《ぞう》、右《みぎ》の華座《けざ》に坐《ざ》すと想《おも》へ。この想成《そうじょう》ずるとき、仏《ぶつ》・菩薩《ぼさつ》の像《ぞう》はみな光明《こうみょう》を放《はな》つ。その光金色《ひかりこんじき》にしてもろもろの宝樹《ほうじゅ》を照《て》らす。一々《いちいち》の樹下《じゅげ》にまた三《み》つの蓮華《れんげ》あり。もろもろの蓮華《れんげ》の上《うえ》におのおの一仏《いちぶつ》・二菩薩《にぼさつ》の像《ぞう》ましまして、かの国《くに》に遍満《へんまん》す。この想成《そうじょう》ずるとき、行者《ぎょうじゃ》まさに水流《すいる》・光明《こうみょう》およびもろもろの宝樹《ほうじゅ》・*鳧《ふ》・雁《がん》・*鴛鴦《えんおう》のみな妙法《みょうほう》を説《と》くを聞《き》くべし。*出定《しゅつじょう》・*入定《にゅうじょう》につねに妙法《みょうほう》を聞《き》く。行者《ぎょうじゃ》の〔入定中《にゅうじょうちゅう》に〕聞《き》きしところのもの、出定《しゅつじょう》のとき憶持《おくじ》して捨《す》てず、*修多《しゅた》羅《ら》と合《がっ》せしめよ。もし合《がっ》せざるをば、名《な》づけて妄想《もうぞう》とす。もし合《がっ》することあるをば、名《な》づけて粗想《そそう》に極楽世界《ごくらくせかい》を見《み》るとす。これを像想《ぞうそう》

鳧雁　かもとかり。
鴛鴦　おしどり。鴛は雄、鴦は雌を指す。
出定　禅定《ぜんじょう》より出ること。※
入定　禅定に入ること。
修多羅と合せしめよ　修多羅は梵語スートラ(sūtra)の音写。経と漢訳する。経説に違わぬようにせよ。

とし、第八《だいはち》の観《かん》と名《な》づく。この観《かん》をなすものは、無量億劫《むりょうおくこう》の生死《しょうじ》の罪《つみ》を除《のぞ》き、現身《げんしん》のなかにおいて念仏三昧《ねんぶつざんまい》を得《え》ん」と。

佛《ぶつ》告《ごう》阿《あ》難《なん》・及《ぎゅう》韋《い》提《だい》希《け》・此《し》想《そう》成《じょう》已《い》・次《し》當《とう》更《きょう》觀《かん》・無《む》量《りょう》壽《じゅ》佛《ぶつ》・身《しん》相《そう》光《こう》明《みょう》・阿《あ》難《なん》當《とう》知《ち》・無《む》量《りょう》壽《じゅ》佛《ぶっ》身《しん》・如《にょ》百《ひゃく》千《せん》萬《まん》億《のく》・夜《や》摩《ま》天《てん》・閻《えん》浮《ぶ》檀《だん》金《ごん》色《じき》・佛《ぶっ》身《しん》高《こう》・六《ろく》十《じゅう》萬《まん》億《のく》・那《な》由《ゆ》他《た》・恆《ごう》河《が》沙《しゃ》由《ゆ》旬《じゅん》・眉《み》間《けん》白《びゃく》毫《ごう》・右《う》旋《せん》婉《えん》轉《でん》・如《にょ》五《ご》須《しゅ》彌《み》山《せん》・佛《ぶつ》眼《げん》如《にょ》四《し》大《だい》海《かい》水《すい》・青《しょう》白《びゃく》分《ふん》明《みょう》・身《しん》諸《しょ》毛《もう》孔《く》・演《えん》出《すい》光《こう》明《みょう》・如《にょ》須《しゅ》彌《み》山《せん》・彼《ひ》佛《ぶつ》圓《えん》光《こう》・如《にょ》百《ひゃく》億《おく》・三《さん》千《ぜん》大《だい》千《せん》世《せ》界《かい》・於《お》圓《えん》光《こう》中《じゅう》・有《う》百《ひゃく》萬《まん》億《のく》・那《な》由《ゆ》他《た》・恆《ごう》河《が》沙《しゃ》化《け》佛《ぶつ》・一《いち》一《いち》化《け》佛《ぶつ》・亦《やく》有《う》衆《しゅ》多《だ》・無《む》數《しゅ》

化《け》菩《ぼ》薩《さつ》●以《い》爲《い》侍《じ》者《しゃ》●無《む》量《りょう》壽《じゅ》佛《ぶつ》●有《う》八《はち》萬《まん》四《し》千《せん》相《そう》●一《いち》一《いち》相《そう》●各《かく》有《う》八《はち》萬《まん》四《し》千《せん》●隨《ずい》形《ぎょう》好《こう》●一《いち》一《いち》好《こう》●復《ぶ》有《う》八《はち》萬《まん》四《し》千《せん》光《こう》明《みょう》●一《いち》一《いち》光《こう》明《みょう》徧《へん》照《じょう》●十《じっ》方《ぽう》世《せ》界《かい》●念《ねん》佛《ぶつ》衆《しゅ》生《じょう》●攝《せっ》取《しゅ》不《ふ》捨《しゃ》●其《ご》光《こう》明《みょう》相《そう》好《ごう》●及《ぎゅう》與《よ》化《け》佛《ぶつ》●不《ふ》可《か》具《ぐ》說《せつ》●但《たん》當《とう》憶《おく》想《そう》●令《りょう》心《しん》眼《げん》見《けん》●見《けん》此《し》事《じ》者《しゃ》●卽《そっ》見《けん》十《じっ》方《ぽう》●一《いっ》切《さい》諸《しょ》佛《ぶつ》●以《い》見《けん》諸《しょ》佛《ぶつ》故《こ》●名《みょう》念《ねん》佛《ぶつ》三《さん》昧《まい》●作《さ》是《ぜ》觀《かん》者《しゃ》●名《みょう》觀《かん》一《いっ》切《さい》佛《ぶつ》身《しん》●以《い》觀《かん》佛《ぶつ》身《しん》故《こ》●亦《やっ》見《けん》佛《ぶっ》心《しん》●佛《ぶっ》心《しん》者《しゃ》●大《だい》慈《じ》悲《ひ》是《ぜ》●以《い》無《む》緣《えん》慈《じ》●攝《せっ》諸《しょ》衆《しゅ》生《じょう》●作《さ》此《し》觀《かん》者《しゃ》●捨《しゃ》身《しん》他《た》世《せ》●生《しょう》諸《しょ》佛《ぶつ》前《ぜん》●得《とく》無《む》生《しょう》忍《にん》●是《ぜ》故《こ》智《ち》者《しゃ》●應《おう》當《とう》繫《け》心《しん》●諦《たい》觀《かん》無《む》量《りょう》壽《じゅ》佛《ぶつ》●觀《かん》無《む》量《りょう》壽《じゅ》佛《ぶつ》者《しゃ》●從《じゅ》一《いち》相《そう》好《ごう》入《にゅう》●但《たん》觀《かん》眉《み》間《けん》白《びゃく》毫《ごう》●極《ごく》令《りょう》明《みょう》了《りょう》●見《けん》

眉《み》間《けん》白《びゃく》毫《ごう》者《しゃ》・八《はち》萬《まん》四《し》千《せん》相《そう》好《ごう》・自《じ》然《ねん》當《とう》現《げん》・見《けん》無《む》量《りょう》壽《じゅ》佛《ぶっ》者《しゃ》・卽《そっ》見《けん》十《じっ》方《ぽう》・無《む》量《りょう》諸《しょ》佛《ぶっ》・得《とっ》見《けん》無《む》量《りょう》諸《しょ》佛《ぶっ》故《こ》・諸《しょ》佛《ぶっ》現《げん》前《ぜん》授《じゅ》記《き》・是《ぜ》爲《い》徧《へん》觀《かん》・一《いっ》切《さい》色《しき》身《しん》想《そう》・名《みょう》第《だい》九《く》觀《かん》・作《さ》此《し》觀《かん》者《しゃ》・名《みょう》爲《い》正《しょう》觀《かん》・若《にゃく》他《た》觀《かん》者《しゃ》・名《みょう》爲《い》邪《じゃ》觀《かん》

仏《ぶつ》、阿難《あなん》および韋提希《いだいけ》に告《つ》げたまはく、「この想成《そうじょう》じをはらば、次《つぎ》にまさにさらに無量寿仏《むりょうじゅぶつ》の身相《しんそう》と光明《こうみょう》とを観《かん》ずべし。阿難《あなん》まさに知《し》るべし、無量寿仏《むりょうじゅぶつ》の身《しん》は百千万億《ひゃくせんまんおく》の*夜摩天《やまてん》の閻浮檀金色《えんぶだんごんじき》のごとし。仏身《ぶっしん》の高《たか》さ六十万億那由他恒河沙由旬《ろくじゅうまんおくなゆたごうがしゃゆじゅん》なり。眉間《みけん》の*白毫《びゃくごう》は、右《みぎ》に旋《めぐ》りて婉転《えんでん》して、〔大《おお》きさ〕五《いつ》つの須弥山《しゅみせん》のごとし。*仏眼《ぶつげん》は*四大海水《しだいかいすい》のごとし。青白分明《しょうびゃくぶんみょう》なり。身《しん》のもろもろの毛孔《もうく》より光明《こうみょう》を演出《えんすい》す。

夜摩天　六欲天の第三。須《しゅ》弥山《みせん》の頂上から八万由旬《ゆじゅん》にその天宮があり、五欲の楽を受けるという。
白毫　仏の眉間にあり、右に巻いている白い細毛で、そこから光を放たれる。仏の三十二相の一。※
仏眼　仏の眼。すべてを見渡し、一切を知る眼。
四大海水　須弥山をとりまく四海のこと。

〔大《おお》きさ〕須弥山《しゅみせん》のごとし。かの仏《ぶつ》の*円光《えんこう》は、〔広《ひろ》さ〕百億《ひゃくおく》の三千大千《さんぜんだいせん》世界《せかい》のごとし。円光《えんこう》のなかにおいて、百万億那由他恒河沙《ひゃくまんおくなゆたごうがしゃ》の化仏《けぶつ》まします。一々《いちいち》の化仏《けぶつ》にまた衆多無数《しゅたむしゅ》の化菩薩《けぼさつ》ありて、もつて侍者《じしゃ》たり。無量寿仏《むりょうじゅぶつ》に八万四千《はちまんしせん》の相《そう》まします。一々《いちいち》の相《そう》におのおの八万四千《はちまんしせん》の随形好《ずいぎょうこう》あり。一々《いちいち》の好《こう》にまた八万四千《はちまんしせん》の光明《こうみょう》あり。一々《いちいち》の光明《こうみょう》は、あまねく十方世界《じっぽうせかい》を照《て》らし、念仏《ねんぶつ》の衆生《しゅじょう》を摂取《せっしゅ》して捨《す》てたまはず。その光明《こうみょう》と相好《そうごう》と、および化仏《けぶつ》とは、つぶさに説《と》くべからず。ただまさに*憶想《おくそう》して、心眼《しんげん》をして見《み》たてまつらしむべし。この事《じ》を見《み》るものは、すなはち十方《じっぽう》の一切《いっさい》の諸仏《しょぶつ》を見《み》たてまつる。諸仏《しょぶつ》を見《み》たてまつるをもつてのゆゑに念仏三昧《ねんぶつざんまい》と名《な》づく。この観《かん》をなすをば、一切《いっさい》の仏身《ぶっしん》を観《かん》ずと名《な》づく。仏身《ぶっしん》を観《かん》ずるをもつてのゆゑにまた仏《ぶっ》心《しん》を見《み》る。仏心《ぶっしん》とは大慈悲《だいじひ》これなり。*無縁《むえん》の慈《じ》をもつてもろもろの衆生《しゅじょう》を摂《せっ》す。この観《かん》をなすものは、身《み》を捨《す》てて他世《たせ》に諸仏《しょぶつ》の前《みまえ》に生《しょう》

円光　仏・菩薩の頭部から放たれる円形の光明。※

憶想　心におもいうかべること。

無縁の慈　平等にして無差別な仏の大慈悲。

じて無生忍《むしょうにん》を得《え》ん。このゆゑに智者《ちしゃ》まさに心《こころ》を繫《か》けて、あきらかに無量寿仏《むりょうじゅぶつ》を観《かん》ずべし。

無量寿仏《むりょうじゅぶつ》を観《かん》ぜんものは、〔仏《ぶつ》の〕一《ひと》つの相好《そうごう》より入《い》れ。ただ眉間《みけん》の白毫《びゃくごう》を観《かん》じて、きはめて明了《みょうりょう》ならしめよ。眉間《みけん》の白毫《びゃくごう》を見《み》たてまつれば、八万四千《はちまんしせん》の相好《そうごう》、自然《じねん》にまさに現《げん》ずべし。無量寿仏《むりょうじゅぶつ》を見《み》たてまつれば、すなはち十方《じっぽう》無量《むりょう》の諸仏《しょぶつ》を見《み》たてまつる。無量《むりょう》の諸仏《しょぶつ》を見《み》たてまつることを得《う》るがゆゑに、諸仏《しょぶつ》は現前《げんぜん》に授記《じゅき》す。これをあまねく*一切《いっさい》の色身《しきしん》を観《かん》ずる想《そう》とし、第九《だいく》の観《かん》と名《な》づく。この観《かん》をなすをば、名《な》づけて正観《しょうかん》とす。もし他観《たかん》するをば、名《な》づけて邪観《じゃかん》とす」と。

佛《ぶつ》告《ごう》阿《あ》難《なん》・及《ぎゅう》韋《い》提《だい》希《け》・見《けん》無《む》量《りょう》壽《じゅ》佛《ぶつ》・了《りょう》了《りょう》分《ふん》明《みょう》

一切の色身　阿弥陀仏が具えている一切の色身とする説と、一切諸仏の色身とする説とがある。

已《い》・次《し》復《ぶ》當《とう》觀《かん》・觀《かん》世《ぜ》音《おん》菩《ぼ》薩《さつ》・此《し》菩《ぼ》薩《さっ》身《しん》長《じょう》・八《はち》十《じゅう》萬《まん》億《のく》・那《な》由《ゆ》他《た》由《ゆ》旬《じゅん》・身《しん》紫《し》金《こん》色《じき》・頂《ちょう》有《う》肉《にっ》髻《けい》・項《こう》有《う》圓《えん》光《こう》・面《めん》各《かく》百《ひゃく》千《せん》由《ゆ》旬《じゅん》・其《ご》圓《えん》光《こう》中《じゅう》・有《う》五《ご》百《ひゃっ》化《け》佛《ぶつ》・如《にょ》釋《しゃ》―迦《か》牟《む》―尼《に》佛《ぶつ》・一《いち》一《いち》化《け》佛《ぶつ》・有《う》五《ご》百《ひゃっ》化《け》菩《ぼ》薩《さつ》・無《む》量《りょう》諸《しょ》天《てん》・以《い》爲《い》侍《じ》者《しゃ》・擧《こ》身《しん》光《こう》中《じゅう》・五《ご》道《どう》衆《しゅ》生《じょう》・一《いっ》切《さい》色《しき》相《そう》・皆《かい》於《お》中《ちゅう》現《げん》・頂《ちょう》上《じょう》毗《び》楞《りょう》伽《が》・摩《ま》尼《に》寶《ほう》・以《い》爲《い》天《てん》冠《がん》・其《ご》天《てん》冠《がん》中《ちゅう》・有《う》一《いち》立《りゅう》化《け》佛《ぶつ》・高《こう》二《に》十《じゅう》五《ご》由《ゆ》旬《じゅん》・觀《かん》世《ぜ》音《おん》菩《ぼ》薩《さつ》・面《めん》如《にょ》閻《えん》浮《ぶ》檀《だん》金《ごん》色《じき》・眉《み》間《けん》毫《ごう》相《そう》・備《び》七《しっ》寶《ぽう》色《しき》・流《る》出《すい》八《はち》萬《まん》四《し》千《せん》種《しゅ》光《こう》明《みょう》・一《いち》一《いち》光《こう》明《みょう》・有《う》無《む》量《りょう》無《む》數《しゅ》・百《ひゃく》千《せん》化《け》佛《ぶつ》・一《いち》一《いち》化《け》佛《ぶつ》・無《む》數《しゅ》化《け》菩《ぼ》薩《さつ》・以《い》爲《い》侍《じ》者《しゃ》・變《へん》現《げん》自《じ》在《ざい》・滿《まん》十《じっ》方《ぽう》世《せ》界《かい》・譬《ひ》如《にょ》紅《ぐ》蓮《れん》華《げ》

色《しき》・有《う》八《はち》十《じゅう》億《おく》光《こう》明《みょう》・以《い》為《い》瓔《よう》珞《らく》・其《ご》瓔《よう》珞《らく》中《ちゅう》・普《ふ》現《げん》
一《いっ》切《さい》・諸《しょ》莊《しょう》嚴《ごん》事《じ》

仏《ぶつ》、阿難《あなん》および韋提希《いだいけ》に告《つ》げたまはく、「無量寿仏《むりょうじゅぶつ》を見《み》たてまつること、了々分明《りょうりょうぶんみょう》なること已《おわ》りて、次《つぎ》にまたまさに観世音菩薩《かんぜおんぼさつ》を観《かん》ずべし。この菩薩《ぼさつ》、身《み》の長八十万億那由他由旬《たけはちじゅうまんおくなゆたゆじゅん》なり。身《しん》は紫金色《しこんじき》なり。頂《いただき》に*肉髻《にくけい》あり。頂《うなじ》に円光《えんこう》あり。*面《おもて》おのおの百千由旬《ひゃくせんゆじゅん》なり。その円光《えんこう》のなかに五百《ごひゃく》の化仏《けぶつ》ましまして、釈迦牟尼仏《しゃかむにぶつ》のごとし。一々《いちいち》の化仏《けぶつ》に五百《ごひゃく》の化菩薩《けぼさつ》と無量《むりょう》の諸天《しょてん》ありて、もつて侍者《じしゃ》たり。*挙身《こしん》の光《ひかり》のなかに*五道《ごどう》の衆生《しゅじょう》の一切《いっさい》の色相《しきそう》、みななかにおいて現《げん》ず。頂上《ちょうじょう》に*毘楞伽摩尼宝《びりょうがまにほう》あり、もつて*天冠《てんがん》とす。その天冠《てんがん》のなかに、ひとりの立化仏《りゅうけぶつ》まします。高《たか》さ二十五由旬《にじゅうごゆじゅん》なり。観世音菩薩《かんぜおんぼさつ》の面《おもて》は、閻浮《えんぶ》

肉髻　三十二相の一で、仏や菩薩の頭頂が二重になっている高い部分を指し、尊貴の相《すがた》である。※
面　ここでは円光の縦横《たてよこ》。※
挙身の光　全身をあげて輝いている光。
五道　五悪趣《ごあくしゅ》のこと。
毘楞伽摩尼宝　釈迦毘楞伽摩尼宝のこと。
天冠　瓔珞《ようらく》の飾りをつけた宝冠。※

檀金色《だんごんじき》のごとし。眉間《みけん》の*毫相《ごうそう》に七宝《しっぽう》の色《いろ》を備《そな》へ、八万四千種《はちまんしせんしゅ》の光明《こうみょう》を流出《るすい》す。一々《いちいち》の光明《こうみょう》に無量無数百千《むりょうむしゅひゃくせん》の化仏《けぶつ》まします。一々《いちいち》の化仏《けぶつ》は、無数《むしゅ》の化菩薩《けぼさつ》をもつて侍者《じしゃ》とす。変現自在《へんげんじざい》にして十方世界《じっぽうせかい》に満《み》てり。たとへば紅蓮華色《ぐれんげしき》のごとし。八十億《はちじゅうおく》の光明《こうみょう》ありて、もつて瓔《よう》珞《らく》とす。その瓔珞《ようらく》のなかにあまねく一切《いっさい》のもろもろの荘厳《しょうごん》の事《じ》を現《げん》ず。

手《しゅ》掌《しょう》作《さ》五《ご》百《ひゃく》億《おく》・雑《ぞう》蓮《れん》華《げ》色《しき》・手《しゅ》十《じゅう》指《し》端《たん》・一《いち》一《いち》指《し》端《たん》・有《う》八《はち》萬《まん》四《し》千《せん》畫《え》・猶《ゆ》如《にょ》印《いん》文《もん》・一《いち》一《いち》畫《え》・有《う》八《はち》萬《まん》四《し》千《せん》色《しき》・一《いち》一《いち》色《しき》・有《う》八《はち》萬《まん》四《し》千《せん》光《こう》・其《ご》光《こう》柔《にゅう》輭《なん》・普《ふ》照《しょう》一《いっ》切《さい》・以《い》此《し》寶《ほう》手《しゅ》・接《しょう》引《いん》衆《しゅ》生《じょう》・擧《こ》足《そく》時《じ》・足《そく》下《げ》有《う》千《せん》輻《ぷく》輪《りん》相《そう》・自《じ》然《ねん》化《け》成《じょう》・五《ご》百《ひゃく》億《おく》

毫相　白毫《びゃくごう》の相のこと。

光《こう》明《みょう》臺《だい》●下《げ》足《そく》時《じ》●有《う》金《こん》剛《ごう》摩《ま》尼《に》華《け》●布《ふ》散《さん》一《いっ》切《さい》●莫《まく》
不《ふ》彌《み》滿《まん》●其《ご》餘《よ》身《しん》相《そう》●衆《しゅ》好《こう》具《ぐ》足《そく》●如《にょ》佛《ぶつ》無《む》異《い》●唯《ゆい》頂《ちょう》
上《じょう》肉《にっ》髻《けい》●及《ぎゅう》無《む》見《けん》頂《ちょう》相《そう》●不《ふ》及《ぎゅう》世《せ》尊《そん》●是《ぜ》爲《い》觀《かん》●觀《かん》世《ぜ》
音《おん》菩《ぼ》薩《さつ》●眞《しん》實《じつ》色《しき》身《しん》想《そう》●名《みょう》第《だい》十《じっ》觀《かん》●佛《ぶつ》告《ごう》阿《あ》難《なん》●若《にゃく》
有《う》欲《よっ》觀《かん》●觀《かん》世《ぜ》音《おん》菩《ぼ》薩《さつ》者《しゃ》●當《とう》作《さ》是《ぜ》觀《かん》●作《さ》是《ぜ》觀《かん》者《しゃ》●
不《ふ》遇《ぐ》諸《しょ》禍《か》●淨《じょう》除《じょ》業《ごっ》障《しょう》●除《じょ》無《む》數《しゅ》劫《こう》●生《しょう》死《じ》之《し》罪《ざい》●如《にょ》
此《し》菩《ぼ》薩《さつ》●但《たん》聞《もん》其《ご》名《みょう》●獲《ぎゃく》無《む》量《りょう》福《ふく》●何《が》況《きょう》諦《たい》觀《かん》●若《にゃく》有《う》
欲《よっ》觀《かん》●觀《かん》世《ぜ》音《おん》菩《ぼ》薩《さつ》者《しゃ》●先《せん》觀《かん》頂《ちょう》上《じょう》肉《にっ》髻《けい》●次《し》觀《かん》天《てん》
冠《がん》●其《ご》餘《よ》衆《しゅ》相《そう》●亦《やく》次《し》第《だい》觀《かん》之《し》●亦《やく》令《りょう》明《みょう》了《りょう》●如《にょ》觀《かん》掌《しょう》
中《ちゅう》●作《さ》是《ぜ》觀《かん》者《しゃ》●名《みょう》爲《い》正《しょう》觀《かん》●若《にゃく》他《た》觀《かん》者《しゃ》●名《みょう》爲《い》邪《じゃ》觀《かん》

手掌《しゅしょう》に五百億《ごひゃくおく》の雑蓮華色《ぞうれんげしき》をなす。手《て》の十指《じっし》の端《はし》、一々《いちいち》の指《ゆび》の端《はし》に八万四千《はちまんしせん》の画《え》あり。なほ*印文《いんもん》のごとし。一々《いちいち》の画《え》に八万四千色《はちまんしせんしき》あり。一々《いちいち》の色《いろ》に八万四千《はちまんしせん》の光《ひかり》あり。その光柔軟《ひかりにゅうなん》にしてあまねく一切《いっさい》を照《て》らし、この宝手《ほうしゅ》をもつて衆生《しゅじょう》を*接引《しょういん》したまふ。足《あし》を挙《あ》ぐるとき、足《あし》の下《した》に*千輻輪《せんぷくりん》の相《そう》あり、自然《じねん》に化《け》して五百億《ごひゃくおく》の光明《こうみょう》の台《うてな》と成《な》る。足《あし》を下《お》ろすとき、*金剛摩尼《こんごうまに》の華《はな》あり、一切《いっさい》に布散《ふさん》して*弥満《みまん》せずといふことなし。その余《よ》の身相《しんそう》・*衆好《しゅこう》、具足《ぐそく》せること仏《ぶつ》のごとくして異《い》なし。ただ頂上《ちょうじょう》の肉髻《にくけい》および*無見頂《むけんちょう》の相《そう》、世尊《せそん》に及《およ》ばず。これを観世《かんぜ》音菩薩《おんぼさつ》の真実色身《しんじつしきしん》を観《かん》ずる想《そう》とし、第十《だいじゅう》の観《かん》と名《な》づく」と。仏《ぶつ》、阿《あ》難《なん》に告《つ》げたまはく、「もし観世音菩薩《かんぜおんぼさつ》を観《かん》ぜんと欲《ほっ》することあらんものは、まさにこの観《かん》をなすべし。この観《かん》をなすものはもろもろの禍《か》に遇《あ》はず、*業障《ごっしょう》を浄除《じょうじょ》し、無数劫《むしゅこう》の生死《しょうじ》の罪《つみ》を除《のぞ》く。かくのごときの菩薩《ぼさつ》は、ただその名《な》を聞《き》くだに無量《むりょう》の福《ふく》を獲《う》。いかにいはんや

印文　印判で押した文様。

接引　衆生を浄土に導き迎えとること。

千輻輪の相　足の裏に千の放射状の輻《や》（車輪の輻）のある輪宝の模様があること。三十二相の一。

金剛摩尼の華　無漏堅固なる摩尼宝珠の花。

弥満　満ち満ちること。

衆好　もろもろのかたち。

無見頂の相　梵語アナヴァローキタ・ムールダター（anavalokita-mūrdhatā）の漢訳。仏の頭頂が高く誰も見ることができないこと。八十随形好《ずいぎょうこう》の一。

業障　悪業による障り。

あきらかに観《かん》ぜんをや。もし観世音菩薩《かんぜおんぼさつ》を観《かん》ぜんと欲《ほっ》することあらんものは、まづ頂上《ちょうじょう》の肉髻《にくけい》を観《かん》じ、次《つぎ》に天冠《てんがん》を観《かん》ぜよ。その余《よ》の衆《しゅ》相《そう》、また次第《しだい》にこれを観《かん》じて、また明了《みょうりょう》なること、掌《たなごころ》のうちを観《み》るがごとくならしめよ。この観《かん》をなすをば、名《な》づけて正観《しょうかん》とす。もし他観《たかん》するをば名《な》づけて邪観《じゃかん》とす。

次《し》復《ぶ》應《おう》觀《かん》・大《だい》勢《せい》至《し》菩《ぼ》薩《さつ》・此《し》菩《ぼ》薩《さつ》・身《しん》量《りょう》大《だい》小《しょう》・亦《やく》如《にょ》觀《かん》世《ぜ》音《おん》・圓《えん》光《こう》面《めん》各《かく》・百《ひゃく》二《に》十《じゅう》五《ご》由《ゆ》旬《じゅん》・照《しょう》二《に》百《ひゃく》五《ご》十《じゅう》由《ゆ》旬《じゅん》・擧《こ》身《しん》光《こう》明《みょう》・照《しょう》十《じっ》方《ぽう》國《こく》・作《さ》紫《し》金《こん》色《じき》・有《う》縁《えん》衆《しゅ》生《じょう》・皆《かい》悉《しっ》得《とっ》見《けん》・但《たん》見《けん》此《し》菩《ぼ》薩《さつ》・一《いち》毛《もう》孔《く》光《こう》・卽《そっ》見《けん》十《じっ》方《ぽう》・無《む》量《りょう》諸《しょ》佛《ぶっ》・淨《じょう》妙《みょう》光《こう》明《みょう》・是《ぜ》故《こ》號《ごう》此《し》菩《ぼ》薩《さつ》・名《みょう》無《む》邊《へん》光《こう》・以《い》智《ち》慧《え》光《こう》・普《ふ》照《しょう》一《いっ》切《さい》・令《りょう》離《り》三《さん》塗《ず》・得《とく》

無《む》上《じょう》力《りき》●是《ぜ》故《こ》號《ごう》此《し》菩《ぼ》薩《さつ》●名《みょう》大《だい》勢《せい》至《し》●此《し》菩《ぼ》薩《さつ》天《てん》冠《がん》●有《う》五《ご》百《ひゃっ》寶《ぽう》華《け》●一《いち》一《いち》寶《ほう》華《け》●有《う》五《ご》百《ひゃっ》寶《ぽう》臺《だい》●一《いち》一《いち》臺《だい》中《ちゅう》●十《じっ》方《ぽう》諸《しょ》佛《ぶつ》●淨《じょう》妙《みょう》國《こく》土《ど》●廣《こう》長《じょう》之《し》相《そう》●皆《かい》於《お》中《ちゅう》現《げん》●頂《ちょう》上《じょう》肉《にっ》髻《けい》●如《にょ》鉢《は》頭《ず》摩《ま》華《け》●於《お》肉《にっ》髻《けい》上《じょう》●有《う》一《いち》寶《ほう》瓶《びょう》●盛《じょう》諸《しょ》光《こう》明《みょう》●普《ふ》現《げん》佛《ぶつ》事《じ》●餘《よ》諸《しょ》身《しん》相《そう》●如《にょ》觀《かん》世《ぜ》音《おん》●等《とう》無《む》有《う》異《い》●此《し》菩《ぼ》薩《さつ》行《ぎょう》時《じ》●十《じっ》方《ぽう》世《せ》界《かい》●一《いっ》切《さい》震《しん》動《どう》●當《とう》地《じ》動《どう》處《しょ》●有《う》五《ご》百《ひゃく》億《おく》寶《ほう》華《け》●一《いち》一《いち》寶《ほう》華《け》●莊《しょう》嚴《ごん》高《こう》顯《けん》●如《にょ》極《ごく》樂《らく》世《せ》界《かい》●此《し》菩《ぼ》薩《さつ》坐《ざ》時《じ》●七《しっ》寶《ぽう》國《こく》土《ど》●一《いち》時《じ》動《どう》搖《よう》●從《じゅ》下《げ》方《ほう》●金《こん》光《こう》佛《ぶっ》刹《せつ》●乃《ない》至《し》上《じょう》方《ほう》●光《こう》明《みょう》王《おう》佛《ぶっ》刹《せつ》●於《お》其《ご》中《ちゅう》間《げん》●無《む》量《りょう》塵《じん》數《じゅ》●分《ふん》身《じん》無《む》量《りょう》壽《じゅ》佛《ぶつ》●分《ふん》身《じん》觀《かん》世《ぜ》音《おん》●大《だい》勢《せい》至《し》●皆《かい》悉《しつ》雲《うん》集《じゅう》●極《ごく》樂《らっ》國《こく》土《ど》●側《しき》塞《そく》空《く》

中《じゅう》●坐《ざ》蓮《れん》華《げ》座《ざ》●演《えん》說《ぜつ》妙《みょう》法《ほう》●度《ど》苦《く》衆《しゅ》生《じょう》●作《さ》此《し》觀《かん》者《しゃ》●名《みょう》爲《い》正《しょう》觀《かん》●若《にゃく》他《た》觀《かん》者《しゃ》●名《みょう》爲《い》邪《じゃ》觀《かん》●見《けん》大《だい》勢《せい》至《し》菩《ぼ》薩《さつ》●是《ぜ》爲《い》觀《かん》●大《だい》勢《せい》至《し》●色《しき》身《しん》想《そう》●名《みょう》第《だい》十《じゅう》一《いっ》觀《かん》●觀《かん》此《し》菩《ぼ》薩《さっ》者《しゃ》●除《じょ》無《む》數《しゅ》劫《こう》●阿《あ》僧《そう》祇《ぎ》●生《しょう》死《じ》之《し》罪《ざい》●作《さ》是《ぜ》觀《かん》者《しゃ》●不《ふ》處《しょ》胞《ほう》胎《たい》●常《じょう》遊《ゆ》諸《しょ》佛《ぶつ》●淨《じょう》妙《みょう》國《こく》土《ど》●此《し》觀《かん》成《じょう》已《い》●名《みょう》爲《い》具《ぐ》足《そく》●觀《かん》觀《かん》世《ぜ》音《おん》●大《だい》勢《せい》至《し》

次《つぎ》にまた大勢至菩薩《だいせいしぼさつ》を観《かん》ずべし。この菩薩《ぼさつ》の身量《しんりょう》の大小《だいしょう》は、また観世音《かんぜおん》のごとし。円光《えんこう》の面《おもて》は、おのおの百二十五由旬《ひゃくにじゅうごゆじゅん》なり。二百五《にひゃくご》十由旬《じゅうゆじゅん》を照《て》らす。挙身《こしん》の光明《こうみょう》は十方国《じっぽうこく》を照《て》らし、紫金色《しこんじき》をなす。有《う》縁《えん》の衆生《しゅじょう》は、みなことごとく見《み》ることを得《う》。ただこの菩薩《ぼさつ》の一毛孔《いちもうく》の光《ひかり》を見《み》れば、すなわち十方無量《じっぽうむりょう》の諸仏《しょぶつ》の浄妙《じょうみょう》の光明《こうみょう》を見《み》る。このゆゑにこの菩薩《ぼさつ》を号《なづ》けて無辺光《むへんこう》と名《な》づく。智慧《ちえ》の光《ひかり》をもってあまねく一切《いっさい》を照《て》らして、三塗《さんず》を離《はな》れしむるに無上力《むじょうりき》を得《え》たり。このゆゑにこの菩薩《ぼさつ》を号《なづ》けて大勢至《だいせいし》と名《な》づく。この菩薩《ぼさつ》の天冠《てんがん》に五百《ごひゃく》の宝華《ほうけ》あり。一々《いちいち》の宝華《ほうけ》に五百《ごひゃく》の宝台《ほうだい》あり。一々《いちいち》の台《うてな》のうちに十方諸仏《じっぽうしょぶつ》の浄妙《じょうみょう》の国土《こくど》の*広長《こうじょう》の相《そう》、みななかにおいて現《げん》ず。頂上《ちょうじょう》の肉髻《にくけい》は*鉢頭《はず》摩華《まけ》のごとし。肉髻《にくけい》の上《うえ》において一《ひと》つの宝瓶《ほうびょう》あり。もろもろの光明《こうみょう》を盛《い》れて、あまねく*仏事《ぶつじ》を現《げん》ず。余《よ》のもろもろの身相《しんそう》は、観世音《かんぜおん》のごとく、等《ひと》しくして異《い》あることなし。この菩薩《ぼさつ》行《ゆ》きたまふとき、十《じっ》方《ぽう》世界《せかい》は一切震動《いっさいしんどう》す。地《じ》の動《うご》く処《ところ》に当《あた》りて五百億《ごひゃくおく》の宝華《ほうけ》あり。一々《いちいち》の宝華《ほうけ》の荘厳《しょうごん》、*高《たか》く顕《あらわ》れて極楽世界《ごくらくせかい》のごとし。この菩薩《ぼさつ》、坐《ざ》したまふとき、七宝《しっぽう》の国土《こくど》一時《いちじ》に動揺《どうよう》し、下方《げほう》の金光仏《こんこうぶつ》の*刹《せつ》より乃至上方《ないしじょうほう》の光明王仏《こうみょうおうぶつ》の刹《せつ》まで〔及《およ》び〕、その*中間《ちゅうげん》において無量《むりょう》 *塵数《じんじゅ》の分身《ぶんしん》の無《む》量寿仏《りょうじゅぶつ》、分身《ぶんしん》の観世音《かんぜおん》・大勢至《だいせいし》、みなことごとく極楽国土《ごくらくこくど》に雲集《うんじゅう》す。

広長の相　広大無辺なるすがた。

鉢頭摩華　鉢頭摩は梵語パドマ (padma) の音写。紅蓮華。

仏事　ここは仏の教化、衆生救済のこと。

高く顕れて　気高く、すぐれているという意。

刹　梵語クシェートラ(kṣe-tra)の音写。国土のこと。

中間　上方から下方に至るすべての国土。

塵数　塵《ちり》の数ほどあるという意で、無数をあらわす。

空中《くうちゅう》に*側塞《しきそく》して蓮華座《れんげざ》に坐《ざ》し、妙法《みょうほう》を演説《えんぜつ》して苦《く》の衆生《しゅじょう》を度《ど》す。この観《かん》をなすをば名《な》づけて正観《しょうかん》とし、もし他観《たかん》するをば、名《な》づけて邪《じゃ》観《かん》とす。大勢至菩薩《だいせいしぼさつ》を見《み》る。これを大勢至《だいせいし》の色身《しきしん》を観《かん》ずる想《そう》とし、第十一《だいじゅういち》の観《かん》と名《な》づく。この菩薩《ぼさつ》を観《かん》ずるものは、無数劫阿僧祇《むしゅこうあそうぎ》の生《しょう》死《じ》の罪《つみ》を除《のぞ》く。この観《かん》をなすものは*胞胎《ほうたい》に処《しょ》せず、つねに諸仏《しょぶつ》の浄《じょう》妙《みょう》の国土《こくど》に遊《あそ》ぶ。この観成《かんじょう》じをはるをば、名《な》づけて*具足《ぐそく》して観世《かんぜ》音《おん》・大勢至《だいせいし》を観《かん》ずとす。

見《けん》此《し》事《じ》時《じ》・當《とう》起《き》自《じ》心《しん》・生《しょう》於《お》西《さい》方《ほう》・極《ごく》樂《らく》世《せ》界《かい》・於《お》
蓮《れん》華《げ》中《ちゅう》・結《けっ》跏《か》趺《ふ》坐《ざ》・作《さ》蓮《れん》華《げ》合《ごう》想《そう》・作《さ》蓮《れん》華《げ》開《かい》想《そう》・
蓮《れん》華《げ》開《かい》時《じ》・有《う》五《ご》百《ひゃく》色《しっ》光《こう》・來《らい》照《しょう》身《しん》想《そう》・眼《げん》目《もく》開《かい》想《そう》・
見《けん》佛《ぶつ》菩《ぼ》薩《さつ》・滿《まん》虚《こ》空《く》中《じゅう》・水《すい》鳥《ちょう》樹《じゅ》林《りん》・及《ぎゅう》與《よ》諸《しょ》佛《ぶつ》・所《しょ》

側塞　そばだち、ふさがること。満ち満ちている様子をあらわす。

胞胎に処せず　胞胎は母胎内で胎児をつつんでいる膜（えな）をいい、胎生《たいしょう》のこと。輪廻の迷いの生存をくりかえす胎生をとらないの意。

具足して　ここでは、あますところなく、のこらずの意。

出《すい》音《おん》聲《じょう》・皆《かい》演《えん》妙《みょう》法《ほう》・與《よ》十《じゅう》二《に》部《ぶ》經《きょう》合《ごう》・出《しゅつ》定《じょう》之《し》時《じ》・憶《おく》持《じ》不《ふ》失《しつ》・見《けん》此《し》事《じ》已《い》・名《みょう》見《けん》無《む》量《りょう》壽《じゅ》佛《ぶつ》・極《ごく》樂《らく》世《せ》界《かい》・是《ぜ》爲《い》普《ふ》觀《かん》想《そう》・名《みょう》第《だい》十《じゅう》二《に》觀《かん》・無《む》量《りょう》壽《じゅ》佛《ぶつ》・化《け》身《しん》無《む》數《しゅ》・與《よ》觀《かん》世《ぜ》音《おん》・大《だい》勢《せい》至《し》・常《じょう》來《らい》至《し》此《し》・行《ぎょう》人《にん》之《し》所《しょ》・

佛《ぶつ》告《ごう》阿《あ》難《なん》・及《ぎゅう》韋《い》提《だい》希《け》・若《にゃく》欲《よく》至《し》心《しん》・生《しょう》西《さい》方《ほう》者《しゃ》・先《せん》當《とう》觀《かん》於《の》一《いち》丈《じょう》六《ろく》像《ぞう》・在《ざい》池《ち》水《すい》上《じょう》・如《にょ》先《せん》所《しょ》說《せつ》・無《む》量《りょう》壽《じゅ》佛《ぶつ》・身《しん》量《りょう》無《む》邊《へん》・非《ひ》是《ぜ》凡《ぼん》夫《ぶ》・心《しん》力《りき》所《しょ》及《ぎゅう》・然《ねん》彼《ぴ》如《にょ》來《らい》・宿《しゅく》願《がん》力《りっ》故《こ》・有《う》憶《おく》想《そう》者《しゃ》・必《ひっ》得《とく》成《じょう》就《じゅ》・但《たん》想《そう》佛《ぶつ》像《ぞう》・得《とく》無《む》量《りょう》福《ふく》・何《が》況《きょう》觀《かん》佛《ぶつ》・具《ぐ》足《そく》身《しん》相《そう》・阿《あ》彌《み》陀《だ》佛《ぶつ》・神《じん》通《ずう》如《にょ》意《い》・於《お》十《じっ》方《ぽう》國《こく》・變《へん》現《げん》自《じ》在《ざい》・或《わく》現《げん》大《だい》身《しん》・滿《まん》虛空《く》中《じゅう》・或《わく》現《げん》小《しょう》身《しん》・丈《じょう》六《ろく》八《はっ》尺《しゃく》・所《しょ》現《げん》之《し》形《ぎょう》・皆《かい》眞《しん》金《こん》

色《じき》・圓《えん》光《こう》化《け》佛《ぶつ》・及《ぎゅう》寶《ほう》蓮《れん》華《げ》・如《にょ》上《じょう》所《しょ》說《せつ》・觀《かん》世《ぜ》音《おん》菩《ぼ》薩《さつ》・及《ぎゅう》大《だい》勢《せい》至《し》・於《お》一《いっ》切《さい》處《じょ》身《しん》同《どう》・衆《しゅ》生《じょう》但《たん》觀《かん》首《しゅ》相《そう》・知《ち》是《ぜ》觀《かん》世《ぜ》音《おん》・知《ち》是《ぜ》大《だい》勢《せい》至《し》・此《し》二《に》菩《ぼ》薩《さつ》・助《じょ》阿《あ》彌《み》陀《だ》佛《ぶつ》・普《ふ》化《け》一《いっ》切《さい》・是《ぜ》爲《い》雜《ざっ》想《そう》觀《がん》・名《みょう》第《だい》十《じゅう》三《さん》觀《がん》

この事《じ》を見《み》るとき、まさに*自心《じしん》を起《おこ》して西方極楽世界《さいほうごくらくせかい》に生《しょう》じて、蓮華《れんげ》のなかにして*結跏趺坐《けっかふざ》し、蓮華《れんげ》の合《がっ》する想《そう》をなし、蓮華《れんげ》の開《ひら》くる想《そう》をなすべし。蓮華《れんげ》の開《ひら》くるとき、五百色《ごひゃくしき》の光《ひかり》あり。来《きた》りて身《み》を照《て》らし、〔心《こころ》の〕眼目《げんもく》開《ひら》くと想《おも》へ。仏《ぶつ》・菩薩《ぼさつ》の虚空《こくう》のなかに満《み》てるを見《み》ると想《おも》へ。水《すい》・鳥《ちょう》・樹林《じゅりん》、および諸仏《しょぶつ》の所出《しょすい》の音声《おんじょう》、みな妙法《みょうほう》を演《の》ぶ〔と想《おも》へ〕。十二部経《じゅうにぶきょう》と合《がっ》して、出定《しゅつじょう》のとき〔想《おもい》を〕憶持《おくじ》して失《うしな》はざれ。この事《じ》を見《み》をはるを無量寿仏《むりょうじゅぶつ》の極楽世界《ごくらくせかい》を見《み》ると名《な》づく。こ

自心を起して　自己の想念を起して。
結跏趺坐　禅定《ぜんじょう》を修めるときの姿勢で、足を組んで坐る坐法の一種。

れを普観想《ふかんそう》とし、第十二《だいじゅうに》の観《かん》と名《な》づく。無量寿仏《むりょうじゅぶつ》の化身《けしん》無数《むしゅ》にして、観世音《かんぜおん》・大勢至《だいせいし》とともに、つねにこの行人《ぎょうにん》の所《ところ》に来至《らいし》す」と。

仏《ぶつ》、阿難《あなん》および韋提希《いだいけ》に告《つ》げたまはく、「もし心《こころ》を至《いた》して西方《さいほう》に生《しょう》ぜんと欲《ほっ》せんものは、まづまさに一《ひと》つの*丈六《じょうろく》の像《ぞう》、池水《ちすい》の上《うえ》にましますを観《かん》ずべし。先《さき》の所説《しょせつ》のごとき、無量寿仏《むりょうじゅぶつ》の身量《しんりょう》は無辺《むへん》にして、これ凡夫《ぼんぶ》の心力《しんりき》の及《およ》ぶところにあらず。しかるを、かの如来《にょらい》の*宿願力《しゅくがんりき》のゆゑに憶想《おくそう》することあらば、かならず成就《じょうじゅ》することを得《う》。ただ仏像《ぶつぞう》を想《おも》ふに無量《むりょう》の福《ふく》を得《う》。いかにいはんや仏《ぶつ》の具足《ぐそく》せる身相《しんそう》を観《かん》ぜんをや。阿弥陀仏《あみだぶつ》は*神通如意《じんずうにょい》にして、十方《じっぽう》の国《くに》において変現《へんげん》自在《じざい》なり。あるいは大身《だいしん》を現《げん》じて虚空《こくう》のなかに満《み》ち、あるいは小身《しょうしん》を現《げん》じて丈六《じょうろく》、八尺《はっしゃく》なり。所現《しょげん》の形《かたち》は、みな真金色《しんこんじき》なり。円光《えんこう》の化《け》仏《ぶつ》および宝蓮華《ほうれんげ》は、上《かみ》の所説《しょせつ》のごとし。観世音菩薩《かんぜおんぼさつ》および大勢至《だいせいし》、一切処《いっさいしょ》において身同《しんおな》じ。衆生《しゅじょう》ただ*首相《しゅそう》を観《み》て、これ観世音《かんぜおん》なりと知《し》

丈六の像　一丈六尺の阿弥陀仏の像。

宿願力　阿弥陀仏が法蔵菩薩といわれた因位《いんに》のときに衆生救済のためにおこした本願の力。

神通如意　思うがままに、なにごともできる不思議なはたらき。

首相　頭首のすがた、特徴。

り、これ大勢至《だいせいし》なりと知《し》る。この二菩薩《にぼさつ》、阿弥陀仏《あみだぶつ》を助《たす》けてあまねく一切《いっさい》を化《け》す。これを雑想観《ざっそうかん》とし、第十三《だいじゅうさん》の観《かん》と名《な》づく」と。

佛《ぶつ》告《ごう》阿《あ》難《なん》•及《ぎゅう》韋《い》提《だい》希《け》•上《じょう》品《ぼん》上《じょう》生《しょう》者《しゃ》•若《にゃく》有《う》衆《しゅ》生《じょう》•
願《がん》生《しょう》彼《ひ》國《こく》者《しゃ》•發《ほっ》三《さん》種《じゅ》心《しん》•卽《そく》便《べん》往《おう》生《じょう》•何《が》等《とう》爲《い》三《さん》•
一《いっ》者《しゃ》至《し》誠《じょう》心《しん》•二《に》者《しゃ》深《じん》心《しん》•三《さん》者《じゃ》廻《え》向《こう》發《ほっ》願《がん》心《しん》•具《ぐ》
三《さん》心《じん》者《しゃ》•必《ひっ》生《しょう》彼《ひ》國《こく》•復《ぶ》有《う》三《さん》種《じゅ》衆《しゅ》生《じょう》•當《とう》得《とく》往《おう》生《じょう》•
何《が》等《とう》爲《い》三《さん》•一《いっ》者《しゃ》慈《じ》心《しん》不《ふ》殺《せっ》•具《ぐ》諸《しょ》戒《かい》行《ぎょう》•二《に》者《しゃ》讀《どく》
誦《じゅ》大《だい》乘《じょう》•方《ほう》等《どう》經《きょう》典《でん》•三《さん》者《じゃ》修《しゅ》行《ぎょう》六《ろく》念《ねん》•廻《え》向《こう》發《ほっ》願《がん》•
願《がん》生《しょう》彼《ひ》國《こく》•具《ぐ》此《し》功《く》德《どく》•一《いち》日《にち》乃《ない》至《し》七《しち》日《にち》•卽《そく》得《とく》往《おう》
生《じょう》•生《しょう》彼《ひ》國《こく》時《じ》•此《し》人《にん》精《しょう》進《じん》勇《ゆう》猛《みょう》故《こ》•阿《あ》彌《み》陀《だ》如《にょ》來《らい》•

與《よ》觀《かん》世《ぜ》音《おん》・大《だい》勢《せい》至《し》・無《む》數《しゅ》化《け》佛《ぶつ》・百《ひゃく》千《せん》比《び》丘《く》・聲《しょう》聞《もん》
大《だい》衆《しゅ》・無《む》數《しゅ》諸《しょ》天《てん》・七《しっ》寶《ぽう》宮《く》殿《でん》・觀《かん》世《ぜ》音《おん》菩《ぼ》薩《さつ》・執《しゅう》金《こん》
剛《ごう》臺《だい》・與《よ》大《だい》勢《せい》至《し》菩《ぼ》薩《さつ》・至《し》行《ぎょう》者《じゃ》前《ぜん》・阿《あ》彌《み》陀《だ》佛《ぶつ》・放《ほう》
大《だい》光《こう》明《みょう》・照《しょう》行《ぎょう》者《じゃ》身《しん》・與《よ》諸《しょ》菩《ぼ》薩《さつ》・授《じゅ》手《しゅ》迎《こう》接《しょう》・觀《かん》世《ぜ》
音《おん》・大《だい》勢《せい》至《し》・與《よ》無《む》數《しゅ》菩《ぼ》薩《さつ》・讃《さん》歎《だん》行《ぎょう》者《じゃ》・勸《かん》進《じん》其《ご》心《しん》・
行《ぎょう》者《じゃ》見《けん》已《に》・歡《かん》喜《ぎ》踊《ゆ》躍《やく》・自《じ》見《けん》其《ご》身《しん》・乘《じょう》金《こん》剛《ごう》臺《だい》・隨《ずい》
從《じゅ》佛《ぶつ》後《ご》・如《にょ》彈《だん》指《じ》頃《きょう》・往《おう》生《じょう》彼《ひ》國《こく》・生《しょう》彼《ひ》國《こく》已《い》・見《けん》佛《ぶっ》
色《しき》身《しん》・衆《しゅ》相《そう》具《ぐ》足《そく》・見《けん》諸《しょ》菩《ぼ》薩《さつ》・色《しき》相《そう》具《ぐ》足《そく》・光《こう》明《みょう》寶《ほう》
林《りん》・演《えん》說《ぜつ》妙《みょう》法《ほう》・聞《もん》已《に》卽《そく》悟《ご》・無《む》生《しょう》法《ぼう》忍《にん》・經《きょう》須《しゅ》臾《ゆ》間《けん》・
歷《りゃく》事《じ》諸《しょ》佛《ぶつ》・徧《へん》十《じっ》方《ぽう》界《かい》・於《お》諸《しょ》佛《ぶつ》前《ぜん》・次《し》第《だい》授《じゅ》記《き》・還《げん》
到《とう》本《ほん》國《ごく》・得《とく》無《む》量百《りょうひゃく》千《せん》・陀《だ》羅《ら》尼《に》門《もん》・是《ぜ》名《みょう》上《じょう》品《ぼん》上《じょう》

生《しょう》者《しゃ》

仏《ぶつ》、阿《あ》難《なん》および韋《い》提《だい》希《け》に告《つ》げたまはく、「上品上生《じょうぼんじょうしょう》といふは、もし衆生《しゅじょう》ありてかの国《くに》に生《しょう》ぜんと願《がん》ずるものは、*三種《さんしゅ》の心《しん》を発《おこ》して*即《すな》便往生《わちおうじょう》す。なんらをか三《み》つとする。一《ひと》つには至誠心《しじょうしん》、二《ふた》つには深心《じんしん》、三《み》つには回向発願心《えこうほつがんしん》なり。三心《さんしん》を具《ぐ》するものは、かならずかの国《くに》に生《しょう》ず。また三種《さんしゅ》の衆生《しゅじょう》ありて、まさに往生《おうじょう》を得《う》べし。なんらをか三《み》つとする。一《ひと》つには慈心《じしん》にして殺《ころ》さず、もろもろの*戒行《かいぎょう》を具《ぐ》す。二《ふた》つには大乗《だいじょう》の方等経典《ほうどうきょうてん》を読誦《どくじゅ》す。三《み》つには六念《ろくねん》を修行《しゅぎょう》す。回向発願《えこうほつがん》してかの国《くに》に生《しょう》ぜんと願《がん》ず。この功徳《くどく》を具《ぐ》すること、一日乃至七日《いちにちないししちにち》してすなはち往生《おうじょう》を得《う》。かの国《くに》に生《しょう》ずるとき、この人《ひと》、精進勇猛《しょうじんゆうみょう》なるがゆゑに、阿弥陀如来《あみだにょらい》は、観世音《かんぜおん》・大勢至《だいせいし》・無数《むしゅ》の化仏《けぶつ》・百千《ひゃくせん》の比丘《びく》・声聞《しょうもん》の大衆《だいしゅ》・無数《むしゅ》の諸天《しょてん》・七宝《しっぽう》の宮殿《くでん》とともに〔現前《げんぜん》す〕。観《かん》

三種の心　三心のこと。

即便往生す　経文の上でいえば即と便は分けず「すなはち」と読むが、親鸞聖人は「即便」という文字によって、他力の往生を即往生、自力による往生を便往生と分けられた。

戒行　戒を守って修行すること。

世音菩薩《ぜおんぼさつ》は金剛《こんごう》の台《うてな》を執《と》りて、大勢至菩薩《だいせいしぼさつ》とともに行者《ぎょうじゃ》の前《まえ》に至《いた》る。阿弥陀仏《あみだぶつ》は、大光明《だいこうみょう》を放《はな》ちて行者《ぎょうじゃ》の身《み》を照《て》らし、もろもろの菩薩《ぼさつ》とともに手《みて》を授《さず》けて*迎接《こうしょう》したまふ。観世音《かんぜおん》・大勢至《だいせいし》は、無数《むしゅ》の菩薩《ぼさつ》とともに行者《ぎょうじゃ》を讃歎《さんだん》して、その心《こころ》を勧進《かんじん》す。行者見《ぎょうじゃみ》をはりて歓喜踊躍《かんぎゆやく》し、みづからその身《み》を見《み》れば、金剛《こんごう》の台《うてな》に乗《じょう》ぜり。仏《ぶつ》の後《しりえ》に随従《ずいじゅう》して、*弾指《だんし》のあひだのごとくにかの国《くに》に往生《おうじょう》す。かの国《くに》に生《しょう》じをはりて、仏《ぶつ》の色身《しきしん》の衆相具足《しゅそうぐそく》せるを見《み》、もろもろの菩薩《ぼさつ》の色相具足《しきそうぐそく》せるを見《み》る。光明《こうみょう》の宝林《ほうりん》、妙法《みょうほう》を演説《えんぜつ》す。聞《き》きをはりてすなはち無生法忍《むしょうぼうにん》を悟《さと》る。須臾《しゅゆ》のあひだを経《へ》て諸仏《しょぶつ》に*歴事《りゃくじ》し、十方界《じっぽうかい》に遍《へん》して、諸仏《しょぶつ》の前《みまえ》において次第《しだい》に授記《じゅき》せらる。本国《ほんごく》に還《かえ》り到《いた》りて無量百千《むりょうひゃくせん》の*陀羅尼門《だらにもん》を得《う》。これを上品上生《じょうぼんじょうしょう》のものと名《な》づく。

上品中生者《じょうぼんちゅうしょうしゃ》・不必受持讀誦《ふひつじゅじどくじゅ》・方等經典《ほうどうきょうてん》・善解《ぜんげ》

迎接　浄土に迎え入れること。※

弾指のあひだ　指をはじくほどの短い時間。

歴事　次々にめぐり仕え、供養などをすること。

陀羅尼門　陀羅尼は梵語ダーラニー(dhāraṇī)の音写。総持《そうじ》、能持《のうじ》と漢訳する。種々の善法《ぜんぽう》を保持し、悪法をおこさせない力のこと。門は法門、教えのこと。

義《ぎ》趣《しゅ》・於《お》第《だい》一《いち》義《ぎ》・心《しん》不《ぷ》驚《きょう》動《どう》・深《じん》信《しん》因《いん》果《が》・不《ふ》謗《ほう》大《だい》
乘《じょう》・以《い》此《し》功《く》德《どく》・廻《え》向《こう》願《がん》求《ぐ》・生《しょう》極《ごく》樂《らっ》國《こく》・行《ぎょう》此《し》行《ぎょう》者《じゃ》・
命《みょう》欲《よく》終《じゅ》時《じ》・阿《あ》彌《み》陀《だ》佛《ぶつ》・與《よ》觀《かん》世《ぜ》音《おん》・大《だい》勢《せい》至《し》・無《む》量《りょう》
大《だい》衆《しゅ》・眷《けん》屬《ぞく》圍《い》繞《にょう》・持《じ》紫《し》金《こん》臺《だい》・至《し》行《ぎょう》者《じゃ》前《ぜん》・讃《さん》言《ごん》法《ほう》
子《し》・汝《にょ》行《ぎょう》大《だい》乘《じょう》・解《げ》第《だい》一《いち》義《ぎ》・是《ぜ》故《こ》我《が》今《こん》・來《らい》迎《こう》接《しょう》汝《にょ》・
與《よ》千《せん》化《け》佛《ぶつ》・一《いち》時《じ》授《じゅ》手《しゅ》・行《ぎょう》者《じゃ》自《じ》見《けん》・坐《ざ》紫《し》金《こん》臺《だい》・合《がっ》
掌《しょう》叉《しゃ》手《しゅ》・讃《さん》歎《だん》諸《しょ》佛《ぶつ》・如《にょ》一《いち》念《ねん》頃《きょう》・卽《そく》生《しょう》彼《ひ》國《こく》・七《しっ》寶《ぽう》
池《ち》中《ちゅう》・此《し》紫《し》金《こん》臺《だい》・如《にょ》大《だい》寶《ほう》華《け》・經《きょう》宿《しゅく》則《そっ》開《かい》・行《ぎょう》者《じゃ》身《しん》
作《さ》・紫《し》磨《ま》金《こん》色《じき》・足《そく》下《げ》亦《やく》有《う》・七《しっ》寶《ぽう》蓮《れん》華《げ》・佛《ぶつ》及《ぎゅう》菩《ぼ》薩《さつ》・
俱《く》時《じ》放《ほう》光《こう》明《みょう》・照《しょう》行《ぎょう》者《じゃ》身《しん》・目《もく》卽《そく》開《かい》明《みょう》・因《いん》前《ぜん》宿《しゅく》習《じゅう》・
普《ふ》聞《もん》衆《しゅ》聲《しょう》・純《じゅん》說《ぜつ》甚《じん》深《じん》・第《だい》一《いち》義《ぎ》諦《たい》・卽《そく》下《げ》金《こん》臺《だい》・禮《らい》

佛《ぶつ》合《がっ》掌《しょう》・讃《さん》歎《だん》世《せ》尊《そん》・經《きょう》於《お》七《しち》日《にち》・應《おう》時《じ》卽《そく》於《お》・阿《あ》耨《のく》多《た》羅《ら》・三《さん》藐《みゃく》三《さん》菩《ぼ》提《だい》・得《とく》不《ふ》退《たい》轉《てん》・應《おう》時《じ》卽《そく》能《のう》飛《ひ》行《ぎょう》・徧《へん》至《し》十《じっ》方《ぽう》・歴《りゃく》事《じ》諸《しょ》佛《ぶっ》・於《お》諸《しょ》佛《ぶっ》所《しょ》・修《しゅ》諸《しょ》三《さん》昧《まい》・經《きょう》一《いっ》小《しょう》劫《こう》・得《とく》無《む》生《しょう》忍《にん》・現《げん》前《ぜん》授《じゅ》記《き》・是《ぜ》名《みょう》上《じょう》品《ぼん》中《ちゅう》生《しょう》者《しゃ》

上品中生《じょうぼんちゅうしょう》といふは、かならずしも方等経典《ほうどうきょうてん》を受持《じゅじ》し読誦《どくじゅ》せざれども、よく義趣《ぎしゅ》を解《さと》り、第一義《だいいちぎ》において心驚動《しんきょうどう》せず。深《ふか》く因果《いんが》を信《しん》じて大乗《だいじょう》を謗《そし》らず。この功徳《くどく》をもつて回向《えこう》して極楽国《ごくらくこく》に生《しょう》ぜんと願求《がんぐ》す。この行《ぎょう》を行《ぎょう》ずるもの、命終《いのちおわ》らんとするとき、阿弥陀仏《あみだぶつ》は観世音《かんぜおん》・大勢至《だいせいし》・無量《むりょう》の大衆《だいしゅ》と〔ともに〕、眷属《けんぞく》に囲繞*《いにょう》せられて、紫金《しこん》の台《うてな》を持《も》たしめて、行者《ぎょうじゃ》の前《まえ》に至《いた》る。讃《ほ》めていはく、〈法子*《ほうし》、なんぢ

囲繞　とりかこむこと。
法子　仏法の子という意味で、仏弟子のこと。

大乗《だいじょう》を行《ぎょう》じ第一義《だいいちぎ》を解《さと》る。このゆゑに、われいま来《きた》りてなんぢを迎《こう》接《しょう》す〉と。千《せん》の化仏《けぶつ》とともに一時《いちじ》に手《みて》を授《さず》く。行者《ぎょうじゃ》みづから見《み》れば紫金《しこん》の台《うてな》に坐《ざ》せり。合掌《がっしょう》・*叉手《しゃしゅ》して諸仏《しょぶつ》を讃歎《さんだん》す。一念《いちねん》のあひだのごとくに、すなはちかの国《くに》の七宝《しっぽう》の池《いけ》のなかに生《しょう》ず。この紫金《しこん》の台《うてな》は大宝華《だいほうけ》のごとし。*宿《しゅく》を経《へ》てすなはち開《ひら》く。行者《ぎょうじゃ》の身《み》は紫磨金色《しまこんじき》になれり。足《あし》の下《した》にまた七宝《しっぽう》の蓮華《れんげ》あり。仏《ぶつ》および菩薩《ぼさつ》、*倶時《くじ》に光明《こうみょう》を放《はな》ちて行者《ぎょうじゃ》の身《み》を照《て》らしたまふに、目《め》すなはち開《ひら》けてあきらかなり。*前《さき》の宿習《しゅくじゅう》によりて、あまねく〔浄土《じょうど》の〕もろもろの声《こえ》を聞《き》くに、もつぱら甚深《じんじん》の第一義諦《だいいちぎたい》を説《と》く。すなはち金台《こんだい》より下《お》りて、仏《ぶつ》を礼《らい》し合掌《がっしょう》して世尊《せそん》を讃歎《さんだん》す。七日《しちにち》を経《へ》て、時《とき》に応《おう》じてすなはち阿耨多《あのくた》羅三藐三菩《らさんみゃくさんぼ》提《だい》において不退転《ふたいてん》を得《う》。時《とき》に応《おう》じてすなはちよく飛行《ひぎょう》して、あまねく十方《じっぽう》に至《いた》り諸仏《しょぶつ》に歴事《りゃくじ》す。諸仏《しょぶつ》の所《みもと》にしてもろもろの三昧《さんまい》を修《しゅ》す。一小劫《いっしょうこう》を経《へ》て無生忍《むしょうにん》を得《え》、現前《げんぜん》に授記《じゅき》せらる。これを

叉手　両手の指をくみあわせること。

宿　一夜。

倶時に　同時に。

前の宿習　前世において習い身につけたもの。ここでは生前に第一義諦を解したことをいう。

上品中生《じょうぼんちゅうしょう》のものと名《な》づく。

上《じょう》品《ぼん》下《げ》生《しょう》者《しゃ》・亦《やく》信《しん》因《いん》果《が》・不《ふ》謗《ほう》大《だい》乘《じょう》・但《たん》發《ぽつ》無《む》上《じょう》道《どう》心《しん》・以《い》此《し》功《く》德《どく》・廻《え》向《こう》願《がん》求《ぐ》・生《しょう》極《ごく》樂《らっ》國《こく》・行《ぎょう》者《じゃ》命《みょう》欲《よく》終《じゅ》時《じ》・阿《あ》彌《み》陀《だ》佛《ぶつ》・及《ぎゅう》觀《かん》世《ぜ》音《おん》・大《だい》勢《せい》至《し》・與《よ》諸《しょ》眷《けん》屬《ぞく》・持《じ》金《こん》蓮《れん》華《げ》・化《け》作《さ》五《ご》百《ひゃっ》化《け》佛《ぶつ》・來《らい》迎《こう》此《し》人《にん》・五《ご》百《ひゃっ》化《け》佛《ぶつ》・一《いち》時《じ》授《じゅ》手《しゅ》・讃《さん》言《ごん》法《ほう》子《し》・汝《にょ》今《こん》清《しょう》淨《じょう》・發《ほっ》無《む》上《じょう》道《どう》心《しん》・我《が》來《らい》迎《こう》汝《にょ》・見《けん》此《し》事《じ》時《じ》・卽《そく》自《じ》見《けん》身《しん》・坐《ざ》金《こん》蓮《れん》華《げ》・坐《ざ》已《い》華《け》合《ごう》・隨《ずい》世《せ》尊《そん》後《ご》・卽《そく》得《とく》往《おう》生《じょう》・七《しっ》寶《ぽう》池《ち》中《ちゅう》・一《いち》日《にち》一《いち》夜《や》・蓮《れん》華《げ》乃《ない》開《かい》・七《しち》日《にち》之《し》中《ちゅう》・乃《ない》得《とく》見《けん》佛《ぶつ》・雖《すい》見《けん》佛《ぶっ》身《しん》・於《お》衆《しゅ》相《そう》好《ごう》・心《しん》不《ぶ》明《みょう》了《りょう》・於《お》三《さん》七《しち》日《にち》後《ご》・乃《ない》

了了《りょうりょう》見《けん》・聞《もん》衆《しゅ》音《おん》聲《じょう》・皆《かい》演《えん》妙《みょう》法《ほう》・遊《ゆ》歴《りゃく》十《じっ》方《ぽう》・供《く》養《よう》諸《しょ》佛《ぶつ》・於《お》諸《しょ》佛《ぶつ》前《ぜん》・聞《もん》甚《じん》深《じん》法《ぼう》・經《きょう》三《さん》小《しょう》劫《こう》・得《とく》百《ひゃっ》法《ぽう》明《みょう》門《もん》・住《じゅ》歡《かん》喜《ぎ》地《じ》・是《ぜ》名《みょう》上《じょう》品《ぼん》下《げ》生《しょう》者《しゃ》・是《ぜ》名《みょう》上《じょう》輩《はい》生《しょう》想《そう》・名《みょう》第《だい》十《じゅう》四《し》觀《かん》

上品下生《じょうぼんげしょう》といふは、また因果《いんが》を信《しん》じ大乗《だいじょう》を謗《そし》らず。ただ*無上道心《むじょうどうしん》を発《おこ》す。この功徳《くどく》をもつて回向《えこう》して極楽国《ごくらくこく》に生《しょう》ぜんと願求《がんぐ》す。行者《ぎょうじゃ》命終《いのちおわ》らんとするときに、阿弥陀仏《あみだぶつ》および観世音《かんぜおん》・大勢至《だいせいし》は、もろもろの眷属《けんぞく》とともに金《こがね》の蓮華《れんげ》を持《も》たしめて、五百《ごひゃく》の化仏《けぶつ》を化作《けさ》してこの人《ひと》を来迎《らいこう》す。五百《ごひゃく》の化仏《けぶつ》は、一時《いちじ》に手《みて》を授《さず》けて讃《ほ》めてのたまはく、〈法子《ほうし》、なんぢいま清浄《しょうじょう》にして無上道心《むじょうどうしん》を発《おこ》せり。われ来《きた》りてなんぢを迎《むか》ふ〉と。この事《じ》を見《み》るとき、すなはちみづから身《み》を見《み》れば金《こがね》

無上道心　菩提心《ぼだいしん》のこと。※

の蓮華《れんげ》に坐《ざ》す。坐《ざ》しをはれば華合《はながっ》す。世尊《せそん》の後《しりえ》に随《したが》ひて、すなはち七宝《しっぽう》の池《いけ》のなかに往生《おうじょう》することを得《う》。一日一夜《いちにちいちや》にして蓮華《れんげ》すなはち開《ひら》き、七日《しちにち》のうちにすなはち仏《ぶつ》を見《み》たてまつることを得《う》。仏身《ぶっしん》を見《み》たてまつるといへども、もろもろの相好《そうごう》において心明了《しんみょうりょう》ならず。三《さん》七日《しちにち》ののちにおいて、すなはち了々《りょうりょう》に見《み》たてまつる。もろもろの音《おん》声《じょう》を聞《き》くにみな妙法《みょうほう》を演《の》ぶ。十方《じっぽう》に遊歴《ゆりゃく》して諸仏《しょぶつ》を供養《くよう》す。諸仏《しょぶつ》の前《みまえ》にして甚深《じんじん》の法《ほう》を聞《き》く。三小劫《さんしょうこう》を経《へ》て*百法明門《ひゃっぽうみょうもん》を得《え》、歓喜地《かんぎじ》に住《じゅう》す。これを上品下生《じょうぼんげしょう》のものと名《な》づく。これを上輩生想《じょうはいしょうそう》と名《な》づけ、第《だい》十四《じゅうし》の観《かん》と名《な》づく」と。

佛《ぶつ》告《ごう》阿《あ》難《なん》・及《ぎゅう》韋《い》提《だい》希《け》・中《ちゅう》品《ぼん》上《じょう》生《しょう》者《しゃ》・若《にゃく》有《う》衆《しゅ》生《じょう》・受《じゅ》持《じ》五《ご》戒《かい》・持《じ》八《はっ》戒《かい》齋《さい》・修《しゅ》行《ぎょう》諸《しょ》戒《かい》・不《ふ》造《ぞう》五《ご》逆《ぎゃく》・無《む》

百法明門　菩薩が初地の位において得る法門のことで、あらゆる法門を明瞭に通達した智慧の意。

衆《しゅ》過《か》患《げん》・以《い》此《し》善《ぜん》根《ごん》・廻《え》向《こう》願《がん》求《ぐ》・生《しょう》於《お》西《さい》方《ほう》・極《ごく》樂《らく》世《せ》界《かい》・臨《りん》命《みょう》終《じゅ》時《じ》・阿《あ》彌《み》陀《だ》佛《ぶつ》・與《よ》諸《しょ》比《び》丘《く》・眷《けん》屬《ぞく》圍《い》繞《にょう》・放《ほう》金《こん》色《じき》光《こう》・至《し》其《ご》人《にん》所《しょ》・演《えん》說《ぜつ》苦《く》空《く》・無《む》常《じょう》無《む》我《が》・讃《さん》歎《だん》出《しゅっ》家《け》・得《とく》離《り》衆《しゅ》苦《く》・行《ぎょう》者《じゃ》見《けん》已《に》・心《しん》大《だい》歡《かん》喜《ぎ》・自《じ》見《けん》己《こ》身《しん》・坐《ざ》蓮《れん》華《げ》臺《だい》・長《じょう》跪《き》合《がっ》掌《しょう》・爲《い》佛《ぶつ》作《さ》禮《らい》・未《み》擧《こ》頭《ず》頃《きょう》・卽《そく》得《とく》往《おう》生《じょう》・極《ごく》樂《らく》世《せ》界《かい》・蓮《れん》華《げ》尋《じん》開《かい》・當《とう》華《け》敷《ふ》時《じ》・聞《もん》衆《しゅ》音《おん》聲《じょう》・讃《さん》歎《だん》四《し》諦《たい》・應《おう》時《じ》卽《そく》得《とく》・阿《あ》羅《ら》漢《かん》道《どう》・三《さん》明《みょう》六《ろく》通《つう》・具《ぐ》八《はち》解《げ》脫《だつ》・是《ぜ》名《みょう》中《ちゅう》品《ぼん》上《じょう》生《しょう》者《しゃ》

仏《ぶつ》、阿難《あなん》および韋提希《いだいけ》に告《つ》げたまはく、「中品上生《ちゅうぼんじょうしょう》といふは、もし衆生《しゅじょう》ありて五戒《ごかい》を受持《じゅじ》し、八戒斎《はっかいさい》を持《たも》ち、諸戒《しょかい》を修行《しゅぎょう》して、五逆《ごぎゃく》を造《つく》らず、もろもろの*過患《かげん》なからん。この善根《ぜんごん》をもつて回向《えこう》して西《さい》方極楽世界《ほうごくらくせかい》に生《しょう》ぜんと願求《がんぐ》す。命終《いのちおわ》るときに臨《のぞ》みて、阿弥陀仏《あみだぶつ》は、もろもろの比丘《びく》・眷属《けんぞく》のために*囲繞《いにょう》せられて、金色《こんじき》の光《ひかり》を放《はな》ちて、その人《ひと》の所《ところ》に至《いた》る。苦《く》・空《くう》・無常《むじょう》・無我《むが》を演説《えんぜつ》し、出家《しゅっけ》の衆苦《しゅく》を離《はな》るることを得《う》ることを讃歎《さんだん》す。行者《ぎょうじゃ》、見《み》をはりて心大《しんおお》きに歓喜《かんぎ》す。みづから己身《こしん》を見《み》れば蓮華《れんげ》の台《うてな》に坐《ざ》せり。*長跪合掌《じょうきがっしょう》して仏《ぶつ》のために礼《らい》をなす。いまだ頭《こうべ》を挙《あ》げざるあひだに、すなはち極楽世界《ごくらくせかい》に往生《おうじょう》することを得《え》て、蓮華《れんげ》すなはち開《ひら》く。華《はな》の敷《ひら》くるときに当《あた》りて、もろもろの音声《おんじょう》を聞《き》くに四諦《したい》を讃歎《さんだん》す。時《とき》に応《おう》じてすなはち阿羅漢道《あらかんどう》を得《う》。*三明《さんみょう》・六通《ろくつう》ありて*八解脱《はちげだつ》を具《ぐ》す。これを中品上生《ちゅうぼんじょうしょう》のものと名《な》づく。

中《ちゅう》品《ぼん》中《ちゅう》生《しょう》者《しゃ》・若《にゃく》有《う》衆《しゅ》生《じょう》・若《にゃく》一《いち》日《にち》一《いち》夜《や》・受《じゅ》持《じ》八《はっ》

過患　つみとが。あやまち。

囲繞　とりかこむこと。

長跪　両膝を地につけ、両足指を地に立てて礼すること。

三明六通　三種の智慧と六種の神通力。六神通《じんずう》のうち、とくに過去、現在、未来を知る三つの智慧のはたらきである宿命通《しゅくみょうつう》、天眼通《てんげんつう》、漏尽通《ろじんずう》を三明とよぶ。

八解脱　八種の禅定《ぜんじょう》の力によって貪りを捨て去ること。

戒《かい》齋《さい》・若《にゃく》一《いち》日《にち》一《いち》夜《や》・持《じ》沙《しゃ》彌《み》戒《かい》・若《にゃく》一《いち》日《にち》一《いち》夜《や》・持《じ》具《ぐ》足《そっ》戒《かい》・威《い》儀《ぎ》無《む》缺《けつ》・以《い》此《し》功《く》德《どく》・廻《え》向《こう》願《がん》求《ぐ》・生《しょう》極《ごく》樂《らっ》國《こく》・戒《かい》香《こう》熏《くん》修《じゅ》・如《にょ》此《し》行《ぎょう》者《じゃ》・命《みょう》欲《よく》終《じゅ》時《じ》・見《けん》阿《あ》彌《み》陀《だ》佛《ぶつ》・與《よ》諸《しょ》眷《けん》屬《ぞく》・放《ほう》金《こん》色《じき》光《こう》・持《じ》七《しっ》寶《ぽう》蓮《れん》華《げ》・至《し》行《ぎょう》者《じゃ》前《ぜん》・行《ぎょう》者《じゃ》自《じ》聞《もん》・空《く》中《じゅう》有《う》聲《しょう》・讃《さん》言《ごん》善《ぜん》男《なん》子《し》・如《にょ》汝《にょ》善《ぜん》人《にん》・隨《ずい》順《じゅん》三《さん》世《ぜ》・諸《しょ》佛《ぶっ》教《きょう》故《こ》・我《が》來《らい》迎《こう》汝《にょ》・行《ぎょう》者《じゃ》自《じ》見《けん》・坐《ざ》蓮《れん》華《げ》上《じょう》・蓮《れん》華《げ》卽《そく》合《ごう》・生《しょう》於《お》西《さい》方《ほう》・極《ごく》樂《らく》世《せ》界《かい》・在《ざい》寶《ほう》池《ち》中《ちゅう》・經《きょう》於《お》七《しち》日《にち》・蓮《れん》華《げ》乃《ない》敷《ふ》・華《け》既《き》敷《ふ》已《い》・開《かい》目《もく》合《がっ》掌《しょう》・讃《さん》歎《だん》世《せ》尊《そん》・聞《もん》法《ぼう》歡《かん》喜《ぎ》・得《とく》須《しゅ》陀《だ》洹《おん》・經《きょう》半《はん》劫《こう》已《い》・成《じょう》阿《あ》羅《ら》漢《かん》・是《ぜ》名《みょう》中《ちゅう》品《ぼん》中《ちゅう》生《しょう》者《しゃ》・

中《ちゅう》品《ぼん》下《げ》生《しょう》者《しゃ》・若《にゃく》有《う》善《ぜん》男《なん》子《し》・善《ぜん》女《にょ》人《にん》・孝《きょう》養《よう》父《ぶ》母《も》・

行《ぎょう》世《せ》仁《にん》慈《じ》・此《し》人《にん》命《みょう》欲《よく》終《じゅ》時《じ》・遇《ぐ》善《ぜん》知《ち》識《しき》・爲《い》其《ご》廣《こう》説《ぜっ》・阿《あ》彌《み》陀《だ》佛《ぶっ》・國《こく》土《ど》樂《らく》事《じ》・亦《やく》説《せっ》法《ほう》藏《ぞう》比《び》丘《く》・四《し》十《じゅう》八《はち》願《がん》・聞《もん》此《し》事《じ》已《い》・尋《じん》卽《そく》命《みょう》終《じゅ》・譬《ひ》如《にょ》壯《しょう》士《じ》・屈《くっ》伸《しん》臂《ぴ》頃《きょう》・卽《そく》生《しょう》西《さい》方《ほう》・極《ごく》樂《らく》世《せ》界《かい》・生《しょう》經《きょう》七《しち》日《にち》・遇《ぐ》觀《かん》世《ぜ》音《おん》・及《ぎゅう》大《だい》勢《せい》至《し》・聞《もん》法《ぼう》歡《かん》喜《ぎ》・經《きょう》一《いっ》小《しょう》劫《こう》・成《じょう》阿《あ》羅《ら》漢《かん》・是《ぜ》名《みょう》中《ちゅう》品《ぼん》下《げ》生《しょう》者《しゃ》・是《ぜ》名《みょう》中《ちゅう》輩《はい》生《しょう》想《そう》・名《みょう》第《だい》十《じゅう》五《ご》觀《かん》

中品中生《ちゅうぼんちゅうしょう》といふは、もし衆生《しゅじょう》ありて、もしは一日一夜《いちにちいちや》に八戒斎《はっかいさい》を受持《じゅじ》し、もしは一日一夜《いちにちいちや》に*沙弥戒《しゃみかい》を持《たも》ち、もしは一日一夜《いちにちいちや》に具足戒《ぐそくかい》を持《たも》ちて、*威儀《いぎ》欠《か》くることなし。この功徳《くどく》をもつて回向《えこう》して極楽国《ごくらくこく》に生《しょう》ぜんと願求《がんぐ》す。*戒香《かいこう》の熏修《くんじゅ》せる、かくのごときの行者《ぎょうじゃ》は、命終《いのちお》わらんとするとき、阿弥陀仏《あみだぶつ》のもろもろの眷属《けんぞく》とともに金色《こんじき》の光《ひかり》を放《はな》

沙弥戒　沙弥とは七歳以上二十歳未満の出家の男子のこと。沙弥がたもつべき不殺生戒等の十戒を内容とする。

威儀　規則にかなった正しい行い。

戒香の熏修　持戒《じかい》の徳が香のように身にそなわっていること。

ち、七宝《しっぽう》の蓮華《れんげ》を持《も》たしめて、行者《ぎょうじゃ》の前《まえ》に至《いた》りたまふを見《み》る。行者《ぎょうじゃ》みづから聞《き》けば、空中《くうちゅう》に声《こえ》ありて讃《ほ》めていはく、〈善男子《ぜんなんし》、なんぢがごときは善人《ぜんにん》なり。三世《さんぜ》の諸仏《しょぶつ》の教《きょう》に随順《ずいじゅん》するがゆゑに、われ来《きた》りてなんぢを迎《むか》ふ〉と。行者《ぎょうじゃ》みづから見《み》れば、蓮華《れんげ》の上《うえ》に坐《ざ》せり。蓮華《れんげ》すなはち合《がっ》し、西方極楽世界《さいほうごくらくせかい》に生《しょう》じて宝池《ほうち》のなかにあり。七日《しちにち》を経《へ》て蓮華《れんげ》すなはち敷《ひら》く。華《はな》すでに敷《ひら》けをはりて目《め》を開《ひら》き、合掌《がっしょう》して世尊《せそん》を讃歎《さんだん》したてまつり、法《ほう》を聞《き》きて歓喜《かんぎ》し、須陀洹《しゅだおん》を得《え》、半劫《はんこう》を経《へ》をはりて阿羅漢《あらかん》と成《な》る。これを中品中生《ちゅうぼんちゅうしょう》のものと名《な》づく。

中品下生《ちゅうぼんげしょう》といふは、もし善男子《ぜんなんし》・善女人《ぜんにょにん》ありて、父母《ぶも》に孝養《きょうよう》し、世《よ》の仁慈《にんじ》を行《ぎょう》ぜん。この人命終《ひといのちおわ》らんとするとき、善知識《ぜんぢしき》の、それがために広《ひろ》く阿弥陀仏《あみだぶつ》の国土《こくど》の楽事《らくじ》を説《と》き、また法蔵比丘《ほうぞうびく》の四十八願《しじゅうはちがん》を説《と》くに遇《あ》はん。この事《じ》を聞《き》きをはりて、すなはち命終《いのちおわ》る。たとへば*壮士《しょうじ》の臂《ひじ》を屈伸《くっしん》するあひだのごとくに、すなはち西方極楽世界《さいほうごくらくせかい》に

壮士　気力が盛んで勇気ある若者。

生《しょう》ず。生《しょう》じて七日《しちにち》を経《へ》て、観世音《かんぜおん》および大勢至《だいせいし》に遇《あ》ひて法《ほう》を聞《き》きて歓喜《かんぎ》し、一小劫《いっしょうこう》を経《へ》て阿羅漢《あらかん》と成《な》る。これを中品下生《ちゅうぼんげしょう》のものと名《な》づく。これを中輩生想《ちゅうはいしょうそう》と名《な》づけ、第十五《だいじゅうご》の観《かん》と名《な》づく」と。

佛《ぶつ》告《ごう》阿《あ》難《なん》・及《ぎゅう》韋《い》提《だい》希《け》・下《げ》品《ぼん》上《じょう》生《しょう》者《しゃ》・或《わく》有《う》衆《しゅ》生《じょう》・作《さ》衆《しゅ》惡《あく》業《ごう》・雖《すい》不《ふ》誹《ひ》謗《ほう》・方《ほう》等《どう》經《きょう》典《でん》・如《にょ》此《し》愚《ぐ》人《にん》・多《た》造《ぞう》衆《しゅ》惡《あく》・無《む》有《う》慙《ざん》愧《ぎ》・命《みょう》欲《よく》終《じゅ》時《じ》・遇《ぐ》善《ぜん》知《ち》識《しき》・爲《い》讃《さん》大《だい》乘《じょう》・十《じゅう》二《に》部《ぶ》經《きょう》・首《しゅ》題《だい》名《みょう》字《じ》・以《い》聞《もん》如《にょ》是《ぜ》・諸《しょ》經《きょう》名《みょう》故《こ》・除《じょ》却《きゃく》千《せん》劫《ごう》・極《ごく》重《じゅう》惡《あく》業《ごう》・智《ち》者《しゃ》復《ぶ》教《きょう》・合《がっ》掌《しょう》叉《しゃ》手《しゅ》・稱《しょう》南《な》ー無《も》ー阿《あ》ー彌《み》陀《だ》佛《ぶつ》・稱《しょう》佛《ぶつ》名《みょう》故《こ》・除《じょ》五《ご》十《じゅう》億《おっ》劫《こう》・生《しょう》死《じ》之《し》罪《ざい》・爾《に》時《じ》彼《ひ》佛《ぶつ》・卽《そっ》遣《けん》化《け》佛《ぶつ》・化《け》觀《かん》世《ぜ》音《おん》・化《け》大《だい》

勢《せい》至《し》・至《し》行《ぎょう》者《じゃ》前《ぜん》・讃《さん》言《ごん》善《ぜん》男《なん》子《し》・汝《にょ》稱《しょう》佛《ぶつ》名《みょう》故《こ》・諸《しょ》
罪《ざい》消《しょう》滅《めつ》・我《が》來《らい》迎《こう》汝《にょ》・作《さ》是《ぜ》語《ご》已《い》・行《ぎょう》者《じゃ》即《そっ》見《けん》・化《け》佛《ぶつ》
光《こう》明《みょう》・徧《へん》滿《まん》其《ご》室《しつ》・見《けん》已《に》歡《かん》喜《ぎ》・即《そく》便《べん》命《みょう》終《じゅ》・乘《じょう》寶《ほう》蓮《れん》
華《げ》・隨《ずい》化《け》佛《ぶつ》後《ご》・生《しょう》寶《ほう》池《ち》中《ちゅう》・經《きょう》七《しち》七《しち》日《にち》・蓮《れん》華《げ》乃《ない》敷《ふ》・
當《とう》華《け》敷《ふ》時《じ》・大《だい》悲《ひ》觀《かん》世《ぜ》音《おん》菩《ぼ》薩《さつ》・及《ぎゅう》大《だい》勢《せい》至《し》・放《ほう》大《だい》
光《こう》明《みょう》・住《じゅ》其《ご》人《にん》前《ぜん》・爲《い》說《せつ》甚《じん》深《じん》・十《じゅう》二《に》部《ぶ》經《きょう》・聞《もん》已《に》信《しん》
解《げ》・發《ほつ》無《む》上《じょう》道《どう》心《しん》・經《きょう》十《じっ》小《しょう》劫《こう》・具《ぐ》百《ひゃっ》法《ぽう》明《みょう》門《もん》・得《とく》入《にゅう》
初《しょ》地《じ》・是《ぜ》名《みょう》下《げ》品《ぼん》上《じょう》生《しょう》者《しゃ》・得《とく》聞《もん》佛《ぶつ》名《みょう》法《ほう》名《みょう》・及《ぎゅう》聞《もん》
僧《そう》名《みょう》・聞《もん》三《さん》寶《ぼう》名《みょう》・即《そく》得《とく》往《おう》生《じょう》

仏《ぶつ》、阿難《あなん》および韋提希《いだいけ》に告《つ》げたまはく、「下品上生《げぼんじょうしょう》といふは、あるいは衆生《しゅじょう》ありてもろもろの悪業《あくごう》を作《つく》らん。方等経典《ほうどうきょうてん》を誹謗《ひほう》せずといへども、かくのごときの愚人《ぐにん》、多《おお》く衆悪《しゅあく》を造《つく》りて慚愧《ざんぎ》あることなけん。命終《いのちおわ》らんとするとき、善知識《ぜんぢしき》、ために大乗十二部経《だいじょうじゅうにぶきょう》の*首題名《しゅだいみょう》字《じ》を讃《さん》ずるに遇《あ》はん。かくのごときの諸経《しょきょう》の名《な》を聞《き》くをもつてのゆゑに、千劫《せんごう》の極重《ごくじゅう》の悪業《あくごう》を除却《じょきゃく》す。*智者《ちしゃ》また教《おし》へて、合掌《がっしょう》・叉手《しゃしゅ》して南無阿弥陀仏《なもあみだぶつ》と称《しょう》せしむ。仏名《ぶつみょう》を称《しょう》するがゆゑに、五十億劫《ごじゅうおくこう》の生《しょう》死《じ》の罪《つみ》を除《のぞ》く。そのときかの仏《ぶつ》、すなはち化仏《けぶつ》・化観世音《けかんぜおん》・化大勢《けだいせい》至《し》を遣《つか》はして行者《ぎょうじゃ》の前《まえ》に至《いた》らしめ、〔化仏等《けぶつとう》の〕讃《ほ》めていはく、〈善《ぜん》男子《なんし》、なんぢ仏名《ぶつみょう》を称《しょう》するがゆゑにもろもろの罪消滅《つみしょうめつ》す。われ来《きた》りてなんぢを迎《むか》ふ〉と。この語《ご》をなしをはりて、行者《ぎょうじゃ》すなはち化仏《けぶつ》の光明《こうみょう》の、その室《しつ》に遍満《へんまん》せるを見《み》たてまつる。見《み》をはりて歓喜《かんぎ》してすなはち命終《いのちおわ》る。宝蓮華《ほうれんげ》に乗《じょう》じ、化仏《けぶつ》の後《しりえ》に随《したが》ひて宝池《ほうち》のなかに生《しょう》ず。七七日《しちしちにち》を経《へ》て蓮華《れんげ》すなはち敷《ひら》く。華《はな》の敷《ひら》くるときに当《あた》りて、大悲《だいひ》の

首題名字　経典の題名。

智者　ここでは善知識《ぜんぢしき》をいう。

観世音菩薩《かんぜおんぼさつ》および大勢至《だいせいし》、大光明《だいこうみょう》を放《はな》ちてその人《ひと》の前《まえ》に住《じゅう》して、ために甚深《じんじん》の十二部経《じゅうにぶきょう》を説《と》く。聞《き》きをはりて信解《しんげ》して、無上道心《むじょうどうしん》を発《おこ》す。十小劫《じっしょうこう》を経《へ》て百法明門《ひゃっぽうみょうもん》を具《ぐ》し、*初地《しょじ》に入《い》ることを得《う》。これを下《げ》品上生《ぼんじょうしょう》のものと名《な》づく。仏名《ぶつみょう》・法名《ほうみょう》を聞《き》き、および僧名《そうみょう》を聞《き》くことを得《う》。三宝《さんぼう》の名《みな》を聞《き》きて、すなはち往生《おうじょう》を得《う》」と。

佛《ぶっ》告《ごう》阿《あ》難《なん》・及《ぎゅう》韋《い》提《だい》希《け》・下《げ》品《ぼん》中《ちゅう》生《しょう》者《しゃ》・或《わく》有《う》衆《しゅ》生《じょう》・毀《き》犯《ぼん》五《ご》戒《かい》八《はっ》戒《かい》・及《ぎゅう》具《ぐ》足《そっ》戒《かい》・如《にょ》此《し》愚《ぐ》人《にん》・偸《ちゅう》僧《そう》祇《ぎ》物《もっ》・盗《とう》現《げん》前《ぜん》僧《ぞう》物《もつ》・不《ふ》淨《じょう》說《せっ》法《ぽう》・無《む》有《う》慙《ざん》愧《ぎ》・以《い》諸《しょ》惡《あく》業《ごう》・而《に》自《じ》莊《しょう》嚴《ごん》・如《にょ》此《し》罪《ざい》人《にん》・以《い》惡《あく》業《ごう》故《こ》・應《おう》墮《だ》地《じ》獄《ごく》・命《みょう》欲《よく》終《じゅ》時《じ》・地《じ》獄《ごく》衆《しゅ》火《か》・一《いち》時《じ》倶《く》至《し》・遇《ぐ》善《ぜん》知《ぢ》識《しき》・以《い》大《だい》慈《じ》悲《ひ》・爲《い》說《せっ》阿《あ》彌《み》陀《だ》佛《ぶつ》・十《じゅう》力《りき》威《い》德《とく》・廣《こう》說《ぜっ》彼《ひ》佛《ぶつ》・

初地　菩薩の階位五十二位のうち十地の第一をいう。歓喜地《かんぎじ》に同じ。

光《こう》明《みょう》神《じん》力《りき》・亦《やく》讃《さん》戒《かい》定《じょう》慧《え》・解《げ》脱《だつ》解《げ》脱《だつ》知《ち》見《けん》・此《し》人《にん》聞《もん》已《に》・除《じょ》八《はち》十《じゅう》億《おっ》劫《こう》・生《しょう》死《じ》之《し》罪《ざい》・地《じ》獄《ごく》猛《みょう》火《か》・化《け》爲《い》清《しょう》涼《りょう》風《ふ》・吹《すい》諸《しょ》天《てん》華《げ》・華《け》上《じょう》皆《かい》有《う》・化《け》佛《ぶつ》菩《ぼ》薩《さつ》・迎《こう》接《しょう》此《し》人《にん》・如《にょ》一《いち》念《ねん》頃《きょう》・即《そく》得《とく》往《おう》生《じょう》・七《しっ》寶《ぽう》池《ち》中《ちゅう》・蓮《れん》華《げ》之《し》内《ない》・經《きょう》於《お》六《ろっ》劫《こう》・蓮《れん》華《げ》乃《ない》敷《ふ》・當《とう》華《け》敷《ふ》時《じ》・觀《かん》世《ぜ》音《おん》・大《だい》勢《せい》至《し》・以《い》梵《ぼん》音《のん》聲《じょう》・安《あん》慰《に》彼《ひ》人《にん》・爲《い》説《せつ》大《だい》乘《じょう》・甚《じん》深《じん》經《きょう》典《でん》・聞《もん》此《し》法《ほう》已《い》・應《おう》時《じ》即《そく》發《ほっ》・無《む》上《じょう》道《どう》心《しん》・是《ぜ》名《みょう》下《げ》品《ぼん》中《ちゅう》生《しょう》者《しゃ》

仏《ぶつ》、阿《あ》難《なん》および韋《い》提《だい》希《け》に告《つ》げたまはく、「下品中生《げぼんちゅうしょう》といふは、あるいは衆生《しゅじょう》ありて、五戒《ごかい》・八戒《はっかい》および具足戒《ぐそくかい》を毀犯《きぼん》せん。かくのごときの愚人《ぐにん》は、*僧祇物《そうぎもつ》を偸《ぬす》み、現前僧物《げんぜんそうもつ》を盗《ぬす》み、*不浄説法《ふじょうせっぽう》して、慚《ざん》

僧祇物　梵語サーンギカ（sāṃghika）の音写、僧祇に「物」を加えた合成語。僧伽物、僧物ともいう。出家教団に属する財物・物資。

愧《ぎ》あることなく、もろもろの悪業《あくごう》をもつてみづから荘厳《しょうごん》す。かくのごときの罪人《ざいにん》は悪業《あくごう》をもつてのゆゑに地獄《じごく》に堕《だ》すべし。命終《いのちお》わらんとするとき、地獄《じごく》の*衆火《しゅか》、一時《いちじ》にともに至《いた》る。善知識《ぜんぢしき》の、大慈悲《だいじひ》をもつて、ために阿弥陀仏《あみだぶつ》の十力威徳《じゅうりきいとく》を説《と》き、広《ひろ》くかの仏《ぶつ》の光明神力《こうみょうじんりき》を説《と》き、また*戒《かい》・定《じょう》・慧《え》・解脱《げだつ》・解脱知見《げだつちけん》を讃《さん》ずるに遇《あ》はん。この人《ひと》、聞《き》きをはりて八十億劫《はちじゅうおくこう》の生死《しょうじ》の罪《つみ》を除《のぞ》く。地獄《じごく》の猛火《みょうか》、化《け》して清涼《しょうりょう》の風《かぜ》となり、もろもろの天華《てんげ》を吹《ふ》く。華《はな》の上《うえ》にみな化仏《けぶつ》・菩薩《ぼさつ》ましまして、この人《ひと》を迎接《こうしょう》す。一念《いちねん》のあひだのごとくに、すなはち往生《おうじょう》を得《う》。七宝《しっぽう》の池《いけ》のなかの蓮華《れんげ》のうちにして六劫《ろっこう》を経《へ》て蓮華《れんげ》すなはち敷《ひら》けん。華《はな》の敷《ひら》くるときに当《あた》りて観世音《かんぜおん》・大勢至《だいせいし》、*梵音声《ぼんのんじょう》をもつてかの人《ひと》を安慰《あんに》し、ために大乗甚深《だいじょうじんじん》の経典《きょうてん》を説《と》きたまふ。この法《ほう》を聞《き》きをはりて、時《とき》に応《おう》じてすなはち無上道心《むじょうどうしん》を発《おこ》す。これを下品中生《げぼんちゅうしょう》のものと名《な》づく」と。

大別すると四方僧物《しほうそうもつ》（四方のどこから来た比丘でも受用できる教団の共有物。寺塔・田地などの不動産）と、現前僧物《げんぜんそうもつ》（同一の結界内の比丘・比丘尼に施された衣食などの生活資具）の二種僧物がある。また細分して四種僧物とする。経文に、つづいて「現前僧物」とあるから、ここは四方僧物を指す。

不浄説法　自己の名誉や利益のために教法を説くこと。

衆火　もろもろの猛火。

戒定慧解脱解脱知見　最高のさとりの境地に至ったものが具備する五つの功徳のこと。すなわち、戒律をたもち、禅定《ぜんじょう》に入り、智慧を磨き、あらゆる煩悩から解放されて、心の安らかさを自覚するという五つの功徳。

梵音声　清らかな声。

佛《ぶつ》告《ごう》阿《あ》難《なん》●及《ぎゅう》韋《い》提《だい》希《け》●下《げ》品《ぼん》下《げ》生《しょう》者《しゃ》●或《わく》有《う》衆《しゅ》生《じょう》●作《さ》不《ふ》善《ぜん》業《ごう》●五《ご》逆十《ぎゃくじゅう》惡《あく》●具《ぐ》諸《しょ》不《ふ》善《ぜん》●如《にょ》此《し》愚《ぐ》人《にん》●以《い》惡《あく》業《ごう》故《こ》●應《おう》墮《だ》惡《あく》道《どう》●經歷《きょうりゃく》多《た》劫《こう》●受《じゅ》苦《く》無《む》窮《ぐ》●如《にょ》此《し》愚《ぐ》人《にん》●臨《りん》命《みょう》終《じゅ》時《じ》●遇《ぐ》善《ぜん》知《ぢ》識《しき》●種《しゅ》種《じゅ》安《あん》慰《に》●爲《い》說《せつ》妙《みょう》法《ほう》●教令《きょうりょう》念《ねん》佛《ぶつ》●此《し》人《にん》苦《く》逼《ひつ》●不《ふ》遑《おう》念《ねん》佛《ぶつ》●善《ぜん》友《ぬ》告《ごう》言《ごん》●汝《にょ》若《にゃく》不《ふ》能《のう》念《ねん》者《しゃ》●應《おう》稱《しょう》無《む》量《りょう》壽《じゅ》佛《ぶつ》●如《にょ》是《ぜ》至《し》心《しん》●令《りょう》聲《しょう》不《ふ》絕《ぜつ》●具《ぐ》足《そく》十《じゅう》念《ねん》●稱《しょう》南《な》─無《も》阿《あ》─彌《み》陀《だ》佛《ぶつ》●稱《しょう》佛《ぶつ》名《みょう》故《こ》●於《お》念《ねん》念《ねん》中《じゅう》●除《じょ》八《はち》十《じゅう》億《おっ》劫《こう》●生《しょう》死《じ》之《し》罪《ざい》●命《みょう》終《じゅ》之《し》時《じ》●見《けん》金《こん》蓮《れん》華《げ》●猶《ゆ》如《にょ》日《にち》輪《りん》●住《じゅ》其《ご》人《にん》前《ぜん》●如《にょ》一《いち》念《ねん》頃《きょう》●即《そく》得《とく》往《おう》生《じょう》●極《ごく》樂《らく》世《せ》界《かい》●於《お》蓮《れん》華《げ》中《ちゅう》●滿《まん》十《じゅう》二《に》大《だい》劫《こう》●蓮《れん》華《げ》方《ほう》開《かい》●觀《かん》世《ぜ》音《おん》●大《だい》勢《せい》至《し》●以《い》大《だい》悲《ひ》音《おん》聲《じょう》●爲《い》其《ご》

廣《こう》說《ぜっ》・諸《しょ》法《ほう》實《じっ》相《そう》・除《じょ》滅《めっ》罪《ざい》法《ほう》・聞《もん》已《に》歡《かん》喜《ぎ》・應《おう》時《じ》卽《そく》
發《ほっ》菩《ぼ》提《だい》之《し》心《しん》・是《ぜ》名《みょう》下《げ》品《ぼん》下《げ》生《しょう》者《しゃ》・是《ぜ》名《みょう》下《げ》輩《はい》生《しょう》
想《そう》・名《みょう》第《だい》十《じゅう》六《ろっ》觀《かん》

仏《ぶつ》、阿難《あなん》および韋提希《いだいけ》に告《つ》げたまはく、「下品下生《げぼんげしょう》といふは、あるいは衆生《しゅじょう》ありて不善業《ふぜんごう》たる五逆《ごぎゃく》・十悪《じゅうあく》を作《つく》り、もろもろの不善《ふぜん》を具《ぐ》せん。かくのごときの愚人《ぐにん》、悪業《あくごう》をもつてのゆゑに悪道《あくどう》に堕《だ》し、多劫《たこう》を*経歴《きょうりゃく》して苦《く》を受《う》くること窮《きわ》まりなかるべし。かくのごときの愚人《ぐにん》、命終《いのちおわ》らんとするときに臨《のぞ》みて、善知識《ぜんぢしき》の種々《しゅじゅ》に安慰《あんに》して、ために妙法《みょうほう》を説《と》き、教《おし》へて念仏《ねんぶつ》せしむるに遇《あ》はん。この人《ひと》、苦《く》に逼《せ》められて念仏《ねんぶつ》するに遑《いとま》あらず。善友《ぜんぬ》、告《つ》げていはく、〈なんぢもし念《ねん》ずるあたはずは、まさに無量寿仏《むりょうじゅぶつ》〔の名《みな》〕を称《しょう》すべし〉と。かくのご

経歴　ここでは流転を繰り返すこと。

とく心《こころ》を至《いた》して、声《こえ》をして絶《た》えざらしめて、十念《じゅうねん》を具足《ぐそく》して南無阿《なもあ》弥陀仏《みだぶつ》と称《しょう》せしむ。仏名《ぶつみょう》を称《しょう》するがゆゑに、念々《ねんねん》のなかにおいて八《はち》十億劫《じゅうおくこう》の生死《しょうじ》の罪《つみ》を除《のぞ》く。命終《いのちおわ》るとき金蓮華《こんれんげ》を見《み》るに、なほ日輪《にちりん》のごとくしてその人《ひと》の前《まえ》に住《じゅう》せん。一念《いちねん》のあひだのごとくにすなはち極楽世界《ごくらくせかい》に往生《おうじょう》することを得《う》。蓮華《れんげ》のなかにして十二大劫《じゅうにだいこう》を満《み》てて、蓮華《れんげ》まさに開《ひら》く。観世音《かんぜおん》・大勢至《だいせいし》、大悲《だいひ》の音声《おんじょう》をもつて、それがために広《ひろ》く*諸法実相《しょほうじっそう》・罪《つみ》を除滅《じょめつ》するの法《ほう》を説《と》く。聞《き》きをはりて歓喜《かんぎ》し、時《とき》に応《おう》じてすなはち菩提《ぼだい》の心《しん》を発《おこ》さん。これを下品下生《げぼんげしょう》のものと名《な》づく。これを下輩生想《げはいしょうそう》と名《な》づけ、第十六《だいじゅうろく》の観《かん》と名《な》づく」と。

説《せつ》是《ぜ》語《ご》時《じ》・韋《い》提《だい》希《け》・與《よ》五《ご》百《ひゃく》侍《じ》女《にょ》・聞《もん》佛《ぶつ》所《しょ》説《せつ》・應《おう》時《じ》即《そっ》見《けん》・極《ごく》樂《らく》世《せ》界《かい》・廣《こう》長《じょう》之《し》相《そう》・得《とっ》見《けん》佛《ぶっ》身《しん》・及《ぎゅう》二《に》

諸法実相　一切の存在の真実のすがたをいう。

菩《ぼ》薩《さつ》•心《しん》生《しょう》歡《かん》喜《ぎ》•歎《たん》未《み》曾《ぞう》有《う》•廓《かく》然《ねん》大《だい》悟《ご》•得《とく》無《む》生《しょう》
忍《にん》•五《ご》百《ひゃく》侍《じ》女《にょ》•發《ほっ》阿《あ》耨《のく》多《た》羅《ら》•三《さん》藐《みゃく》三《さん》菩《ぼ》提《だい》心《しん》•願《がん》
生《しょう》彼《ひ》國《こく》•世《せ》尊《そん》悉《しっ》記《き》•皆《かい》當《とう》往《おう》生《じょう》•生《しょう》彼《ひ》國《こく》已《い》•得《とく》諸《しょ》
佛《ぶつ》現《げん》前《ぜん》三《ざん》昧《まい》•無《む》量《りょう》諸《しょ》天《てん》•發《ほっ》無《む》上《じょう》道《どう》心《しん》•
爾《に》時《じ》阿《あ》難《なん》•卽《そく》從《じゅ》座《ざ》起《き》•前《ぜん》白《びゃく》佛《ぶつ》言《ごん》世《せ》尊《そん》•當《とう》何《が》名《みょう》
此《し》經《きょう》•此《し》法《ほう》之《し》要《よう》•當《とう》云《うん》何《が》受《じゅ》持《じ》•佛《ぶつ》告《ごう》阿《あ》難《なん》•此《し》經《きょう》
名《みょう》觀《かん》•極《ごく》樂《らっ》國《こく》土《ど》•無《む》量《りょう》壽《じゅ》佛《ぶつ》•觀《かん》世《ぜ》音《おん》菩《ぼ》薩《さつ》•大《だい》勢《せい》
至《し》菩《ぼ》薩《さつ》•亦《やく》名《みょう》淨《じょう》除《じょ》業《ごっ》障《しょう》•生《しょう》諸《しょ》佛《ぶつ》前《ぜん》•汝《にょ》當《とう》受《じゅ》持《じ》•
無《む》令《りょう》忘《もう》失《しつ》•行《ぎょう》此《し》三《さん》昧《まい》者《しゃ》•現《げん》身《しん》得《とっ》見《けん》•無《む》量《りょう》壽《じゅ》佛《ぶつ》•
及《ぎゅう》二《に》大《だい》士《じ》•若《にゃく》善《ぜん》男《なん》子《し》•善《ぜん》女《にょ》人《にん》•但《たん》聞《もん》佛《ぶつ》名《みょう》•二《に》菩《ぼ》
薩《さつ》名《みょう》•除《じょ》無《む》量《りょう》劫《こう》•生《しょう》死《じ》之《し》罪《ざい》•何《が》況《きょう》憶《おく》念《ねん》•若《にゃく》念《ねん》佛《ぶっ》

者《しゃ》・當《とう》知《ち》此《し》人《にん》・是《ぜ》人《にん》中《じゅう》・分《ふん》陀《だ》利《り》華《け》・觀《かん》世《ぜ》音《おん》菩《ぼ》薩《さつ》・大《だい》勢《せい》至《し》菩《ぼ》薩《さつ》・爲《い》其《ご》勝《しょう》友《う》・當《とう》坐《ざ》道《どう》場《じょう》・生《しょう》諸《しょ》佛《ぶっ》家《け》・

佛《ぶつ》告《ごう》阿《あ》難《なん》・汝《にょ》好《こう》持《じ》是《ぜ》語《ご》・持《じ》是《ぜ》語《ご》者《しゃ》・卽《そく》是《ぜ》持《じ》無《む》量《りょう》壽《じゅ》佛《ぶつ》名《みょう》・

佛《ぶっ》說《せっ》此《し》語《ご》時《じ》・尊《そん》者《じゃ》目《もっ》揵《けん》連《れん》・阿《あ》難《なん》及《ぎゅう》韋《い》提《だい》希《け》等《とう》・聞《もん》佛《ぶっ》所《しょ》說《せつ》・皆《かい》大《だい》歡《かん》喜《ぎ》・

爾《に》時《じ》世《せ》尊《そん》・足《そく》歩《ぶ》虛《こ》空《く》・還《げん》耆《ぎ》闍《しゃ》崛《くっ》山《せん》・爾《に》時《じ》阿《あ》難《なん》・廣《こう》爲《い》大《だい》衆《しゅ》・說《せつ》如《にょ》上《じょう》事《じ》・無《む》量《りょう》諸《しょ》天《てん》・及《ぎゅう》龍《りゅう》夜《や》叉《しゃ》・聞《もん》佛《ぶっ》所《しょ》說《せつ》・皆《かい》大《だい》歡《かん》喜《ぎ》・禮《らい》佛《ぶつ》而《に》退《たい》

佛《ぶっ》說《せっ》觀《かん》無《む》量《りょう》壽《じゅ》經《きょう》

この語《ご》を説《と》きたまふとき、韋提希《いだいけ》、五百《ごひゃく》の侍女《じにょ》とともに仏《ぶつ》の所説《しょせつ》を聞《き》く。時《とき》に応《おう》じてすなはち極楽世界《ごくらくせかい》の広長《こうじょう》の相《そう》を見《み》たてまつる。*仏身《ぶっしん》および二菩薩《にぼさつ》を見《み》たてまつることを得《え》て、心《しん》に歓喜《かんぎ》を生《しょう》じて未《み》曾有《ぞう》なりと歎《たん》ず。*廓然《かくねん》として大悟《だいご》して無生忍《むしょうにん》を得《え》たり。五百《ごひゃく》の侍女《じにょ》、阿耨多羅三藐三菩提心《あのくたらさんみゃくさんぼだいしん》を発《おこ》して、かの国《くに》に生《しょう》ぜんと願《がん》ず。世尊《せそん》、ことごとく、「みなまさに往生《おうじょう》すべし。かの国《くに》に生《しょう》じをはりて、*諸仏《しょぶつ》現前三昧《げんぜんざんまい》を得《え》ん」と記《き》したまへり。無量《むりょう》の諸天《しょてん》、無上道心《むじょうどうしん》を発《おこ》せり。

そのとき阿難《あなん》、すなはち座《ざ》より起《た》ち、前《すす》みて仏《ぶつ》にまうしてまうさく、「世尊《せそん》、まさにいかんがこの経《きょう》を名《な》づくべき。この法《ほう》の要《よう》をば、まさにいかんが受持《じゅじ》すべき」と。仏《ぶつ》、阿難《あなん》に告《つ》げたまはく、「この経《きょう》をば〈極楽国土《ごくらくこくど》・無量寿仏《むりょうじゅぶつ》・観世音菩薩《かんぜおんぼさつ》・大勢至菩薩《だいせいしぼさつ》を観《かん》ず〉と名《な》づく。また〈業障《ごっしょう》を浄除《じょうじょ》し諸仏《しょぶつ》の前《みまえ》に生《しょう》ず〉と名《な》づく。なんぢまさに受持《じゅじ》すべし。忘失《もうしつ》せしむることなかれ。この三昧《さんまい》を行《ぎょう》ずるもの

仏身および二菩薩　阿弥陀仏の仏身と観音・勢至の二菩薩。

廓然　からりと迷いがはれた様子。

諸仏現前三昧　般舟《はんじゅ》三昧・仏立《ぶつりゅう》三昧ともいう。諸仏が眼前に現れ、未来の成仏を予告されるのを感得することができるという禅定《ぜんじょう》。

は、現身《げんしん》に無量寿仏《むりょうじゅぶつ》および*二大士《にだいじ》を見《み》ることを得《う》。もし善男子《ぜんなんし》・善《ぜん》女人《にょにん》、ただ仏名《ぶつみょう》・二菩薩名《にぼさつみょう》を聞《き》くだに、無量劫《むりょうこう》の生死《しょうじ》の罪《つみ》を除《のぞ》く。いかにいはんや憶念《おくねん》せんをや。もし念仏《ねんぶつ》するものは、まさに知《し》るべし、この人《ひと》はこれ人中《にんちゅう》の分陀利華《ふんだりけ》なり。観世音菩薩《かんぜおんぼさつ》・大勢至菩薩《だいせいしぼさつ》、その勝友《しょうう》となる。まさに道場《どうじょう》に坐《ざ》し*諸仏《しょぶつ》の家《いえ》に生《しょう》ずべし」と。仏《ぶつ》、阿難《あなん》に告《つ》げたまはく、「*なんぢ、よくこの語《ご》を持《たも》て。この語《ご》を持《たも》てといふは、すなはちこれ無量寿仏《むりょうじゅぶつ》の名《みな》を持《たも》てとなり」と。仏《ぶつ》、この語《ご》を説《と》きたまふとき、尊者目犍連《そんじゃもくけんれん》・阿難《あなん》および韋提希《いだいけ》等《とう》、仏《ぶつ》の所説《しょせつ》を聞《き》きてみな大《おお》きに歓喜《かんぎ》す。

そのときに世尊《せそん》、足虚空《みあしこくう》を歩《あゆ》みて耆闍崛山《ぎしゃくっせん》に還《かえ》りたまふ。そのときに阿難《あなん》、広《ひろ》く大衆《だいしゅ》のために、上《かみ》のごときの事《じ》を説《と》くに、無量《むりょう》の*諸天《しょてん》および竜《りゅう》・夜叉《やしゃ》、仏《ぶつ》の所説《しょせつ》を聞《き》きて、みな大《おお》きに歓喜《かんぎ》し、仏《ぶつ》を礼《らい》して退《しりぞ》きぬ。

二大士　観音・勢至の二菩薩。

諸仏の家　極楽浄土のこと。

なんぢよくこの語を持て　「この語を持て」とは、阿弥陀仏の名号を常に心にとどめよということで、阿弥陀仏の名《みな》を信じ、称えよということである。

諸天および竜夜叉　仏教を守護する八部衆のうち、代表的なものをあげる。

仏《ぶっ》説《せつ》観《かん》無《む》量《りょう》寿《じゅ》経《きょう》

八九

佛說阿彌陀經

佛《ぶっ》說《せつ》阿《あ》彌《み》陀《だ》經《きょう》

姚秦三藏法師鳩摩羅什奉詔譯

如《にょ》是《ぜ》我《が》聞《もん》・一《いち》時《じ》佛《ぶつ》在《ざい》舍《しゃ》衛《え》國《こく》・祇《ぎ》樹《じゅ》給《きっ》孤《こ》獨《どく》園《おん》・
與《よ》大《だい》比《び》丘《く》衆《しゅ》・千《せん》二《に》百《ひゃく》五《ご》十《じゅう》人《にん》俱《く》・皆《かい》是《ぜ》大《だい》阿《あ》羅《ら》
漢《かん》・衆《しゅ》所《しょ》知《ち》識《しき》・長《ちょう》老《ろう》舍《しゃ》利《り》弗《ほっ》・摩《ま》訶《か》目《もっ》犍《けん》連《れん》・摩《ま》訶《か》
迦《か》葉《しょう》・摩《ま》訶《か》迦《か》旃《せん》延《ねん》・摩《ま》訶《か》俱《く》絺《ち》羅《ら》・離《り》婆《は》多《た》・周《しゅ》利《り》
槃《はん》陀《だ》伽《が》・難《なん》陀《だ》・阿《あ》難《なん》陀《だ》・羅《ら》睺《ご》羅《ら》・憍《きょう》梵《ぼん》波《は》提《だい》・賓《びん》頭《ず》
盧《る》頗《は》羅《ら》墮《だ》・迦《か》留《る》陀《だ》夷《い》・摩《ま》訶《か》劫《こう》賓《ひん》那《な》・薄《は》拘《く》羅《ら》・阿《あ》
㝹《ぬ》樓《る》馱《だ》・如《にょ》是《ぜ》等《とう》・諸《しょ》大《だい》弟《で》子《し》・并《びょう》諸《しょ》菩《ぼ》薩《さつ》摩《ま》訶《か》薩《さつ》・
文《もん》殊《じゅ》師《し》利《り》法《ほう》王《おう》子《じ》・阿《あ》逸《いっ》多《た》菩《ぼ》薩《さつ》・乾《けん》陀《だ》訶《か》提《だい》菩《ぼ》
薩《さつ》・常《じょう》精《しょう》進《じん》菩《ぼ》薩《さつ》・與《よ》如《にょ》是《ぜ》等《とう》・諸《しょ》大《だい》菩《ぼ》薩《さつ》・及《ぎゅう》釋《しゃく》提《だい》

桓《かん》因《いん》等《とう》・無《む》量《りょう》諸《しょ》天《てん》・大《だい》衆《しゅ》倶《く》・

爾《に》時《じ》佛《ぶつ》告《ごう》・長《ちょう》老《ろう》舎《しゃ》利《り》弗《ほつ》・従《じゅう》是《ぜ》西《さい》方《ほう》・過《か》十《じゅう》萬《まん》億《のく》

佛《ぶつ》土《ど》・有《う》世《せ》界《かい》・名《みょう》曰《わつ》極《ごく》樂《らく》・其《ご》土《ど》有《う》佛《ぶつ》・號《ごう》阿《あ》彌《み》陀《だ》・

今《こん》現《げん》在《ざい》說《せっ》法《ぽう》

仏《ぶっ》説《せつ》阿《あ》弥《み》陀《だ》経《きょう》

姚秦三蔵法師鳩摩羅什 奉 詔 訳《ようしんのさんぞうほっしくまらじゅうしょうをうけたまわりてやくす》

かくのごとく、われ聞《き》きたてまつりき。ひととき、仏《ぶつ》、舎衛国《しゃえこく》の*祇樹給孤独園《ぎじゅきっこどくおん》にましまして、大比丘《だいびく》の衆《しゅう》、千二百五十人《せんにひゃくごじゅうにん》と倶《とも》なりき。みなこれ大阿羅漢《だいあらかん》なり。衆《しゅう》に知識《ちしき》せらる。*長老舎利弗《ちょうろうしゃりほつ》・摩訶目犍連《まかもくけんれん》・摩訶迦葉《まかかしょう》・摩訶迦旃延《まかかせんえん》・摩訶倶絺羅《まかくちら》・離婆多《りはた》・*周利槃陀伽《しゅりはんだが》・難陀《なん》陀《だ》・阿難陀《あなんだ》・羅睺羅《らごら》・憍梵波提《きょうぼんはだい》・賓頭盧頗羅堕《びんずるはらだ》・迦留陀夷《かるだい》・摩訶劫《まかこう》

四

祇樹給孤独園　舎衛城（コーサラ国の首都。現在のマヘート遺跡に比定される）の西南にあった精舎《しょうじゃ》。舎衛国の祇陀《ぎだ》太子が所有する土地を須達《しゅだつ》長者（常に孤独の者に施したので給孤独と称される）が譲り受けて釈尊に献上し、祇陀太子もその地にあった樹を献じたのでこの名がある。

長老　年長の比丘、また智徳ある比丘に対する尊称。

賓那《ひんな》・薄拘羅《はくら》・阿㝹楼駄《あぬるだ》、かくのごときらのもろもろの大弟子《だいでし》、ならびにもろもろの*菩薩摩訶薩《ぼさつまかさつ》、文殊師利法王子《もんじゅしりほうおうじ》・阿逸多菩薩《あいったぼさつ》（弥勒）・乾陀訶提菩薩《けんだかだいぼさつ》・常精進菩薩《じょうしょうじんぼさつ》、かくのごときらのもろもろの大菩薩《だいぼさつ》、および*釈提桓因等《しゃくだいかんいんとう》の無量《むりょう》の諸天《しょてん》・大衆《だいしゅ》と倶《とも》なりき。

そのとき、仏《ぶつ》、長老舎利弗《ちょうろうしゃりほつ》に告《つ》げたまはく、「これより西方《さいほう》に、十万億《じゅうまんおく》の仏土《ぶつど》を過《す》ぎて世界《せかい》あり、名《な》づけて極楽《ごくらく》といふ。その土《ど》に仏《ぶつ》まします、阿弥陀《あみだ》と号《ごう》す。いま現《げん》にましまして法《ほう》を説《と》きたまふ。

舎《しゃ》利《り》弗《ほつ》・彼《ひ》土《ど》何《が》故《こ》・名《みょう》爲《い》極《ごく》樂《らく》・其《ご》國《こく》衆《しゅ》生《じょう》・無《む》有《う》衆《しゅ》苦《く》・但《たん》受《じゅ》諸《しょ》樂《らく》・故《こ》名《みょう》極《ごく》樂《らく》・

又《う》舎《しゃ》利《り》弗《ほつ》・極《ごく》樂《らっ》國《こく》土《ど》・七《しち》重《じゅう》欄《らん》楯《じゅん》・七《しち》重《じゅう》羅《ら》網《もう》・七《しち》重《じゅう》行《ごう》樹《じゅ》・皆《かい》是《ぜ》四《し》寶《ほう》・周《しゅ》帀《そう》圍《い》繞《にょう》・是《ぜ》故《こ》彼《ひ》國《こく》・名《みょう》曰《わっ》

周利槃陀伽 梵語チューダパンタカ（Cūḍapanthaka）の音写。周利槃特《しゅりはんどく》ともいう。仏弟子。生来愚鈍であったので愚路と呼ばれたが、釈尊に教えられた「塵を払い、垢を除く」という短い言葉を繰り返してさとりを得たという。

菩薩摩訶薩 摩訶薩は梵語マハー・サットヴァ（mahāsattva）の音写で、偉大な人の意。菩薩に同じ。

釈提桓因 梵語シャクラ・デーヴァーナーム・インドラ（Śakra-devānām-indra）の音写。帝釈天《たいしゃくてん》のこと。

極《ごく》樂《らく》●
又《う》舍《しゃ》利《り》弗《ほっ》●極《ごく》樂《らっ》國《こく》土《ど》●有《う》七《しっ》寶《ぽう》池《ち》●八《はっ》功《く》德《どく》水《すい》●充《しゅ》
滿《まん》其《ご》中《ちゅう》●池《ち》底《たい》純《じゅん》以《に》●金《こん》沙《しゃ》布《ふ》地《じ》●四《し》邊《へん》階《かい》道《どう》●金《こん》銀《ごん》
瑠《る》璃《り》●玻《は》瓈《り》合《ごう》成《じょう》●上《じょう》有《う》樓《ろう》閣《かく》●亦《やく》以《い》金《こん》銀《ごん》瑠《る》璃《り》●玻《は》
瓈《り》硨《しゃ》磲《こ》●赤《しゃく》珠《しゅ》碼《め》碯《のう》●而《に》嚴《ごん》飾《じき》之《し》●池《ち》中《ちゅう》蓮《れん》華《げ》●大《だい》如《にょ》
車《しゃ》輪《りん》●青《しょう》色《しき》青《しょう》光《こう》●黄《おう》色《しき》黄《おう》光《こう》●赤《しゃく》色《しき》赤《しゃっ》光《こう》●白《びゃく》色《しき》白《びゃっ》
光《こう》●微《み》妙《みょう》香《こう》潔《けつ》●舍《しゃ》利《り》弗《ほっ》●極《ごく》樂《らっ》國《こく》土《ど》●成《じょう》就《じゅ》如《にょ》是《ぜ》●功《く》
德《どく》莊《しょう》嚴《ごん》●
又《う》舍《しゃ》利《り》弗《ほっ》●彼《ひ》佛《ぶっ》國《こく》土《ど》●常《じょう》作《さ》天《てん》樂《がく》●黄《おう》金《ごん》爲《い》地《じ》●晝《ちゅう》
夜《や》六《ろく》時《じ》●而《に》雨《う》曼《まん》陀《だ》羅《ら》華《け》●其《ご》國《こく》衆《しゅ》生《じょう》●常《じょう》以《い》清《しょう》旦《たん》●
各《かく》以《い》衣《え》裓《こく》●盛《じょう》衆《しゅ》妙《みょう》華《け》●供《く》養《よう》他《た》方《ほう》●十《じゅう》萬《まん》億《のく》佛《ぶっ》●卽《そく》

以《い》食《じき》時《じ》・還《げん》到《とう》本《ほん》國《ごく》・飯《ぼん》食《じき》經《きょう》行《ぎょう》・舍《しゃ》利《り》弗《ほつ》・極《ごく》樂《らっ》國《こく》土《ど》・成《じょう》就《じゅ》如《にょ》是《ぜ》・功《く》德《どく》莊《しょう》嚴《ごん》

舎利弗《しゃりほつ》、かの土《ど》をなんがゆゑぞ名《な》づけて極楽《ごくらく》とする。その国《くに》の衆生《しゅじょう》、もろもろの苦《く》あることなく、ただもろもろの楽《らく》を受《う》く。ゆゑに極楽《ごくらく》と名《な》づく。

また舎利弗《しゃりほつ》、極楽国土《ごくらくこくど》には七重《しちじゅう》の*欄楯《らんじゅん》・七重《しちじゅう》の*羅網《らもう》・七重《しちじゅう》の*行《ごう》樹《じゅ》あり。みなこれ*四宝《しほう》*周帀《しゅうそう》し囲繞《いにょう》せり。このゆゑにかの国《くに》を名《な》づけて極楽《ごくらく》といふ。

また舎利弗《しゃりほつ》、極楽国土《ごくらくこくど》には七宝《しっぽう》の池《いけ》あり。八功徳水《はっくどくすい》そのなかに充《じゅう》満《まん》せり。池《いけ》の底《そこ》にはもつぱら金《こがね》の沙《いさご》をもつて地《じ》に布《し》けり。四辺《しへん》の*階《かい》道《どう》は、金《こん》・銀《ごん》・瑠璃《るり》・玻瓈《はり》合成《ごうじょう》せり。上《うえ》に*楼閣《ろうかく》あり。また金《こん》・銀《ごん》・瑠璃《るり》・玻瓈《はり》・硨磲《しゃこ》・赤珠《しゃくしゅ》・碼碯《めのう》をもつて、これを厳飾《ごんじき》す。池《いけ》のなか

欄楯　装飾をほどこした垣。
羅網　宝珠をつらねたかざり網。
行樹　並木。
四宝　金・銀・瑠璃・玻瓈。
周帀し囲繞せり　あまねくめぐりかこんでいる。
階道　階段状になった道。
楼閣　重層の建物。高殿。

の蓮華《れんげ》は、大《おお》きさ車輪《しゃりん》のごとし。青色《しょうしき》には青光《しょうこう》、黄色《おうしき》には黄光《おうこう》、赤色《しゃくしき》には赤光《しゃっこう》、白色《びゃくしき》には白光《びゃっこう》ありて、微妙香潔《みみょうこうけつ》なり。舎利弗《しゃりほつ》、極楽国土《ごくらくこくど》には、かくのごときの功徳荘厳《くどくしょうごん》を成就《じょうじゅ》せり。また舎利弗《しゃりほつ》、かの仏国土《ぶっこくど》には、つねに*天《てん》の楽《がく》をなす。黄金《おうごん》を地《じ》とし、*昼夜六時《ちゅうやろくじ》に†天《てん》の*曼陀羅華《まんだらけ》を雨《あめふ》らす。その国《くに》の衆生《しゅじょう》、つねに*清旦《しょうたん》をもつて、おのおの*衣裓《えこく》をもつて、もろもろの妙華《みょうけ》を盛《い》れて、他方《たほう》の十万億《じゅうまんおく》の仏《ぶつ》を供養《くよう》したてまつる。すなはち*食時《じきじ》をもつて本国《ほんごく》に還《かえ》り到《いた》りて、飯食《ぼんじき》し*経行《きょうぎょう》す。舎利弗《しゃりほつ》、極楽国土《ごくらくこくど》には、かくのごときの功徳荘厳《くどくしょうごん》を成就《じょうじゅ》せり。

復《ぶ》次《し》舍《しゃ》利《り》弗《ほつ》•彼《ひ》國《こく》常《じょう》有《う》•種《しゅ》種《じゅ》奇《き》妙《みょう》•雜《ざっ》色《しき》之《し》鳥《ちょう》•白《びゃっ》鵠《こう》孔《く》雀《じゃく》•鸚《おう》鵡《む》舍《しゃ》利《り》•迦《か》陵《りょう》頻《びん》伽《が》•共《ぐ》命《みょう》之《し》鳥《ちょう》•是《ぜ》諸《しょ》衆《しゅ》鳥《ちょう》•晝《ちゅう》夜《や》六《ろく》時《じ》•出《すい》和《わ》雅《げ》音《おん》•其《ご》音《おん》演《えん》暢《ちょう》•五《ご》根《こん》

八

天の楽　天上界の音楽。すぐれた音楽。

昼夜六時　昼夜を晨朝《じんじょう》・日《にっ》中《ちゅう》・日没《にちもつ》・初夜《しょや》・中夜《ちゅうや》・後夜《ごや》の六つに区分すること。

曼陀羅華　曼陀羅は梵語マーンダーラヴァ（māndārava）の音写。天妙華・適意《じゃくい》華《げ》・悦意華と漢訳する。天上界の華の名。

清旦　すがすがしい朝。

衣裓　華をもる器。

食時　古来、一食をたべ終るわずかな時間と解釈されているが、梵本は「昼の休息」（ディヴァー・ヴィハーラ divā-vihāra）の意。

経行　一定の場所を往復して歩くこと。身心を整えるためにこれを行う。

五《ご》力《りき》●七《しち》菩《ぼ》提《だい》分《ぶん》●八《はっ》聖《しょう》道《どう》分《ぶん》●如《にょ》是《ぜ》等《とう》法《ほう》●其《ご》土《ど》衆《しゅ》
生《じょう》●聞《もん》是《ぜ》音《おん》已《に》●皆《かい》悉《しつ》念《ねん》佛《ぶつ》●念《ねん》法《ぼう》念《ねん》僧《そう》●舍《しゃ》利《り》弗《ほつ》●汝《にょ》
勿《もつ》謂《い》此《し》鳥《ちょう》●實《じつ》是《ぜ》罪《ざい》報《ほう》所《しょ》生《しょう》●所《しょ》以《い》者《しゃ》何《が》●彼《ひ》佛《ぶっ》國《こく》
土《ど》●無《む》三《さん》惡《まく》趣《しゅ》●舍《しゃ》利《り》弗《ほつ》●其《ご》佛《ぶっ》國《こく》土《ど》●尚《しょう》無《む》三《さん》惡《まく》道《どう》
之《し》名《みょう》●何《が》況《きょう》有《う》實《じつ》●是《ぜ》諸《しょ》衆《しゅ》鳥《ちょう》●皆《かい》是《ぜ》阿《あ》彌《み》陀《だ》佛《ぶつ》●欲《よく》
令《りょう》法《ほう》音《おん》宣《せん》流《る》●變《へん》化《げ》所《しょ》作《さ》●舍《しゃ》利《り》弗《ほつ》●彼《ひ》佛《ぶっ》國《こく》土《ど》●微《み》
風《ふ》吹《すい》動《どう》●諸《しょ》寶《ほう》行《ごう》樹《じゅ》●及《ぎゅう》寶《ほう》羅《ら》網《もう》●出《すい》微《み》妙《みょう》音《おん》●譬《ひ》如《にょ》
百《ひゃく》千《せん》種《じゅ》樂《がく》●同《どう》時《じ》俱《く》作《さ》●聞《もん》是《ぜ》音《おん》者《しゃ》●皆《かい》自《じ》然《ねん》生《じょう》●念《ねん》
佛《ぶつ》念《ねん》法《ぼう》●念《ねん》僧《そう》之《し》心《しん》●舍《しゃ》利《り》弗《ほつ》●其《ご》佛《ぶっ》國《こく》土《ど》●成《じょう》就《じゅ》如《にょ》
是《ぜ》●功《く》-德《どく》莊《しょう》嚴《ごん》

また次《つぎ》に舎利弗《しゃりほっ》、かの国《くに》にはつねに種々《しゅじゅ》奇妙《きみょう》なる雑色《ざっしき》の鳥《とり》あり。*白鵠《びゃくこう》・孔雀《くじゃく》・鸚鵡《おうむ》・*舎利《しゃり》・*迦陵頻伽《かりょうびんが》・*共命《ぐみょう》の鳥《とり》なり。このもろもろの鳥《とり》、昼夜六時《ちゅうやろくじ》に和雅《わげ》の音《こえ》を出《いだ》す。その音《こえ》、*五根《ごこん》・五力《ごりき》・七菩提分《しちぼだいぶん》・八聖道分《はっしょうどうぶん》、かくのごときらの法《ほう》を*演暢《えんちょう》す。その土《ど》の衆生《しゅじょう》、この音《こえ》を聞《き》きをはりて、みなことごとく仏《ぶつ》を念《ねん》じ、法《ほう》を念《ねん》じ、僧《そう》を念《ねん》ず。舎利弗《しゃりほっ》、なんぢこの鳥《とり》は実《じつ》にこれ罪報《ざいほう》の所生《しょしょう》なりと謂《おも》ふことなかれ。ゆゑはいかん。かの仏国土《ぶっこくど》には三悪趣《さんまくしゅ》なければなり。舎利弗《しゃりほっ》、その仏国土《ぶっこくど》にはなほ三悪道《さんまくどう》の名《な》すらなし、いかにいはんや*実《じつ》あらんや。このもろもろの鳥《とり》は、みなこれ阿弥陀仏《あみだぶつ》、法音《ほうおん》を*宣流《せんる》せしめんと欲《おぼ》して、変化《へんげ》してなしたまふところなり。舎利弗《しゃりほっ》、かの仏国土《ぶっこくど》には微風《みふう》吹《ふ》いて、もろもろの宝行樹《ほうごうじゅ》および宝羅網《ほうらもう》を動《うご》かすに、微妙《みみょう》の音《こえ》を出《いだ》す。たとへば百千種《ひゃくせんじゅ》の楽《がく》を同時《どうじ》に倶《とも》になすがごとし。この音《こえ》を聞《き》くもの、みな自然《じねん》に仏《ぶつ》を念《ねん》じ、法《ほう》を念《ねん》じ、僧《そう》を念《ねん》ずるの心《しん》を生《しょう》ず。

一〇

白鵠 鶴の一種で、白鳥または天鵞《てんが》ともいう。

舎利 梵語シャーリカ(śārika)の音写。鶖鷺《しゅうろ》・鸜鵒《くよく》などと漢訳する。この鳥は、黒色で人間の言葉を暗誦するという。

迦陵頻伽 梵語カラヴィンカ(kalavinka)の音写。妙音鳥と漢訳する。殻のなかにいるとき、すでによく鳴き、極めて美しい声を出すという。

共命の鳥 命々鳥ともいう。人面禽《きん》形で一身に両頭を有するという。

五根五力 さとりに至るために必要な信・精進・念・定・慧の五つの機根(根は能力の意)とその発揮する力。

演暢 ひろく説きのべること。

実 実体。

宣流 のべひろめること。

舎利弗《しゃりほつ》、その仏国土《ぶっこくど》には、かくのごときの功徳荘厳《くどくしょうごん》を成就《じょうじゅ》せり。

舎《しゃ》利《り》弗《ほつ》・於《お》汝《にょ》意《い》云《うん》何《が》・彼《ひ》佛《ぶつ》何《が》故《こ》・號《ごう》阿《あ》彌《み》陀《だ》・舎《しゃ》利《り》弗《ほつ》・彼《ひ》佛《ぶつ》光《こう》明《みょう》無《む》量《りょう》・照《しょう》十《じっ》方《ぽう》國《こく》・無《む》所《しょ》障《しょう》礙《げ》・是《ぜ》故《こ》號《ごう》爲《い》阿《あ》彌《み》陀《だ》・又《う》舎《しゃ》利《り》弗《ほつ》・彼《ひ》佛《ぶつ》壽《じゅ》命《みょう》・及《ぎゅう》其《ご》人《にん》民《みん》・無《む》量《りょう》無《む》邊《へん》・阿《あ》僧《そう》祇《ぎ》劫《こう》・故《こ》名《みょう》阿《あ》彌《み》陀《だ》・舎《しゃ》利《り》弗《ほつ》・阿《あ》彌《み》陀《だ》佛《ぶつ》・成《じょう》佛《ぶつ》已《い》來《らい》・於《お》今《こん》十《じっ》劫《こう》・又《う》舎《しゃ》利《り》弗《ほつ》・彼《ひ》佛《ぶつ》有《う》無《む》量《りょう》無《む》邊《へん》・聲《しょう》聞《もん》弟《で》子《し》・皆《かい》阿《あ》羅《ら》漢《かん》・非《ひ》是《ぜ》算《さん》數《じゅ》・之《し》所《しょ》能《のう》知《ち》・諸《しょ》菩《ぼ》薩《さっ》衆《しゅ》・亦《やく》復《ぶ》如《にょ》是《ぜ》・舎《しゃ》利《り》弗《ほつ》・彼《ひ》佛《ぶっ》國《こく》土《ど》・成《じょう》就《じゅ》如《にょ》是《ぜ》・功《く》徳《どく》莊《しょう》嚴《ごん》・

又《う》舎《しゃ》利《り》弗《ほつ》・極《ごく》樂《らっ》國《こく》土《ど》・衆《しゅ》生《じょう》生《しょう》者《じゃ》・皆《かい》是《ぜ》阿《あ》鞞《び》跋《ばっ》

致《ち》●其《ご》中《ちゅう》多《た》有《う》●一《いっ》生《しょう》補《ふ》處《しょ》●其《ご》數《しゅ》甚《じん》多《た》●非《ひ》是《ぜ》算《さん》數《じゅ》●
所《しょ》能《のう》知《ち》之《し》●但《たん》可《か》以《い》無《む》量《りょう》無《む》邊《へん》●阿《あ》僧《そう》祇《ぎ》劫《こう》説《せつ》●舍《しゃ》
利《り》弗《ほつ》●衆《しゅ》生《じょう》聞《もん》者《しゃ》●應《おう》當《とう》發《ほつ》願《がん》●願《がん》生《しょう》彼《ひ》國《こく》●所《しょ》以《い》者《しゃ》
何《が》●得《とく》與《よ》如《にょ》是《ぜ》●諸《しょ》上《じょう》善《ぜん》人《にん》●倶《く》會《え》一《いっ》處《しょ》●舍《しゃ》利《り》弗《ほつ》●不《ふ》
可《か》以《い》少《しょう》善《ぜん》根《ごん》●福《ふく》徳《とく》因《いん》縁《ねん》●得《とく》生《しょう》彼《ひ》國《こく》●
舍《しゃ》利《り》弗《ほつ》●若《にゃく》有《う》善《ぜん》男《なん》子《し》●善《ぜん》女《にょ》人《にん》●聞《もん》説《せつ》阿《あ》彌《み》陀《だ》佛《ぶつ》●
執《しゅう》持《じ》名《みょう》號《ごう》●若《にゃく》一《いち》日《にち》●若《にゃく》二《に》日《にち》●若《にゃく》三《さん》日《にち》●若《にゃく》四《し》日《にち》●若《にゃく》
五《ご》日《にち》●若《にゃく》六《ろく》日《にち》●若《にゃく》七《しち》日《にち》●一《いっ》心《しん》不《ふ》亂《らん》●其《ご》人《にん》臨《りん》命《みょう》終《じゅ》
時《じ》●阿《あ》彌《み》陀《だ》佛《ぶつ》●與《よ》諸《しょ》聖《しょう》衆《じゅ》●現《げん》在《ざい》其《ご》前《ぜん》●是《ぜ》人《にん》終《じゅ》時《じ》●
心《しん》不《ぷ》顛《てん》倒《どう》●即《そく》得《とく》往《おう》生《じょう》●阿《あ》彌《み》陀《だ》佛《ぶつ》●極《ごく》樂《らっ》國《こく》土《ど》●舍《しゃ》
利《り》弗《ほつ》●我《が》見《けん》是《ぜ》利《り》●故《こ》説《せっ》此《し》言《ごん》●若《にゃく》有《う》衆《しゅ》生《じょう》●聞《もん》是《ぜ》説《せっ》

者《しゃ》・應《おう》當《とう》發《ほつ》願《がん》・生《しょう》彼《ひ》國《こく》土《ど》

舎利弗《しゃりほつ》、なんぢが意《こころ》においていかん、かの仏《ぶつ》をなんのゆゑぞ阿弥《あみ》陀《だ》と号《ごう》する。舎利弗《しゃりほつ》、かの仏《ぶつ》の光明無量《こうみょうむりょう》にして、十方《じっぽう》の国《くに》を照《て》らすに障礙《しょうげ》するところなし。このゆゑに号《ごう》して阿弥陀《あみだ》とす。また舎利弗《しゃりほつ》、かの仏《ぶつ》の寿命《じゅみょう》およびその人民《にんみん》〔の寿命《じゅみょう》〕も無量無辺阿僧祇劫《むりょうむへんあそうぎこう》なり。ゆゑに阿弥陀《あみだ》と名《な》づく。舎利弗《しゃりほつ》、阿弥陀仏《あみだぶつ》は、成仏《じょうぶつ》よりこのかたいまに十劫《じっこう》なり。また舎利弗《しゃりほつ》、かの仏《ぶつ》に無量無辺《むりょうむへん》の声聞《しょうもん》の弟子《でし》あり、みな阿羅漢《あらかん》なり。これ算数《さんじゅ》のよく知《し》るところにあらず。もろもろの菩薩衆《ぼさっしゅ》、またまたかくのごとし。舎利弗《しゃりほつ》、かの仏国土《ぶっこくど》には、かくのごときの功徳荘厳《くどくしょうごん》を成就《じょうじゅ》せり。

また舎利弗《しゃりほつ》、極楽国土《ごくらくこくど》には、衆生《しゅじょう》生《しょう》ずるものはみなこれ阿鞞跋致《あびばっち》なり。そのなかに多《おお》く一生補処《いっしょうふしょ》〔の菩薩《ぼさつ》〕あり。その数《かず》はなはだ多《おお》し。

これ算数《さんじゅ》のよくこれを知《し》るところにあらず。ただ無量無辺阿僧祇劫《むりょうむへんあそうぎこう》をもつて説《と》くべし。舎利弗《しゃりほつ》、衆生《しゅじょう》＊聞《き》かんもの、まさに発願《ほつがん》してかの国《くに》に生《しょう》ぜんと願《ねが》ふべし。ゆゑはいかん。かくのごときの諸上善人《しょじょうぜんにん》とともに一処《いっしょ》に会《え》することを得《う》ればなり。舎利弗《しゃりほつ》、＊少善根福徳《しょうぜんごんふくとく》の因縁《いんねん》をもつてかの国《くに》に生《しょう》ずることを得《う》べからず。

舎利弗《しゃりほつ》、もし善男子《ぜんなんし》・善女人《ぜんにょにん》ありて、阿弥陀仏《あみだぶつ》を説《と》くを聞《き》きて、名号《みょうごう》を＊執持《しゅうじ》すること、もしは一日《いちにち》、もしは二日《ににち》、もしは三日《さんにち》、もしは四日《しにち》、もしは五日《ごにち》、もしは六日《ろくにち》、もしは七日《しちにち》、一心《いっしん》にして乱《みだ》れざれば、その人《ひと》、命終《みょうじゅう》のときに臨《のぞ》みて、阿弥陀仏《あみだぶつ》、もろもろの聖衆《しょうじゅ》と現《げん》じてその前《まえ》にましまさん。この人終《ひとおわ》らんとき、心顛倒《しんてんどう》せずして、すなはち阿弥陀仏《あみだぶつ》の極楽国土《ごくらくこくど》に往生《おうじょう》することを得《う》。舎利弗《しゃりほつ》、われこの利《り》を見《み》るがゆゑに、この言《ごん》を説《と》く。もし衆生《しゅじょう》ありて、この説《せつ》を聞《き》かんものは、まさに発願《ほつがん》してかの国土《こくど》に生《うま》るべし。

聞かんもの　極楽国土および阿弥陀仏と聖衆《しょうじゅ》のことを聞くものは。

少善根福徳　自力を励まして行うわずかな善根功徳。大善大功徳である念仏以外のすべての行。

執持　しっかりととりたもつこと。親鸞聖人はこれを阿弥陀仏の名号を信じ称えることと解釈された。

舎《しゃ》利《り》弗《ほつ》●如《にょ》我《が》今《こん》者《じゃ》●讃《さん》歎《だん》阿《あ》彌《み》陀《だ》佛《ぶつ》●不《ふ》可《か》思《し》議《ぎ》
功《く》德《どく》●東《とう》方《ぼう》亦《やく》有《う》●阿《あ》閦《しゅく》鞞《び》佛《ぶつ》●須《しゅ》彌《み》相《そう》佛《ぶつ》●大《だい》須《しゅ》彌《み》
佛《ぶつ》●須《しゅ》彌《み》光《こう》佛《ぶつ》●妙《みょう》音《おん》佛《ぶつ》●如《にょ》是《ぜ》等《とう》●恆《ごう》河《が》沙《しゃ》數《しゅ》諸《しょ》佛《ぶつ》●
各《かく》於《お》其《ご》國《こく》●出《すい》廣《こう》長《じょう》舌《ぜっ》相《そう》●徧《へん》覆《ぷ》三《さん》千《ぜん》●大《だい》千《せん》世《せ》界《かい》●
說《せつ》誠《じょう》實《じつ》言《ごん》●汝《にょ》等《とう》衆《しゅ》生《じょう》●當《とう》信《しん》是《ぜ》稱《しょう》讃《さん》●不《ふ》可《か》思《し》議《ぎ》
功《く》德《どく》●一《いっ》切《さい》諸《しょ》佛《ぶつ》●所《しょ》護《ご》念《ねん》經《ぎょう》●

舎《しゃ》利《り》弗《ほつ》●南《なん》方《ぼう》世《せ》界《かい》●有《う》日《にち》月《がっ》燈《とう》佛《ぶつ》●名《みょう》聞《もん》光《こう》佛《ぶつ》●大《だい》
焰《えん》肩《けん》佛《ぶつ》●須《しゅ》彌《み》燈《とう》佛《ぶつ》●無《む》量《りょう》精《しょう》進《じん》佛《ぶつ》●如《にょ》是《ぜ》等《とう》●恆《ごう》河《が》
沙《しゃ》數《しゅ》諸《しょ》佛《ぶつ》●各《かく》於《お》其《ご》國《こく》●出《すい》廣《こう》長《じょう》舌《ぜっ》相《そう》●徧《へん》覆《ぷ》三《さん》千《ぜん》●
大《だい》千《せん》世《せ》界《かい》●說《せつ》誠《じょう》實《じつ》言《ごん》●汝《にょ》等《とう》衆《しゅ》生《じょう》●當《とう》信《しん》是《ぜ》稱《しょう》讃《さん》●
不《ふ》可《か》思《し》議《ぎ》功《く》德《どく》●一《いっ》切《さい》諸《しょ》佛《ぶつ》●所《しょ》護《ご》念《ねん》經《ぎょう》●

舎《しゃ》利《り》弗《ほっ》●西《さい》方《ほう》世《せ》界《かい》●有《う》無《む》量《りょう》壽《じゅ》佛《ぶつ》●無《む》量《りょう》相《そう》佛《ぶつ》●無《む》
量《りょう》幢《どう》佛《ぶつ》●大《だい》光《こう》佛《ぶつ》●大《だい》明《みょう》佛《ぶつ》●寶《ほう》相《そう》佛《ぶつ》●淨《じょう》光《こう》佛《ぶつ》●如《にょ》是《ぜ》
等《とう》●恆《ごう》河《が》沙《しゃ》數《しゅ》諸《しょ》佛《ぶつ》●各《かく》於《お》其《ご》國《こく》●出《すい》廣《こう》長《じょう》舌《ぜっ》相《そう》●徧《へん》
覆《ぶ》三《さん》千《ぜん》●大《だい》千《せん》世《せ》界《かい》●說《せっ》誠《じょう》實《じっ》言《ごん》●汝《にょ》等《とう》衆《しゅ》生《じょう》●當《とう》信《しん》
是《ぜ》稱《しょう》讃《さん》●不《ふ》可《か》思《し》議《ぎ》功《く》德《どく》●一《いっ》切《さい》諸《しょ》佛《ぶつ》●所《しょ》護《ご》念《ねん》經《ぎょう》●

舎《しゃ》利《り》弗《ほっ》●北《ほっ》方《ぽう》世《せ》界《かい》●有《う》焰《えん》肩《けん》佛《ぶつ》●最《さい》勝《しょう》音《おん》佛《ぶつ》●難《なん》沮《しょ》
佛《ぶつ》●日《にっ》生《しょう》佛《ぶつ》●網《もう》明《みょう》佛《ぶつ》●如《にょ》是《ぜ》等《とう》●恆《ごう》河《が》沙《しゃ》數《しゅ》諸《しょ》佛《ぶつ》●各《かく》
於《お》其《ご》國《こく》●出《すい》廣《こう》長《じょう》舌《ぜっ》相《そう》●徧《へん》覆《ぶ》三《さん》千《ぜん》●大《だい》千《せん》世《せ》界《かい》●說《せっ》
誠《じょう》實《じっ》言《ごん》●汝《にょ》等《とう》衆《しゅ》生《じょう》●當《とう》信《しん》是《ぜ》稱《しょう》讃《さん》●不《ふ》可《か》思《し》議《ぎ》功《く》
德《どく》●一《いっ》切《さい》諸《しょ》佛《ぶつ》●所《しょ》護《ご》念《ねん》經《ぎょう》

舎利弗《しゃりほつ》、われいま阿弥陀仏《あみだぶつ》の不可思議《ふかしぎ》の功徳《くどく》を讃歎《さんだん》するがごとく、東方《とうほう》にまた、阿閦鞞仏《あしゅくびぶつ》・須弥相仏《しゅみそうぶつ》・大須弥仏《だいしゅみぶつ》・須弥光仏《しゅみこうぶつ》・妙音仏《みょうおんぶつ》、かくのごときらの恒河沙数《ごうがしゃしゅ》の諸仏《しょぶつ》ましまして、おのおのその国《くに》において、*広長《こうじょう》の舌相《ぜっそう》を出《いだ》し、あまねく三千大千世界《さんぜんだいせんせかい》に覆《おお》ひて、誠実《じょうじつ》の言《ごん》を説《と》きたまはく、〈なんぢら衆生《しゅじょう》、まさにこの不可思議《ふかしぎ》の功徳《くどく》を称讃《しょうさん》したまふ一切諸仏《いっさいしょぶつ》に護念《ごねん》せらるる経《きょう》を信《しん》ずべし〉と。

舎利弗《しゃりほつ》、南方《なんぽう》の世界《せかい》に、日月灯仏《にちがっとうぶつ》・名聞光仏《みょうもんこうぶつ》・大焔肩仏《だいえんけんぶつ》・須弥灯仏《しゅみとうぶつ》・無量精進仏《むりょうしょうじんぶつ》、かくのごときらの恒河沙数《ごうがしゃしゅ》の諸仏《しょぶつ》ましまして、おのおのその国《くに》において、広長《こうじょう》の舌相《ぜっそう》を出《いだ》し、あまねく三千大千世界《さんぜんだいせんせかい》に覆《おお》ひて、誠実《じょうじつ》の言《ごん》を説《と》きたまはく、〈なんぢら衆生《しゅじょう》、まさにこの不可思議《ふかしぎ》の功徳《くどく》を称讃《しょうさん》したまふ一切諸仏《いっさいしょぶつ》に護念《ごねん》せらるる経《きょう》を信《しん》ずべし〉と。

舎利弗《しゃりほつ》、西方《さいほう》の世界《せかい》に、無量寿仏《むりょうじゅぶつ》・無量相仏《むりょうそうぶつ》・無量幢仏《むりょうどうぶつ》・大光仏《だいこうぶつ》・

広長の舌相　仏の三十二相の一。仏の舌は広く長くてその顔面をおおうといわれる。ここでは三千大千世界をおおうとされている。これは仏の説くところが真実にして虚妄《こもう》でないということを示すものである。※

大明仏《だいみょうぶつ》・宝相仏《ほうそうぶつ》・浄光仏《じょうこうぶつ》、かくのごときらの恒河沙数《ごうがしゃしゅ》の諸仏《しょぶつ》ましまして、おのおのその国《くに》において、広長《こうじょう》の舌相《ぜっそう》を出《いだ》し、あまねく三千《さんぜん》大千世界《だいせんせかい》に覆《おお》ひて、誠実《じょうじつ》の言《ごん》を説《と》きたまはく、〈なんぢら衆生《しゅじょう》、まさにこの不可思議《ふかしぎ》の功徳《くどく》を称讃《しょうさん》したまふ一切諸仏《いっさいしょぶつ》に護念《ごねん》せらるる経《きょう》を信《しん》ずべし〉と。

舎利弗《しゃりほつ》、北方《ほっぽう》の世界《せかい》に、焔肩仏《えんけんぶつ》・最勝音仏《さいしょうおんぶつ》・難沮仏《なんしょぶつ》・日生仏《にっしょうぶつ》・網《もう》明仏《みょうぶつ》、かくのごときらの恒河沙数《ごうがしゃしゅ》の諸仏《しょぶつ》ましまして、おのおのその国《くに》において、広長《こうじょう》の舌相《ぜっそう》を出《いだ》し、あまねく三千大千世界《さんぜんだいせんせかい》に覆《おお》ひて、誠実《じょうじつ》の言《ごん》を説《と》きたまはく、〈なんぢら衆生《しゅじょう》、まさにこの不可思議《ふかしぎ》の功徳《くどく》を称讃《しょうさん》したまふ一切諸仏《いっさいしょぶつ》に護念《ごねん》せらるる経《きょう》を信《しん》ずべし〉と。

舎《しゃ》利《り》弗《ほつ》・下《げ》方《ほう》世《せ》界《かい》・有《う》師《し》子《し》佛《ぶつ》・名《みょう》聞《もん》佛《ぶつ》・名《みょう》光《こう》佛《ぶつ》・達《だつ》摩《ま》佛《ぶつ》・法《ほう》幢《どう》佛《ぶつ》・持《じ》法《ほう》佛《ぶつ》・如《にょ》是《ぜ》等《とう》・恆《ごう》河《が》沙《しゃ》數《しゅ》諸《しょ》

佛《ぶつ》●各《かく》於《お》其《ご》國《こく》●出《すい》廣《こう》長《じょう》舌《ぜっ》相《そう》●徧《へん》覆《ぷ》三《さん》千《ぜん》●大《だい》千《せん》世《せ》
界《かい》●說《せつ》誠《じょう》實《じつ》言《ごん》●汝《にょ》等《とう》衆《しゅ》生《じょう》●當《とう》信《しん》是《ぜ》稱《しょう》讚《さん》●不《ふ》可《か》思《し》
議《ぎ》功《く》德《どく》●一《いっ》切《さい》諸《しょ》佛《ぶつ》●所《しょ》護《ご》念《ねん》經《ぎょう》●
舍《しゃ》利《り》弗《ほつ》●上《じょう》方《ほう》世《せ》界《かい》●有《う》梵《ぼん》音《のん》佛《ぶつ》●宿《しゅく》王《おう》佛《ぶつ》●香《こう》上《じょう》佛《ぶつ》●
香《こう》光《こう》佛《ぶつ》●大《だい》焰《えん》肩《けん》佛《ぶつ》●雜《ざっ》色《しき》寶《ほう》華《け》嚴《ごん》身《しん》佛《ぶつ》●娑《しゃ》羅《ら》樹《じゅ》
王《おう》佛《ぶつ》●寶《ほう》華《け》德《とく》佛《ぶつ》●見《けん》一《いっ》切《さい》義《ぎ》佛《ぶつ》●如《にょ》須《しゅ》彌《み》山《せん》佛《ぶつ》●如《にょ》
是《ぜ》等《とう》●恆《ごう》河《が》沙《しゃ》數《しゅ》諸《しょ》佛《ぶつ》●各《かく》於《お》其《ご》國《こく》●出《すい》廣《こう》長《じょう》舌《ぜっ》相《そう》●
徧《へん》覆《ぷ》三《さん》千《ぜん》●大《だい》千《せん》世《せ》界《かい》●說《せつ》誠《じょう》實《じつ》言《ごん》●汝《にょ》等《とう》衆《しゅ》生《じょう》●當《とう》
信《しん》是《ぜ》稱《しょう》讚《さん》●不《ふ》可《か》思《し》議《ぎ》功《く》德《どく》●一《いっ》切《さい》諸《しょ》佛《ぶつ》●所《しょ》護《ご》念《ねん》
經《ぎょう》

舎利弗《しゃりほつ》、下方《げほう》の世界《せかい》に、師子仏《ししぶつ》・名聞仏《みょうもんぶつ》・名光仏《みょうこうぶつ》・達摩仏《だつまぶつ》・法幢《ほうどう》仏《ぶつ》・持法仏《じほうぶつ》、かくのごときらの恒河沙数《ごうがしゃしゅ》の諸仏《しょぶつ》ましまして、おのおのその国《くに》において、広長《こうじょう》の舌相《ぜっそう》を出《いだ》し、あまねく三千大千世界《さんぜんだいせんせかい》に覆《おお》ひて、誠実《じょうじつ》の言《ごん》を説《と》きたまはく、〈なんぢら衆生《しゅじょう》、まさにこの不可《ふか》思議《しぎ》の功徳《くどく》を称讃《しょうさん》したまふ一切諸仏《いっさいしょぶつ》に護念《ごねん》せらるる経《きょう》を信《しん》ずべし〉と。

舎利弗《しゃりほつ》、上方《じょうほう》の世界《せかい》に、梵音仏《ぼんのんぶつ》・宿王仏《しゅくおうぶつ》・香上仏《こうじょうぶつ》・香光仏《こうこうぶつ》・大焔《だいえん》肩仏《けんぶつ》・雑色宝華厳身仏《ざっしきほうけごんしんぶつ》・娑羅樹王仏《しゃらじゅおうぶつ》・宝華徳仏《ほうけとくぶつ》・見一切義仏《けんいっさいぎぶつ》・如須《にょしゅ》弥山仏《みせんぶつ》、かくのごときらの恒河沙数《ごうがしゃしゅ》の諸仏《しょぶつ》ましまして、おのおのその国《くに》において、広長《こうじょう》の舌相《ぜっそう》を出《いだ》し、あまねく三千大千世界《さんぜんだいせんせかい》に覆《おお》ひて、誠実《じょうじつ》の言《ごん》を説《と》きたまはく、〈なんぢら衆生《しゅじょう》、まさにこの不可思議《ふかしぎ》の功徳《くどく》を称讃《しょうさん》したまふ一切諸仏《いっさいしょぶつ》に護念《ごねん》せらるる経《きょう》を信《しん》ずべし〉と。

舎《しゃ》利《り》弗《ほつ》●於《お》汝《にょ》意《い》云《うん》何《が》●何《が》故《こ》名《みょう》爲《い》●一《いっ》切《さい》諸《しょ》佛《ぶつ》●所《しょ》
護《ご》念《ねん》經《ぎょう》●舎《しゃ》利《り》弗《ほつ》●若《にゃく》有《う》善《ぜん》男《なん》子《し》●善《ぜん》女《にょ》人《にん》●聞《もん》是《ぜ》諸《しょ》
佛《ぶつ》所《しょ》說《せつ》名《みょう》●及《ぎゅう》經《きょう》名《みょう》者《しゃ》●是《ぜ》諸《しょ》善《ぜん》男《なん》子《し》●善《ぜん》女《にょ》人《にん》●皆《かい》
爲《い》一《いっ》切《さい》諸《しょ》佛《ぶつ》●共《ぐ》所《しょ》護《ご》念《ねん》●皆《かい》得《とく》不《ふ》退《たい》轉《てん》●於《お》阿《あ》耨《のく》
多《た》羅《ら》●三《さん》藐《みゃく》三《さん》菩《ぼ》提《だい》●是《ぜ》故《こ》舎《しゃ》利《り》弗《ほつ》●汝《にょ》等《とう》皆《かい》當《とう》●信《しん》
受《じゅ》我《が》語《ご》●及《ぎっ》諸《しょ》佛《ぶつ》所《しょ》說《せつ》●舎《しゃ》利《り》弗《ほつ》●若《にゃく》有《う》人《にん》●已《い》發《ほつ》願《がん》●
今《こん》發《ぼつ》願《がん》●當《とう》發《ほつ》願《がん》●欲《よく》生《しょう》阿《あ》彌《み》陀《だ》佛《ぶつ》國《こく》者《しゃ》●是《ぜ》諸《しょ》人《にん》
等《とう》●皆《かい》得《とく》不《ふ》退《たい》轉《てん》●於《お》阿《あ》耨《のく》多《た》羅《ら》●三《さん》藐《みゃく》三《さん》菩《ぼ》提《だい》●於《お》
彼《ひ》國《こく》土《ど》●若《にゃく》已《い》生《しょう》●若《にゃく》今《こん》生《じょう》●若《にゃく》當《とう》生《しょう》●是《ぜ》故《こ》舎《しゃ》利《り》弗《ほつ》●
諸《しょ》善《ぜん》男《なん》子《し》●善《ぜん》女《にょ》人《にん》●若《にゃく》有《う》信《しん》者《じゃ》●應《おう》當《とう》發《ほつ》願《がん》●生《しょう》彼《ひ》
國《こく》土《ど》●

舎《しゃ》利《り》弗《ほつ》・如《にょ》我《が》今《こん》者《じゃ》・稱《しょう》讃《さん》諸《しょ》佛《ぶつ》・不《ふ》可《か》思《し》議《ぎ》功《く》徳《どく》・
彼《ひ》諸《しょ》佛《ぶっ》等《とう》・亦《やく》稱《しょう》説《せつ》我《が》・不《ふ》可《か》思《し》議《ぎ》功《く》徳《どく》・而《に》作《さ》是《ぜ》
言《ごん》・釋《しゃ》ー迦《か》牟《む》ー尼《に》佛《ぶつ》・能《のう》爲《い》甚《じん》難《なん》・希《け》有《う》之《し》事《じ》・能《のう》於《お》娑《しゃ》
婆《ば》國《こく》土《ど》・五《ご》濁《じょく》惡《あく》世《せ》・劫《こう》濁《じょく》見《けん》濁《じょく》・煩《ぼん》惱《のう》濁《じょく》・衆《しゅ》生《じょう》濁《じょく》・
命《みょう》濁《じょく》中《ちゅう》・得《とく》阿《あ》耨《のく》多《た》羅《ら》・三《さん》藐《みゃく》三《さん》菩《ぼ》提《だい》・爲《い》諸《しょ》衆《しゅ》生《じょう》・
説《せつ》是《ぜ》一《いっ》切《さい》世《せ》間《けん》・難《なん》信《しん》之《し》法《ほう》・舎《しゃ》利《り》弗《ほっ》・當《とう》知《ち》我《が》於《お》・
五《ご》濁《じょく》惡《あく》世《せ》・行《ぎょう》此《し》難《なん》事《じ》・得《とく》阿《あ》耨《のく》多《た》羅《ら》・三《さん》藐《みゃく》三《さん》菩《ぼ》
提《だい》・爲《い》一《いっ》切《さい》世《せ》間《けん》・説《せっ》此《し》難《なん》信《しん》之《し》法《ほう》・是《ぜ》爲《い》甚《じん》難《なん》・佛《ぶっ》
説《せっ》此《し》經《きょう》已《い》・舎《しゃ》利《り》弗《ほっ》・及《ぎっ》諸《しょ》比《び》丘《く》・一《いっ》切《さい》世《せ》間《けん》・天《てん》人《にん》
阿《あ》修《しゅ》羅《ら》等《とう》・聞《もん》佛《ぶっ》所《しょ》ー説《せつ》・歡《かん》喜《ぎ》信《しん》受《じゅ》・作《さ》ー禮《らい》而《に》ー去《こ》
佛《ぶっ》説《せつ》阿《あ》彌《み》陀《だ》經《きょう》

舎利弗《しゃりほつ》、なんぢが意《こころ》においていかん。なんのゆゑぞ名《な》づけて一切《いっさい》諸仏《しょぶつ》に護念《ごねん》せらるる経《きょう》とするや。舎利弗《しゃりほつ》、もし善男子《ぜんなんし》・善女人《ぜんにょにん》ありて、この諸仏《しょぶつ》の所説《しょせつ》の*名《みな》および経《きょう》の名《な》を聞《き》かんもの、このもろもろの善男子《ぜんなんし》・善女人《ぜんにょにん》、みな一切諸仏《いっさいしょぶつ》のためにともに護念《ごねん》せられて、みな阿耨多羅三藐三菩提《あのくたらさんみゃくさんぼだい》を退転《たいてん》せざることを得《え》ん。このゆゑに舎利弗《しゃりほつ》、なんぢらみなまさにわが語《ことば》および諸仏《しょぶつ》の所説《しょせつ》を信受《しんじゅ》すべし。舎利弗《しゃりほつ》、もし人《ひと》ありて、すでに発願《ほつがん》し、いま発願《ほつがん》し、*まさに発願《ほつがん》して、阿弥陀仏国《あみだぶっこく》に生《しょう》ぜんと欲《おも》はんものは、このもろもろの人等《ひとら》、みな阿耨多羅三藐三菩提《あのくたらさんみゃくさんぼだい》を退転《たいてん》せざることを得《え》て、かの国土《こくど》において、もしはすでに生《うま》れ、もしはいま生《うま》れ、もしはまさに生《うま》れん。このゆゑに舎利弗《しゃりほつ》、もろもろの善男子《ぜんなんし》・善女人《ぜんにょにん》、もし信《しん》あらんものは、まさに発願《ほつがん》してかの国土《こくど》に生《うま》るべし。

舎利弗《しゃりほつ》、われいま諸仏《しょぶつ》の不可思議《ふかしぎ》の功徳《くどく》を称讃《しょうさん》するがごとく、か

名　阿弥陀仏の名《みな》。

まさに　将来に。

の諸仏《しょぶつ》等《ら》もまた、わが不可思議《ふかしぎ》の功徳《くどく》を称説《しょうせつ》して、この言《ごん》をなさく、〈釈迦牟尼仏《しゃかむにぶつ》、よく*甚難希有《じんなんけう》の事《じ》をなして、よく*娑婆国土《しゃばこくど》の五濁悪世《ごじょくあくせ》、劫濁《こうじょく》・見濁《けんじょく》・煩悩濁《ぼんのうじょく》・衆生濁《しゅじょうじょく》・命濁《みょうじょく》のなかにおいて、阿耨多羅三藐《あのくたらさんみゃく》三菩提《さんぼだい》を得《え》て、もろもろの衆生《しゅじょう》のために、この一切世間《いっさいせけん》*難信《なんしん》の法《ほう》を説《と》きたまふ〉と。舎利弗《しゃりほつ》、まさに知《し》るべし、われ五濁悪世《ごじょくあくせ》においてこの難事《なんじ》を行《ぎょう》じて、阿耨多羅三藐三菩提《あのくたらさんみゃくさんぼだい》を得《え》て、一切世間《いっさいせけん》のために、この難信《なんしん》の法《ほう》を説《と》く。これを甚難《じんなん》とす」と。

仏《ぶつ》、この経《きょう》を説《と》きたまふこと已《おわ》りて、舎利弗《しゃりほつ》およびもろもろの比《び》丘《く》、一切世間《いっさいせけん》の天《てん》・人《にん》・阿修羅《あしゅら》等《とう》、仏《ぶつ》の所説《しょせつ》を聞《き》きて、歓喜《かんぎ》し、信《しん》受《じゅ》して、礼《らい》をなして去《さ》りにき。

仏説阿弥陀経《ぶっせつあみだきょう》

甚難希有の事　はなはだ有り難く、世にまれな尊いこと。

娑婆国土　この現実世界のこと。

難信の法　自力をもっては決して信ずることができない法門の意で、この経に説かれた念仏往生の教えを指す。この教えは、世間の道理を超越しているから、世間の常識や自力心では、はなはだ信じ難い法ということ。そのことはまたこの法の尊高をあらわしている。

巻末註・補註（要語解説）

巻末註

あ

あくごう〔悪業〕　苦の結果をまねく原因となる身と口と意(心)のはたらき。→補註2。

あくしゅ〔悪趣〕　衆生《しゅじょう》が自分のなした悪い行為(悪業)によって導かれ趣くところで、迷いの世界のことをいう。広くは、地獄・餓鬼《がき》・畜生《ちくしょう》・阿修羅《あしゅら》・人・天の六趣(六道)をいい、この中より阿修羅を除いて五悪趣《ごあくしゅ》(五道)とし、さらに人・天を除いた地獄・餓鬼・畜生を三悪趣《さんまくしゅ》(三悪道《さんまくどう》)という。

あくどう〔悪道〕　悪趣に同じ。→あくしゅ〔悪趣〕。

あじゃせ〔阿闍世〕　梵語アジャータシャトル(Ajātaśatru)の音写。未生怨《みしょうおん》と漢訳する。釈尊在世の頃のインドにあったマガダ国の王。父は頻婆娑羅《びんばしゃら》、母は韋提希《いだいけ》。提婆達多《だいばだった》より自らの出生の因縁《いんねん》を聴かされて、父母を怨み、父王を幽閉し殺害して王位につき、さらに王を助けようとした母韋提希をも王宮の奥深くに幽閉した。このことを嘆いた韋提希の願いによって釈尊が説かれたのが『観経』である。阿闍世は後にこの罪を悔い釈尊に帰依《きえ》し、釈尊滅後に八分された遺骨の一つを王舎城に迎えて、塔を建て供養した。また第一結集《けつじゅう》(聖典編集会議)の時には、財的に援助して仏教教団の外護者《げごしゃ》となった。三十二年間在位し、仏滅後二十四年に没したといわれる。

あしゅくびぶつ〔阿閦鞞仏〕　阿閦鞞は梵語アクショービヤ(Akṣobhya)の音写。無動・無瞋恚《むしんに》と漢訳する。昔、大《だい》目《もく》如来のもとで発願《ほつがん》・修行して正覚《しょうがく》を得、今現に東方妙喜《みょうき》世界にあって説法しているという。

あしゅら〔阿修羅〕　梵語アスラ(asura)の音写。闘争を好む鬼神で、つねに帝《たい》釈天《しゃくてん》と戦っているという。八部衆(八部鬼神)の一、また阿修羅道は迷いの世界である六道の一。

あそうぎ〔阿僧祇〕　梵語アサンキヤ(asaṃkhya)の音写。数えきることのできないの意で、無数《むしゅ》・無央数《むおうしゅ》と漢訳する。大きな数の単位を表す。**―こう**〔阿僧祇劫〕　数えきれない長い時間。

あなごん〔阿那含〕　梵語アナーガーミン(anāgāmin)の音写。不還《ふげん》と漢訳する。再び迷いの世界にもどらないの意。声聞《しょうもん》の修道階位、四向四果の第三位で、欲界《よくかい》の煩悩《ぼんのう》をすべて断ち切って再び欲界に還《かえ》ってこない位をいう。それを得ようとして修行する位を阿那含向(不還向)といい、その果を阿那含果(不還果)という。

あなん〔阿難〕　梵語アーナンダ(Ānanda)の音写、阿難陀《あなんだ》の略。釈尊十大弟子の一人で、釈尊の従弟にあたる。釈尊入滅《にゅうめつ》までの二十年余、常随して説法を聞き、多聞《たもん》第一といわれる。第一結集《けつじゅう》(聖典編集会議)の際には選ばれて釈尊の説かれた教法を誦出《じゅしゅつ》した。

あぬるだ〔阿㝹楼駄〕　梵語アニルッダ(Aniruddha)の音写。阿那律《あなりつ》・阿尼楼《あにる》駄《だ》・阿泥律《あないりつ》とも音写し、無貪《むとん》と漢訳する。釈尊十大弟子の一人。天眼《てんげん》第一と称された。カピラヴァストゥの人で、斛飯《こくぼん》王、または甘露飯《かんろぼん》王の子ともいわれ、釈尊の従弟にあたる。釈尊の説法の座で居眠りをして叱責されてから、眠ることなく修行したため失明したが、天眼を得たという。

あのくたらさんみゃくさんぼだい〔阿耨多羅三藐三菩提〕　梵語アヌッタラ・サムヤク・サンボーディ（anuttara-samyak-saṃbodhi）の音写。阿耨菩提《あのくぼだい》と音略され、無上正等正覚《むじょうしょうとうしょうがく》・無上正《むじょうしょう》真道《しんどう》・無上正遍知《むじょうしょうへんち》などと漢訳する。この上ない仏のさとり。**―しん**〔阿耨多羅三藐三菩提心〕　菩提心に同じ。→ぼだいしん〔菩提心〕。

あびばっち〔阿鞞跋致〕　梵語アヴァイヴァルティカ（avaivartika）またアヴィニヴァルタニーヤ（avinivartanīya）の音写。阿惟越致《あゆいおっち》とも音写し、無退・不退・不退転と漢訳する。退かないの意。すでに得たさとりや功徳《くどく》、地位を決して失わないこと。菩薩が、仏に成ることが決定《けつじょう》して、再び悪趣《あくしゅ》や二乗（声《しょう》聞《もん》・縁覚《えんがく》）や凡夫《ぼんぶ》の位に退歩したり、さとったところの菩薩の地位や法を失わないこと、またその位をいう。

あみだぶつ〔阿弥陀仏〕　阿弥陀は梵語アミターバ（Amitābha―無量光）およびアミターユス（Amitāyus―無量寿）のアミタ（Amita）の音写。略して阿弥陀・弥陀ともいう。西方浄土（極楽世界）で法を説く仏。『大経』には、はるかな過去に世自在王仏《せじざいおうぶつ》のもとで、一国の王が無上道心《むじょうどうしん》（この上ないさとりをもとめる心）をおこして出家し法蔵と名のり、諸仏の国土を見て五劫の間思惟し、一切の衆生《しゅじょう》を平等に救おうとして四十八の大願を発し、兆載永劫《ちょうさいようごう》の修行の後、今から十劫の昔にその願行を成就して阿弥陀仏となり、西方にすぐれた浄土を建立し現に説法されていると説いている。→補註1。

あらかん〔阿羅漢〕　梵語アルハット（arhat）の音写。阿羅訶《あらか》（呵）・阿盧漢《あるかん》とも音写し、略して羅漢ともいう。また、応供《おうぐ》・応《おう》・殺賊《せつぞく》・不生《ふしょう》・無生《むしょう》・応真《おうしん》・真人《しんにん》などと漢訳する。尊敬されるべき人、拝まれるべき人、供養《くよう》を受けるにふさわしい人、修行を完成し煩悩《ぼんのう》の賊を滅した聖者。涅槃《ねはん》のさとりに入り、再び迷いの世界に生を受けないものの意。小乗仏教ではこの阿羅漢を最上の聖者とする。もとは仏を指す名称であったが、部派仏教時代になって、仏と阿羅漢とは区別され、仏弟子の到達する最高の階位とされた。すなわち声聞《しょうもん》の修道階位である四向四果の最高位で、三界《さんがい》の一切の煩悩を断じ尽して、再び迷いの世界に流転《るてん》することのない位をいう。それに向かうものを阿羅漢向といい、その果を阿羅漢果（無学位）という。

あんらく〔安楽〕　梵語スカーヴァティー（sukhāvatī）の漢訳。阿弥陀仏の浄土、極楽のこと。安楽国・安楽浄土・安楽仏国土ともいう。

い

いじん〔威神〕 神々《こうごう》しい威光。絶大なる威力。

いだい〔韋提〕 韋提希に同じ。→いだいけ〔韋提希〕。

いだいけ〔韋提希〕 梵語ヴァイデーヒー(Vaidehī)の音写。釈尊在世の頃のインドにあったマガダ国の頻婆娑羅《びんばしゃら》王の夫人で、王子阿闍世《あじゃせ》によって王宮の奥深いところに幽閉された。その悲しみと絶望のなかから、霊鷲山《りょうじゅせん》で説法中の釈尊を念じて教えを請うた。『観経』は、この韋提希のために説かれた教えである。

いちじょう〔一乗〕 一仏乗ともいう。三乗に対する語。一は唯一無二、乗は乗物の意で、一切の衆生《しゅじょう》をのせてひとしく仏のさとりに至らしめる唯一の教法のこと。大乗仏教の唯一にして最高の教え。浄土真宗では、とくに阿弥陀仏の本願の教えをもって一乗法であるとする。

いちねん〔一念〕 ①極めて短い時間。一瞬。六十刹那、九十刹那、あるいは一刹那を一念とするなどの説がある。②ひとおもい。ひとたび念ずること。この場合の「念」は、心念・観念・称念の意味に通じる。浄土真宗では、一念について信の一念(時剋の一念・信相の一念)と行の一念(念は称名の意)とをいう。

いっしょうふしょ〔一生補処〕 略して補処ともいい、この一生を過ぎれば仏の処を補うべき位の意。菩薩の最高位。

いんが〔因果〕 物事が起る原因となるものを因といい、それによって引き起された結果を果という。ただし、仏教では、物事が起る原因には、果を生じさせる直接原因である因と、因を助成する間接原因である縁があるとし、因果というときの因は、因と縁を含めているのである。この因(因縁《いんねん》)と果を合せて因果という。因縁果の略称。

う

う〔有〕 無・空《くう》に対する語。存在を意味する。

うるびんらかしょう〔優楼頻贏迦葉〕 梵語ウルヴィルヴァー・カーシュヤパ(Uruvilvā-Kāśyapa)の音写。優楼頻贏とは尼連禅河《にれんぜんが》畔《はん》の村の地名。三迦葉(優楼頻贏・那提《なだい》・伽耶《がや》)の長兄で、もと事火外道《じかげどう》(火を尊び、これに供養《くよう》して福を求める異教徒の一派。拝火《はいか》外道ともいう)であったが、五百人の弟子と共に釈尊に帰依《きえ》した。

え

え〔慧〕 智慧に同じ。→ちえ〔智慧〕。

えこう〔回向〕 梵語パリナーマナー(pariṇāmanā)の漢訳。回はめぐらすこと、向はさしむけること。自らの修めた善根功徳《ぜんごんくどく》を自らのさとりのためにふりむける菩提回向《ぼだいえこう》、自分の善根を他の人々を救うためにふりむける衆生回向《しゅじょうえこう》、空真如《くうしんにょ》の理にかなっていく実際回《じっさいえ》向《こう》の三種回向がある。浄土真宗では阿弥陀如来が、本願力をもって、その功徳を衆生にふりむけられることをいい(本願力回向)、その相に往相回向《おうそうえこう》と還《げん》相回向《そうえこう》との二種の回向があるとする。↓補註5。ーほつがんしん

〔回向発願心〕『観経』に説く三心の一。自ら修めた善根功徳をふりむけて浄土へ往生しようと願う心。浄土真宗では、阿弥陀仏の回向された功徳をいただき、必ず往生できることをよろこぶ心とする。

えんがく〔縁覚〕　梵語プラティエーカ・ブッダ(pratyeka-buddha)の漢訳。因縁《いんねん》の理を観じてさとる者。また師なくして飛花落葉《ひけらくよう》を観《み》て独自にさとりを開き、他に説法しようとしない者。独《どく》覚《かく》・辟支仏《びゃくしぶつ》ともいう。

えんぶだい〔閻浮提〕　梵語ジャンブー・ドヴィーパ(Jambū-dvīpa)の音写。略して閻浮ともいう。人間の住むこの世界のこと。穢洲《えしゅう》・好金土などと漢訳する。古代インドの世界観によると、世界は、須弥山を中心に四つの洲からできていて、その南方にあたる大洲が、私達人間の住んでいるところとする。南閻浮提《なんえんぶだい》ともいう。

お

おうぐ〔応供〕　如来十号の一。↓にょらい〔如来〕。

おうしゃじょう〔王舎城〕　梵語ラージャグリハ(Rājagṛha)の漢訳。釈尊在世の頃のインドにあったマガダ国の首都の名。頻婆娑羅《びんばしゃら》王が築き、『観経』で韋提希《いだいけ》夫人やその子阿闍世《あじゃせ》が登場した都。釈尊説法の中心地で、『大経』『法《ほ》華経《けきょう》』等がこの郊外の耆闍崛山《ぎしゃくっせん》で説かれた。現在のラージギルにあたる。

おうじょう〔往生〕　阿弥陀仏の浄土に往き生れることをいう。

おくねん〔憶念〕　心に想いたもつこと。心に念じて忘れないこと。仏・菩薩や浄土などを心に想い忘れないこと。浄土真宗では、とくに阿弥陀仏の本願を信ずること、また本願のいわれを聞いて心にたもち常に思い出して忘れないこととして用いられる。

おんこうにん〔音響忍〕　三法忍の一。↓さんぽうにん〔三法忍〕。

か

かい〔戒〕　梵語シーラ(śīla)の漢訳。尸羅《しら》と音写する。行いを慎むための戒め。仏教に帰依《きえ》した者が守るべき規則で、自発的な努力によることを特徴とする。三学、六波羅蜜《ろっぱらみつ》(六度)の一。

がき〔餓鬼〕　梵語プレータ(preta)の漢訳。餓鬼道は迷いの世界である六道の一。貪欲《とんよく》によって得る苦果。

かほう〔果報〕　原因としての善悪業によって受ける報いとしての苦楽の結果。

がやかしょう〔伽耶迦葉〕　梵語ガヤー・カーシュヤパ(Gayā-Kāśyapa)の音写。三迦葉(優楼頻嬴《うるびんら》・那提《なだい》・伽耶)の末弟で、もと事火外道《じかげどう》(火を尊び、これに供養《くよう》して福を求める異教徒の一派。拝《はい》火《か》外道ともいう)であったが、二人の兄が釈尊に帰依《きえ》したのを見て、二百人の弟子と共に仏弟子となる。

かん〔観〕　梵語ヴィパシュヤナー（vipaśyanā）の漢訳。毘婆舎那《びばしゃな》・毘鉢舎那・毘婆奢那などと音写し、観察《かんざつ》とも漢訳する。智慧《ちえ》で物事の道理をありのままに観《み》ること。止（奢摩他 śamatha）と並べて止観という。

がん〔願〕　梵語プラニダーナ（praṇidhāna）の漢訳。目的をたて、それを成就しようと願い求めて決意すること。大乗の菩薩は慈悲の心から衆生《しゅじょう》救済のために願をたてる。諸仏・菩薩に共通する願に四弘誓願《しぐぜいがん》（①「衆生無辺誓願度」、一切の衆生をさとりの岸にわたそう。②「煩悩無尽誓願断」、一切の煩悩《ぼんのう》を断とう。③「法門無量誓願学」、一切の教えを学びとろう。④「仏道無上誓願成」、この上ないさとりを成就しよう）があり総願という。また総願に対して、それぞれの仏や菩薩に固有な願を別願という。阿弥陀仏（法蔵菩薩）の四十八願、薬師《やくし》仏の十二願などが代表的。

かんぎじ〔歓喜地〕　菩薩五十二位の修行階位のうちの第四十一位。十地《じゅうじ》の初位（初地《しょじ》）。菩薩がこの位に至れば真如《しんにょ》をさとるから、再び退転することなく、必ず成仏することに定まり、歓喜が生ずるので歓喜地という。浄土真宗では現生正定聚《げんしょうしょうじょうじゅ》のことをいう。

かんぜおんぼさつ〔観世音菩薩〕　観世音は梵語アヴァローキテーシュヴァラ（Avalokiteśvara）の漢訳。略して観世音・観音《かんのん》ともいう。苦悩する世間の人が観音の名を称えるのを聞き知って、自在に救うという意。新訳では観自在《かんじざい》と漢訳する。阿弥陀仏の左の脇士《きょうじ》で、阿弥陀仏の慈悲の徳をあらわす菩薩。右の脇士、大勢至菩薩に対する。

かんろ〔甘露〕　梵語アムリタ（amṛta）の漢訳。不死とも漢訳する。諸天が用いる不死の効能がある仙酒・霊薬。仏法のすぐれた妙味をあらわす時の喩えとして用いられる。

き

き〔記〕　記別ともいう。仏が仏道修行者に未来の証果を予言すること。

ぎしゃくっせん〔耆闍崛山〕　霊鷲山《りょうじゅせん》・霊山《りょうぜん》などともいう。古代インドのマガダ国の首都王舎城《おうしゃじょう》（現在のラージギル付近）の郊外にあり、釈尊が『大経』や『法華経《ほけきょう》』を説かれた山として有名。

ぎば〔耆婆〕　梵語ジーヴァカ（Jīvaka）の音写。釈尊在世当時のインドの名医で頻婆娑羅《びんばしゃら》・阿闍世《あじゃせ》の二王に仕える。阿闍世とは異母兄弟といわれる。深く仏法に帰依《きえ》し、釈尊の病をしばしば治したという。また父王を殺したことを悔やむ阿闍世を仏に帰依させた人である。

きょう〔経〕　梵語スートラ（sūtra）の漢訳。修多羅《しゅたら》と音写する。たて糸の意で、転じて糸によって貫いて保持しているものを意味し、古代インドでは、宗教あるいは学問の綱要をまとめた文章を指した。仏教もこれにならって、仏や聖者の教えを文章にまとめたものを「経」というようになった。中国では、時代によって変ることのない聖者の教えを指して「四書五経」などといったことから、仏教でも経は常の意味で、常住不変の真理を説いた聖典のことともいわれる。

ぎょう〔行〕　梵語チャリヤー(caryā)またはプラティパッティ(pratipatti)の漢訳。行為・動作・実践の意。さとりに至るための修行、行法を指す。

きょうりょうやしゃ〔畺良耶舎〕　(五世紀頃)西域の僧で、ひろく三蔵に通じていた。劉宋《りゅうそう》の元嘉《げんか》の初め(四二四)、建康《けんこう》(現在の南京)に至り、『観経《かんしゅく》』一巻などを訳出した。その後、甘粛・四川《しせん》方面を巡遊して仏教を弘めたが、六十歳で江陵《こうりょう》(現在の湖北《こほく》省江陵)に没したと伝えられる。

[く]

く〔苦〕　身心が責め悩まされている状態をいう。一般に、生《しょう》・老・病・死を四苦とし、さらに愛別離苦《あいべつりく》(愛するものと別れるという苦しみ)・怨憎会苦《おんぞうえく》(怨み憎む人に会う苦しみ)・求不得苦《ぐふとくく》(求めても得られない苦しみ)・五蘊盛苦《ごうんじょうく》(五蘊からなる身心の苦しみ)を加えて八苦《はっく》という。

くう〔空〕　梵語シューニヤ(śūnya)の漢訳。もろもろの事物は、因縁《いんねん》によって仮に和合して存在しているのであって、固定的な実体はないことをいう。無自性《むじしょう》と同意。

くきょう〔究竟〕　きわまり。究極のこと。また究極の目的に到達すること。

ぐぜい〔弘誓〕　ひろきちかいという意。一切衆生《しゅじょう》を救おうという菩薩の誓い。

ぐそくかい〔具足戒〕　出家僧侶の守るべき戒。『四分律《しぶんりつ》』では比丘《びく》に二百五十戒、比丘尼《びくに》に三百四十八戒を定めている。

ぐち〔愚痴〕　おろかさ。真理に対する無知。三毒(三種の煩悩《ぼんのう》)の一。

くどく〔功徳〕　梵語グナ(guṇa)の漢訳。すぐれた徳性。善い行為の結果。善の結果として報いられた果報。修行の功によって得た徳。

くまらじゅう〔鳩摩羅什〕　(三四四―四一三。一説には三五〇―四〇九)略して羅什という。『小経』『十住毘婆《じゅうじゅうびば》沙論《しゃろん》』等の訳者。西域亀茲《きじ》国の王族の生れ。仏教に精通し、とくに語学にすぐれ、弘始《こうし》三年(四〇一)後秦《こうしん》の王姚興《ようこう》に国師の礼をもって迎えられて長安に入り、没するまでに三百余巻の経論を訳出した。

ぐんじょう〔群生〕　多くの生類《しょうるい》という意。すなわち生きとし生けるもの。衆《しゅ》生《じょう》のこと。

ぐんもう〔群萌〕　一切衆生《いっさいしゅじょう》のこと。雑草が群がり生《は》えているさまに喩えていう。

[け]

けいしゅ〔稽首〕　最高の敬礼。ひざまずき、額を地につけ、それから相手の足を額におしいただく礼法。

けしょう〔化生〕　[1]衆生《しゅじょう》が生れる四種の形態のうち、何の依《よ》りどころもなく業力《ごうりき》によって忽然《こつねん》と生れること。迷界の四生の一。[2]仏智を信ずるものの往生(真実報土往生)のこと。自然《じねん》に生滅《しょうめつ》を超えた無生《むしょう》の生を受けることをいう。これに対して、仏智を疑惑するものの往生(方便化土往生)を胎生という。

げだつ〔解脱〕　煩悩《ぼんのう》の束縛から解放され、迷いの苦から脱すること。

げどう〔外道〕　仏教を内道というのに対する語で、仏教以外の教えをいう。

げはい〔下輩〕　三輩の一。→さんぱい〔三輩〕。

けんぞく〔眷属〕　①親族。なかま。②仏・菩薩につき従うもの。仏弟子。浄土の聖者。

こ

ごあく〔五悪〕　不殺生戒《ふせっしょうかい》・不偸盗戒《ふちゅうとうかい》・不邪婬戒《ふじゃいんかい》・不妄語戒《ふもうごかい》・不飲酒戒《ふおんじゅかい》の五戒に背くこと。

ごあくしゅ〔五悪趣〕　衆生《しゅじょう》が自分のなした悪い行為(悪業)によって導かれ趣くところで、迷いの世界のことをいう。地獄・餓鬼《がき》・畜生《ちくしょう》・人・天をいう。

こう〔劫〕　梵語カルパ(kalpa)の音写。インドの時間の単位。極めて長い時間のこと。その長さを磐石劫《ばんじゃくこう》・芥子劫《けしこう》の譬喩《ひゆ》で表す。『大智度論《だいちどろん》』には四十里四方の石を、百年に一度ずつ薄い衣で払って、その石が摩滅しても劫は尽きない(磐石劫)、また四十里四方の城に芥子を満たし、百年ごとに一粒ずつ取り出し、すべての芥子がなくなっても劫は尽きない(芥子劫)とされる。この譬喩の石・城の大きさや年数の示し方には諸説がある。

ごう〔業〕　梵語カルマン(karman)の漢訳。広い意味の行為のこと。通常、身と口と意(心)の三業《さんごう》に分ける。→補註2。

ごうがしゃ〔恒河沙〕　恒河はインドのガンジス河のことで、沙はその河の砂をいう。すなわち、ガンジス河にある砂のように多いとの意で、無数なることを喩えている。

ごうじゃ〔恒沙〕　恒河沙のこと。→ごうがしゃ〔恒河沙〕。

こうそうがい〔康僧鎧〕　三国時代魏《ぎ》の訳経僧。インドの僧と伝えるが、康の姓より、康居《こうきょ》(現在の中央アジアのカザフ、ウズベク両共和国内にあった)の人とみられる。嘉平四年(二五二)前後に洛陽《らくよう》に来て白馬寺《はくばじ》に住し、『大経』二巻等を訳出したといわれる。

こうみょう〔光明〕　仏・菩薩の身心に具わる光。迷いの闇を破し、真理をさとりあらわす仏・菩薩の智慧《ちえ》を象徴するもの。とくに阿弥陀仏については、『大経』に無量光などの十二光をもってその光明の徳が示されている。

ごかい〔五戒〕　在家信者の守るべき五種の戒め。①不殺生戒《ふせっしょうかい》。生きものを殺さない。②不偸盗戒《ふちゅうとうかい》。盗みをしない。③不邪婬戒《ふじゃいんかい》。よこしまな性の交わりをしない。④不妄語戒《ふもうごかい》。うそをいわない。⑤不飲酒戒《ふおんじゅかい》。酒を飲まない。

ごぎゃく〔五逆〕　五種の重罪のこと。五逆罪ともいい、また無間《むけん》地獄へ堕ちる業因《ごういん》であるから五無間業、五無間罪ともいう。一般には小乗の五逆をあげて示す。①殺父《せっぷ》。父を殺すこと。②殺《せっ》母《も》。母を殺すこと。③殺阿羅漢《せつあらかん》。阿羅漢(聖者)を殺すこと。④出仏身血《しゅつぶっしんけつ》。仏の身体を傷つけて出血させること。⑤破《は》和《わ》合僧《ごうそう》。教団の和合一致を破壊し、分裂させること。大乗の五逆は①塔寺を破壊し、経蔵を焼き三宝《さんぽう》の財宝を盗むこと。②声聞《しょうもん》・縁覚《えんがく》・大乗の教えをそしること。③出家者の修行を妨げあるいは殺すこと。④小乗の五逆。⑤因《いん》果《が》の道理を信じず、十の不善の行をすること。

こくう〔虚空〕　一切のものが存在する場としての空間。無礙《むげ》(さわりがないこと)と無障《むしょう》(さまたげがないこと)を特徴とする。その意味から真如《しんにょ》のことをいう場合もある。

ごくらく〔極楽〕　梵語スカーヴァティー(sukhāvatī)の漢訳。もろもろの楽しみが常で、苦しみがまじわらないところの意。阿弥陀仏の浄土のこと。

ごじょく〔五濁〕　悪世においてあらわれる避けがたい五種のけがれのこと。①劫濁《こうじょく》。時代のけがれ。飢饉や疫病、戦争などの社会悪が増大すること。②見濁《けんじょく》。思想の乱れ。邪悪な思想、見解がはびこること。③煩悩濁《ぼんのうじょく》。貪《とん》・瞋《しん》・痴《ち》等の煩悩が盛んになること。④衆生《しゅじょう》濁《じょく》。衆生の資質が低下し、十悪をほしいままにすること。⑤命濁《みょうじょく》。衆生の寿命が次第に短くなること。

さ

ざいふく〔罪福〕　罪とは苦果を招く悪業をいい、福とは楽果を招く善業をいう。すなわち善因楽果、悪因苦果の道理のこと。

さいほう〔西方〕　阿弥陀仏の極楽浄土のある西の方角。極楽浄土のことを西方という場合もある。

さんがい〔三界〕　欲界《よくかい》・色界《しきかい》・無色界《むしきかい》の三つの世界。衆生《しゅじょう》が生死《しょうじ》流転《るてん》する迷いの世界を三種に分類したもの。三有《さんぬ》ともいう。①欲界。地獄・餓鬼《がき》・畜生《ちくしょう》・阿修羅《あしゅら》・人間・天上の六道(六趣)から成り、欲界の天を六欲天という。欲界の衆生には婬欲《いんよく》と食欲との二欲がある。②色界。浄妙な物質(色)から成り、欲を離れたきよらかな世界。四禅天《しぜんてん》から成る。③無色界。物質を超えた精神の世界。四無色定《しむしきじょう》(無色界における四段階の瞑想)を修めたものが生れる天界。

ざんぎ〔慚愧〕　罪を恥じること。慚と愧。種々に解釈する。慚は自ら罪をつくらないこと、愧は他人に罪をつくらせないようにすること。慚は心に自らの罪を恥じること、愧は他人に自らの罪を告白して恥じ、そのゆるしを請うこと。慚は人に恥じ、愧は天に恥じること。慚は他人の徳を敬い、愧は自らの罪をおそれ恥じること。

さんく〔三苦〕　生存している者の三つの苦悩。①苦苦《くく》。精神的肉体的苦。②壊苦《えく》。愛着していたものがくずれるとき感ずる苦。③行苦《ぎょうく》。世の無常なることを感じて得る苦。

さんく〔三垢〕　三種の煩悩《ぼんのう》のこと。三毒に同じ。①貪欲《とんよく》(むさぼり。我欲)。②瞋恚《しんに》(いかり)。③愚痴《ぐち》(おろかさ。真理に対する無知)。衆生《しゅじょう》を害する悪の根元であるから三不善根《さんふぜんごん》ともいう。

さんげ〔懺悔〕　懺は梵語クシャマ（kṣama 懺摩《さんま》）の音略で、忍の意。罪のゆるしを他人に請うこと。悔は追悔、悔《け》過《か》の意。あやまちを悔い改めるために、ありのままを仏・菩薩・師長（師や先輩）・大衆に告白して謝ること。すなわち、自らがなした罪過を悔いてゆるしを請うこと。浄土教では、阿弥陀仏の名号を称える念仏に懺悔の徳があるとされる。

さんじゅうにそう〔三十二相〕　仏や転《てん》輪王《りんのう》の身体に具わっている三十二種のすぐれたすがた。例えば、頂上肉髻《ちょうじょうにくけい》相《そう》・身毛右旋相《しんもううせんそう》・眉間白毫相《みけんびゃくごうそう》など。

さんじょう〔三乗〕　声聞乗《しょうもんじょう》・縁覚乗《えんがくじょう》・菩薩乗の三種。衆生《しゅじょう》の根機《こんき》（素質能力）に応じてさとりへ導く教えを三種の乗物に喩えたもの。①声聞乗。仏の声（教説）を聞いて修行しさとる教え。四諦《したい》、十二因縁《じゅうにいんねん》などの法門。②縁覚乗。師仏の教えによらず独りでさとる道を行く教え。十二因縁を観じてさとりをひらく法門。③菩薩乗。大乗菩薩のために説かれた六波羅蜜《ろっぱらみつ》等の法門。前二は小乗、第三は大乗である。

さんしん〔三心〕　『観経』に説く浄土往生に必要な三種の心。至誠心《しじょうしん》・深《じん》心《しん》・回向発願心《えこうほつがんしん》。浄土真宗では、この三心について顕説《けんぜつ》と隠彰《おんしょう》の両義を立て、顕の義では、自力の三心（諸善万行を修めて往生しようとするものの起す心）であるが、隠の義では、他力の三心であり、『大経』第十八願の三心（至《し》心《しん》・信楽《しんぎょう》・欲生《よくしょう》）と同じであるとする。

さんず〔三塗〕　三途《さんず》とも書く。三悪道《さんまくどう》（三悪趣《さんまくしゅ》）のこと。猛火に焼かれる火途《かず》（地獄）、刀・杖で迫害される刀途《とうず》（餓鬼《がき》）、互いに食いあう血途《けちず》（畜生《ちくしょう》）をいう。

さんぜ〔三世〕　過去・現在・未来をいう。

さんぜんだいせんせかい〔三千大千世界〕　古代インドの宇宙観。須弥山《しゅみせん》を中心に日《にち》・月《がつ》・四大洲《しだいしゅう》・九山八海《くせんはっかい》および四王《しおう》天《てん》等の六天を含む欲界《よくかい》と、梵衆《ぼんしゅ》・梵輔《ぼんほ》および大梵《だいぼん》の三天より成る色界初禅天《しきかいしょぜんてん》とを総じて一世界とし、その一世界を千集めたものを小千世界、小千世界を千集めたものを中千世界、中千世界を千集めたものを大千世界と名づける。この大千世界を三千大千世界という。三千は一世界が千の三乗の数集まったという意である。このような三千大千世界が無数にあると考えられていた。

さんぱい〔三輩〕　『大経』に、浄土往生を願う三種のともがらを、その修行の別によって上輩《じょうはい》・中輩《ちゅうはい》・下輩《げはい》の三種に区別したもの。①上輩。出家して沙《しゃ》門《もん》となり、さとりを求める心をおこしてひたすらに無量寿仏を念じ、もろもろの功徳《くどく》を修めるもの。②中輩。沙門とならないが、さとりを求める心をおこしてひたすらに無量寿仏を念じ、多少の善を修めるもの。③下輩。ただ、さとりを求める心をおこして、ひたすらに無量寿仏を念ずるもの。また、『観経』には九品《くぼん》の往生が説かれるが、これは三輩を展開して、上三品を上輩、中三品を中輩、下三品を下輩としたものとみることができる。

さんぷく 〔三福〕 『観経』に説かれた散善の行を三種に分類したもの。①世《せ》福《ふく》(世俗の善)。父母に孝行を尽し、師長(師や先輩)によく仕え、慈悲心をもち、善行を修めること。②戒福《かいふく》(小乗の善)。仏・法・僧の三宝《さんぼう》に帰依《きえ》し、すべての戒を守って威儀《いぎ》を正すこと。③行福《ぎょうふく》(大乗の善)。菩提心《ぼだいしん》をおこし、大乗経典を読誦《どくじゅ》して浄土往生を願うこと。

さんぼう 〔三宝〕 仏教徒として帰依《きえ》し供養《くよう》すべき三つの宝。すなわち仏(さとりをひらいた人)・法(その教え)・僧(その教えを受けてさとりをめざす集団)を三宝という。

さんぼうにん 〔三法忍〕 忍は認《にん》可決定《かけつじょう》の意で、ものをはっきりと確かめて受け入れること。①音響忍《おんこうにん》。諸仏・菩薩の説法を聞き、驚き恐れることなく信認し受けいれること。②柔順忍《にゅうじゅんにん》。すなおに真理に随順《ずいじゅん》し、そむかないこと。③無生法忍《むしょうほうにん》。真理にかなない形相を超えて不生不滅《ふしょうふめつ》の真実をありのままにさとること。

さんまい 〔三昧〕 梵語サマーディ(samādhi)の音写。定、正受などと漢訳する。心を一処に止《とど》めて散乱しない安らかで静かな状態になること。

さんまくしゅ 〔三悪趣〕 衆生《しゅじょう》が自分のなした悪い行為(悪業)によって導かれ趣くところで、迷いの世界のことをいう。地獄・餓鬼《がき》・畜生《ちくしょう》をいう。

さんまくどう 〔三悪道〕 三悪趣に同じ。→さんまくしゅ〔三悪趣〕。

し

しきしん 〔色身〕 すがたかたちを具えた身体。とくに仏について無色無形《むしきむぎょう》(色も形もない真如《しんにょ》そのもの)の法身《ほっしん》に対して、三十二相などを具える生身《しょうじん》をいう。

しきそう 〔色相〕 身体のすがた、かたち。とくに仏の身体の相貌(すがた・かたち)をいう。

じごく 〔地獄〕 梵語ナラカ(naraka)、またはニラヤ(niraya)の漢訳。ナラカの音写は那落迦《ならか》・奈落《ならく》、ニラヤの音写は泥囉夜《ないらや》・泥黎耶《ないりや》・泥犁《ないり》。三悪道《さんまくどう》・五趣・六道・十界《じっかい》の一で、自らの罪業《ざいごう》の結果として衆生《しゅじょう》が趣く苦しみのきわまった世界。閻浮提《えんぶだい》の地下にあるとされる。経論によって種々に説かれるが、無間《むけん》・八熱(八大)・八寒・孤独などの地獄がある。

しじ 〔四事〕 供養に用いる四つの品で、飲食《おんじき》・衣服《えぶく》・臥具《がぐ》(寝具)・湯薬《とうやく》のこと。

ししゅ 〔四衆〕 四輩・四部・四部衆ともいう。仏教教団を構成する出家・在家の男女のことで、比丘《びく》・比丘尼《びくに》・優《う》婆塞《ばそく》・優婆夷《うばい》をいう。

しじょうしん 〔至誠心〕 『観経』に説く三心の一。真実心のこと。

ししん 〔至心〕 まことの心。真実心。浄土真宗では、『大経』第十八願に説く至心は阿弥陀仏の衆生《しゅじょう》を救済しようとする真実心であり、第十九・第二十願に説く至心は自力の真実心とする。

したい 〔四諦〕 釈尊が最初の説法で示

された四つの真理。四聖諦《ししょうたい》に同じ。①苦諦《くたい》。人生は苦であるという真理。②集諦《じったい》。苦を招き集める原因は煩悩《ぼんのう》であるという真理。③滅諦《めったい》。煩悩を滅尽することによって、苦のない涅槃寂静《ねはんじゃくじょう》の境地が実現するという真理。④道諦《どうたい》。涅槃寂静の境地に至るためには、八正《はっしょう》道《どう》(八聖道・八聖道分)を実践すべきであるという真理。このうち①②は迷いの果と因、③④はさとりの果と因をあらわす。

しちぼだいぶん〔七菩提分〕　七覚・七覚分・七覚支ともいう。さとりを得るために必要な七種の行法。『成実論《じょうじつろん》』では次の七種をあげる。①念覚支《ねんかくし》。心に明らかに憶《おも》いとどめて忘れないこと。②択法覚支《ちゃくほうかくし》。智慧《ちえ》によって、法の真偽を選択すること。③精進覚支《しょうじんかくし》。一心に努力すること。④喜覚支《きかくし》。法を楽しみ喜ぶこと。⑤軽安覚支《きょうあんかくし》。身心が軽やかで安らかなこと。⑥定覚支《じょうかくし》。心を集中して乱さないこと。⑦捨覚支《しゃかくし》。心の興奮や沈滞がなくなり平静なこと。

しっぽう〔七宝〕　七つの宝物。七珍《しっちん》ともいう。金・銀・瑠璃《るり》(青色の玉の類)・玻璃《はり》(赤や白の水晶)・硨磲《しゃこ》(大蛤または白珊瑚のこと)・赤珠《しゃくしゅ》(赤真珠)・碼碯《めのう》(深緑色の玉で後世のいわゆる碼碯ではない)の七種の宝のこと。ただし、このほかに、珊瑚・琥珀《こはく》・真珠・明月《みょうがつ》珠《しゅ》・摩尼珠《まにしゅ》などが適宜に加えられて七宝ということもある。

じっぽう〔十方〕　十の方角の意で、東・西・南・北(四方)、東南・西南・西北・東北(四維《しゆい》)、上・下を指す。

してんのう〔四天王〕　四王・四天大王ともいう。須弥山《しゅみせん》の中腹にある四天王天(四王天)の主。帝釈天《たいしゃくてん》に仕えて仏法を守護する護法神。すなわち東方の持《じ》国天《こくてん》(Dhṛtarāṣṭra　題頭隷吒《だいずらた》・提頭頼《だいずら》吒《た》)、南方の増長天《ぞうじょうてん》(Virūḍhaka　毘留荼《びるだ》倶《く》・毘楼勒《びるろく》・毘楼勒叉《びるろくしゃ》)、西方の広目《こうもく》天《てん》(Virūpākṣa　毘留博叉《びるはくしゃ》・毘楼博叉《びるはくしゃ》)、北方の多聞天《たもんてん》(Vaiśravaṇa　毘沙門天《びしゃもんてん》)をいう。

じねん〔自然〕　人為的なものに対して、人為をからず、おのずからそうなっていること。親鸞聖人は、「おのづからしからしむ」と読み、人間のはからいを超えた如来のはからいによる救いをあらわす語とされた。

じひ〔慈悲〕　苦を除き楽を与えること。衆生《しゅじょう》をいつくしんで楽を与える(与楽《よらく》)ことを慈、衆生を憐れみいたんで苦を抜く(抜苦《ばっく》)ことを悲という。一説には、抜苦を慈、与楽を悲ともする。

しゃえこく〔舎衛国〕　舎衛城のこと。舎衛は梵語シュラーヴァスティー(Śrāvastī)の音写。釈尊在世の頃のインドにあったコーサラ国の首都(現在のマヘート遺跡に比定される)。祇《ぎ》園精舎《おんしょうじゃ》(現在のサヘート遺跡に比定される)は、この西南にあり、釈尊は二十五回の雨安居《うあんご》をこの地で送られたといわれている。

しゃかむにぶつ〔釈迦牟尼仏〕　梵語シャーキャムニ・ブッダ(Śākyamuni-buddha)の音写。釈迦は種族の名、牟尼は聖者の意で、釈迦族の聖者ということ。釈尊ともいう。仏教の開祖。約二千五百年前、インドのカピラ城主浄飯王《じょうぼんのう》を父とし、摩耶《まや》夫人を母として誕生された。二十九歳の時に道を求めて出家し、多くの師を歴訪されたが満足せず、尼連禅《にれんぜん》河畔《かはん》の山林で六年間にわたり苦行された。その後、菩提樹《ぼだいじゅ》の下に座って瞑想し、ついにさとりをひらかれた。三十五歳の時である。その地を後にブッダガヤー(Buddhagayā)と呼ぶようになった。成道《じょうどう》後、梵天《ぼんてん》の勧《かん》請《じょう》により鹿野苑《ろくやおん》(現在のベナレス郊外)において五比丘《ごびく》に初めて説法(初転法《しょてんぼう》輪《りん》)をし、以後四十五年間各地を巡って人々を教化し、八十歳でクシナガラの沙羅樹《さらじゅ》のもとに身を横たえて入滅《にゅうめつ》された。

じゃくめつ　〔寂滅〕　涅槃《ねはん》の異名。あらゆる煩悩《ぼんのう》が滅した寂静《じゃくじょう》の境地。

しゃもん　〔沙門〕　梵語シュラマナ(śramaṇa)の音写。勤息《ごんそく》・修道《しゅどう》などと漢訳する。悪を止《とど》め、身心をととのえて善を勧める出家修行者のこと。

しゃりほつ　〔舎利弗〕　梵語シャーリプトラ(Śāriputra)の音写。釈尊十大弟子の一人。智慧《ちえ》第一と称された。王舎《おうしゃ》城《じょう》外のバラモンの家に生れ、六師外道《ろくしげどう》の一人である刪闍耶毘羅胝子《さんじゃやびらていし》(サンジャヤ・ベーラッティプッタ)の弟子となったが、釈尊成道《じょうどう》後まもなく大目犍《だいもくけん》連《れん》(目連《もくれん》)とともに釈尊に帰依《きえ》した。釈尊に先だって寂したといわれる。

じゅうあく　〔十悪〕　身と口と意(心)の三業《さんごう》の中で、とくに著しい十種の悪い行為のこと。①殺生《せっしょう》。②偸盗《ちゅうとう》(ぬすみ)。③邪婬《じゃいん》。④妄語《もうご》(うそいつわり)。⑤両《りょう》舌《ぜつ》(人を仲たがいさせる言葉)。⑥悪口《あっく》。⑦綺語《きご》(まことのないかざった言葉)。⑧貪欲《とんよく》(むさぼり)。⑨瞋恚《しんに》(いかり)。⑩愚痴《ぐち》(おろかさ。真理に対する無知)。このうちで前三が身業《しんごう》、中四が口業《くごう》、後三が意業《いごう》である。またこれらを離れるのが十善である。

じゅうぜんごう　〔十善業〕　十善に同じ。身と口と意(心)の三業《さんごう》の中でとくに顕著な善い行為のこと。不殺生《ふせっしょう》・不偸《ふちゅう》盗《とう》・不邪婬《ふじゃいん》・不妄語《ふもうご》・不両舌《ふりょうぜつ》・不悪《ふあっ》口《く》・不綺語《ふきご》・不貪欲《ふとんよく》・不瞋恚《ふしんに》・不邪見《ふじゃけん》をいう。

じゅうにぶきょう　〔十二部経〕　仏の説かれた経典を形式、内容から十二に分類したもの。十二分経《じゅうにぶんきょう》(十二分教)ともいう。①契経《かいきょう》(sūtra　修多羅《しゅたら》)。②重《じゅう》頌《じゅ》(geya　祇夜《ぎや》)。③授記《じゅき》(vyākaraṇa　和伽羅那《わがらな》)。④孤起頌《こきじゅ》(gāthā　伽陀《かだ》)。⑤無問自説《むもんじせつ》(udāna　優陀那《うだな》)。⑥因縁《いんねん》(nidāna　尼陀那《にだな》)。⑦譬喩《ひゆ》(avadāna　阿波陀那《あはだな》)。⑧本事《ほんじ》(itivṛttaka　伊帝《いてい》目多伽《もくたか》)。⑨本生《ほんしょう》(jātaka　闍陀伽《じゃだか》)。⑩方広《ほうこう》(vaipulya　毘仏略《びぶつりゃく》)。⑪未曾有《みぞう》(adbhutadharma　阿浮陀達磨《あぶだだつま》)。⑫論議《ろんぎ》(upadeśa　優婆提舎《うばだいしゃ》)。

じゅうねん　〔十念〕　『大経』第十八願文の「乃至十念」の念は、もと心念の意ともみられる。曇鸞《どんらん》大師は、十念を阿弥陀仏の総相もしくは別相を十たび憶念すること(観の意も含む)、また阿弥陀仏の名号を十遍称えることと解釈された。善導《ぜんどう》大師、法然《ほうねん》聖人以降、十念は、十声の称名念仏の意に限定されたが、これは『観経』の下下品《げげぼん》に、「具《ぐ》足十念称南無阿弥陀仏《そくじゅうねんしょうなもあみだぶつ》」とあって、十声の称名念仏によって往生できると説かれてあるのを根拠にしたためである。

じゅうりき〔十力〕 仏が具えている十種の力。①処非処智力《しょひしょちりき》。道理・非理を知る力。②業異熟智力《ごういじゅくちりき》。業とその果報との因果《いんが》関係を知る力。③静慮解脱《じょうりょげだつ》等持等至智力《とうじとうしちりき》。禅定《ぜんじょう》や三昧《さんまい》を知る力。④根上下智力《こんじょうげちりき》。衆生《しゅじょう》の能力や性質の優劣を知る力。⑤種種勝解智力《しゅじゅしょうげちりき》。衆生の意欲や望みをあきらかに知る力。⑥種《しゅ》種界智力《じゅかいちりき》。衆生の本性を知る力。⑦遍《へん》趣行智力《しゅぎょうちりき》。衆生の人・天等の諸世界に趣く行の因果を知る力。⑧宿住随念《しゅくじゅうずいねん》智力《ちりき》。自他の過去世のことを思い起す力。⑨死生智力《ししょうちりき》。衆生の未来の生死・善悪の世界を知る力。⑩漏尽智力《ろじんちりき》。煩悩《ぼんのう》を滅した涅槃《ねはん》の境地と、それに到達するための手段を知る力。

じゅき〔授記〕 仏が修行者に対して、未来に最高のさとりを得るであろうことを予言、約束すること。

しゅじょう〔衆生〕 梵語サットヴァ(sattva)の漢訳。有情《うじょう》・含識《がんしき》とも漢訳する。多くの生類《しょうるい》という意味で、群生《ぐんじょう》・群萌《ぐんもう》ともいう。[1]一切の迷いの生類、すなわち生きとし生けるものすべてを指す。衆多の生死《しょうじ》をうけるものの意である。一般には凡夫《ぼんぶ》である人間を指す場合が多い。[2]衆生を衆縁所生《しゅえんしょしょう》の意味とみる時は、仏・菩薩をも衆生という。

しゅだおん〔須陀洹〕 梵語スローターパンナ(srotāpanna)の音写。預流《よる》と漢訳する。はじめて法の流れに入ったものの意。声聞《しょうもん》の修道階位、四向四果の中の初位で、三界《さんがい》の見惑《けんわく》(分別《ふんべつ》によって起す知的な迷い)を断じつつある位を須陀洹向(見道《けんどう》)といい、断じ尽した位を須陀洹果(修道《しゅどう》)という。

しゅみせん〔須弥山〕 須弥は梵語スメール(Sumeru)の音写。妙高《みょうこう》と漢訳する。古代インドの世界観によるもので、世界の中心にそびえる巨大な山。大海の中にあって、金輪《こんりん》の上にあり、その高さは水面から八万由旬《ゆじゅん》である。その周囲を七金山《しちこんせん》がとりまき、この七金山と須弥山の間に七海を擁する。七金山の外側に鹹海《かんかい》を隔てて鉄囲山《てっちせん》がめぐり、須弥世界の外廓をなす。鹹海の中に四大洲《しだいしゅう》があり、その中の南瞻部洲《なんせんぶしゅう》(閻浮提《えんぶだい》ともいう)に人間は住む。日月は須弥山をめぐり、山の中腹には四天《してん》王《のう》、頂上には帝釈天《たいしゃくてん》の住処がある。

しゅゆ〔須臾〕 短い時間。ほんのわずかな間。

じょう〔定〕 梵語サマーディ(samādhi)またはディヤーナ(dhyāna)の漢訳。心を一つの対象に専注して散乱させないこと、およびその状態をいう。また一般に心を散乱させないようにする修行をもいい、八正道《はっしょうどう》の中の正定《しょうじょう》、三学の中の定、六波羅蜜《ろっぱらみつ》(六度)の中の禅定《ぜんじょう》波羅蜜《はらみつ》などがそれにあたる。

しょうがく〔正覚〕 仏のさとり。正しいさとり。

しょうごん〔荘厳〕 うるわしく身や国

土を飾ること。身と口と意(心)の三業《さんごう》をととのえて清浄にすること。

しょうじ〔生死〕　迷いのこと。煩悩《ぼんのう》のまじった有漏《うろ》の業《ごう》によって六道の生と死をはてしなく繰り返す流転《るてん》輪廻のこと。

しょうじん〔精進〕　仏道修行につとめはげむこと。六波羅蜜《ろっぱらみつ》(六度)の一。

じょうど〔浄土〕　穢土に対する語。菩薩の智慧《ちえ》清浄《しょうじょう》の行業《ぎょうごう》によって建立された清浄な国土。煩悩《ぼんのう》のけがれを離れたきよらかな世界。仏の国。阿弥陀仏の浄土は、安楽世界・極楽浄土・安養《あんにょう》浄土ともいわれ、娑婆《しゃば》世界の西方、十万億の国土を過ぎたところにあるという。

じょうはい〔上輩〕　三輩の一。↓さんぱい〔三輩〕。

しょうもん〔声聞〕　梵語シュラーヴァカ(śrāvaka)の漢訳。声を聞く者の意。仏の説法の声を聞いてさとる者をいう。もとは仏在世の頃の弟子を指したが、二乗・三乗の一に数える場合は、仏の教説に従って修行するものの、自己の解脱《げだつ》のみを目的とする小乗の聖者の意とする。

じり〔自利〕　自ら利するの意。自らの修行によって自身がさとりを得ること。利他に対していう。

しんぎょう〔信楽〕　『大経』第十八願の三心の一。阿弥陀仏の本願を深く信じて疑いのない心。浄土真宗では、『大経』第十八願に説く至心《ししん》・信楽・欲生《よくしょう》の三心は、この信楽の一心におさまるのであり、阿弥陀仏の本願の生起本末を聞いて疑わない心、他力の信心のこととする。

じんしん〔深心〕　『観経』に説く三心の一。阿弥陀仏の本願を深く信ずる心。

じんずう〔神通〕　不可思議な力のはたらき。これに天眼《てんげん》・天耳《てんに》・他心《たしん》・神足《じんそく》・宿命《しゅくみょう》・漏尽《ろじん》の六神通がある。

しんに〔瞋恚〕　いかり。三毒(三種の煩悩《ぼんのう》)の一。

せ

せけん〔世間〕　世の中。煩悩《ぼんのう》に束縛されて存在しているすべてのもの。世間を、有情世間《うじょうせけん》(生きもの。衆生世間《しゅじょうせけん》ともいう)と器世間《きせけん》(生きものを住まわせている山河大地など)の二種世間に分類する場合もある。

せじざいおうぶつ〔世自在王仏〕　世自在王は、梵語ローケーシュヴァラ・ラージャ(Lokeśvara-rāja)の漢訳。世間一切法に自在なることを得、世間を利《り》益《やく》するに自在を得た仏という意。法蔵菩薩の師である過去仏の名。楼夷亘羅《るいこうら》とも音写し、世饒王仏《せにょうおうぶつ》・饒王仏・世間自在王如来ともいう。

せそん〔世尊〕　梵語バガヴァット(bhagavat)の漢訳。福徳を具えた者、一切世間で最も尊い者の意。如来十号の一。とくに釈尊を呼ぶ場合によく用いられる。

せっせん〔雪山〕　梵語ヒマーラヤ(Himālaya)の漢訳。雪のある所という意。

雪嶺、大雪山ともいう。インドの西北方から東に連なる大山脈、いわゆるヒマラヤの諸山脈のこと。またパミールの西南方のカラコルム、ヒンドゥークシュ山脈をも総じて雪山ということもある。

ぜんごん〔善根〕　梵語クシャラ・ムーラ(kuśala-mūla)の漢訳。善本、徳本とも漢訳する。諸善を生ずるもとのこと。功徳《くどく》のたね。無貪《むとん》・無瞋《むしん》・無痴《むち》を三善根、三毒(貪欲《とんよく》・瞋恚《しんに》・愚痴《ぐち》)を三不善根という。

ぜんじょう〔禅定〕　心しずかに瞑想すること。六波羅蜜《ろっぱらみつ》(六度)の一。

ぜんぢしき〔善知識〕　よき友。巧みなる教化者。教えを説いて、仏道に入らしめる人。正しい道に導く人。浄土真宗では、とくに念仏の教えを勧め導く人をいう。また歴代の宗主を指していうこともある。

ぜんぽん〔善本〕　本は因の意味、勝れた果を得るための因となる善根《ぜんごん》。本はまた根本の意味、一切の善の根本。名号をいう。

そ

そう〔僧〕　梵語サンガ(saṃgha)の音写、僧伽《そうぎゃ》の略。和合衆《わごうしゅ》と漢訳する。仏・法・僧の三宝《さんぼう》の一。仏の教えを受けてさとりをめざす集団(教団)を指す。後に中国や日本では教団内の個々の人、仏門に入り教えを伝える人々を指すようになった。

そうごう〔相好〕　仏身に具わっているすぐれた容貌形相のこと。この中で顕著なものを相、微細なものを好といい、この両者を合して相好という。通常三十二相八十種好を数える。

た

だいいちぎ〔第一義〕　梵語パラマールタ(paramārtha)の漢訳。第一義諦に同じ。

だいいちぎたい〔第一義諦〕　梵語パラマールタ・サティヤ(paramārtha-satya)の漢訳。真如実相《しんにょじっそう》のこと。無上にして絶対的な真理という意。真諦《しんたい》・勝義諦《しょうぎたい》に同じ。世俗諦《せぞくたい》に対する語。

たいしょう〔胎生〕　①衆生《しゅじょう》が生れる四種の形態のうち母胎から生れること。迷界の四生の一。②仏智の不思議を疑惑するものの往生(方便化土往生)のこと。浄土に往生しても、五百年の間、仏に遇わず、法を聞かず、聖衆《しょうじゅ》(浄土の聖者)を見ることができない。それはあたかも母の胎内にあるがごとくであるから、これを喩えて胎生という。この胎生に対して、仏智を信ずるものの往生(真実報土往生)を化生という。

だいじょう〔大乗〕　梵語マハーヤーナ(mahāyāna)の漢訳。大きな乗物という意。教法は衆生《しゅじょう》をさとりに向かわせる乗物であるから乗といい、大乗とは、自らさとりを求めるとともに広く一切衆生をも救済しようとする、自利・利他の教えをいう。小乗に対する語。

だいせいしぼさつ〔大勢至菩薩〕　大勢至は梵語マハー・スターマプラープタ(Mahā-sthāmaprāpta)の漢訳。大精進《だいしょうじん》・

得大勢《とくだいせい》とも漢訳する。智慧《ちえ》の勢いがあらゆるところに至るという意。阿弥陀仏の右の脇士《きょうじ》で、阿弥陀仏の智慧の徳をあらわす菩薩。左の脇士、観世音菩薩に対する。

だいばだった〔提婆達多〕　梵語デーヴァダッタ(Devadatta)の音写。調達《じょうだつ》ともいう。また略して提婆ともいう。釈尊の従弟で阿難《あなん》の兄。仏弟子となったが、後に釈尊にそむき、五百人の弟子を率いて独立を企てたり、あるいは阿《あ》闍世《じゃせ》をそそのかして父王を死に至らせ、次いで釈尊をも害して教権を握ろうとしたが失敗し、生きながら地獄に堕《お》ちたと伝えられている。

だいもくけんれん〔大目犍連〕　目犍連は、梵語マウドガリヤーヤナ(Maudgalyāyana)の音写。摩訶《まか》目犍連また略して目連ともいう。釈尊十大弟子の一人。神通《じんずう》第一と称された。舎利弗《しゃりほつ》と親交があり、ともに六師外道《ろくしげどう》の一人である刪闍耶毘羅胝子《さんじゃやびらていし》(サンジャヤ・ベーラッティプッタ)に従っていたが、後に釈尊に帰依《きえ》して仏弟子となった。王舎城行乞《ぎょうこつ》中に仏教教団を嫉《ねた》む執杖バラモンによって殺害された。

ち

ちえ〔智慧〕　梵語プラジュニャー(prajñā)の漢訳。般若《はんにゃ》と音写する。真如《しんにょ》の理をさとる無分別智《むふんべっち》のこと。物事を正しくとらえ、真理を見きわめる認識力。六波羅蜜《ろっぱらみつ》(六度)の一。

ちくしょう〔畜生〕　鳥・獣・虫・魚などの生き物。六道の一。

ちゅうはい〔中輩〕　三輩の一。→さんぱい〔三輩〕。

ちょうさいようごう〔兆載永劫〕　兆・載は非常に大きな数のこと。法蔵《ほうぞう》菩薩が本願を成就するために修行された、非常に長い時間のこと。

て

てんりんじょうおう〔転輪聖王〕　転輪《てんりん》王《のう》・輪王ともいう。輪宝を転ずる王の意。三十二相を具え、七宝を有し、正法によって全世界を統治するといわれ、理想的な王として仏典にしばしば説かれる。

と

とうがく〔等覚〕　等正覚に同じ。→とうしょうがく〔等正覚〕。

どうじょう〔道場〕　道はさとりのことで、道場とはさとりを開く場所の意。もとは釈尊がさとりを開いた場所、ブッダガヤー(Buddhagayā)の菩提樹《ぼだいじゅ》下を指した(寂滅道場《じゃくめつどうじょう》)。また広く仏道修行の場所をいう。

とうしょうがく〔等正覚〕　等覚・正等覚ともいう。①絶対平等の真如《しんにょ》をさとった仏のさとり。正覚。②仏。如来の十号の一。

どうじょうじゅ〔道場樹〕　仏のさとりを開く場所にある樹。菩提樹《ぼだいじゅ》のこと。

どくじゅ〔読誦〕　経典の文字を見て声を出してよむのを「読」、文字を見ないで声を出してよむのを「誦」という。とくに大乗経典を読誦するのを読誦大乗という。

とくほん〔徳本〕 [1]本は因の意味、勝れた果徳を得るための因となる善法、善根《ぜんごん》のこと。[2]徳は徳号。すべての仏の徳号のもととなる阿弥陀仏の名号を指す。

とんよく〔貪欲〕 貪愛《とんない》ともいう。我欲。むさぼり。自己の好む対象に向かってむさぼり求める心を起すこと。三毒(三種の煩悩《ぼんのう》)の一。

な

ないし〔乃至〕 [1]中間を省略することを示す語。「…から…まで」という意。数の多少、時間の長短を兼ねおさめることを表す。[2]最少限度を示す語。下至に同じ。**ーいちねん**〔乃至一念〕 心念・称名・時刻などの極少の一念をあげ、さらに多念をも含める意があるので「乃至一念」という。下至一念に同じ。**ーじゅうねん**〔乃至十念〕 念は心念・観念・称念の意。十念は上は多念をおさめ、下は一念をおさめるから「乃至」といい、数量を限定しないことをいう。

なだいかしょう〔那提迦葉〕 梵語ナディー・カーシュヤパ(Nadī-Kāśyapa)の音写。マガダ国のバラモン出身。三迦葉(優楼頻羸《うるびんら》・那提・伽耶《がや》)の次兄で、もと事火外道《じかげどう》(火を尊び、これに供養《くよう》して福を求める異教徒の一派。拝火外道《はいかげどう》ともいう)であったが、長兄が釈尊に帰依《きえ》したのをみて、三百人の弟子と共に仏弟子となる。

なもあみだぶつ〔南無阿弥陀仏〕 かぎりない寿命と光明《こうみょう》の徳を有する阿弥陀仏に帰依《きえ》し信順するという言葉。南無とは衆生《しゅじょう》の帰命を意味するが、浄土真宗では、それさえ阿弥陀仏が成就し回《え》向《こう》されることをあらわして南無阿弥陀仏の六字全体を仏の名号《みょうごう》とする。

なゆた〔那由他〕 梵語ナユタ(nayuta)の音写、那庾多とも音写する。インドの数量の単位で、非常に大きな数。兆・溝と漢訳する。千億にあたるという。

なんだ〔難陀〕 梵語ナンダ(Nanda)の音写。仏弟子の名。釈尊の異母弟。容姿端麗であったと伝えられ、諸欲をよくおさえて諸根を調伏《じょうぶく》する(感覚器官を統制する)こと第一といわれた。

に

にゅうじゅんにん〔柔順忍〕 三法忍の一。→さんぼうにん〔三法忍〕。

にょらい〔如来〕 梵語タターガタ(tathāgata)の漢訳。真如《しんにょ》(真理)より現れ来《きた》った者、あるいは真如をさとられた者の意で、仏のこと。十種の称号がある(如来の十号)。①応供《おうぐ》。供養《くよう》を受けるに値するもの。②等正覚《とうしょうがく》。平等の真理をさとったもの。③明行足《みょうぎょうそく》。智慧《ちえ》と行とが共に完全なもの。④善逝《ぜんぜい》。迷界をよく超え出て再び迷いに還らないもの。⑤世間解《せけんげ》。世間・出世間のことを悉く知るもの。⑥無上士《むじょうし》。最上最高のもの。⑦調御丈夫《じょうごじょうぶ》。衆生《しゅじょう》を調伏《じょうぶく》・制御してさとりに導くもの。⑧天人師《てんにんし》。神々と人間の師。⑨仏《ぶつ》。覚れる者。⑩

世尊《せそん》。世間で最も尊い方。この十号は、如来を入れると十一号になる。それを合せて十号と呼ぶ数え方に諸説がある。

にんにく〔忍辱〕　耐え忍ぶこと。六波《ろっぱ》羅蜜《らみつ》(六度)の一。

ね

ねんぶつ〔念仏〕　仏を念ずること。真《しん》如《にょ》を念ずる実相《じっそう》の念仏、仏のすがたを心におもい観《み》る観相の念仏、仏像を観ずる観像の念仏、仏の名号をとなえる称名念仏などがあり、聖道門《しょうどうもん》では、実相の念仏を最勝とし、称名念仏を最劣とみる。しかし、浄土門では、称名は、阿弥陀仏の本願において選び取られた決定《けつじょう》往生の行であり、極善最上の法であるとする。**ーざんまい**〔念仏三昧〕心静かに専ら念仏を修すること。一般に仏の相好《そうごう》や功徳《くどく》を心におもい観る観仏のこととするが、親鸞聖人は、阿弥陀仏の本願を信じて、一心に名号を称する他力念仏のこととされる。

は

はちじゅうずいぎょうこう〔八十随形好〕八十種好《しゅこう》・八十随好《ずいこう》ともいう。仏・菩薩の身体に具わる容貌形相の中で、顕著な三十二相に対して、微細な八十種の形相をいう。

はちぶ〔八部〕　仏法を守護する八種の鬼神。①天。②竜。③夜叉《やしゃ》(梵語ヤクシャ yakṣa の音写)。毘沙門天《びしゃもんてん》に仕え衆生《しゅじょう》を守護する。④乾闥婆《けんだつば》(梵語ガンダルヴァ gandharva の音写)。緊那羅《きんなら》とともに帝釈天《たいしゃくてん》に仕え、音楽を奏する。⑤阿修羅《あしゅら》(梵語アスラ asura の音写)。闘争を好む鬼神。⑥迦楼羅《かるら》(梵語ガルダ garuḍa の音写)。金翅鳥《こんじちょう》ともいい、竜を食べるという大鳥。⑦緊那羅《きんなら》(梵語キンナラ kiṃnara の音写)。美しい音声をもち歌舞をなす天の楽神。⑧摩《ま》睺羅迦《ごらか》(梵語マホーラガ mahoraga の音写)。大蛇。蛇神。

はっかいさい〔八戒斎〕　八つの戒と一つの斎で八戒斎という。また八斎戒ともいい、略して八戒ともいう。在家の信者が一日一夜の期限を限って、出家者と同様に身心の行為動作を慎むこと。五戒と衣・住・食の贅沢についての戒め。①不殺生戒《ふせっしょうかい》。②不偸盗戒《ふちゅうとうかい》。③不婬《ふいん》戒《かい》。④不妄語戒《ふもうごかい》。⑤不飲酒戒《ふおんじゅかい》。⑥不香《ふこう》油塗身戒《ゆずしんかい》。身体に香油を塗ったりして化粧しない。⑦不歌舞観聴戒《ふかぶかんちょうかい》。歌をうたったり舞をまったりしない。またそれを観ても聴いてもいけない。⑧不高《ふこう》広大床戒《こうだいしょうかい》。高くゆったりとした寝台に寝ない。⑨不非時食戒《ふひじじきかい》。昼以後、何も食べない。以上の九のうち⑨不非時食戒を斎とするが、他にも諸説がある。

はっくどくすい〔八功徳水〕　八種のすぐれた性質のある水。甘・冷・軟・軽・清浄《しょうじょう》(きよらか)・不臭・飲時不損喉《おんじふそんこう》(のどを損しない)・飲時不傷腹《おんじふしょうふく》(腹を痛めない)などの性質をいう。また、『称讃浄土経《しょうさんじょうどきょう》』(『小経』の異訳)には、澄浄《ちょうじょう》・清冷《しょうりょう》・甘美《かんみ》・軽軟《きょうなん》・潤沢《にんたく》・安《あん》和《わ》・除患《じょげん》・養根《ようこん》とある。

はっしょうどうぶん〔八聖道分〕　八正

道に同じ。さとりに至るための八種の正しい行法。①正見《しょうけん》。四諦《したい》の道理を正しく見る智慧《ちえ》。②正思惟《しょうしゆい》。正しく思惟し意思すること。③正語《しょうご》。正しい言葉を語ること。④正業《しょうごう》。身の行いを正しくすること。⑤正命《しょうみょう》。身と口と意(心)の三業《さんごう》をきよらかにして正しい生活をすること。⑥正精進《しょうしょうじん》。正しい努力。道に努め励むこと。⑦正念《しょうねん》。正しい憶念。四諦の道理を常に心に留めて忘れないこと。⑧正定《しょうじょう》。正しい精神統一。

はっとん〔八音〕　仏の音声に具わる八種のすぐれた特質。①極好音《ごくこうおん》。聞く者を仏道に導く妙なる音声。②柔軟音《にゅうなんおん》。聞く者を喜悦させるやさしくおだやかな音声。③和適音《わちゃくおん》。聞く者に理を体得させる調和のとれた音声。④尊慧音《そんえおん》。聞く者に智慧《ちえ》を体得させる尊い智慧の音声。⑤不女音《ふにょおん》。聞く者に畏敬の念を起させる音声。⑥不誤音《ふごおん》。聞く者に邪を離れ正見《しょうけん》を得させるあやまちのない音声。⑦深遠音《じんおんおん》。十方に徹し、聞く者に深遠な道理を悟らせる音声。⑧不《ふ》竭音《かつおん》。尽きることのない音声、などをいう。

はらみつ〔波羅蜜〕　梵語パーラミター(pāramitā)の音写。波羅蜜は、語源的には「最もすぐれた状態」を意味するともされる。漢訳では、度、到彼岸《とうひがん》と訳し、迷いの此岸からさとりの彼岸に至ること、またはそのために修する菩薩の行をいう。

ひ

ひがん〔彼岸〕　生死《しょうじ》の迷いを超えたさとりの世界。迷いの世界である此岸に対する。

びく〔比丘〕　梵語ビクシュ(bhikṣu)の音写。苾蒭《びっしゅ》とも音写する。出家して具《ぐ》足戒《そくかい》を受けた二十歳以上の男性。四衆の一。

びんばしゃら〔頻婆娑羅〕　梵語ビンビサーラ(Bimbisāra)の音写。釈尊在世時のマガダ国の王。妃として韋提希《いだいけ》を迎え、その間に生れたのが阿闍世《あじゃせ》である。深く仏教に帰依《きえ》し、竹林精舎《ちくりんしょうじゃ》を建立するなど、仏教の外護者《げごしゃ》であったが、提婆達多《だいばだった》にそそのかされた阿闍世によって王宮の奥深くに幽閉され、殺された。

ふ

ふげん〔普賢〕　仏の慈悲のきわみ。あまねく一切衆生《しゅじょう》を済度する利他大悲の行徳。

ふげんぼさつ〔普賢菩薩〕　普賢は梵語サマンタバドラ(Samantabhadra)の漢訳。遍吉《へんきつ》とも漢訳される。慈悲をつかさどる菩薩。釈尊の脇士《きょうじ》として白象に乗った姿で侍《じ》す。『華厳経《けごんぎょう》』「普賢行願《ふげんぎょうがん》品《ぼん》」では、その十大願を説く。

ふせ〔布施〕　梵語ダーナ(dāna)の漢訳。檀那《だんな》・檀《だん》と音写する。他に与えること、ほどこしの意で、財《ざい》物を施すことを財施《せ》、法を説くことを法施《ほうせ》、無畏《むい》(おそれなき心)を施すことを無畏施といい、これを三檀という。六波羅蜜《ろっぱらみつ》(六度)の一。

ふたい〔不退〕　不退転に同じ。↓ふたいてん〔不退転〕。

ふたいてん〔不退転〕　梵語アヴァイヴァルティカ(avaivartika)またアヴィニヴァルタニーヤ(avinivartanīya)の漢訳。すでに得たさとりや功徳《くどく》、地位を決して失わないこと、またその位をいう。一般には、位《い》・行《ぎょう》・念《ねん》の三不退説、信《しん》・位《い》・証《しょう》・行《ぎょう》の四不退説が説かれるが、浄土真宗では他力信心を得たものはこの世において正定聚不退《しょうじょうじゅふたい》の位につき、必ず仏果に至ることに定まることをいう。

ぶつ〔仏〕　梵語ブッダ(buddha)の訛音の音写。覚者と漢訳し、「ほとけ」と和訳する。自ら真理をさとり、他をさとらしめ、さとりのはたらきが完全に窮まり満ちた者のこと。

ふるな〔富楼那〕　梵語プールナ(Pūrṇa)の音写。富楼那弥多羅尼子《ふるなみたらにし》(プールナ・マイトラーヤニー・プトラ Pūrṇa-maitrāyaṇī-putra)のこと。満願子《まんがんし》・満《まん》慈子《じし》と漢訳する。釈尊十大弟子の一人。説法第一と称された。『大経』の聴衆の一人であり、また『観経』では、釈尊の命をうけて、王宮の深くに幽閉されている頻婆娑羅《びんばしゃら》王のもとに赴《おもむ》き、説法した。

ふんだりけ〔分陀利華〕　梵語プンダリーカ(puṇḍarīka)の音写。芬陀利華・邠他利華とも音写する。白蓮華《びゃくれんげ》のこと。蓮の花の中で最も高貴なものとされる。念仏の行人は、蓮華の中で最も美しい白蓮華に喩えられている。

へ

へんじ〔辺地〕　浄土の中の周辺の地。仏智を疑惑するものの往生するところ。『大経』(下)では、辺地に生れると、五百歳の間、仏に遇わず、法を聞かず、聖衆《しょうじゅ》(浄土の聖者)を見ることができないと説かれる。

ほ

ほう〔法〕　梵語ダルマ(dharma)の漢訳。達磨《だつま》などと音写する。それ自体の本性を保持して、認識や行為の軌範となるもの。①すべての存在。②意識の対象。③特性・性質。④規範・規準。⑤教法・教説。⑥真理。⑦善い行い・正しい行い、などの意味がある。

ほうかいしん〔法界身〕　法界(衆生界)を利益《りやく》し教化する仏身。

ほうぞうぼさつ〔法蔵菩薩〕　法蔵は梵語ダルマーカラ(Dharmākara)の漢訳。阿弥陀仏の因位《いんに》の名、すなわち阿弥陀仏が菩薩位のとき、世自在王仏《せじざいおうぶつ》のもとで本願をたてられた時の名。→補註8。

ほうどうきょうてん〔方等経典〕　梵語ヴァイプリヤ・スートラ(vaipulya-sūtra)の漢訳。普遍平等の真理を説き表した経典。大乗経典の総称。

ほうべん〔方便〕　梵語ウパーヤ(upāya)の漢訳。近づく、到達するの意で、巧みな方法を用いて衆生《しゅじょう》をさとりに導くこと。真実の法に導くために仮に設けられた法門、巧みな教化方法、差別の事象を知って衆生を利益《りやく》する仏の智慧《ちえ》など種々の意味がある。浄土真宗では、権仮《ごんけ》方便と善巧《ぜんぎょう》方便との二種類が用いられる。①権仮方便。真実の法に入らしめるために仮に設けた法門のこと。方便の願《がん》、方便の行信《ぎょうしん》、方便化身土《けしんど》というようなものがこれに相当する。この方便は、一度真実に入ったならば不要となり廃されるため暫用還廃《ざんゆうげんぱい》(暫《しばら》く用《もち》いて還《かえ》りて廃《はい》す)の法といわれる。②善巧方便。仏・菩薩が衆生をさとりに導くために、衆生の素質や能力に応じて巧みに教化する大悲のあらわれとしての手段、方法。

ぼさつ〔菩薩〕　梵語ボーディサットヴァ(bodhisattva)の音写。菩提薩埵《ぼだいさった》ともいい、覚有情《かくうじょう》・道衆生《どうしゅじょう》・道心衆生《どうしんしゅじょう》などと漢訳する。さとりを求める者。大乗仏教では自ら菩提《ぼだい》を求め(上求菩提)、一切衆生を利益《りやく》しよう(下化衆生)とする者のことをいい、利他的意義を強調するようになった。菩薩が仏果にいたるまでの階程については、一般に『瓔《よう》珞経《らくきょう》』の五十二位説が用いられる。十信《じっしん》・十住《じゅうじゅう》・十行《じゅうぎょう》・十回向《じゅうえこう》・十地《じゅうじ》・等《とう》覚《がく》・妙覚《みょうがく》の五十二段階である。十信位を外凡《げぼん》、十住・十行・十回向を内凡《ないぼん》・三賢《さんげん》、十地を十聖《じっしょう》といい、また十住を習種性《しゅうしゅしょう》、十行を性種性《しょうしゅしょう》、十回向を道種《どうしゅ》性《しょう》、十地を聖種性《しょうしゅしょう》、等覚を等覚性《とうがくしょう》、妙覚を妙覚性の六種性とする。↓補註8。

ぼだい〔菩提〕　梵語ボーディ(bodhi)の音写。智・道・覚などと漢訳する。迷いから目覚めたさとりの智慧《ちえ》のこと。菩薩・縁覚《えんがく》・声聞《しょうもん》の菩提のうち、とくに菩薩の得る菩提を阿耨多羅三藐三《あのくたらさんみゃくさん》菩提《ぼだい》と名づけ、漢訳して無上正等正《むじょうしょうとうしょう》覚《がく》・無上菩提などという。**―しん**〔菩提心〕　阿耨多羅三藐三菩提心といい、また無上正真道意《むじょうしょうしんどうい》・無上菩提心・無上道心ともいう。仏果に至り、さとりの智慧を得ようとする心のこと。この心をおこすことを発菩提心といい、仏道の出発点とされる。親鸞聖人は「信巻」等において、菩提心について自力と他力を分判し、如来回向《えこう》の信心は願《がん》作仏心《さぶっしん》(自利)、度衆生心《どしゅじょうしん》(利他)の徳をもつ他力の大菩提心であるとされた。

ほっしょう〔法性〕　梵語ダルマター(dharmatā)の漢訳。法の法たる性という意で、一切の存在の真実常住なる本性を指す。真如《しんにょ》・実相《じっそう》・法界《ほうかい》などの異名として用いられる。

ほんがん〔本願〕　梵語プールヴァ・プラニダーナ(pūrva-praṇidhāna)の漢訳で、以前からの願いという意。菩薩が因位《いんに》の時におこした誓願をいう。また衆生《しゅじょう》救済のためのまさしく根本となる願。阿弥陀仏の四十八願中とくに第十八願を本願とする。↓補註9。**―りき**〔本願力〕　阿弥陀仏の本願にそなわる衆生済度のはたらき。また因位の本願にかなって成就された衆生救済のはたらき。↓補註5。

ぼんてんのう〔梵天王〕　インド思想で万有の根源ブラフマン(brahman)を神格化したもので、仏教に入って色界《しきかい》の初禅天《しょぜんてん》をいう。これに梵衆天《ぼんしゅてん》・梵輔天《ぼんほてん》・大梵天の三天があり、その総称、または大梵天のみを指す。帝釈天《たいしゃくてん》と並んで護法神とみなされた。

ぼんのう〔煩悩〕　梵語クレーシャ

(kleśa)の漢訳。惑《わく》とも漢訳する。身心を煩わせ、悩ませる精神作用の総称。衆生《しゅじょう》はこの煩悩によって業《ごう》を起し、苦報を受けて迷界に流転《るてん》する。煩悩のなかで代表的な貪欲《とんよく》(むさぼり。我欲)・瞋恚《しんに》(いかり)・愚痴《ぐち》(おろかさ。真理に対する無知)を三毒という。また慢《まん》・疑・悪見を合せて六大煩悩という。

ぼんぶ〔凡夫〕　梵語プリタッグ・ジャナ(pṛthag-jana)の漢訳。必栗託仡那《ひつりつたきつな》と音写し、異生《いしょう》とも漢訳する。凡愚《ぼんぐ》ともいう。四諦《したい》の真理をさとらず、貪《とん》・瞋《しん》・痴《ち》などの煩悩《ぼんのう》に束縛されて、六道を輪《りん》廻《ね》するもの。

ま

ま〔魔〕　梵語マーラ(māra)の音写語、魔羅《まら》の略。悪魔、人の生命を奪い善を障礙《しょうげ》する悪鬼神。欲界《よくかい》第六天の主である魔王。転じてさとりに至ることを妨げるもの、煩悩《ぼんのう》を指す。

まかかしょう〔摩訶迦葉〕　梵語マハー・カーシュヤパ(Mahā-kāśyapa)の音写。大迦葉ともいう。釈尊十大弟子の一人。衣・食・住に対する執着を払い捨て修行に専念し、頭陀《ずだ》(貪《むさぼ》りを除く修行)第一とされた。釈尊入滅《にゅうめつ》後教団の統率者として、第一結集《けつじゅう》(聖典編集会議)を行ったと伝えられる。

まかかせんねん〔摩訶迦旃延〕　梵語マハー・カーティヤーヤナ(Mahā-kātyāyana)の音写。迦旃延のこと。釈尊の十大弟子の一人。論議第一と称された。アヴァンティ国の王の大臣の息子として、ウッジェーニー(今のウジャイン)に生れた。ある日、王の命で釈尊を迎えるため、王の臣下とともに釈尊を訪ね、それが機縁となって釈尊に帰依《きえ》し出家したという。

み

みょうごう〔名号〕　一般にはすべての仏・菩薩の名前を名号という。浄土教では、とくに阿弥陀仏の名を指していう。浄土真宗では「南無阿弥陀仏」を六字の名号といい、その徳義をあらわした「南無不可思議光仏」を八字の名号、「南無不可思議光如来」を九字の名号、「帰命尽十方無礙光如来《きみょうじんじっぽうむげこうにょらい》」を十字の名号という。曇鸞《どんらん》大師は、帰命尽十方無礙光如来の名号には、衆生《しゅじょう》の無明《むみょう》を破し、往生成仏の志願を満たす徳があるといい、善導《ぜんどう》大師は、南無阿弥陀仏には願と行が具足《ぐそく》しているからよく往生の行となるといい、法然《ほうねん》聖人は、名号には阿弥陀仏のもつ無量の徳が具わっているといわれる。そして親鸞聖人は、仏の衆生救済の願いが名号となってあらわれているのであり、摂取して捨てないという仏意をあらわす本願招喚《しょうかん》の勅命であるといわれた。

みろくぼさつ〔弥勒菩薩〕　弥勒は梵語マイトレーヤ(Maitreya)の音写。慈氏《じし》と漢訳する。また阿逸多《あいった》ともいう。阿逸多は梵語アジタ(Ajita)の音写で無能《むのう》勝《しょう》と漢訳し、弥勒の字《あざな》とされる。もとは別の人格であったのを混同したと考えられる。弥勒は現在の一生を過ぎると、釈迦仏のあとを補って、仏と成る補処《ふしょ》の菩薩として、現在兜率《とそつ》天の内《ない》院《いん》に住し、神々のために説法している。釈尊入滅《にゅうめつ》後五十六億七千万年の後にこの世に下生して、竜華樹《りゅうげじゅ》の下でさとりをひらき、衆生《しゅじょう》を救済するために三回説法するといわれる(竜華三会)。

む

むい〔無為〕 梵語アサンスクリタ(asaṃskṛta)の漢訳。有為に対する語。さまざまな因縁《いんねん》(原因と条件)によって生成されたものではない存在。すなわち生滅《しょうめつ》変化を超えた常住不変の真実のこと。涅槃《ねはん》の異名。

むい〔無畏〕 梵語ヴァイシャーラディヤ(vaiśāradya)の漢訳。無所畏とも漢訳する。何事も恐れることのない智慧《ちえ》をもって説法すること。仏、菩薩の徳の一。

むが〔無我〕 梵語アナートマン(anātman)またはナイラートミヤ(nairātmya)等の漢訳。非我とも漢訳する。我とは、常住であり(常)、唯一のものであり(一)、万物の主体であり(主)、支配者である(宰)ような実体的な存在をいう。すべてのものにはこのような実体的な我はないということ。

むじょう〔無常〕 因縁《いんねん》によって生じるものは、生滅《しょうめつ》変化して少しの間もとどまらないこと。

むしょうにん〔無生忍〕 無生法忍のこと。→さんぼうにん〔三法忍〕。

むしょうぼうにん〔無生法忍〕 三法忍の一。→さんぼうにん〔三法忍〕。

むりょうじゅこく〔無量寿国〕 無量寿仏、阿弥陀仏の浄土のこと。無量寿仏国ともいう。

むりょうじゅぶつ〔無量寿仏〕 無量寿は梵語アミターユス(Amitāyus)の漢訳。はかりしれない寿命をもつ仏。阿弥陀仏の時間的な永遠性・常住性を示した語。

め

めつど〔滅度〕 梵語ニルヴァーナ(nirvāṇa)の漢訳。涅槃《ねはん》のこと。度はわたるの意で、生死《しょうじ》の苦を滅して彼岸《ひがん》(さとりの世界)にわたること。

も

もくれん〔目連〕 大目犍連のこと。→だいもくけんれん〔大目犍連〕。

や

やしゃ〔夜叉〕 梵語ヤクシャ(yakṣa)の音写。薬叉、夜乞叉とも音写し、勇《ゆう》健《けん》・威徳《いとく》・暴悪《ぼうあく》などと漢訳する。羅刹《らせつ》とならび称せられる鬼神。人を傷害し食らう暴悪な鬼神。また仏法を護持する八部衆(八種の善神)の一。毘沙門天《びしゃもんてん》の眷属《けんぞく》として衆生《しゅじょう》を守護するとされる。

ゆ

ゆじゅん〔由旬〕 梵語ヨージャナ(yojana)の音写。インドの距離の単位。一由旬は帝王一日の行軍の距離、または牛車の一日の旅程とされるが、種々の説があって一定しない。

よ

ようらく〔瓔珞〕　梵語ケーユーラ（keyūra）の漢訳。玉を糸でつづったり、貴金属を編んで作った飾り。インドの貴族が頭、頸、胸などに掛ける装身具として用いた。

ら

らいこう〔来迎〕　浄土に往生したいと願う人の臨終に、阿弥陀仏が菩薩・聖衆《しょうじゅ》（浄土の聖者）を率いてその人を迎えに来ること。臨終現前ともいう。『大経』第十九願に誓われ、さらに三輩往生の一段にも説かれる。『観経』では九品《くぼん》往生にそれぞれの来迎の相を説き、また『小経』にも説かれている。浄土真宗では、平生聞信の一念に往生の業因が成就する（平生業成《へいぜいごうじょう》）から臨終来迎を期することはない、臨終来迎を期するのは諸行往生、自力の行者であるとし、臨終の来迎をたのみにすることを否定する（不来迎）。

らごら〔羅睺羅〕　梵語ラーフラ（Rāhula）の音写。羅云《らうん》とも書き、覆障《ふくしょう》と漢訳する。釈尊十大弟子の一人。密行《みつぎょう》第一（戒律を細かく守ること第一）と称された。釈尊の実子で、釈尊が成道《じょうどう》後初めて故郷カピラ城へ帰られたおり、舎利弗《しゃりほっ》・目連《もくれん》を師として出家した。

れ

れんげ〔蓮華〕　はすの花。淤泥華《おでいけ》とも呼ばれ、泥の中にありながらその華葉《けよう》が泥に染まらないところから仏や仏性《ぶっしょう》の清浄性《しょうじょうせい》の喩えとされる。また仏・菩薩は多く蓮華をその座（蓮華座・蓮台）とする。なお仏典中の蓮華は睡蓮（葉が楕円形のもの）に近いといわれる。

ろ

ろくねん〔六念〕　六随念《ろくずいねん》・六念処《ろくねんじょ》ともいう。他のおもいをやめて仏・法・僧・戒・施・天を、それぞれ心静かに念ずること。すなわち念仏・念法・念僧・念戒・念施・念天をいう。

ろくわきょう〔六和敬〕　六合念法・六和合・六和ともいう。修行者が、六つの点について互いに敬いあうこと。身和敬・口和敬・意和敬・戒和敬・見和敬・利和敬（行和敬）の六。

ろっこん〔六根〕　六識《ろくしき》（認識主体）のよりどころとなり、対象を認識するための六種の器官。眼根《げんこん》・耳根《にこん》・鼻根《びこん》・舌根《ぜっこん》・身根《しんこん》の五つの感覚器官と、前刹那の意識である意根《いこん》。

ろっぱらみつ〔六波羅蜜〕　波羅蜜《はらみつ》は梵語パーラミター（pāramitā）の音写。到《とう》彼岸《ひがん》と漢訳する。大乗の菩薩の修めねばならない六種の行業《ぎょうごう》のこと。六度ともいう。①布施《ふせ》。施しをすること。②持戒《じかい》。戒律を守ること。③忍辱《にんにく》。耐え忍ぶこと。④精進《しょうじん》。すすんで努力すること。⑤禅定《ぜんじょう》。精神を統一し、安定させること。⑥智慧《ちえ》。真実の智慧（さとり）を得ること。前の五の根拠となる無分《むふん》別智《べっち》のことをいう。

補註（要語解説）

1　阿弥陀仏
2　業・宿業
3　真実教
4　栴陀羅
5　他力・本願力回向
6　女人・根欠・五障三従
7　方便・隠顕
8　菩薩
9　本願

1　阿弥陀仏《あみだぶつ》　阿弥陀仏とは、極楽浄土にあって大悲の本願をもって生きとし生けるものすべてを平等に救済しつつある覚者《かくしゃ》の名である。『大経《だいきょう》』によれば、法蔵《ほうぞう》菩薩が光明《こうみょう》無量（第十二願）、寿命無量（第十三願）であろうと願い、その願いに報いて成就されたので、無量光（アミターバ Amitābha）、無量寿（アミターユス Amitāyus）の徳をもつといい、このような徳をあらわすために阿弥陀仏と名づけられたといわれている。無量寿とは仏の救いの時間的無限性をあらわし、無量光とは空間的な無辺性をあらわしており、時間的空間的な限定を超えて、あらゆる衆生《しゅじょう》をもらさず救う仏の名である。これによって親鸞聖人《しんらんしょうにん》は、「摂取してすてざれば阿弥陀となづけたてまつる」といわれる。善導《ぜんどう》大師は、阿弥陀仏は念仏の衆生を救うことができなければ仏になるまいと誓い、永劫《ようごう》の修行によってその願いを成就してなられた仏であるから、願行に報いた報身仏《ほうじんぶつ》であるといわれた。そして、聖道《しょうどう》諸師の中において阿弥陀仏を応化身《おうげしん》とみるような説を否定するとともに、念仏の衆生は、仏の本願力に乗じて必ず報仏《ほうぶつ》の土（報土《ほうど》）へ往生できると強調された。

また親鸞聖人は曇鸞《どんらん》大師の教えによって法性《ほっしょう》・方便《ほうべん》の二種法身《ほっしん》として阿弥陀仏を説明されている。法性法身とは、さとりそのものである法性真如《しんにょ》を本身とする仏身のことで、それはあらゆる限定を超え、私どもの認識を超えたものである。これについて『唯信鈔文意《ゆいしんしょうもんい》』には、「いろもなし、かたちもましまさず。しかれば、こころもおよばれず、ことばもたえたり」とある。そして方便法身とは、「この一如《いちにょ》（法性法身）よりかたちをあらはして、方便法身と申す御すがたをしめして、法蔵比丘《びく》となのりたまひて」といわれる。すなわち、万物が本来平等一如のありようをしていることを人々に知らしめ、自他を分別し執着して煩悩《ぼんのう》をおこし苦悩しているものをよびさまし、真如の世界にかえらしめようとして、絶対的な法性法身がかたちを示し、阿弥陀仏という救いの御名を垂れて人々に知らしめているすがたを方便法身というのである。『論註《ろんちゅう》』（下）には、「正直を〈方〉といふ。外己を〈便〉といふ」といい、真如にかなって、己を捨てて一切衆生を救う大悲のはたらきを方便とされている。要するに大悲の本願をもって衆生を救済する仏を方便法身というのである。

この阿弥陀仏を『浄土論《じょうどろん》』には「尽十方無礙光如来《じんじっぽうむげこうにょらい》」とい

われた。十方世界にみちみちて、一切衆生をさわりなく救う大悲の智慧《ちえ》の徳をもつ如来ということである。また『讃阿弥《さんあみ》陀仏偈《だぶつげ》』には「不可思議光仏」といわれた。人間の思議を超えた絶対の徳を成就された如来ということである。親鸞聖人は、これによって阿弥陀仏を「帰命《きみょう》尽十方無礙光如来」、「南《な》無《も》不可思議光仏（如来）」、「南無阿弥陀仏」と十字、八字（九字）、六字の名号《みょうごう》をもって讃嘆《さんだん》し、敬信《きょうしん》せられた。

2　業《ごう》・宿業《しゅくごう》　業とは、梵語カルマン（karman）の漢訳。広い意味の行為のことで、おこない、はたらきのことである。通常、身と口と意（心）の三業《さんごう》に分ける。また行為の結果、すなわち業による報いとしての業報の意味も含めて用いられる。

　元来仏教の業は、仏教以前に用いられていた宿命論的な因《いん》果《が》一貫の業論ではなく、縁起の立場に立つ業論である。それは衆縁《しゅえん》によって成り立つ自己を、縁起的存在であるとみ、固定的な実体観を否定する無我の立場であるとともに、主体的な行為によって真実の自己を形成すべきことを強調する立場であった。

　ことに親鸞聖人《しんらんしょうにん》が用いられた業には、三つの用法があったとうかがえる。第一は、法蔵《ほうぞう》菩薩の本願よりおこる智慧《ちえ》清浄《しょうじょう》の業と、その果徳としての阿弥陀仏の「大願業力《だいがんごうりき》」とであり、第二には、その阿弥陀仏の大智大悲の光明《こうみょう》に映し出され、あきらかに知らされた煩悩具足《ぼんのうぐそく》の凡夫《ぼんぶ》のすがたを、機の深信《じんしん》として表白《ひょうびゃく》されたときに用いられる「罪業深重《ざいごうじんじゅう》」の業である。第三には、かかる罪業深重の私の上に、如来より回向《えこう》された大行《だいぎょう》・大信《だいしん》を「本願名号正定業《しょうじょうごう》」とか、「称名正定業」とか、「至心信楽《ししんしんぎょう》の業因」といわれるときの業がそれである。従来の浄土真宗の業に対する誤解は、その第二の用法にみられる「罪業」とか「業障《ごっしょう》」という言葉だけが、機の深信から切り離されて取り上げられたところから生ずるものである。

　『歎異抄《たんにしょう》』第十三条の宿業説は、悪をつつしみ、善人にならねば救われないと主張する異義を破るために、機の深信の立場に立って、煩悩具足の凡夫という存在をあらわそうとされたものである。宿業とは、宿世（過去世）の行為とその報いという意味の言葉であるが、現実の自己が限りない過去とつながっているという宗教的な見方を強調する言葉として用いられていた。そこで『歎異抄』はこの言葉を用いて、人間は自己の思いのままにすぐに善人になれるほど単純なものではなく、縁にふれたらどのようなふるまいをするかもしれない存在であり、自分でも手のつけようのない煩悩の深みをもつものであるという人間のありさまをあらわそうとしたのである。こうして『歎異抄』の「さるべき業縁のもよほさば、いかなるふるまひもすべし」という宿業説は、「それほどの業をもちける身にてありけるを、たすけんとおぼしめしたちける本願のかたじけなさよ」という法の深信と一つに組みあって自力無功と信知する機の深信の内容としてのみ用いられるものであった。

　この業、宿業の語が、仏教、ことに浄土教において誤って用いられた例が多い。「因果応報《いんがおうほう》」というような表現をもって固定的な因果論を説き、現実社会の貧富、心身の障害や病気、災害や事故、性別や身体の特徴までもが、その人の個人の前世の業の結果によるものと理解させ、貴賤、浄穢というような差別を助長し、それによって一方ではそれぞれの時代の支配体制を正当化するとともに、また一方で被差別、不幸の責任をその人個人に転嫁してきた歴史がある。

　例えば、『大経《だいきょう》』(下)の「五善五悪」(一般に「五悪段」と呼ばれる)に、「強きものは弱きを伏《ぶく》し、うたたあひ剋賊《こくぞく》し、残害殺戮《せつろく》してたがひにあひ呑噬《どんぜい》す。(中略)神明《じんみょう》は記識《きし》して、犯せるものを赦《ゆる》さず。ゆゑに貧窮《びんぐ》・下賤・乞丐《こつがい》・孤独・聾《ろう》・盲《もう》・瘖瘂《おんあ》・愚痴《ぐち》・弊悪のものありて(中略)また尊貴・豪富・高才《こうざい》・明達《みょうだつ》なるものあり。みな宿世に慈孝《じきょう》ありて、善を修し徳を積むの致すところによる」と説かれたものを、江戸時代の説教などでは、これは現在の果を見て過去の因を知らしめるもので、現世の貴賤、貧富や、心身の障害も、すべてその人の過去世の業(宿業)の報いであると教えたものと解説してきた。こうして政治的につくりあげられた封建的な身分差別までも、すべて個人の業報であると説くことによって、社会的身分制度を正当化するような役割を果してきたのであった。このような宿業理解は近年までつづいている。すなわち、仏教は因果応報という天地宇宙の真理を説くもので、自己の幸、不幸は、あくまで自己の負うべきもので、いかなる不幸や逆境に遭遇しても愚痴や不平をいわず、他人をうらまず、その原因は自己にあることを知り懺悔《さんげ》して自己の欠点をあらため、善《よ》き因《たね》をまくようにしなければならないというふうに解説するものも少なくなかった。しかし現実の幸、不幸の原因のすべてを本人の宿業のせいにし、不幸をもたらしたさまざまな要因を正しく見とどけようとしないことはむしろ縁起の道理にそむく見解である。

　社会的矛盾や差別は歴史的社会的につくられたものであって、それによってもたらされた不幸を被害者である本人の責任に転嫁し、その不幸をひきおこした本当の要因から目をそらさせてしまうような業論が説かれるならば、それは誤りであるといわねばならない。

　浄土真宗では『大経』の「五悪段」は、本願成就文の逆謗《ぎゃくほう》抑止《おくし》の教意を広く説かれたものと領解《りょうげ》されてきた。すなわち、未信者に対しては、悪を誡《いまし》めつつ自身の罪悪を知らしめて本願の念仏に導き、信者に対しては、機の深信の立場から、自身をつねに顧みて、五悪をつつしみ、五善を勉めるように信後の倫理生活を勧誡されたものとうけとめられてきたのである。このように宗教的倫理を勧めたものであるかぎり、現実を過去によって正当化することを目的として説かれたものではなく、現実の生き方を誡めて、正しい未来を開くための教説であるとしなければならない。ところがそのことを強調するために功績と褒賞、犯罪と刑罰というような因果の関係をすべてにおよぼすという論理が用いられている。たしかにわかりやすい倫理説である。しかしそれはどこまでも悪を誡めて善をすすめるという本来の目的にそって領解されなければならない。もしそうでなくて現実に存在するさまざまな社会的な差別事象や、個人的な幸不幸を説明するための教説と受けとるならば、すべての不幸は、その人の過去世の悪業の報いとしての罰であり、すべての幸福は過去の善行に対する褒賞であるという固定的な現実理解を生み出し、教説の本意から外れていくことになるであろう。さきにあげた説教などにおける教説の誤用はそこから生れてきたのである。ことにこのような説が輪廻転生《りんねてんしょう》という一種の宗教的な考え方に裏づけられたとき、それの誤解は人間の心の深い領域までも決定するような力を持ってくる。すべての不幸を罰として受けとるというような社会意識も、そこから生れてきたのである。「五悪段」の成立や翻訳には、その当時の時代背景や思想の影響があったことを十分留意して経の真意を読みとっていかねばならない。『大経』は、一切の不幸を罰として甘受せよと教えてはいなかった。あらゆる人々の苦悩を共感する大悲心をもって、苦悩の衆生《しゅじょう》を背負って立ちたもう阿弥陀仏の大願業力が、衆生の煩悩悪業を転じて、涅槃《ねはん》の浄土にあらしめるという救いを説く経典であるかぎり、「五悪段」の経説も大悲救苦の仏意にたって領解しなければならない。

なお、宿業とよく似た語であるが、意味の異なるものに宿善ということがいわれる。宿善とは、「宿世の善因縁《ぜんいんねん》」ということで、信心をうるための過去の善き因縁という意味である。蓮如《れんにょ》上人が『御一代記聞書《ごいちだいききがき》』(末)に、「宿善めでたしといふはわろし、御一流には宿善ありがたしと申すがよく候ふ」といわれたように、宿善の本体は如来のお育てのはたらきであるとあおぐべきである。もともと宿善とは、他力の信心をえた上で、過去をふりかえって、仏のお育てをよろこぶものである。すなわち、獲信《ぎゃくしん》以前になしたさまざまな行善《ぎょうぜん》は、そのときは自力のつもりであったが、ふりかえってみると、他力の仏意に気づかせるための如来のお育てであったといただくものである。これを宿善の当相は自力だが、その体は他力であるといいならわしている。

3　真実教《しんじつきょう》　真実教とは、釈尊出世《しゅっせ》の本懐《ほんがい》をあらわした経をいう。親鸞聖人《しんらんしょうにん》は「教巻《きょうかん》」のはじめに、「それ真実の教を顕さば、すなはち『大無量寿経《だいむりょうじゅきょう》』これなり」といわれている。われわれが仏法にふれることができるのは、まず釈尊の説かれた教えによってである。しかし、釈尊の説かれたのは『大経』だけではない。一般に八万四千の法門といわれるように、膨大な経典が遺されているが、そのなかで、釈尊がもっともお説きになりたかった教えを出世本懐の教という。『大経』には、釈尊がふだんと異なったすばらしいすがたでもってこの経を説かれたとあり、また如来が世に出現される理由は、苦悩の群萌《ぐんもう》に、真実の利を恵み与えるためであると述べられている。その真実の利が、この経に説かれる阿弥陀仏の本願の救い、すなわち十方《じっぽう》の衆生《しゅじょう》に無上功徳《くどく》の名号《みょうごう》を与え、万人を平等に救って涅槃《ねはん》の浄土に生れしめようとする教説を指すことはいうまでもない。このようにして、釈尊がみずから真実の法を説く出世本懐の経であるといわれているから真実教とされるのである。親鸞聖人は『大経』の法義を要約して、「如来の本願を説きて経の宗致《しゅうち》とす、すなはち仏の名号をもつて経の体とするなり」といい、本願の始終をもって、名号のいわれをあらわした経であるといわれている。

ところでこの経は、阿弥陀仏の第十七願に応じて説かれたものである。第十七願の願文には、「たとひわれ仏を得たらんに、十方世界の無量の諸仏、ことごとく咨嗟《ししゃ》(ほめたたえる)して、わが名を称せずは、正覚《しょうがく》を取らじ」とあり、十方の諸仏に阿弥陀仏の名号をほめたたえしめようと誓われてある。釈尊が『大経』を説いて本願名号のいわれを顕示されたのは、この第十七願成就のすがたなのである。この真実教にあらわされている本願の名号を正定業《しょうじょうごう》として示されるのが「行巻《ぎょうかん》」である。

4　梅陀羅《せんだら》　梅陀羅とは、梵語チャンダーラ(caṇḍāla)の音写で、語源的にはチャンダ(caṇḍa)、「激しい、獰猛《どうもう》な、残酷な」から来た語とみられる。中国では、厳熾執《ごんししゅう》、暴悪人、屠者《としゃ》、殺者《せっしゃ》などと訳している。『観経《かんぎょう》』の「発起序《ほっきじょ》」に、母を殺害しようとする阿闍世王《あじゃせおう》を月光《がっこう》と耆婆《ぎば》が誡《いまし》めて、「大王、臣聞く、〈毘陀論経《びだろんきょう》〉に説かく、〈劫初《こうしょ》よりこのかたもろもろの悪王ありて、国位を貪《むさぼ》るがゆゑにその父を殺害せること一万八千なり〉と。いまだかつて無道に母を害することあるを聞かず。王いまこの殺逆《せつぎゃく》の事をなさば、刹利種《せつりしゅ》を汚さん。臣聞くに忍びず。これ梅陀羅なり。よろしくここに住すべからず」といわれている。善導《ぜんどう》大師の『観経疏《かんぎょうしょ》』(序分義《じょぶんぎ》)には、これを釈して、「〈是旃陀羅〉といふはすなはちこれ四姓の下流《げる》なり。これすなはち性、匈悪を懐きて仁義を閑《なら》はず。人の皮を着たりといへども、行ひ禽獣に同じ」という。これによれば、梅陀羅は下層の身分のもので、母をも殺すような凶悪な性格をもつものであるということになる。親鸞聖人《しんらんしょうにん》の『浄土和讃《じょうどわさん》』(七六)には『観経』によって、「是旃陀羅とはぢしめて(中略)闍《じゃ》王《おう》の逆心いさめける」といわれている。

古代インドのカースト社会で、梅陀羅は四姓の身分から洩れた卑しく汚れたものとされたグループである。ヒンドゥー教の『マヌ法典』によれば、梵天《ぼんてん》(ブラフマン)の口から司祭者(バラモン＝婆羅門《ばらもん》)、腕から王族(クシャトリヤ＝刹帝利《せっていり》・刹利《せつり》)、腿《もも》から庶民(ヴァイシュヤ＝毘舎《びしゃ》)、足から隷民《れいみん》(シユードラ＝首陀羅《しゅだら》・首陀）がそれぞれ生れたとしている。しかし、栴陀羅は梵天から生れたものでないから、アウトカーストとして人間以下の犬や豚と同じ存在であるとみなされていた。この身分制度は支配者が権力を維持するために、神の名によって権威づけ、人為的につくったものであることはいうまでもない。栴陀羅階層には財産を持たせず、行刑や、屠殺、清掃等の仕事を強制して行わせ、教育を受けることを許さず、聖典を聞いたものは耳に溶けた鉛をそそぎこむというようなことを行い、しかもこれらを神の律法として制度化したのである。この制度は、長い歴史を通じて伝承され、現在では憲法ならびに法律で差別を否定し、これを打破しようとする運動も行われていながらも、一方ではこのような事実が存在する。

　釈尊が、こうしたインドの社会にあって身分制度を否定し、万人平等を強調されたことはよく知られている。それにもかかわらず、仏教の長い歴史のなかには、「栴陀羅は悪人である」とか「母をも殺すようなものである」というような言葉を用いて、社会制度として被差別をしいられている人々を、さげすみ差別してきたことも事実である。それはインドだけではなく、中国や日本でも通じて行われ、日本でも「栴陀羅は悪人なり」といった人もある。江戸時代以降は、このインドに起源をもつ栴陀羅と、その成立を異にしている中国の屠者と、日本の「穢多《えた》・非人《ひにん》」を無理に結びつけて差別の合理化をはかってきた。そればかりか被差別部落の人々には、その死後に「桃源栴陀羅男」などの戒名をつけ、墓石にきざみつけて差別したのであった。

　浄土真宗でも、江戸時代の『観経』や『浄土和讃』（七六）の註釈書に、「栴陀羅は日本にていへば穢多といへるごとく、常人の交際のならぬものなり」などといい、明治以降近年まで、「無道に母を害し給ふは、穢多非人の仕業《しわざ》である」と註釈した『浄土和讃』の解説書もあった。こうした栴陀羅の差別的な解釈は布教の現場でも用いられ、部落差別を温存し助長する用語として利用してきたことを、われわれは厳しく反省しなければならない。

　親鸞聖人が「是旃陀羅とはぢしめて」といわれたとき、『観経』の教説に準拠して、母を殺すような行為は、極悪非道であって、最も恥ずべきことであるということを強調するためであって、栴陀羅を悪人であるときめつけるためでなかったことはあきらかである。倫理的な善悪の行為と、民衆支配のために人為的につくりあげた身分制度とはまったく別種のものであるのに、両者を結びつけて、刹利種（クシャトリヤ）は善を行うもの、栴陀羅は悪を行うものというようにみる誤った社会意識が聖典のなかにさえ反映していることの一例であろう。われわれは、親鸞聖人が造悪を恥じしめようとされた本意を正確に聞きとるとともに、栴陀羅を恥ずべきものとみなすような理解に陥らないように十分注意をして聖典を拝読しなければならない。

5 他力《たりき》・本願力回向《ほんがんりきえこう》 他力とは、阿弥陀仏の本願力回向のはたらきをいう。本願力とは、因位《いんに》の本願のとおりに完成された力用《りきゆう》のことである。その本願とは、十方の衆生《しゅじょう》をして阿弥陀仏の救いを信ぜしめ、その名号《みょうごう》を称えしめて、浄土に往生せしめようという願いであったから、本願力とは、衆生をして信行《しんぎょう》せしめ往生成仏《じょうぶつ》せしめているはたらきをいうのである。このように、衆生に南無阿弥陀仏を与えて救うことを、親鸞聖人《しんらんしょうにん》は本願力回向といわれたのである。回向とは「回転して趣向すること」であるが、これに自身の善根《ぜんごん》を転じて菩《ぼ》提《だい》(さとり)に向かう菩提回向(自利)と、他の衆生に施し与えて救っていく衆生回向(利他)と、真如《しんにょ》にかなっていく実際回向とがある。いま本願力回向とは、本願に誓われたように、阿弥陀仏が自身の成就された仏徳のすべてを南無阿弥陀仏に摂めて衆生に与えたもう利他回向のことである。『一多文意《いったもんい》』に、「〈回向〉は、本願の名号をもつて十方の衆生にあたへたまふ御《み》のりなり」といわれたごとくである。親鸞聖人は「教巻《きょうかん》」の初めに、本願力回向の相に、往相《おうそう》、還相《げんそう》の二種のあることを示された。往相とは、衆生が浄土に往生していく因果《いんが》のすがたであって、教を与え行信《ぎょうしん》の因を与え証果を与えていくことである。還相とは、証果を開いたものが大悲をおこして菩薩のすがたとなって、十方の衆生を救うためにこの世に還《かえ》り来るすがたであるが、それもまた阿弥陀仏の第二十二願によって与えられたすがたである。

6 女人《にょにん》・根欠《こんけつ》・五障三従《ごしょうさんしょう》 『浄土論《じょうどろん》』などには、浄土は平等なさとりの世界であって、「譏嫌《きげん》の名なし。女人および根欠、二乗の種」は存在しないと説かれている。ここでいわれる譏嫌とは、成仏《じょうぶつ》できないものとして嫌われることを意味していたが、『論註《ろんちゅう》』には譏嫌名に世間的なそしりの意味も含められている。それは当時の差別された女性や障害者の救済を説くために、浄土にはこのような差別の実体もなく、女人や根欠という差別的な名さえもない絶対平等の世界であるとあらわされたものである。その聖典が成立した当時の社会にあっては、女人や根欠を卑しいものとみる社会通念が支配的であった。そうした中にあって仏国の平等性をあらわすことによって、差別の社会通念を破り、女人や根欠に救いをもたらそうとした教説である。二乗とは声聞《しょうもん》、縁覚《えんがく》という小乗の行者のことであって、仏になれないものとされていた。根欠とは、『論註』では、眼《げん》、耳《に》、舌《ぜつ》等の諸器官が不自由な人のこととみられている。

釈尊は比丘尼《びくに》、沙弥尼《しゃみに》として女性の出家を許されたし、実際に悟りを開いた女性がおり、悟りを開くのに男女の差のないことが立証されていた。ところが後世の教団では、「五障三従の女人」として女性は仏になれないとしたのである。五障《さわ》とは五つの障り、すなわち㈠梵天王《ぼんてんのう》になれない、㈡帝釈天《たいしゃくてん》になれない、㈢魔王になれない、㈣転輪聖王《てんりんじょうおう》になれない、㈤仏になれない、というもので女性は世間的にも出世間的にも指導者になれないとしたのである。また三従とは、『マヌ法典』に、「婦人は幼にしてはその父に、若き時はその夫に、夫死したる時はその子息に従うべし。婦人は決して独立を享受すべからず」といったもので、仏教教団もこの思想に影響されて五障説が出、五障三従の教説が成立したのである。しかし大乗仏教では、女性は仏になれないと説く教えに対して、『法華経《ほけきょう》』や『大経《だいきょう》』にあるように変成男子《へんじょうなんし》の教えが説かれた。すなわち『法華経』の「提婆品《だいばぼん》」には、女人は五障があって成仏できないであろうとする舎利弗《しゃりほつ》の疑問に対して、八歳の竜女が女身を転じて男身となり成仏していくことが説かれている。また『大阿弥陀経《だいあみだきょう》』の第二願や、『大経』の第三十五願には、本願力によって女身を転じて往生成仏せしめようと誓われている。このように女性は一度男性になってから悟りを開くというのは、父権制社会のなかできびしい差別にさらされ、悟りは開けないとされた女性にも成仏できるという道を開かれたのである。親鸞聖人《しんらんしょうにん》は、この変成男子を女人成仏と受けとめるとともに、さらにすすんで「男女老少をえらばず」といい、阿弥陀如来の本願は、男性も女性もまったく差別なく、ひとしく救済されるとあらわされたのである。

　女性を罪深く、不浄で、男性よりも罪の深いものであるとする考えは、現代の一般社会にも浸透しているが、これは男性中心の考え方であり、女性差別の思想であるといえよう。

　また「女人・聾《ろう》・盲《もう》」などの言葉が譬喩としてよく使われるが、その多くは悪い意味で使われている。たとえば、『論註』(上)に、浄土にはそしり、きらわれるような名さえもないということをあらわすのに、「人の諂曲《てんごく》なると、あるいはまた儜弱《にょうにゃく》なるを、譏《そ》りて女人といふがごとし。また眼《まなこ》あきらかなりといへども事を識《し》らざるを、譏りて盲人といふがごとし。また耳聴《き》くといへども義を聴きて解らざるを、譏りて聾人といふがごとし。(中略)かくのごとき等ありて、根具足《こんぐそく》せりといへども譏嫌の名あり」といい、世間では、女性や、障害者のすがたをそしりきらうことの譬喩として用いているといわれるものなどがそれである。このように女性や心身に障害のある者をそしりの言葉として用いることは、今もなお行われているが、たとえ譬喩としてであれ、女性や心身に障害をもつ人を差別することは大きな誤りである。

7　方便《ほうべん》・隠顕《おんけん》　方便とは、仏が衆生《しゅじょう》を救済するときに用いられるたくみな方法(てだて)をいう。そのなかに真実と権仮《ごんけ》とがある。真実の方便とは、仏の本意にかなって用いられる教化の方法で、随自意《ずいじい》の法門をいう。それは、大智を全うじた大悲が巧みな方法便宜をもって衆生を済度《さいど》されるというので、善巧《ぜんぎょう》方便ともいう。阿弥陀仏を方便法身《ほっしん》というときの方便がそれである。権仮方便とは、未熟な機は直ちに仏の随自意真実の法門を受けとれないから、その機に応じて、仮にしばらく誘引のために用いられる程度の低い教えをいう。機が熟すれば真実の法門に入らしめて、権仮の法門は還《かえ》って廃せられる。このように暫く用いるが、後には還って廃するような随他意《ずいたい》の法門を権仮方便という。「方便化身土《ほうべんけしんど》」といわれるときの方便がそれである。

親鸞聖人《しんらんしょうにん》は四十八願の中で、往生の因を誓われた第十八願、第十九《じゅうく》願、第二十願のうち第十八願のみが真実願であり、第十九願、第二十願は方便願であるとされた。第十八願は、他力回向《えこう》の行信《ぎょうしん》によって、真実報土《ほうど》の果を得しめられる真実願であり、第十九願は、自力諸行によって往生を願うものを、臨終に来迎《らいこう》して方便化土に往生せしめることを誓われたものであり、第二十願は、自力念仏によって往生を願うものを、方便化土に往生せしめることを誓われた方便願であるといわれるのである。そしてこの三願は、聖道門《しょうどうもん》の機を浄土門に誘うために第十九願が、自力諸行の機を念仏の法門に導き、さらにその自力心を捨てしめて第十八願の他力念仏往生の法門に引き入れるために第二十願が誓われたとされている。

阿弥陀仏の第十九願に応じて説かれた釈尊の教えが『観経《かんぎょう》』であり、第二十願に応じて説かれた教えが『小経《しょうきょう》』である。『観経』に説かれた教えは、定善《じょうぜん》・散善《さんぜん》といういろいろな善《ぜん》根《ごん》によって阿弥陀仏の浄土に往生するというものであり、『小経』に説かれた教えは、一心不乱の自力称名念仏によって往生するというものである。第十九願・第二十願の教えが、第十八願の教えに引き入れようとするものであるのと同じく、『観経』、『小経』を説かれた釈尊の本意は、他力念仏の教えを説くことにある。したがって表面に説かれた教えは、前に述べたようなものであるが、その底を流れる釈尊の真意が、部分的に表面にあらわれている。『観経』に、「なんぢ、よくこの語を持《たも》て。この語を持てといふは、すなはちこれ無量寿仏の名《みな》を持てとなり」とあり、『小経』に「難信の法」とあるのがその例である。このように表面に説かれた自力の教えを「顕説《けんぜつ》」といい、底に流れる他力の教えを「隠彰《おんしょう》」という。これによって『観経』、『小経』には、隠顕の両意があるといわれる。こうして浄土三部経は、顕説からいえば真実教と方便教の違いがあるが、隠彰の実義からいえば三経ともに第十八願の真実の法門が説かれていることがわかる。

8 菩薩《ぼさつ》 菩薩は梵語ボーディサットヴァ(bodhisattva)の音写、菩提薩埵《ぼだいさった》を略した言葉で、悟りを求める者、すなわち求道者の意味で、最初期は、成仏《じょうぶつ》される以前の釈尊を指す言葉であった(釈迦菩薩)。それが大乗仏教になると、在家・出家、男女を問わず、仏陀《ぶっだ》の悟りを求めて修行するものをすべて菩薩と呼ぶようになったのである(凡夫《ぼんぶ》の菩薩)。また、弥勒《みろく》・普賢《ふげん》・文殊《もんじゅ》・観音《かんのん》などのもう一つの菩薩があって、これらの菩薩は、現にましまして衆生《しゅじょう》を教化しつつある菩薩（大菩薩）である。大乗仏教の菩薩はすべて願《がん》と行《ぎょう》とを具えているといわれる。その願は、それぞれの菩薩によって異なる。それを象徴的に示したのが、普賢の行、観音の慈悲、文殊の智慧《ちえ》などである。しかしすべての菩薩に通じるものは、自ら悟りを完成する（自利）と同時に生きとし生けるものを救う（利他）という目標を持って、深い慈悲に根ざしているということである。

　このような願と行とを具する菩薩の典型的なものは、『大《だい》経《きょう》』に説かれる法蔵《ほうぞう》菩薩である。『大経』には、過去無数劫《むしゅこう》（無限の過去）に一人の国王があり、出家して法蔵と名のり、世《せ》自在王仏《じざいおうぶつ》の弟子となり、諸仏の浄土を見て五劫の間思惟《しゆい》し、一切衆生を平等に救おうとして四十八願をおこし、兆載永劫《ちょうさいようごう》（無限の時間）の修行を経て阿弥陀仏と成られたと説かれてある。因位《いんに》の法蔵菩薩が願と行に報われて阿弥陀仏と成られたのであり、このような仏陀を報身仏《ほうじんぶつ》と呼ぶ。

　そのことから菩薩は、後には総合的に成仏道を歩む修行者という向上的な意味とともに、すでに仏となったものが、衆生救済のために菩薩のすがたをとるという向下的な意味を合せもつようになった。いわゆる菩薩道とはこのような意味を含むものである。

　阿弥陀仏の因位である法蔵菩薩についても、その発願《ほつがん》・修行の結果阿弥陀仏と成ったと説かれているが、久遠実成《くおんじつじょう》の阿弥陀仏（無限の過去より、すでに仏であったところの阿弥陀仏、『浄土和讃《じょうどわさん》』・『口伝鈔《くでんしょう》』に出る）が、衆生救済のために菩薩の発願・修行のすがたを示されたのであるという見方もある。

9　本願《ほんがん》　本願の意味には因本《いんぽん》の願と根本の願の二つがあるといわれている。因本の願とは、因位《いんに》のときにおこされた願いということである。この願いには、それが完成しなければ仏に成らぬという誓いをともなっているので誓願といわれる。この因本の願には、総願と別願とがある。総願とは、すべての菩薩が共通しておこすものであり、「無辺の衆生《しゅじょう》を救済しようという願い、無数の煩悩《ぼんのう》を断とうという願い、無尽の法門を知ろうという願い、無上の仏道を成就しようという願い」のいわゆる四弘誓願《しぐぜいがん》として知られている。次に別願とは、それぞれの菩薩に特有なものであり、これによってそれぞれの仏の性格が異なってくる。阿弥陀仏が因位のときにおこされた四十八願は、この別願である。『大経《だいきょう》』（上）には、法蔵《ほうぞう》菩薩が世自在王仏《せじざいおうぶつ》のもとで二百一十億の諸仏の浄土のなかより、粗悪なものを選び捨てて、善妙なものを選び取り四十八願を建立したと説かれてある。

　根本の願いとは、この四十八願は第十八願を根本とし、余の四十七願は第十八願を開いた枝末の願とみることをいう。そこで法然《ほうねん》聖人は、第十八願を本願中の王といい、第十八願の念仏を、難劣な諸行を選び捨てて選びとられた勝易《しょうい》具足《ぐそく》の行であるというので、これを選択《せんじゃく》本願念仏といわれた。

第十八願には、「たとひわれ仏を得たらんに、十方の衆生、至心信楽《ししんしんぎょう》して、わが国に生《しょう》ぜんと欲《おも》ひて、乃至十念《ないしじゅうねん》せん。もし生ぜずは、正覚《しょうがく》を取らじ。ただ五逆と誹謗正法《ひほうしょうぼう》とをば除く」とある。親鸞聖人《しんらんしょうにん》はここに誓われてある行《ぎょう》（＝十念）、信（＝至心信楽欲生）、証（＝衆生の往生）、真仏土（＝阿弥陀仏の成仏《じょうぶつ》）をそれぞれ、第十七・十八・十一・十二・十三願に配当される。この五願は真実五願といわれ、『教行信証《きょうぎょうしんしょう》』の各巻の冒頭にかかげられている。これによって浄土真宗の法門は、総じていえば第十八願、開いていえば真実五願によって成就され回向《えこう》されたものであることを知らしめられたのである。

勤行聖典
淨土三部經

一九九九年 一月 一日 第一刷発行
二〇二二年 七月十五日 第十刷発行

編集 浄土真宗教学研究所
（現 浄土真宗本願寺派総合研究所）
勤式指導所

発行 本願寺出版社
京都市下京区堀川通花屋町下ル
浄土真宗本願寺派
電話 〇七五（三七一）四一七一
FAX 〇七五（三四一）七七五三

印刷 株式会社図書印刷 同朋舎

BD51-SH01-①70-22

ISBN978-4-89416-687-5 C3015 ¥2600E